学术与政治

美国进步时代专家参政现象研究（1900—1920）

侯波 著

中国社会科学出版社

图书在版编目(CIP)数据

学术与政治：美国进步时代专家参政现象研究：1900—1920 / 侯波著. —北京：中国社会科学出版社，2020.8
ISBN 978-7-5203-6079-1

Ⅰ.①学… Ⅱ.①侯… Ⅲ.①专家—参政议政—研究—美国—1900-1920 Ⅳ.①D771.23

中国版本图书馆 CIP 数据核字(2020)第 037540 号

出 版 人	赵剑英
责任编辑	周晓慧
责任校对	刘 念
责任印制	戴 宽

出　　版	中国社会科学出版社
社　　址	北京鼓楼西大街甲 158 号
邮　　编	100720
网　　址	http://www.csspw.cn
发 行 部	010-84083685
门 市 部	010-84029450
经　　销	新华书店及其他书店
印　　刷	北京明恒达印务有限公司
装　　订	廊坊市广阳区广增装订厂
版　　次	2020 年 8 月第 1 版
印　　次	2020 年 8 月第 1 次印刷
开　　本	710×1000　1/16
印　　张	22.5
插　　页	2
字　　数	303 千字
定　　价	128.00 元

凡购买中国社会科学出版社图书，如有质量问题请与本社营销中心联系调换
电话：010-84083683
版权所有　侵权必究

序

在内战以后不到40年的时间里,美国社会发生了翻天覆地的变化。历史学家乔治·蒂克纳在1869年指出,这场战争在"此前与此后发生的一切之间"划出了"一道鸿沟"。他觉得自己似乎已不再生活在他当初出生的那个国家。[①] 令这个历史学家感到陌生的,实际上就是出现在北美辽阔土地上的现代美国。伴随着这一现代化进程而来的,不仅仅是一个不再担心分裂的统一的民族国家,一个任何人都不得被迫为奴的权利得到法律保障的自由国家,一个从农业社会向工业社会大踏步迈进的充满生气的国家,而且还有这个国家不得不面对的一系列挑战。诸如民主制度与政党政治下的腐败,市场经济中的割喉竞争与垄断,工业发展中的劳资冲突,城市化过程中贫困、疾病与犯罪问题的恶化,大量移民涌入导致的文化冲突,经济发展与技术进步在部分社会群体中引发的地位之忧,如此种种,不一而足。从19世纪末到20世纪20年代在美国展开的进步主义改革运动就是对这些挑战作出的回应。投身于这场运动的成千上万的美国人可能信奉的理念不同,怀有的目标不同,诉诸的手段不同,但他们都不是因循守旧之徒,而是奋力前瞻之人,是美国现代化的推动者。在他们为解决现代化所面临的问题而展开的各种各样的改革中,有一项改革可谓这场改革运动的重中

[①] George Ticknor, *Life, Letters, and Journals of George Ticknor*, 2 Vols., Boston: James R. Osgood and Company, 1876, p.485.

之重,那就是现代国家的构建。

现代国家构建的核心就是要走出传统的制度束缚,提高国家治理能力,使之能应对现代化所面临的严峻挑战。美国著名政治学家斯蒂芬·斯科罗内克与斯蒂芬·恩格尔在他们为《进步主义的世纪》一书所写的导论中指出,进步主义改革者批评的制度束缚有三种。一是宪法的分权制衡不利于政府在行动上更加合作、更有目的、更为明确。二是个人权利作为对历史上形成的特权的保护束缚了政府行动,不利于民主的发展。三是政党滋生了地方主义、狭隘利益、政治老板、官员腐败与低能行政等问题,不利于政府应对挑战。为了摆脱这些束缚,改革者们寄希望于专门知识、经济管理和国民共同体。这就是说,政府要依靠有专门知识的专家应对各种挑战,对经济进行管理,并且使国民具有超出地方社区狭隘眼界的美利坚民族精神,也就是杜威所说的"大共同体"(Great Community)的精神。[1]

由此可见,"专家参政"是进步主义改革时期现代国家构建中提高政府治理能力的关键一环。侯波就此问题写成的专著实乃十年磨一剑的力作。就像古人谈如何学诗的诗句所说的一样:"学诗浑如学参禅,竹榻蒲团不计年。直待自家都了得,等闲拈出便超然。"在这本书中,侯波不仅对"专家参政"作了准确的定义,而且对其与"专家治国"、"学者从政"等概念的区别进行了富有启迪的科学分析。"专家治国"更多的只是一种理念,而"专家参政"则是切实可行且影响深远的国家构建的实践。"学者从政"难免与政客合流,"专家参政"则能在一定程度上保留为改革派所珍视的相对独立性。因此,研究"专家参政"从国家构建的角度来看意义更为重大。基于这一认识,此书以丰富的原始资料展现了"专家参政"的历史起源和它在联邦、州、市三级政府的发展,并

---

[1] Stephen Skowronek, Stephen Engel, and Bruce Ackerman, eds., *Progressive Century: Political Reform, Constitutional Government, and the Modern American State*, New Haven: Yale University Press, 2016, pp. 1 – 12.

且对其引发的争论以及"专家参政"在此后近一个世纪的延续与强化作了简要概述。这样一来,进步主义国家构建中的"专家参政"就不只是概念和理论,而是栩栩如生的历史画卷。我相信,读者开卷定有受益甚丰之感。

韩 铁
2019年12月10日

目 录

绪论 ……………………………………………………………（1）

第一章 内战后的高等教育变革与大学学者的出现 …………（26）
  第一节 书生无用：内战前高等教育与学者在美国的
         边缘地位 ……………………………………………（27）
  第二节 大学革命：专业化学术与大学学者的社会责任……（48）

第二章 内战后政府向大学寻求专家帮助的新趋势 …………（74）
  第一节 内战后社会问题的复杂化与政府对专家的
         需要 …………………………………………………（75）
  第二节 大学学者的初步回应 ………………………………（88）

第三章 专家参政在进步时代的兴起及其地方实践 …………（111）
  第一节 进步派政治家与大学学者之间的亲和性 …………（113）
  第二节 专家参政的地方实践：威斯康星理念 ……………（129）
  第三节 市政改革中的大学学者 ……………………………（161）

第四章 联邦层面的专家参政及其在战时的强化 ……………（180）
  第一节 "文人总统"西奥多·罗斯福任期的专家参政 …（181）
  第二节 "教授总统"塔夫脱与威尔逊第一任期的
         专家参政 ……………………………………………（199）

第三节　第一次世界大战与专家参政热潮 …………………（218）

第五章　战后初期美国社会对专家参政现象的反应 …………（255）
   第一节　褒贬之间:针对专家参政现象的褒扬与批评 ……（256）
   第二节　专家之辩:1920年代李普曼与杜威的论战 ………（271）

结论 ……………………………………………………………（291）

人名索引 ……………………………………………………（306）

参考文献 ……………………………………………………（324）

后记 ……………………………………………………………（348）

补记 ……………………………………………………………（351）

绪　论

一　从富兰克林·罗斯福总统的"学者班底"谈起

　　1932年夏天的一个下午，哥伦比亚大学法学教授雷蒙德·莫利（Raymond Moley）踏上从纽约开往奥尔巴尼的列车，赶赴纽约州州长富兰克林·罗斯福的家中，协助他筹备年底的总统大选。随着罗斯福于第二年入主白宫，莫利也来到华盛顿，成为新总统的助理国务卿和贴身顾问。事实上，莫利只是罗斯福身边"学者班底"的一个缩影。像他一样以专家身份受邀进入政府任职的大学学者，还有哥伦比亚大学的阿道夫·伯利（Adolf Berle Jr.）和雷克斯福德·特格韦尔（Rexford Tugwell）、哈佛法学院的费利克斯·法兰克福特（Felix Frankfurter）和詹姆斯·兰迪斯（James M. Landis）、康奈尔大学的保罗·奥利里（Paul M. O'Leary）和芝加哥大学的伦纳德·怀特（Leonard White）等。[①] 这些学者学有专攻，为罗斯福出谋献策，在

[①] 20世纪30年代，在联邦政府中任职的大学学者还有：哈考特·摩根（Harcourt Morgan），田纳西大学校长、昆虫学及动物学教授，1933年作为农业科学专家任职于田纳西河流管理局；莫迪凯·伊齐基尔（Mordecai Ezekiel），经济学博士、农业经济学家，为农业部顾问；赫尔曼·奥利芬特，哥伦比亚大学、霍普金斯大学法学教授，1934年出任财政部顾问；加德纳·米恩斯（Gardiner Means），哈佛大学经济学家；霍华德·巴布科克（Howard Babcock），康奈尔大学农学及生命科学学院教授；奥利弗·米切尔·斯普拉格（Oliver Mitchell Sprague），哈佛商学院教授，1933年任助理财政部长；G. F. 沃伦，康奈尔大学农业管理学教授，为农业部顾问；利奥·沃尔曼（Leo Wolman），先后执教于霍巴特学院、霍普金斯大学、密歇根大学，1931年起为哥伦比亚大学经济学教授，1933年作为劳工问题专家任职于国家复兴管理局；瑟曼·阿诺德（Thurman Arnold）·阿贝·福塔斯（Abe Fortas），两人均为耶鲁法学院教授，前者为农业部顾问，后者任职于内政部。（更多案例参见刘易斯·科塞《理念人：一项社会学的考察》，中央编译出版社2001年版，第200页。）

两次新政中立下汗马功劳。《北美评论》赞美道,"这就是罗斯福先生将能比他的前任们更好地治理政府的有力证据",因为"人们确信,'大学小伙子们'的风衣口袋里装着繁荣"①。

罗斯福总统的"学者班底"以"智囊团"(Brain Trust)之称闻名于世,成为20世纪联邦政府大量起用学术界人士担任公职的典范。新政以后,越来越多的专业学者作为专家受到政府的重用,他们穿梭于学界与政界之间,其中不乏一些耳熟能详的人物。如杜鲁门时代的李·杜布里奇(Lee DuBridge)、艾森豪威尔时期的乔治·舒尔茨(George Shultz)、肯尼迪和约翰逊时代的保罗·萨缪尔森(Paul Samuelson)、加德纳·阿克利(Gardner Ackley)、约翰·加尔布雷斯(John Galbraith)、詹姆斯·托宾(James Tobin);尼克松时代的克利福德·哈丁(Clifford Hardin)、亨利·基辛格(Henry Kissinger)、盖福德·斯蒂弗(Guyford Stever);卡特及里根时代的兹比格纽·布热津斯基(Zbigniew Brzezinski)、雷·马歇尔(Ray Marshall);老布什时期的戴安·拉维奇(Diane Slivers Ravitch);克林顿时期的约瑟夫·奈(Joseph Nye)、玛德琳·奥尔布赖特(Madeleine Albright);小布什时期的康多莉扎·赖斯(Condoleezza Rice)、尼古拉斯·曼昆(Nicholas Gregory Mankiw)等。② 2008年,

---

① Claude Bowman, *The College Professor in America: An Analysis of Articles Published in the General Magazine, 1890 – 1938*, [reprinted], Arno Press Inc., 1977, p. 612.

② 杜布里奇,加州理工学院院长,物理学家,杜鲁门和艾森豪威尔时期任总统科学顾问;舒尔茨,麻省理工学院、芝加哥大学经济学家,曾担任经济顾问委员会委员、劳工部长、财政部长和国务卿;萨缪尔森,麻省理工学院经济学家;加尔布雷斯,经济学家,先后执教于加利福尼亚大学、哈佛大学、普林斯顿大学;托宾,耶鲁大学经济学教授;哈丁,内布拉斯加大学农学院院长、校长;基辛格,哈佛大学政府管理学、国际关系学教授;盖福德·斯蒂弗,物理学家,曾任麻省理工学院工程学院副院长、卡内基梅隆大学校长,先后担任尼克松和福特总统的首席科学顾问;布热津斯基,哥伦比亚大学政治学、国际关系学家;马歇尔,得克萨斯大学经济学、政府管理学家,卡特时期任劳工部长;拉维奇,纽约大学教育史与教育政策学者,曾任老布什总统的助理教育部长;奥尔布赖特,乔治敦大学国际事务、外交学教授,1997年出任国务卿;约瑟夫·奈,哈佛大学肯尼迪政府学院院长,卡特时期任助理国务卿,克林顿时期任助理国防部长;赖斯,斯坦福大学政治学教授,曾任小布什总统的国务卿;曼昆,哈佛大学经济学家,小布什时期任白宫经济顾问委员会主席。

拥有哈佛大学博士学位、曾在芝加哥大学执教长达12年的巴拉克·奥巴马当选美国总统后,对大学学者更是倚重有加。除任命获诺贝尔奖的物理学家朱棣文担任能源部部长外,奥巴马还召集任用了劳伦斯·萨默斯(Lawrence Summers)、克里斯蒂娜·罗默(Christina Romer)、彼得·欧尔萨格(Peter Orszag)、奥斯坦·古尔斯比(Austan Goolsbee),以及李侃如(Ken Lieberthal)、何汉理(Harry Harding)等大批学者专家,为其在科技、经济、外交方面出谋划策。[1] 在本书中,笔者将这一现象概括为"专家参政",即大学学者作为专家参与政府事务。

随着"智囊团"在20世纪30年代引起广泛关注和好奇,人们试图对凸显出来的专家参政现象追根溯源。观察家E. K.林德利1933年撰文称,早在1932年以前,雪城大学(Syracuse University,又译锡拉丘兹大学)、哥伦比亚大学、康奈尔大学等高校的学者们便已受到纽约州州长富兰克林·罗斯福的召用,还有一些学者出现于胡佛时期的联邦政府内阁及委员会中。[2] 1938年,社会学家克劳德·鲍曼认为:专家参政的大规模涌现得益于第一次世界大战。正是战争的特殊形势促使威尔逊总统广泛动员大学学者为政府服务。[3] 历史学家对专家参政的追溯更为久远。理查德·霍夫斯塔特认为,早在20世纪前10年,一些政治家便已经起用大学学者为政府提供专家服务了。尤其是在进步主义改革的模范州——威斯康星州,州政府与威斯康星大学教授之间的亲密合作"预示了后来所有智囊团的出现"[4]。此后,研究者们越来越多地意识到,20世纪30年代因

---

[1] 朱棣文,斯坦福大学、加州大学伯克利分校物理学教授;萨默斯,哈佛大学校长,经济学家;罗默,加州大学伯克利分校经济学教授;欧尔萨格,布鲁金斯学会高级研究员;古尔斯比,芝加哥大学商学院教授;李侃如,密歇根大学政治学教授;何汉理,弗吉尼亚大学巴滕公共政策学院院长,政治学家。

[2] E. K. Lindley, "War on the Brain Trust," *Scribner's*, XCIV, 257, 1933. 转引自 Claude Bowman, *The College Professor in America: An Analysis of Articles Published in the General Magazine, 1890–1938*, [reprinted], Arno Press Inc., 1977. p. 159.

[3] Bowman, *The College Professor in America*. pp. 158–159.

[4] 理查德·霍夫斯塔特:《改革年代》,河北人民出版社1989年版,第129页。

"智囊团"而凸显的专家参政现象，实际上源自美国各级政府在20世纪早期的政治实践，进步时代的"威斯康星理念"以及一战时期威尔逊总统的"调查团"（The Inquiry）乃是专家参政现象的雏形。对此，霍夫斯塔特一语中的："随着进步主义一代人的崛起，学者作为（政府）专家的时代终于到来了。"① 本书所考察的正是这一处于雏形阶段的专家参政现象。

二 相关概念的梳理

对于大学学者作为专家参政的现象，学术界有着各种称谓和理解。早在20世纪初，威斯康星大学教授托马斯·S.亚当斯就将威斯康星州政府吸收威斯康星大学学者担任公职的经验概括为"专家治理"（government by experts）②；哥伦比亚大学教授詹姆斯·卡特尔（James McKeen Cattell）则认为，由科学家、社会科学家等学术人士参与的"专家政府"（expert government）同"代议制"一样乃政治民主之必需。③ 学者出身的伍德罗·威尔逊或许是出于拉拢选民的需要，曾在1912年的水牛城竞选演说中警告"专家的政府"（government of experts）的浮现。至"新政"时期，大学学者作为专家参政的现象因罗斯福的"智囊团"而变得愈发突出，人们对此类现象的称谓更是五花八门。诸如"教授治理"（government by professors）、"专家政治"、"专门家的政治"等说法，在20世纪30年代的美国屡见不鲜，乃至影响到当时的中国知识界，引起了胡

---

① Richard Hofstadter, *Anti-intellectualism in American Life*, Knopf, 1963, p. 196.
② "Urges University Course to Train City's Employees Philadelphia Should Adopt Plan Says Professor Adams," *The Philadelphia Inquirer*, May 25, 1913. ［Early American Newspaper Database］.
③ John Recchiuti, *Civic Engagement: Social Science and Progressive-Era Reform in New York City*, University of Pennsylvania Press, 2007, p. 14.

适、罗隆基和张君劢等中国学人的讨论。① 后世的一些研究者还使用"专家治国""专家资政"（expert consultancy）、"专业知识人的统治"（rule by men of expertise）来描述20世纪初美国大学学者作为专家参政的趋势。②

鉴于称谓的纷繁复杂，各种术语令人眼花缭乱，本书有必要对相关的基本概念进行梳理，阐明"专家"究竟所指何人，所谓"专家参政"与各种话语中最常见的"专家治国""学者从政"有何区别，进而确定"专家参政"的基本特点。唯有如此，方能避免引起种种混淆和误会。

（一）作为专业知识分子的"专家"

尽管不同的观察家和研究者在运用"专家治理""专家政府""专家治国""专家政治"等称谓时各有其独到的见地，但基本上都和本书所言"专家参政"一样，将来自大学的学者在政府事务中所扮演的角色——"专家"——作为其在描述这类现象时强调的核心所在。因此，对"专家"这一核心概念加以界定和说明，是阐明20世纪初美国专家参政现象的必要前提。

"专家"，又称"专门家"，指"对某种学术、技能有专长的人"（《辞海》）。其中，学术指专门的、系统的知识，技能指运用知识和经验并进行实践的方式。广义的"专家"既可指知识理论及学术层面的专家，即所谓的"专业知识人"（men of expertise），如学问精湛的经济学家；又可指实践、经验层面的专家，又曰"行家里手"，如资深的投资人和熟练的技术人员。本书所关注的大学学者在政府事务中所扮演的"专家"角色，主要属于前者，即知识理

---

① 肖高华：《近世书生持国论——二十世纪二三十年代知识界的"非民治"现代国家建构方案》，《社会科学家》2010年第4期。
② 李剑鸣：《大转折的年代》，天津教育出版社1992年版，第244页；杨艳蕾：《超越大学的围墙："威斯康星理念"研究》，中国社会科学出版社2015年版，第20页；David M. Grossman, *Professors and Public Service, 1885–1925: A Chapter in the Professionalization of the Social Sciences*, [Dissertation], Washington University, 1973, p. 133.

论及学术层面的专家。

作为专业知识与技能即"专长"（expertise）的掌握者，专家在现代社会中的出现乃是知识高度专业化所导致的知识分子内部分化的必然结果。① 这一内部分化主要体现在法国思想家福柯所说的"普遍知识分子"与"专业知识分子"的分野上。根据福柯的解释，所谓"普遍知识分子"是指那些自视能为人类、为社会的发展提供一种普遍适用的理论或意识形态的传统知识分子，他们以社会良心自居，游离于体制之外，面向公众写作发声，往往是社会的批判家或政治上的异议者。"专业知识分子"即专家，他们栖身于体制化的大学或实验室，身为教授或专职科学家，仅仅面向专业读者写作，"在某一特定（知识）领域工作，并不创造一种普遍的关于这个世界的理论"②。

除了福柯外，许多其他学者也对知识分子做过类似的划分。例如，霍夫斯塔特认为，知识分子所扮演的社会角色，要么是意识形态家，要么是专家。③ 卡尔·博格斯提出"作为古典学者、哲学家、牧师或文学人士的传统知识分子"与"专业知识分子"之间的两分，认为后者在现代社会中逐渐取代了前者。④ 基辛格则表示："知识分子作为专家……是被要求来解决问题的，不是来探讨目的本身的含义的。"因此，专家型的知识分子，是难以像传统知识分子一样去充当社会价值的阐发者和代言人的。⑤ 对知识分子内部的分化或者说越来越"专家化"最具批判性的论述，来自美国历史学家拉塞尔·雅各比。在20世纪80年代末轰动一时的《最后的知识

---

① 萨义德将知识分子的"专家化"归因于专业主义（professionalism）的兴起。（见爱德华·萨义德：《知识分子论》，读书·生活·新知三联书店2002年版，第65页。）

② 李银河：《福柯：我没见过知识分子》，李银河：《福柯与性》，山东人民出版社2001年版。

③ Hofstadter, *Anti-intellectualism in American Life*, p. 35.

④ 卡尔·博格斯：《知识分子与现代化的危机》，江苏人民出版社2002年版，第121—124页。

⑤ 利普赛特：《关于知识分子的类型及其政治角色》，梁从诫主编：《现代社会与知识分子》，辽宁人民出版社1989年版。

分子》一书中，雅各比以传统型的公共知识分子作为知识分子的正统与理想形象，将传统知识分子与专家型知识分子的此消彼长哀叹为"知识分子的衰亡"①。

普遍知识分子与专业知识分子之间的最大区别体现在其探究对象和方法的截然不同上。普遍知识分子以百科全书式的、非专业性的知识视野来探寻普遍真理和公共正义。他们以社会的良心和眼睛自居，致力于通过公共参与来"为天下立心，为生民立命"。相比之下，专业知识分子并不追求一种普遍的绝对真理，而是探索其专业领域内的相对真理与客观知识，解决专业性的具体问题。在处理与外部世界的关系时，普遍知识分子体现出强烈的公共性和非专业性，他们认为自己有义务向那些不明真相的民众阐明普遍的真理和社会的良知，因而常常体现出对现实世界尤其是权力的不满与叛逆。专业知识分子对外部世界的态度则分为两种：一种是"非公共性"的态度，即潜心于自我的专业研究，"躲进小楼成一统"。另一种则是经世致用的态度，运用专业知识来化解现实社会中的重大难题。对于部分专业知识分子的入世方式，福柯有过一段很重要的说明：

> （专业）知识分子的工作不是要改变他人的政治意愿，而是要通过自己专业领域的分析，一直不停地对设定为不言自明的公理提出疑问，动摇人们的心理习惯、行为方式和思维方式，拆解熟悉和被认可的事物，重新审查规则和制度，在此基础上重新问题化（以此来实现他的知识分子使命），并参与政治意愿的形成（完成他作为一个公民的角色）。②

由此可见，"公共性"并非如一些研究者所以为的乃传统的普

---

① 拉塞尔·雅各比：《最后的知识分子》，江苏人民出版社2002年版。
② 福柯：《对真理的关怀》，《权力的眼睛》，第147页。转引自许纪霖主编《公共性与公共知识分子》，江苏人民出版社2003年版，第55页。

遍知识分子所独有，专业知识分子同样可以其特定的方式来参与公共事务。不过，专业知识分子不是普遍知识分子，专家不是意识形态家。他们对于外部世界（社会）没有进行形而上的思考，他们的分析和批判往往是从专业领域的特殊立场出发，根据其专业领域所知，并常由专业活动表现出来。他们更关心的是此时此刻，就事论事，解决当下的具体问题。①

（二）"专家治国论"

人们对于"学术与政治"或曰"知识与权力"关系的认知，大致存在理想主义和现实主义两种对立的基本路径。理想主义路径强调学术活动的"非政治性"（apolitical），认为政治的介入会伤害学术活动的价值中立原则和客观性追求。自19世纪以来，无论是柏林大学创办者洪堡的"学术自由"理念，还是马克斯·韦伯的"以学术为志业"，实际上都暗含着学术与政治无涉的主张。根据这种主张，学者应居于象牙塔中，潜心于探究学问，提供中立的客观知识，扮演"为学问而学问""为知识而知识"的"纯学者"形象。现实主义路径则反其道而行之，认为"知识与权力"或曰"学术与政治"作为两个相对分离、互不从属的独立领域的图景仅仅是一种存在于观念之中的理想或曰追求，两者在现实中几乎不可能完全分离或划清界限。从任何一个国家的政治实际来看，尽管"知识分子群体中的大部分人在政治上是不活跃的"，但不可否认"总有相当一部分知识分子卷入政治事务"②。

知识分子卷入或介入政治的方式各异，有学者将之归纳为三种

---

① 福柯：《权力与性》，《权力的眼睛》，第48页。转引自许纪霖主编《公共性与公共知识分子》，第56页。巴特摩尔：《平等还是精英》，辽宁教育出版社1998年版，第60页。

② 赵佳苓：《知识分子政治角色的分化》，梁从诫主编：《现代社会与知识分子》，辽宁人民出版社1989年版。

类型：一是弃学从政，加入政党，成为职业政客；二是议政，相当于"独立政论家"；三是作为专家进入政府，担任高级文官或参谋顾问，成为官僚体制中的一员。① 其中，最后一种类型即为本书所言之"专家参政"。专家参政的实践，在20世纪的美国、中国乃至其他各国的现实政治中皆屡见不鲜。② 主张政府吸收和重用专家、由他们来管理国家的思想理念由来已久，这一理念通常被称为"专家治国论"。

"专家治国论"在西方历史上可谓源远流长。有学者将其远祖追溯至古希腊思想家柏拉图的"哲人王"思想。近代英国哲学家培根也幻想过一个由科学家、工程师、理论家和实验员领导的国度——本色列岛，但西方学术界更多地认为法国空想社会主义者圣西门（1760—1825）才是"专家治国论之父"。1803年，圣西门在《一个日内瓦居民给当代人的信》中首次提出由科学家、学者、艺术家来取代牧师成为工业社会的掌权者和管理者的设想。③ 20世纪初，美国工程师威廉·史麦斯首创"专家治国"（technocracy）一词，意为"民众通过服务于他们的科学家和工程师来进行有效的统治"。同年，美国经济学家索尔斯坦·凡勃伦在《日暮》杂志上发表系列文章，倡导"专家治国"。这些文章于1912年被汇编出版，定名为《技术专家与价格体系》。至此，"专家治国论"作为一种具有真正意义的社会思想登上了历史舞台。

在20世纪上半叶的美国，以凡勃伦为代表的专家治国论者相当激进。凡勃伦本人主张"工业性翻转"（industrial overturn），即用"技术专家苏维埃"来推翻现存的资本主义制度。凡勃伦的追随

---

① 黄波：《将心托明月，明月照沟渠——民国学者从政脉络》，《书屋》2004年第11期。

② 如20世纪二三十年代，蒋介石的南京政府便尝试过吸收学者作为专家参政的实践。（见邓丽兰《南京政府时期的专家政治论：思潮与实践》，《天津社会科学》2002年第2期。）

③ 王德禄、刘志光：《中国现代思想中的专家治国论》，《自然辩证法通讯》1999年第2期。

者——美国工程师霍华德·斯科特更是"青出于蓝而胜于蓝"。他不仅鼓吹夺取国家政权,消灭资本主义经济制度和代议制政府,将新建的社会交由技术专家以科学的方式加以管理等,还设想美国、加拿大、墨西哥及中美洲各国组成"科技国"(technate),由一个名为"大陆管理委员会"的机构来实现彻底的"专家治国"。由于大萧条给美国社会经济所带来的重创,激进的"专家治国论"风行一时。在霍华德·斯科特等人的大力鼓动下,专家治国从原先囿于学院内讨论的思想理念转化为一场社会运动。1933年至1936年,美国各地陆续成立了"美国专家治国联盟"(American Technocratic League)、"美国专家治国委员会"(American Council of Technocracy)、"专家治国社"(Technocracy, Inc.)等组织。

斯科特等人引领的专家治国运动无论在纲领还是策略上都过于激进,难以争取广泛的社会支持,因而在短短数年后便迅速分化、衰退。40年代后,早期专家治国论者动辄要推翻现存制度和政府的激进主张已鲜有人问津,但"专家治国论"作为一种倡导科学家、社会科学家等专业学者来治理所谓"后工业社会"的理念却引起学术界的反复讨论。其中最具代表性的是美国经济学家约翰·加尔布雷斯的《新工业国》和丹尼尔·贝尔的《后工业社会的来临》。加尔布雷斯在《新工业国》中提出,在美国这样的管理型社会中,权力将转向所谓"技术统治阶层"。这一阶层是一个"庞大的、向决策者提供专业知识、信息和经验的群体",包括科学家、设计师、工程师、技术人员和其他专家。丹尼尔·贝尔则写到:"如果说过去百年间处于统治地位的人物一直是企业家、商人和工业经理人员,那么,'新的人物'就是掌握新的智力技术的科学家、数学家、经济学家和工程师。"[①]

"专家治国"的理念之所以被战后美国学术界老调重弹,一方面是因为战后的"专家治国"思想摒弃了早期专家治国论者的激进

---

① 丹尼尔·贝尔:《后工业社会的来临》,科学普及出版社1985年版,第380页。

主张①，另一方面更在于此时美国学术界对"专家治国"的描述或预测，看上去似乎和20世纪三四十年代以来美国政治中专家参政的现实趋势颇相吻合。这样一来，专家治国作为一种理念固然激进并饱受争议，但现实中的专家参政趋势却愈演愈烈。这一趋势主要体现在以下几个方面：进入政府任职的学者专家人数越来越多；政治决策同科学技术之间的关系日益密切；通过研究来为政府提供政策选择、影响决策的组织——思想库也迅速发展。②

（三）"专家参政"：与"学者从政"对比

按照美国思想史家默尔·柯蒂（Merle Curti）的说法，文人、学者从政之现象在美国历史上由来已久。在1787年费城制宪会议上，与会代表中便有两位高等院校的校长、三名教授，此外还有不少业余学者，其中翘楚当推本杰明·富兰克林。③ 至19、20世纪之交，以大学教授为主的学术界人士通过政党及选举政治成为民选官员之事也屡见不鲜。除了众所周知的"学者总统"伍德罗·威尔逊外，还有以耶鲁大学历史系教授身份当选为州长、联邦参议员的海勒姆·宾厄姆（Hiram Bingham），以及以耶鲁大学研究生院院长身份当选为州长的威尔伯·克罗斯（Wilbur Cross），多次竞选芝加哥市市长、组建伊利诺伊州进步党的芝加哥大学政治学教授查尔斯·梅里亚姆（Charles Merriam）等。

这种历史上早已有之的文人、学者从政现象与20世纪美国政治中日渐凸显的专家参政现象有何不同呢？概而言之，两者之间的

---

① 凡勃伦、斯科特等早期专家治国论者强调科学、技术应压倒政治，因此，理想的"专家治国"社会具有彻底的非政治性。丹尼尔·贝尔则明确反对这一点，故有人认为贝尔在某种意义上又是"反专家治国论者"。（见杨辰起《20世纪美国科技治国思想论述》，北京大学世界现代化研究中心主编：《现代化研究》第3辑，商务印书馆2005年版。）

② 杨辰起：《20世纪美国科技治国思想论述》，《现代化研究》（第3辑），第159—161页。

③ Merle Curti, *The American Paradox: The Conflict of Thought and Actions*, Rutgers University Press, 1956, pp. 15–16.

主要区别在于知识分子介入政治所采取的路径。以威尔逊为代表的"学者从政"之人走的是民选、党派政治等常规从政路径，而"专家参政"之人走的是一条"学而专则仕"的非常规路径。具体而言，两者之间的区别主要表现在三个方面：

其一，一般意义上的"学者从政"，倚靠的是这些学者作为公民的个人政治权利，而非其在知识、学问上的优势；"专家参政"则依托于学者之专长——专业知识与技能。他们在公共事务中之所以作为"专家"得到信任和重用，是因为他们拥有专长所赋予的"知识权威"（knowledge-based authority）。[①]

其二，一般意义上的"学者从政"，由这些学者通过个人参与、竞选公职来实现，属单方面的个体行为；"专家参政"却非专家"一厢情愿"所能为之，而必须有赖于专业学术界与政界之间的"两情相悦"——专家与政府（或政治家）双方面的共同意愿、相互需要和互动。[②]

其三，在一般意义上的"学者从政"中，学者通过竞选或党派活动致力于获取具有决策职能、有特定任期的政治官员职务，如市长、州长、总统、州或联邦议员等。一旦成功，这些学者往往要放弃大学教授之类的学术职位，转型为职业政治家。相比之下，应邀参与政府事务的专家并不涉足竞选和党派活动，而通常是被政治家委任到政策咨询、事务执行而非决策性的政府职位上，其任期也不固定。在特殊情况下，一些专家甚至被允许在保留其学术职位的同时，以兼职的方式在政府中任职。

关于以上差异，只需将以普林斯顿大学教授、校长身份跻身政坛的伍德罗·威尔逊与同一时期被任命于联邦产业关系委员会的威斯康星大学经济学家约翰·康芒斯（John Commons）；或将辞去芝

[①] Steven Brint, *In an Age of Experts: The Changing Role of Professionals in Politics and Public Life*, Princeton University Press, 1994, p.131.

[②] Paul Cook, *Academicians in the Government from Roosevelt to Roosevelt*, [Dissertation], University of Kentucky, 1971, [reprinted], 1982, p.155.

加哥大学法学教员之职而转入政坛的巴拉克·奥巴马与其所任命的两任经济顾问委员会主席——加州大学伯克利分校经济学家克里斯蒂娜·罗默、芝加哥大学经济学家奥斯坦·古尔斯比稍作对比，便一目了然。威尔逊和奥巴马走的是学者（弃学）从政的路径，而康芒斯、罗默和古尔斯比则是以大学专业经济学家的身份受到联邦政府的任用，属于专家参政的范畴。

综上所述，"专家参政"特指主要来自大学的专业学者凭借其专长而受到政治家招募或政府任用的现象。它既不同于主要表现在理论层面的"专家治国论"，又与走民选、党派政治路径的"学者（弃学）从政"现象有所不同。"专家参政"是建立在知识和学术的专业化这一基础之上的，同时也反映了政府事务中对专业知识和技术的需要。在政府事务中重视并运用专业学者及其所掌握的专业知识，这是专家参政现象的基本特征。

三　学术史综述

（一）美国学术界的相关探讨与专门研究

美国社会及学术界对专家参政现象的关注，始于20世纪30年代富兰克林·罗斯福总统招募以大学教授为主体的专业学者充当"新政""智囊"之举。就在罗斯福重用"智囊"之初，美国公众对出现在华盛顿的"学者班底"普遍感到不解。舆论界曾就此展开了广泛讨论。由于对专家参政的基本特征缺乏理解，人们在看到罗斯福总统的"智囊"和"学者班底"后往往产生了两种截然不同的错误印象。一种印象是将罗斯福大量起用专家学者的做法视为政治上的一项创举。如《读者文摘》（*Literary Digest*）杂志上刊登的《智囊引发的喧嚣》（Hullabaloo Over the Brain Trust）一文写道："这是政治上的创新，可没人知道它意味着什么。"[①] 另一种印象则

---

① Bowman, *The College Professor in America*, pp. 161–162.

将其同一般意义上的文人、学者从政混为一谈。如艾伯特·阿特伍德（Albert Atwood）、罗杰·肖（Roger Shaw）等人撰文宣称，建国初期的美国政坛一直是饱学之士的天下，诸如约翰·亚当斯、詹姆斯·麦迪逊、托马斯·杰弗逊、亚历山大·汉密尔顿、詹姆斯·门罗等。[①] 因此，人们毫无必要对华盛顿出现的"学者班底"感到大惊小怪。这两种错误的印象均反映出当时的美国人对政府任用学者专家的做法尚缺乏清晰的认识。

1937年，宾夕法尼亚大学克劳德·鲍曼的博士学位论文对20世纪初的大学教授群体展开社会学调查，其中专门讨论了罗斯福政府任用大学学者为其服务的现象。鲍曼一方面反驳了部分舆论将建国初期美国政坛上的文人、学者视为罗斯福任用学者专家之先例的看法，另一方面则强调联邦政府在"一战"期间动员大学学者的经验。他认为，正是这一经验"极大地促成了在紧急时期向教授们求助、让他们有机会发挥专长的趋势"[②]。作为最早论及专家参政现象的学者之一，鲍曼的观点在当时颇具代表性。我国学者胡适在观察30年代美国政治后也得出类似的看法，即只是在"大战的后期和最近经济恐慌时期，国家权力特别伸张时，专家的政治才有大规模试行的可能"[③]。

1941年美国参加第二次世界大战后，联邦政府像"一战"时那样再度动员大学学者的力量，连古典学家、考古学家都前所未有地参与到美军在地中海地区的行动中。"二战"结束后，专家参政的趋势非但没有随着特殊时期的结束而消退，反而得到加强。50年代，行伍出身的艾森豪威尔虽然在竞选中曾极力贬低知识分子，但其入主白宫后所任用的大学教授比罗斯福时代还多。与此同时，威斯康星大学思想史家默尔·柯蒂在20世纪中叶曾大力倡导从社

---

① Bowman, *The College Professor in America*, pp. 158 – 159.
② Ibid., p. 163.
③ 胡适：《中国无独裁的必要与可能》，智效民：《民主还是独裁》，广东人民出版社2010年版。

会史的角度考察"知识"和"知识分子"在美国历史上的作用，使一些历史研究者将视线投向知识社会学的根本命题——知识与权力、知识与社会的关系。在现实与学术的双重启发下，五六十年代的美国学术界涌现出一些探讨美国历史上"知识与社会"或"知识与权力"关系的论著，如《权力之仆》《不稳固的合作：20世纪社会科学与联邦政府》《美国生活中的反智主义》等，其中都讨论了"新政"之前的专家参政趋势。[①] 这些著作认为，在政府事务中任用学者专家的需要并非源于此前社会学家克劳德·鲍曼所强调的"一战"动员，而是产生自19世纪末20世纪初因工业化、城市化所导致的日益复杂的社会问题。为了解决这些社会问题，以罗伯特·拉福莱特（Robert La Follette）为代表的一些进步主义政治家率先意识到向以大学教授为主的专业学者寻求治乱之道的必要性。此外，《不稳固的合作：20世纪社会科学与联邦政府》一书还以19世纪末20世纪初的社会科学界为视角指出，除了进步主义政治家对专家的需要外，学术界尤其是社会科学界内部也分化出一批行动派学者，积极主动地为政府提供所需的专家服务。

《美国生活中的反智主义》是霍夫斯塔特的大作，于1964年荣获普利策奖。在其"专家的崛起"一章中，霍夫斯塔特明确提出，专家参政的实践始于被誉为进步主义改革典范的"威斯康星理念"（the Wisconsin Idea）。1900年后，威斯康星州州长罗伯特·拉福莱特率先在州政府的一些部门、委员会及其他公共机构中大量起用来自威斯康星大学的学者专家，这一做法不仅在当时引起其他州和城市改革派的仿效，也是30年代罗斯福重用"智囊"之举的原型。在解释为什么大学学者在这一时期开始作为专家参与政府事务这一问题时，霍夫斯塔特主要强调的是拉福莱特、西奥多·罗斯福等进

[①] Loren Baritz, *The Servants of Power: A History of the Use of Social Science in American Industry*, Wesleyan University Press, 1960. Gene Martin Lyons, *The Uneasy Partnership: Social Science and the Federal Government in the Twentieth Century*, Russell Sage Foundation, 1965, pp. 17–30.

学术与政治：美国进步时代专家参政现象研究（1900—1920）

步主义政治家的个人号召力和影响力。霍夫斯塔特认为，在引领20世纪初美国政治的众多进步派政治家中，除了威廉·布莱恩坚持在19世纪较为常见的反智主义论调外，其他人几乎都对知识以及知识分子抱有相当的好感。尤其值得称耀之人是西奥多·罗斯福，他将知识和行动合二为一的个人形象以及充满男子气概的独特魅力改变了19世纪末的改革派留给人们的优柔寡断、不重实效的印象，而且他本人也是一位热衷于同知识分子打交道的新派政治家。正是随着西奥多·罗斯福这样的新一代改革派——进步主义者取代19世纪末的"绅士改革派"成为美国政坛的主角，大学学者才开始作为专家走上了进步主义改革的台前幕后。[①]

霍夫斯塔特关于专家参政孕育于进步主义改革的看法，自20世纪70年代以来受到美国学术界的日益重视。许多研究者尤其是思想史、文化史学者接受了霍夫斯塔特所认为的专家参政始于进步时代的看法，对这一时期处于雏形阶段的专家参政现象展开了更加广泛和深入的探讨。如肯塔基大学的保罗·库克在其博士学位论文《政府中的学术人士：从老罗斯福到小罗斯福时期》（1971）中对20世纪头30多年的专家参政趋势进行了总体性的考察。他认为，这一趋势早在内战结束后的高等教育变革中便埋下了种子。高等教育的变革包括诸多方面，如研究型大学的出现和扩张，高等教育服务理念的传播，学术的专业化尤其是社会科学的兴起等，这些因素共同推动着象牙塔内的专业学者走出"学术的藩篱"，向提供专家服务的方向靠拢。库克特别驳斥了30年代关于专家参政仅是"一战"或大萧条等危机时期的产物的旧印象，认为专家参政自20世纪初以来便成为美国政治中的一个持续走向，其间虽有起伏（如"一战"和"新政"时期可视为专家参政的高峰），却延绵不断。[②]

相比之下，华盛顿大学的戴维·格罗斯曼对专家参政的研究更

[①] Hofstadter, *Anti-intellectualism in American Life*, pp. 185 – 196, 199.

[②] Cook, *Academicians in the Government from Roosevelt to Roosevelt*, pp. 2 – 4.

为具体。在其博士学位论文《教授与公职》（1973）中，格罗斯曼聚焦于1925年以前在政府中任职的社会科学学者，将他们的公职活动同美国社会科学的专业化联系在一起。格罗斯曼认为，社会科学学者之所以为政府服务，相当一部分原因是学术专业化的需要，即提高社会科学作为新兴学科的专业地位以及社会科学学者的"专家权威"。具体而言，通过提供专家服务，社会科学学者既可满足政府对专业知识与技能的需求，又可为自身和学科带来益处，如提高个人、学科以及大学的学术声誉，收集在校园里无法获取的研究素材，为社会科学从业者在相应的政府机构中找到工作等。所以，在格罗斯曼的笔下，进步时代的社会科学家是一群将学术研究与社会改革有机结合在一起的有识之士。他们通过学术活动来塑造自己作为客观的科学研究者的姿态，并运用学术研究所获得的专业知识来为进步时代的各项改革提供帮助。同时，他们也通过参与社会改革，反过来为社会科学提供研究素材和对象。正是由于学术研究对专业社会科学学者的重要性，他们"大多不会通过（党派及选举等）政治途径来推行他们（就改革）所提出的科学主张，而是（作为专家）为在选举中胜出的政治强人服务"[①]。

明尼苏达大学的詹姆斯·盖瑞蒂以"威斯康星理念"作为博士学位论文（1979）的研究课题，对进步时代威斯康星州的专家参政现象进行了个案考察。正如其论文标题——"最早的智囊：专业学者、改革与威斯康星理念"所示，盖瑞蒂将那些在进步主义改革时期参与威斯康星州事务的威斯康星大学学者称为"最早的智囊"，实际上肯定了霍夫斯塔特关于专家参政始于"威斯康星理念"的论断。同时，盖瑞蒂不同意格罗斯曼认为社会科学学者出于个人学术或学科发展的"利己"目的才为政府提供专家服务的看法。他在研究了理查德·伊利、约翰·康芒斯和查尔斯·麦卡锡等威斯康星大学学者后得出结论，这些社会科学家们确实心怀一种

[①] Grossman, *Professors and Public Service*, pp. 71, 337–338.

"利他的理想主义",真诚地相信自己所掌握的专业社会科学知识能解决工业化时代的种种弊政,为社会造福。① 盖瑞蒂进一步指出,这种"利他的理想主义"源自19世纪下半叶的自由派神学和基督教中的社会主义思想,并在19世纪末的社会福音运动(Social Gospel Movement)中得到充分体现。②

作为政府中"学者专家"的主体,进步时代的社会科学学者向来是研究者们关注的重点。多萝西·罗斯在《美国社会科学与进步的观念》(1984)一文中坦言:进步时代的社会科学家们自我塑造的"客观""不涉私利"的专家形象是不切实际的,因为他们在宣扬"进步"观念的同时,又劝说人们相信进步必须由他们这样的专家来实现。③ 爱德华·席尔瓦和希拉·斯劳特合著的《为权力服务:美国社会科学专家的形成》(1984)以内战后至"一战"期间美国社会科学的发展为背景,主要考察了社会科学学者如何刻意塑造其在美国政治中的专家角色。与格罗斯曼对社会科学专业化的温和态度不同,席尔瓦和斯劳特拒绝为专业社会科学家的得势即所谓的学术"专业化"高奏凯歌,他们批评这些社会科学"专家"不过是现存秩序的拥护者和保守的改革者:一方面画地为牢,以专业化之名构建自己的知识堡垒,形成对知识的垄断;另一方面则通过为政府服务将所垄断的专业知识换成学术、学科发展的资源。总之,社会科学学者与政府之间有着天然的亲和性,前者无非政治、经济权势的知识同盟而已。④

---

① James L. Gearity, *The First Brain Trust: Academics, Reform and the Wisconsin Idea*, [Dissertation], University of Minnesota, 1979.

② 社会福音运动呼吁基督徒不仅要传播思想,还要立足实践,积极参与到改造社会的行动中,以此打造一个团结互助的和谐社会。(参见郭尚鑫《论美国社会福音运动》,《江西师范大学学报》(哲学社会科学版)1997年第5期;李颜伟:《美国"社会福音运动"探析》,《天津大学学报》(社会科学版)2009年第1期。)

③ Dorothy Ross, "American Social Science and the Idea of Progress," Thomas Haskwell, ed., *The Authority of Experts: Studies in History and Theory*, Indiana University Press, 1984.

④ Edward Silva & Sheila Slaughter, *Serving Power: The Making of the Academic Social Science Expert*, Greenwood Press, 1984, pp. 3 – 4.

席尔瓦和斯劳特的批判性态度得到托马斯·本德的间接响应。在《大学时代的学术理论与政治民主》（1993）一文中，本德以19世纪末哥伦比亚大学的专业经济学家埃德温·塞利格曼（Edwin Seligman）同业余人士亨利·乔治（Henry George）关于单一税问题的辩论为例，描述了专业学者以"专家"之名对业余人士的打压。在本德看来，进步时代的专业学者刻意避免与业余人士为伍，以便在政治、经济精英面前塑造"专家"的权威。这样一来，专业学者方能"通过与统治阶层结盟来影响社会"（约翰·康芒斯语）。[①] 以上观点在弗兰克·斯特赖克（1988）对进步时代大学教授群体的跨学科考察中也得到印证。斯特赖克在分析了进步时代大学教授们的收入、职业意识和学术理念后，得出这一结论：以教授为代表的专业学者之所以为政府或企业提供专家服务，并不是因为金钱或物质回报，而是因为要寻求自己作为知识精英的身份认同，并实施对社会的控制。[②]

从进步时代的社会科学家身上，一些研究者还看到了专家权威对传统的大众民主观念的冲击。如利昂·芬克（1997）以威尔逊第一任期内联邦产业关系委员会的劳工改革为例，描述了专家参政在具体实践中同民主理念之间所产生的碰撞。作为该委员会的主席，弗兰克·沃尔什（Frank Walsh）最初承诺要极大地仰仗约翰·康芒斯等专业学者，将自己的工作限于组织听证会，接受民众的反馈和监督。然而，在劳工改革问题上，沃尔什同首席专家查尔斯·麦卡锡（Charles McCarthy）博士发生了激烈冲突，前者主张调动并吸收公众的意见，认为后者作为专家只是"技术性"地调研和起草改革方案，而麦卡锡却坚持改革方案的设计和实施应完全听专家

[①] Thomas Bender, "Academic Knowledge and Political Democracy in the Age of the University," Thomas Bender, *Intellect and Public Life: Essays on the Social History of Academic Intellectuals in the United State*, Johns Hopkins University Press, 1993, pp. 133 – 135.

[②] Frank Stricker, "Professors in the Progressives Era: Incomes, Aspirations, and Professionalism," *Journal of Interdisciplinary History*, Vol. 19, No. 2, Autumn, 1988, pp. 231 – 257.

的。在谈及麦卡锡的落败时，芬克认为，专家们设计的劳工改革方案并非由劳工自身所提出，麦卡锡也未能为这一方案赢得足够的民众基础。因此，一旦失去德意志的俾斯麦或威斯康星州的拉福莱特这类政治领袖的支持，学者专家便很难将专业知识与技术转换为政治现实。[1]乔治敦大学文化史家詹姆斯·史密斯（1991）认为，专家权威与大众民主之间的张力是由专家的性质所注定的。那些服务于政府的专家毕竟不是过去的公共知识分子，而是"知识工程师"。他们关注的是技术性问题，而不是价值关怀。即便是那些以社会为工作对象的社会科学学者，也自我塑造为纯粹的"科学家"，向硬科学即自然科学或医学等看齐。如进步时代的社会科学家们借用医学中"治疗"的概念，自视为"为社会把脉的医生"，结果多从技术角度寻求治愈社会顽疾之道，而不太关心下层群众和个体的主观感受。[2]

对此，研究19世纪末20世纪初美国专业经济学界与进步改革之间关系的普林斯顿大学经济学教授托马斯·伦纳德（2016）精辟地指出：一方面倡导由专家来治理的现代行政国家，另一方面又以扩展和促进民主为己任，这是进步主义改革的内在悖论之一。伦纳德发现，那些力促专家参政的社会科学领袖尽管声称为公共利益服务，但实际上对民主有着毫不避讳的反感，他们寻求的是参与政府以实现对社会的控制。如理查德·伊利（Richard Ely）坦承自己更倾向于"天然贵族"——知识才干上的优秀者的统治，而非民主政治。爱德华·罗斯（Edward Ross）则主张"将控制权从一般公民和纳税人那里夺走，这样就等于交给那些头脑聪明、高瞻远瞩且心怀社会之人一种更有力的工具"。欧

---

[1] Leon Fink, "Expert Advice: Progressive Intellectuals and the Unraveling of Labor Reform, 1912 – 1915," Leon Fink, et al., *Intellectuals and Public Life: Between Radicalism and Reform*, Harvard University Press, 1997, pp. 182 – 213.

[2] James Allen Smith, *The Idea Brokers: Think Tanks and the Rise of the New Policy Elite*, Maxwell Macmillan International, 1991, p. 17.

文·费雪（Irving Fisher）的表述最为直白："世界上存在两个阶级——有教养的阶级和愚昧无知的阶级——对进步来说，最根本的是要允许前者主宰后者……只要我们承认有教养阶级教导无教养阶级是可取的，我们便会看到人类未来进步的一番无边无际的美妙蓝图。"塞利格曼似乎看到了专家参政的局限性，但依然持有一种半精英论的观点。他认为，专家之于政府，犹如牧师之于教堂。"学者必须拥有牧师般的虔诚品质，履行牧师式的职责，包括政治活动。"① 总之，在伦纳德看来，专家参政本质上是精英政治的展现，只不过在专业化学术的包装下被赋予了新的形态。正是在这种以专业化学术为包装的精英主义思维的基础上，进步时代的社会科学学者致力于实施"社会控制"②，并由他们对改革对象做出"值得之人"（the worthy）和"不值得之人"（the unworthy）的划分。那些"不值得之人"如黑人、新移民以及缺乏教育和基本生活保障的社会底层人群，很容易被社会科学学者们冠以某种科学术语的称谓（如"弱智"③），继而被排斥在"社会进步"的范畴之外。④ 这也难怪社会科学学者在进步主义改革中所扮演的专家角色常常引起后来的研究者们的诟病了。

近年来，还有一些研究者就进步时代的专家参政进行了个案分析。约翰·雷基乌蒂在《公共参与：社会科学与进步时代纽约市的改革》一书中将目光投向了被称为"社会科学的天然试验

---

① Thomas C. Leonard, *Illiberal Reformers: Race, Eugenics and American Economics in the Progressive Era*, Princeton University Press, 2016, pp. 49 – 54.
② 《社会控制》是进步时代著名社会学家爱德华·罗斯的大作。根据罗斯的看法，所谓"社会控制"，即通过法律、道德、舆论、风俗、习惯、宗教等工具来实现社会的和谐与稳定。（罗斯：《社会控制》，华夏出版社1989年版，"序言"。）
③ "弱智"（feeble-minded）一词是进步时代的一些优生学家、心理学家以及从事慈善及矫治事业的改革家广泛使用的"术语"，用以描述经过智力测验或其他"科学方法"而显示"心智存在缺陷"（mental deficiency）的人群。
④ 参见托马斯·伦纳德《反自由主义的改革者：种族、优生学与进步时代经济学》一书第七、八章和第九章。（Thomas C. Leonard, *Illiberal Reformers: Race, Eugenics and American Economics in the Progressive Era*, Princeton University Press, 2016, pp. 109 – 168.）

场"的纽约市，考察了纽约市尤其是哥伦比亚大学的社会科学学者参与进步主义改革的情况。雷基乌蒂对进步时代的社会科学家们评价颇高，认为"正是站在进步主义社会科学家的肩膀上，才有了罗斯福新政、杜鲁门的公平施政、约翰·肯尼迪的新边疆、林登·约翰逊的伟大社会"①。当然，他也承认这些学术精英在参与改革时所面临的困惑——在一个民主社会中真的能将国家交由专家来治理吗？与伦纳德不同的是，雷基乌蒂笔下的学者专家们并非站在民主的对立面，而是一群试图将专家的指导融入民主社会的调和者。此外，史蒂夫·迪纳的《一座城市与它的大学》以19世纪末20世纪初的芝加哥市为背景，考察了来自芝加哥大学、西北大学等高校的学术界人士在芝加哥市的进步主义改革中所做出的贡献。②

一般而言，1917年美国参加第一次世界大战被视为进步主义改革浪潮走向衰退的开始。从美国社会所面临的主要矛盾来看，情况确实如此，以解决国内弊政为主要内容的进步主义改革在1917年后让位于战时动员和对外作战的需要。不过，1917年后的美国政治依然由威尔逊总统所代表的进步主义力量所主导，只是进步主义者的关注点从国内转向国外而已。所以，本书将威尔逊的第二任期（1916—1920）依然归于进步时代。③在这一阶段，战争的到来为更多的大学学者进入政府提供了极佳的机会，数以千计的学者离开校园，作为专家参与到政府事务甚至军事行动中，以至于在战争期间出现了一股较之于和平时期更甚的专家参政热潮。专家参政带来的益处以及潜在的问题均随着这股专家

---

① Recchiuti, *Civic Engagement*, p. 223.
② Steve Diner, *A City and Its Universities: Public Policy in Chicago, 1892 – 1919*, University of North Carolina Press, 1980.
③ 关于美国参加第一次世界大战与其国内的进步主义改革之间的关系，参见赵辉兵《第一次世界大战与美国进步运动的盛衰》，《徐州师范大学学报》（哲学社会科学版）2009年第3期。笔者同意文中的观点，即1917年美国介入"一战"是进步主义运动盛极而衰的开始，但并非进步主义改革的终结。

参政热潮的到来而得以充分展现。劳伦斯·盖尔芬德的《调查团：迎接和平》对威尔逊总统在战时下令成立的专家咨询机构——"调查团"进行了专门考察。在其成立的一年多时间里，上百名历史学家、地理学家以及其他学科的学者进入调查团，在联邦政府的要求和组织下对当时的重大国际问题和国家、民族问题展开全面调查。[1] 学者们以研究报告的形式向政府提供专家建议，并为威尔逊总统所采纳，成为他在巴黎和会上所提出的"十四点"原则的基础。卡罗尔·格鲁伯的《战神与智慧女神：第一次世界大战与美国高等学问之用》则详细论述了1917年至1920年来自各大高校的数以千计的学者在战前备战、战时作战以及战后媾和中的活跃表现。格鲁伯认为，大学学者的积极参与固然为美国赢得战争胜利提供了强大的推力，但他们也因此丧失了作为知识分子对真理的追求。[2]

（二）国内学术界的相关论述

美国学术界对进步时代专家参政的研究虽称不上汗牛充栋，但对该现象所涉及的一些基本问题做出了相应解释。相比之下，我国学术界对进步时代专家参政现象的关注较为欠缺，相关研究极少，仅少数研究者在讨论20世纪初的美国进步主义运动时以寥寥数笔提及这一现象。如在国内首部研究美国进步主义运动的专著《大转折的年代》（1992）中，李剑鸣指出，主张专家参与政府事务的"专家治国"理念是进步主义者的政府改革三大方案之一。这是"应政府工作日益专门化和管理科学化的需要而兴起的"。因此，在进步时代，"专家开始登上政府管理的舞台"，威斯康星州则是当时"专家治国的典范"。从改革理念上而言，专家治国在现实政

---

[1] Lawrence Gelfand, *The Inquiry: American Preparations for Peace, 1917 – 1919*, Yale University Press, 1963.

[2] Carol Gruber, *Mars and Minerva: World War I and the Uses of the Higher Learning in America*, Louisiana State University Press, 1975.

治中的反映便是专家参政现象。① 北京大学的牛可在《国家安全体制与美国冷战知识分子》中简要追溯了20世纪初以来大学学者作为专家参政的历史脉络。他认为,这一趋势始于进步主义改革,历经"一战""新政""二战",最终引出"二战"后所谓"冷战知识分子"登上美国政治舞台。② 因为该文讨论的主要是"冷战知识分子"参与美国政府事务的问题,所以对进步时代的专家参政现象着墨不多。中山大学的岳经纶则阐述了社会科学学者们在进步时代的各项社会改革中的积极参与和活跃表现。此文并未专门论及当时的社会科学学者参与政府事务的情况,但肯定了社会科学学者对进步主义改革所起到的积极作用,认为"在他们(社会科学学者)的积极参与和推动下,美国在20世纪初进行了广泛的社会、经济和政治改革,成功化解了社会矛盾,避免了社会革命,实现了社会和谐"③。此外,李颜伟在其《知识分子与改革》中用少量篇幅论述了莱斯特·沃德、约翰·杜威等大学学者在进步主义改革中的表现。不过,她讨论的主要是这些大学学者作为公共知识分子"议政"思想的一面,并未关注这一时期大学学者进入各级政府,作为专家担任公职的实践活动。④

综上所述,鉴于国外学者对进步时代专家参政现象的研究大多较为零碎,观点亦莫衷一是,有的还比较片面,本书试图在国外已有研究成果的基础上,综合各方观点,尽量运用原始资料,将进步时代的专家参政作为20世纪美国社会和国家政治中出现的一种新趋势加以全面和深入的历史考察。这一考察可以使我们辩证地看待专家参政现象在美国现代国家构建过程中所产生的影响和所具有的历史意义,不仅能弥补国内学术界对这一现象关注极少的缺憾,而

---

① 李剑鸣:《大转折的年代》,第244页。
② 牛可:《国家安全体制与美国冷战知识分子》,《二十一世纪评论》2003年第10期。
③ 岳经纶:《社会科学、知识分子与和谐社会:美国进步时代的启示》,马骏、刘亚平编:《美国进步时代的政府改革及其对中国的启示》,格致出版社2010年版。
④ 李颜伟:《知识分子与改革:美国进步主义运动新论》,中国社会科学出版社2010年版,第141—151页。

且可以克服国外学者的研究虽然比较深入但亦较为碎片化的不足之弊端,使我们对进步时代专家参政现象的把握能高屋建瓴,以小见大。唯有如此,我们才能对进步时代的专家参政现象做出客观的评价,并且有助于从历史的角度理解为什么20世纪以来许多像朱棣文、萨默斯和李侃如这样的一流学者和名校教授会离开象牙塔和实验室,出入于当代美国政治舞台这一现象。

第一章　内战后的高等教育变革与大学学者的出现

　　大学学者作为专家参与政府事务，需以大学和专业学者的存在为前提。然而，内战以前的美国并不具备这一历史条件。当时，美国的高等教育延续的是殖民地时代的旧式学院体制。旧式学院多受教会控制，以传授古典、宗教知识为宗旨，对19世纪日新月异的科学技术知识漠不关心，其知识水平几乎只能与欧洲或美国的一些名牌高中相提并论。学院里的教师虽被称为"学者"，但大多并不"专业"——他们被要求掌握并讲授各种古典、宗教知识，无心也无力从事任何专门性的科学研究，与他们的欧洲（尤其是德意志）同行——那些"以学术研究为志业"的大学教授们相距甚远。由于学院教育的陈腐和羸弱，学院教师"学无专长"，由学院所主导的高等教育以及学院教师所构成的"学者"群体在美国社会中几乎处在被边缘化的地位，也常常沦为美国公众的笑柄和鄙夷对象。让学院里的"学者"走出象牙塔，在公共事务中发挥实际作用更是无从谈起。

　　这种状况在内战结束后的数十年里发生了重大变化。自19世纪60年代末70年代初开始，一股被后来的历史学家称为"大学革命"的高等教育改革之风席卷全国。新的研究型大学如雨后春笋一般陆续涌现，旧有的学院也纷纷改弦更张，转型成为以研究为重心的大学。这些新型大学要求教师们务必以学术研究为首要任务，进而带动了学术的专业化与职业化。在内战后的"大学时代"，大学教师竭力将自己打造成专业学者，并在越来越多的学科领域里建立各种专业学会,成为美国学术生活的真正主宰。至此,美国的高等院校教师才真正地与马克斯·韦伯所说的学者——"以学术研究为志业"之人画上了等号,美国的大学也才真正成为一种以院系为单位汇聚专业学者的教育和研究机构。

概言之,以大学教授为代表的专业学者群体在内战前的美国并不存在,它的出现乃是19世纪末的"大学革命"和学术专业化的结果。正是这一历史性的转变为专家参政在美国的出现与发展奠定了社会基础。

第一节　书生无用:内战前高等教育与学者在美国的边缘地位

作为当今世界高等教育最为发达的国家,目前美国拥有约4000所各类高等院校,其鼻祖乃十七八世纪英属北美殖民地居民模仿英国本土学院模式而创办的九所老牌学院,包括哈佛学院(1636,今哈佛大学)、威廉玛丽学院(1683)、耶鲁学院(1701,今耶鲁大学)、新泽西学院(1746,今普林斯顿大学)、国王学院(1754,今哥伦比亚大学)、费城学院(1755,今宾夕法尼亚大学)、罗德岛学院(1764,今布朗大学)、女王学院(1766,今新泽西州立大学暨罗格斯大学)和达特茅斯学院(1769)。

与当今美国大学在国内乃至国际社会所享有的重要地位和崇高声誉相比,内战以前由学院所主导的美国高等教育不仅在社会上处于日益被边缘化的地位,而且在公众中的声誉亦每况愈下。与此同时,那些被视为"学者"的学院人士更是常常沦为公众的笑柄和鄙夷的对象。他们被鄙斥为一群囿于书斋、不切实际、"与世隔绝"的"书呆子",根本干不了实事。1837年8月31日,拉尔夫·爱默生(Ralph Emerson)回到母校哈佛学院,站在老北教堂(Old North Church)的木制讲台前,面向哈佛师生们做了一场题为"美国学者"的演讲。在这篇被后世誉为"美国思想文化的独立宣言"的著名演讲中,爱默生带着颇不服气的心情描述了当时社会公众对学院人士的普遍看法：

> 这世界上流行着一种观点，认为学者就是手无缚鸡之力的隐士——他们干不了手工活，也不参与集体劳作，如同削笔刀干不了斧头的活。所谓的"实干家"自然对这些纸上谈兵之人充满鄙夷，因为他们只知道东瞅瞅西想想，根本干不了实事。教士，是我们这个时代最能被视为学者的人，而我却听到人们把他们称作"娘娘腔"，因为他们不会像男人那样豪爽、率性地交谈，而是小心翼翼，字斟句酌。事实上，人们根本不把他们当男人，还有人说他们还是别结婚好。①

（一）内战前由学院主导的美国高等教育与公众的反感

作为19世纪上中叶最负盛名的美国学者之一，爱默生于1817年进入美国最古老的高等学府——哈佛学院。该校于1636年由马萨诸塞公理会清教徒创办，是一所典型的旧式教会学院。据美国教育史家唐纳德·图克斯伯里的统计，从哈佛建校至内战前夕的两个多世纪里，美国先后成立了大约182所长期办学、存续至今的高等院校。② 除19世纪上半叶兴起的弗吉尼亚大学、印第安纳大学、密歇根大学、威斯康星大学、明尼苏达大学等为数不多的"公立大学"外，以哈佛为代表、由教会创办的学院③在美国高等教育体系

---

① Ralph Emerson, "The American Scholar," Harvard, 1837, Clark Northup, etc., *Representative Phi Beta Kappa Orations*, Houghton Mifflin Company, 1915, pp. 24 – 42.

② Donald Tewksbury, *The Founding of American Colleges and Universities before the Civil War*, reprinted edition, Martino Fine Books, 2011, pp. 16 – 28.

③ 在19世纪上半叶，一些旧式学院仿效欧洲高等教育而改名为"大学"，如罗德岛学院在1804年改为布朗大学。然而，此时的"大学"称谓在美国实乃名不副实。1829年，哈佛校长贾里德·斯帕克斯写到："把我国的学院称为大学，是一个天大的错误。若不经过大的变革，它们不是也不可能是大学。它们只不过是一些学校……我认为，我国任何一所旧式学院都不可能嫁接长出一所大学来。"（Burton Bledstein, *Culture of Professionalism: The Middle Class and the Development of Higher Education in America*, W. W. Norton Company, 1978, p. 223.）

中一直居于主导地位，在内战前的182所高校中约占160所。[①]

由于系教会所办，学院自然以培养具有文化素养的牧师和绅士为主要任务，校长和教师均由牧师来担任。教师对学生主要传授古代语言和古典知识，如希腊语、拉丁语、道德哲学、自然哲学等，并辅以日常的宗教及道德训诫。学生按照年级分班，须在四年里学完所有的课程，以取得文科学士学位。这种学院教育实际上延续了西方古代以"七艺"为主的"博雅教育"传统，它以培养一般性的文化修养而非专业性的知识和技能为主要目标，其本质乃是"通识教育"或曰"通才教育"。正如1853年哥伦比亚学院校董会在一份报告中所指出，学院教育的宗旨在于通过"智力及道德的训练""使人的智力在所有部分和功能上得到完善"[②]。

学院教育尽管在课程内容上重"通识"，但其服务对象却相当有限。一般而言，只有新英格兰地区及南方的一些中上流家庭才会将自己的子弟送到学院读书。对1677年至1703年300名学生家庭出身的调查表明，出身牧师家庭的最多，共79人，占26.3%；其次是出身商人、店主、商船船长家庭的，共45人，占15.0%；再次是出身地方行政官员和律师家庭的，共34人，占11.3%；出身富裕的农场主、警卫队官员家庭的共28人，占9.3%；出身一般的公务员、海员和手工业者家庭的共31人，占10.3%；出身普通农民家庭的仅11人，占3.7%。[③]这些中上流家庭之所以对送孩子读学院感兴趣，主要是因为古典知识在当时被视为"文雅"的标志。让子弟接受学院教育既可以让他们习得文雅，又可以光耀门楣。尤其是"在新英格兰地区"，恰如公理会牧师亨利·沃德·比彻（Henry Ward Beecher）所说："区分名门望族与寻常百姓的最简单办法便是看教育背

[①] Robert Lincoln Kelly, *The American Colleges and the Social Order*, p. 35. 转引自黄宇红《知识演化进程中的美国大学》，北京师范大学出版社2008年版，第17页。

[②] Josiah Royce, "Present Ideals of American University Life," Hugh Hawkins, *The Emerging University and Industrial America*, Robert Krieger Publishing Company, 1985, pp. 10 – 11.

[③] 陈学飞：《美国高等教育发展史》，四川大学出版社1989年版，第22页。

景。（这里）对'学院教育'有着几近迷信的推崇。如果一个人在学院读过书，他便有了头衔。他或许毫无真才实学，也不善打拼，但他有一点让人崇敬——他在学院读过书。比如一个家族，家道中落，空有其名。（在学院读书）这件事可以保住面子，由虚荣而带来快乐。除此之外，它日后在其他方面毫无意义。"①

  对于普通人家来说，送孩子去学院读四年的拉丁文或道德哲学之类的课程，既与现实脱钩，又于生活无益。② 尤其是在边疆地区，拓荒的艰辛和时常迁移的生活使民众对购买书籍、支持教育鲜有兴趣。这样一来，学院往往被平民大众视为"少数人的奢侈品"，是只有家境优越的子弟才有钱和空闲去读的"贵族学校"。19世纪上半叶，来自西部边疆、猎户出身的国会议员戴维·克罗克特（Davy Crockett）曾这样表露老百姓的心声："我不是反对教育，而是教育的益处没有得到公正的分配。学院体制实际上在两个社会阶级之间划出了一条两分线———边是富家公子，一边是贫寒子弟。我们老百姓的孩子在一生中从没见过学院里的世界，也从来不打算这样做。"③ 至于那些在学院里读书的人，他们的形象大多被联想成新英格兰地区的纨绔子弟，或是脸色苍白，手无缚鸡之力，或是满嘴的高谈阔论，不切实际，徒有虚名。1722年，出身贫寒、仅接受过两年学校教育的16岁少年本杰明·富兰克林如此表达他对哈佛子弟的鄙夷：

    在那里（指哈佛学院）获得学位的花花公子，
    永远不会主宰我们的视听。
    我们并不根据气派判断他们的学问，

---

  ① Henry Ward Beecher, *Norwood: Or, Village Life in New England*, Charles Scribner & Company, 1868, p. 181.
  ② Curti, *American Paradox*, pp. 41 – 42.
  ③ Hofstadter, *Anti-intellectualism*, pp. 163 – 164.

不认为卷发下面是最智慧的脑袋。①

美国公众对知识、知识阶层的鄙夷和猜忌，通常被美国历史学家称为"反智主义"（Anti-intellectualism）。默尔·柯蒂、塞缪尔·莫里森曾从殖民地时代以来的宗教传统、19世纪的边疆文化和商业主义以及民主政治的角度，对美国社会中"反智主义"的由来展开过探讨。② 霍夫斯塔特则指出，19世纪30年代被冠以"杰克逊民主"的大众政治运动掀起了"反智主义"的首次浪潮。③ 事实上，无论外部的社会因素在促成19世纪中叶公众对学院教育及学院人士的反感方面起了多大作用，传统的学院教育在当时确实暴露出诸多的内在弊端，惹人诟病，这才是学院教育和学院人士招致公众鄙夷、陷入社会困境的主要原因。

（二）学院弊病之一：教育内容的陈腐和脱离实际

19世纪以来，学院教育在教学内容上有所改良，哈佛、耶鲁、哥伦比亚、宾夕法尼亚和布朗等较好的学院在其课程中引入了一些新的科学学术科目，如化学、物理学、天文学等。不过，新增的科学课程所覆盖的知识领域非常狭窄，教科书和教授亦十分稀缺，故并未削弱古代语言和古典知识在学院课程中的主体地位。④ 此外，在教学方法上，学院课程大多因循守旧，承袭着教师讲授、学生背诵的传统模式。因此，19世纪上半叶，当工业革命以来新式科学技术的涌现给美国社会带来越来越大的冲击时，学院教育在整体上呈现出的是一番陈腐的景象——内容空洞而乏味，知识宽泛而零碎，方法僵硬而过时。

---

① 理查德·诺顿·史密斯：《哈佛世纪》，贵州教育出版社2006年版，第16页。
② "Revolt against Reason," Curti, *American Paradox*, pp. 31–66; Samuel Eliot Morrison, "The Scholar in America: Past, Present and Future," Oxford University Press, 1961.
③ Hofstadter, *Anti-intellectualism*, p. 155.
④ 阎光才：《美国的学术体制：历史、结构与运行特征》，教育科学出版社2011年版，第27页。

学院教育这一弊病遭到了许多有识之士的批评。亨利·乔治曾劝导自己的儿子："去学院读书，你会给自己的生活带来一些友谊，但当你毕业时，脑子里装的都是些学过后必将废弃的知识。"① 当爱默生对一位仰慕者说学院里讲授各种知识时，同为哈佛校友（1837届毕业生）的亨利·梭罗不客气地反驳道："没错，确实如此，不过讲的都是些旁枝末节，纯属舍本逐末。"② 后来成为密歇根大学校长的詹姆斯·伯里尔·安杰尔（James Burrill Angell）在回忆1849年的学院时说："科学知识的传授在很大程度上是贫乏的，即便讲到，也是书上写什么就是什么，而不是观察和推理。教学基本上是照本宣科……化学实验室对学院来说是陌生的。……化学之外其他学科的实验室更是闻所未闻。……在这种旧式（教育）制度下，我们所能掌握的仅仅是一些零碎的科学知识。"③ 对学院课程最广为人知的嘲讽恐怕来自1858届哈佛毕业生亨利·亚当斯。在《亨利·亚当斯的教育》一书中，他这样描述哈佛学院的课程：

除了两三部希腊戏剧外，学生没有从古代语言中学到任何东西。除了某些彼此不连贯的自由贸易和贸易保护理论外，他从政治经济学中也没学到任何东西。他后来想不起来自己听到过某人提起卡尔·马克思的名字，也没有听过《资本论》这本书。他同样不了解奥古斯特·孔德这个名字。这两位均是当时的大作家，对那个时代造成了巨大的影响。他后来带着极大的好奇心回忆起来的少量实用教育就是化学课，化学让他知道了一些使其终生困惑的理论。……四年的全部事情，完全可以放

---

① Charles Barker, *Henry George*, Oxford University Press, 1955, p. 339. 转引自 Bledstein, *Culture of Professionalism*, p. 242.

② Henry Seidel Canby, *Thoreau*, Houghton Mifflin Company, 1939, p. 40. 转引自 Bledstein, *Culture of Professionalism*, pp. 242 – 243.

③ James Burrill Angell, "The Old College and the New University," University of Chicago, 1899, James Burrill Angell, *Selected Addresses*, Longmans Green & Company, 1912, p. 136.

在他后来生活的任何四个月里完成。①

事实上,哈佛已是 19 世纪上中叶美国发展最好的学院之一,连它都受到梭罗、亨利·亚当斯等杰出校友的非议,其他学院的状况可见一斑。1853 年 11 月 2 日,哥伦比亚学院校董会发布了一份委员会报告,颇能反映出内战前夕学院教育的尴尬处境。该报告一方面强调,"智力和道德的训练是学院教育的目标。无论知识本身有多大的价值,获取知识必须服从于智力和道德的训练这一伟大事业";另一方面又认为,虽然这种办学理念是"显而易见、毋庸置疑的",但并"不能得到普遍的认同",因为"学院所传授的知识无法与公众发生直接联系、产生实际益处,这种教育制度自然无法令公众满意"。最后,该报告得出了一个令人进退维谷的结论:"应注重在坚持最完美的智力训练这一纲领的基础上,同时满足民众的需求。"②

(三) 学院弊病之二:缺乏生源,难以为继

教育内容的枯燥、空洞和无用,令学院在 19 世纪中叶前后日渐丧失其社会影响力,以至于招收不到足够的生源。费城的一位校长在报告中写到:"当地愿意将孩子送到学院读书的家长少得出奇。"③ 后来成为克拉克大学创校校长、著名心理学家的斯坦利·霍尔(Stanley Hall)曾回忆说,当他在 1863 年被威廉姆斯学院(Williams College)录取时,羞于将这个消息告诉伙伴们,"但最后

---

① 亨利·亚当斯:《亨利·亚当斯的教育》,中国社会科学出版社 2003 年版,第 78—79 页。
② Josiah Royce, "Present Ideals of American University Life," Hawkins, *The Emerging University and Industrial America*, pp. 10 – 11.
③ Laurence Veysey, *The Emergence of the American University*, The University of Chicago Press, 1965, p. 5.

还是被发现，于是我被狠狠地取笑了一番。"①

1870 年，哥伦比亚学院院长弗雷德里克·巴纳德（Frederick A. Barnard）对 19 世纪中叶前后的学院入读情况进行统计，发现入读学院的学生人数在美国总人口中的比例持续走低，1840 年为 1∶1549，1860 年为1∶2012，1869 年为 1∶2546。即便在美国学院教育的摇篮和大本营——新英格兰地区，这一比例也在下降，从 1826 年的 1∶1513，到 1855 年的 1∶1689，② 至 1869 年更进一步降至1∶1927。③ 巴纳德还发现，在过去的 14 年间，新英格兰地区的学院入学人数增幅为 3.33%，远低于该地区高达 15% 的社会人口增幅。④ 这意味着学院对人们的吸引力是呈下降趋势的。对此，先后担任康奈尔大学、威斯康星大学校长的查尔斯·肯德尔·亚当斯（Charles Kendall Adams）哀叹道："事实上，现在的学院已经失去了昔日在民众心中的地位。"⑤

入学人数的相对减少，使本来便规模不大、资金匮乏的学院更难以为继。19 世纪五六十年代，哈佛、耶鲁和达特茅斯等较好、较大的学院大多有 15—25 位教师和三五百名学生。如耶鲁在 1860 年有学生 521 名，居全国学院之首，哈佛以 457 名次之。其他的将近 200 所较差、较小的学院大多只有七八位教授，不到 100 名学生。⑥ 由于招收不到足够的学生，绝大多数学院的财政状况也不容乐观。除了接受少量的慈善捐款外，学院在经济拮据时甚至会接受

---

① G. S. Hall, *Life and Confessions of a Psychologist*, 1923, p. 156. 转引自 Veysey, *The Emergence of the American Universities*, pp. 5 – 6.

② Charles Kendal Adams, "The Relations of Higher Education to National Prosperity," Vermont, 1876, Clark Northup, etc., *Representative Phi Beta Kappa Orations*, p. 160.

③ Richard Hofstadter, "The Revolution in Higher Education," Arthur Schlesinger, Jr. and Morton White, *Paths of American Thought*, Chatto & Windus, 1964, p. 273.

④ "Annual Report of the President of Columbia College," 1870. 转引自 Richard Hofstadter, *The Development and Scope of Higher Education in the United States*, Columbia University Press, 1952, p. 29.

⑤ Charles Kendall Adams, "The Relations of Higher Education to National Prosperity," Vermont, 1876, Clark Northup, etc., *Representative Phi Beta Kappa Orations*, p. 160.

⑥ Richard Hofstadter, "The Revolution in Higher Education," Arthur Schlesinger, Jr. and Morton White, *Paths of American Thought*, Chatto & Windus, 1964, p. 273.

任何可替代货币的东西,如棉花、家畜、粮食、金属器皿甚至欠条。停止办学或者彻底倒闭的可能性几乎一直威胁着众多学院。例如,作为独立革命前成立的九大老牌学院之一,新泽西州的女王学院在1812年后因资金匮乏而停办了13年,直到1825年亨利·罗格斯(Henry Rutgers)上校向其所属教会荷兰归正会捐赠一笔资金后才得以恢复,也因此更名为"罗格斯大学"。再如东田纳西学院(即后来的田纳西大学)在1809年其院长暨唯一教员去世后,停办至1820年。据美国学者唐纳德·图克斯伯里估计,在内战前成立的至少516所学院中,仅有182所一直维持办学,其他的400多所高校均因停办或被合并而被归于"死学院"(dead colleges)之列,学院的"死亡率"(即倒闭率)高达81%。[①] 尤其在办学条件较差的南部和西部边疆州,学院兴办快,"死"得更快,倒闭率极高(见表1.1)。

表1.1 内战前美国部分州创办学院的倒闭率(1776—1861)

州名	学院总数(所)	持续办学学院数(所)	"死"学院数(所)	倒闭率(%)
宾夕法尼亚	31	16	15	48
纽约	36	15	21	58
俄亥俄	43	17	26	60
弗吉尼亚	32	10	22	69
北卡罗来纳	26	7	19	73
马里兰	23	5	18	78
阿拉巴马	23	4	19	83
田纳西	46	7	39	85

[①] Tewksbury, *The Founding of American Colleges and Universities before the Civil War*, p16, 28.

续表

州名	学院总数（所）	持续办学学院数（所）	"死"学院数（所）	倒闭率（%）
佐治亚	51	7	44	86
路易斯安那	26	3	23	88
密苏里	85	8	77	91
密西西比	29	2	27	93
得克萨斯	40	2	38	95
堪萨斯	20	1	19	95
佛罗里达	2	0	2	100
阿肯色	3	0	3	100

资料来源：Tewksbury, *The Founding of American Colleges and Universities before the Civil War*, p. 28.

（四）学院弊病之三：孱弱的师资——不事研究的"学者"

由于绝大多数学院生源不济而稀少，靠学费收入为生的学院教师们日子自然不好过。学院的主要管理者是校长，通常是传教士或邻近教堂的牧师，负责道德哲学课程的教学和对学生的精神引导。在校长之外，教师以导师（tutor）为主。典型的导师是20岁左右的未婚年轻男生，刚从学院毕业，因找不到合适的教会职位或其他工作而留校。他们是校长在教学和管理方面的助手，与学生同住学院，一方面监管学生的日常纪律，另一方面被要求通晓并讲授学院四个年级的各种课程，教学任务繁重，且不存在任何学科分工，专业性的教学或研究无从谈起。同时，导师的薪水十分微薄，氛围沉闷，缺乏活力和发展空间。留校担任导师往往被这些年轻人当成"临时的跳板"和打发时光的方式，一旦找到合适的教会职位或其他更好的工作，他们便准备离开。[①] 因此，学院导师的流动性很大，

[①] Lenore O'Boyle, "Learning for Its Own Sake: The German University as Nineteeth-Century Model," *Comparative Studies in Society and History*, Vol. 25, No. 1, Jan., 1983, pp. 3 – 25.

任期短，根本算不上一种专门性职业（profession），也很少有年轻人将在学院任教视为自己的终生志业。

19世纪初，随着新的科学学术科目被引入学院课程，学院里出现了一种高级教师职位——教授（professor），意为"精通某一专业的成年人"①。与临时性的年轻导师不同，教授的平均年龄比导师大5—10岁，无须住校，接受过一定程度的"学士后教育"，主要负责讲授特定学术科目课程，而非所有课程。②不过，在整个19世纪上半叶，美国学院教育中堪任"教授"之职的人极少。据统计，1800年，每所学院平均只有一名教授，到1830年仅有两名教授，1860年为4名教授。③对此，查尔斯·埃利奥特在1869年就任哈佛校长时曾抱怨道："（我）很难找到称职的教授。真正有本事的美国人几乎都不愿意从事这个行当。收入少，干活苦，缺乏逐渐上升的空间，而这些方面的要求在其他知识性行业里都是理所当然的。"④

不可否认，19世纪上中叶，虽然有少数的学院教师因其满腹经纶和高风亮节而赢得尊敬，但无论是学院导师还是教授，作为一个整体，其社会形象是相当"失败"的，社会地位也不高。他们往往被视为"手无缚鸡之力"的"柔弱"书生，甚至是"人类社会中愚钝、虚弱无能的代表"⑤。威廉·阿特金森曾回忆道："人们对一名年轻学者（导师）的印象是，他应是一位脸色苍白、戴着眼镜的年轻人，瘦小，稍微有点多愁善感，身体憔悴。……按照自然规律，这些号称前途光明的年轻人大多数恐怕都会英年早逝。"⑥ 学

---

① 布尔斯廷：《殖民地的历程》，第193页。
② 阎光才：《美国学术体制》，第165页。
③ 阎光才：《美国学术体制》，第27页。
④ Charles William Eliot, "Inaugural, in Education Reform: Essays and Addresses," 1898, p. 26. 转引自 Bledstein, *The Culture of Professionalism*, p. 274.
⑤ Samuel Haber, *The Quest for Authority and Honor in the American Professions, 1750 - 1900*, University of Chicago Press, 1991, p. 277.
⑥ W. P. Atkinson, *On the Right Use of Books*, 1878, pp. 11 - 12. 转引自 Veysey, *The Emergence of the American University*, p. 14.

院教授的公众印象也未好到哪里去。亨利·沃德·比彻描述道："当教授……是一桩可怜的差事。有谁听说过哪位教授不是一贫如洗？他们毫无生气，就像山头的树林被砍伐殆尽的春天。在其他方面，他们也没什么活力。一名教师就像一根针，应该是又短又细的。如果长得粗了，他们就不太配得上那身制服了。"[1] 1838年，德裔移民弗朗西斯·格伦德带着讽刺的口吻写到：他听说，那些自身没什么遗产的哈佛教授们巴望着"娶个富婆，通过取悦她来弄点钱花。教授们对此众口一词。而对富婆们来说，买个教授当丈夫比去欧洲旅游还时髦"[2]。查尔斯·肯德尔·亚当斯则这样描绘旧式的学者：

> 他（旧式的学者）只知消耗，不事生产。他只知索取，如果说他还付出过什么，那也不过是一些知识上的七零八碎，与日常生活中的现实事物相距甚远。你可以想想舞台上是如何表现这些学者的。他被看成在现实社会中毫无意义的一员。他可能是一位干瘪的小男人，挨老婆骂，走到哪儿都是被奚落和取笑的对象。不管他是能读懂索福克里斯还是品达（两位都是古希腊诗人），他却几乎不会给自己打领带、系鞋带。[3]

除了生活状况和社会形象不佳外，学院教师自身的知识水平也令人担忧。一方面，作为学院的毕业生，年轻导师接受的是古典教育和宗教教育，对新的科学技术知识知之甚少。在导师的聘用和执教过程中，学院没有严格的学术资格或专业训练上的要求，只要对古典知识和宗教知识掌握较好（有学院的文科学士学

---

[1] Bledstein, *The Culture of Professionalism*, p. 269.

[2] Francis, Grund, *Aristocracy in America: From the Sketch-Book of a German Nobleman*, p. 156. 转引自 Bledstein, *Culture of Professionalism*, p. 247.

[3] Charles K. Adams, "The Present Obligation of the Present," Democratic Printing Company, 1897, p. 6.

位），并"恪守优良的道德品行"（通常被解释为"未曾作奸犯科"）即可。① 另一方面，19世纪初，学院中虽然出现了少量讲授特定科学课程的教授，但他们早年所接受的要么是古典—宗教教育要么是职业教育，对他们所讲授的科学学科知识缺乏经年累月的积累和专门的钻研。② 例如，本杰明·西利曼（Benjamin Silliman）毕业于耶鲁学院，后学习法律，于1802年获律师资格。同年，西利曼被耶鲁大学聘为首位化学及博物学教授，条件是他必须具备相应的授课能力。为了弥补科学知识上的不足，西利曼先是前往费城医科学校和普林斯顿学院进修，后于1805年赴英国爱丁堡大学访学，直到1808年才返回耶鲁大学，成为全职教授。再如印第安纳大学校长、生物学家戴维·斯塔尔·乔丹（David Starr Jordan），他在从教之初曾被要求"开设自然科学、政治经济学、基督教证据学、德育、西班牙语、义学等课程，还要充当棒球队的投手"③。

以上事例表明，学院看重的是教师的教学以及"神学或世俗的人格"，而非专业知识和科研能力。④ 当时所流行的"学者"观，甚至反对学院教师成为专于一面、不能博古通今的专业研究者。1843年，超验主义作家奥雷斯蒂斯·布朗森（Orestes Brownson）在达特茅斯学院做了题为"论学者的使命"的演说，他宣称：

> （学者）不是仅仅掌握某种技术或少数他所熟悉的科学的人，而是能竭力穷尽人类思想和兴趣的各个方面的人。……我不会因为一个人熟悉荷马或希腊悲剧、能引经据

---

① Samuel Eliot Morison, *Three Centuries of Harvard, 1636–1936*, p. 334. 转引自Bledstein, *Culture of Professionalism*, p. 275.

② Bledstein, *Culture of Professionalism*, p. 243.

③ Hofstadter, "Revolution of Higher Education."

④ Julie Reuben, *The Making of the Modern University: Intellectual Transformation and the Marginalization of Morality*, pp. 29–30. 转引自黄宇红《知识演化进程中的美国大学》，第95页。

典,便称他是"学者"。学者之为学者,不是因为他熟悉某种事物,或者他有能力熟知某种事物,而是在于他能通过学习古典知识,来对人类历史或人类心灵中的某些黑暗历程做出新的、必要的阐释。①

如此一来,学院教师大多对学术探索尤其是专业性的科学研究没什么兴趣。清贫的生活、繁重的授课任务以及"教非所长"的无奈实际上令他们也无暇顾及并非"本业"的学术研究。后来成为哈佛大学校长的查尔斯·埃利奥特(Charles Eliot)在1858年进入哈佛大学担任助理教授后,对此多有抱怨:

在学期初的背诵课尤其是数学背诵课上,我常常感到厌恶。我希望能在我所感兴趣且课后加以研究的科学科目上开设课程,但是我作为一个研究化学的人还得上四个班的数学背诵课,而且看不出这种情况有改变的可能……本科教学的工作占据了我太多的时间,所以无法从事原创性的科学研究。这些工作要求你付出近乎生理极限的工作时间,有时甚至稍微超过了这个极限。②

总之,美国旧式学院里的教师更多地扮演着传道(基督教)、授业(古典知识)的"说教者"角色,而不是从事他们的欧洲尤其是德意志大学的同行——马克斯·韦伯所说的"以学术为志业"的"研究者"——所做的专业性的学术研究工作。哥伦比亚大学法学教授约翰·伯格斯(John Burgess)曾这样回忆昔日的学院教师:"他们是美国学院的独特产物,是一种处于预备高中教师和(真正的)大学教授之间的混合物——他们作为前者的成分

---

① O. A. Brownson, "An Oration on The Scholar's Mission," V. Harrington, 1843, pp. 6–7.
② Hofstadter, "The Revolution in Higher Education."

太多而无法成为后者。"①

（五）学院弊病之四：学术生活以及科研条件的匮乏

学院教师不事研究，并非其一己之过，而是学院教育整体上缺乏学术氛围的大环境所致。② 如前所述，学院多由教会创办，尽管后来不断世俗化，但学院教育的宗旨至19世纪中叶未曾改变。学院教育的宗旨包括"知识"与"人"两大方面：从知识的方面讲，学院以保存、传承古典及宗教知识为己任，如查尔斯·肯德尔·亚当斯便称学院"不是一个研究和发现新的真理的地方，而是一个吸收、保存那些已有知识的地方"③；戴维·斯塔尔·乔丹也说："旧时的学院主要是跟书本记录和古老传统打交道。它不是要寻求新的真理，也不付诸行动。"④ 从人的方面讲，学院试图通过灌输古典知识和宗教伦理，将接受其教育的人培养成为"有教养的男性基督徒"。正如哈佛早年印发的一份小册子所说："应把基督教教义作为一切知识和学习的基石。"⑤ 至1843年，奥雷斯蒂斯·布朗森依旧宣称："学者的目的不是要成为学者，而是成为一个人，研习不过是为了做到这一点。……而人的目的或者说主要目的又是什么呢？《教理问答》说得好：'永远彰显我主，并取悦于他'。"⑥

由于受到教会的制度及精神枷锁的束缚，传统的学院教育沉浸在浓厚的宗教氛围里，对科学研究的态度相当冷淡。19世纪中叶，

---

① 约翰·伯格斯：《美国大学：它将在什么时候启程？它应该建在哪里？它将是怎样的？》，转引自哈佛燕京学社主编《人文学与大学理念》，江苏教育出版社2007年版，第488页。
② Bledstein, *Culture of Professionalism*, p. 269.
③ Charles K. Adams, "The Present Obligation of the Scholar."
④ David Starr Jordan, "An Apology for the University," David Starr Jordan, *The Voice of the Scholar: With Other Addresses on the Problems of Higher Education*, Paul Elder & Company, 1903, p. 57.
⑤ John S. Brubacher & Willis Rudy, *Higher Education in Transition: A History of American Colleges and Universties*, Transaction Publisher, 1997, p. 104.
⑥ Brownson, "The Scholar's Mission," pp. 8–11.

学术与政治：美国进步时代专家参政现象研究（1900—1920）

面对新式科学技术知识对学院教育所带来的冲击，这一倾向依然没有改变。1847年，归正会牧师伊曼纽尔·沃格尔·格哈特（Emanuel Vogel Gerhart）在富兰克林马歇尔学院（格哈特后任其校长）的演说中虽承认科学的进步，但强调的依然是宗教至上。他说：

> 科学的进步带来了巨大的好处。它值得所有真正热爱真理之人的关注。……然而，学者的真正天职不应仅仅是这个（指致力于科学进步）。一项更崇高的事业召唤着他。基督信仰需要他的全身心付出。因为真正的宗教与真正的科学之间是密切联系，无法割裂的。若没有神的真谛的帮助，人的精神文化无法发展。同样地，若一个人忤逆基督教之旨意，那么他就无法弘扬科学的真正内涵。……科学固然是强大的、丰富的，但如果在举起（科学）火炬前没有神旨的彰显，科学便无法稳步前行。①

对科学研究的冷漠只是学院缺乏学术氛围的一个原因，另一个原因则在于学院本身没有足够的资金和良好的设备（如图书馆、实验室）来支撑师生的学术活动。美国诗人和教育家亨利·朗费罗（Henry Wadsworth Longfellow）曾讽刺道："试问迄今为止我们美国的大学为何物？答案只有一个，那就是两三所砖瓦房子，一座小礼拜堂，再加上一位在内祈祷的校长。"② 在如此条件之下，拥有一些基本的实验设备和像样的图书馆（更恰当的说法是"图书室"）对那些"大牌"学院都堪称奢望。例如，本杰明·西利曼在担任耶鲁大学首位化学及博物学教授之初，所拥有的仪器包括一个"大太阳仪，可以旋转，但是完全生锈了，没人用过它。（还）有一架望

---

① Emanuel Vogel Gerhart, "The Proper Vocation of a Scholar," an Address Delivered at the Opening of the New Diagnothian Hall, July 2, 1847, printed at the Journal Office, pp. 15–16.

② Hofstadter and Metzger, *The Development of Academic Freedom in the United States*, Columbia University Press, 1955. p. 4.

远镜，也完全生锈了，没人能够看透它"。① 在图书馆方面，美国大学与欧洲大学更是无法相比。1816 年，正在哥廷根大学访学、后来成为哈佛大学教授的乔治·蒂克纳（George Ticknor）写到："在美国，我们以为剑桥镇（指哈佛）的图书馆是一个奇迹……但它比欧洲的图书馆落后了半个世纪……这儿（指哥廷根）有 40 位教授和 20 万册以上的图书，而在剑桥镇只有 20 位教授和少于 2 万册书。"② 至 1839 年，哈佛大学的藏书扩充至 5 万册，耶鲁大学是除哈佛大学外唯一一所拥有超过 25000 册藏书的大学。在全国范围内，拥有 1 万册以上藏书的学院仅有 16 所。除了馆藏稀少外，运营不善、资金不足等问题也困扰着大学的图书馆。例如，普林斯顿大学的图书馆不但"没有足够的书籍"，且"每周开放一次，每次 1 小时"。哥伦比亚大学的图书馆则"每天下午开放 2 小时，新生未经许可不得入内"。在耶鲁大学，直到 1869 年，丹尼尔·吉尔曼（Daniel Gilman）还在抱怨，未来两年图书馆都买不起一本书，因为"它早就入不敷出了"③。

物质条件贫乏与学术氛围稀缺之间的关系，早在 19 世纪上半叶便被一些有识之士注意到了。乔治·蒂克纳哀叹道："令我们羞愧的是，我们缺少有学问的人，而且物质上的条件使我们的学者根本不可能成为有学问的人。"④ 1842 年，布朗大学校长弗朗西斯·韦兰（Francis Wayland）也写到："在我国，几乎没有可被称为图书馆的地方。我们根本没办法写出一本在欧洲人看来具有学术性的著作。"⑤ 内战前后，那些欲从事科学研究的美国年轻人，唯一的

---

① 《美国博雅学院的现代转型》，第 126 页。
② Richard Hofstadter & Wilson Smith, *American Higher Education: A Documentary History*, Vol. 1, University of Chicago Press, 1968, p. 256.
③ Richard Hofstadter, "The Revolution in Higher Education."
④ O'Boyle, "Learning for Its Own Sake."
⑤ Wayland, *Present Collegiate System*, p. 128. 转引自 Bledstein, *Culture of Professionalism*, p. 280.

选择是跳出美国的旧式学院教育，前往欧洲尤其是德意志的大学留学。①

（六）学院主导下的高等教育以及"学者"在美国社会中的边缘性地位

综上所述，内战前的美国学院受到教会的严格控制，教学内容和方法僵化陈腐，宗教氛围压制了学术文化；生源少，师资匮乏且学术意识淡薄，研究能力不强；学院生活与社会现实及思想潮流彼此脱节，也与经济发展和职业领域缺乏有效关联。因此，有人中肯地评论说，旧式的学院"在很多方面都是一种边缘性的机构"②。在它们的主导下，19世纪中叶的美国高等教育实际上处于"虚弱凋敝的状态"③，以至于一些明眼之人曾失望地将美国的学院同"高中"相提并论，批评它们不是真正的"大学"。例如，乔治·蒂克纳写到："没有一所大学（我们居然如此自称），也没有一所名牌高中应像今天（哈佛）这个样子……"④ 哈佛大学教授路易斯·阿加西斯（Louis Agassiz）在19世纪60年代也对同事说过："（哈佛）只不过是一所讲授边角料知识的名牌高中。"⑤ 约翰·伯格斯则坦言："我承认，我无法预知那些无法变成大学也不会成为高中的学院其最终的位置在哪里。我看不出它们有什么必须存在的理由。维持学院是浪费钱财，去学院读书则是浪费时间，事实就是如此。"⑥

学院教育的种种弊病导致它所主导的高等教育在美国社会中日益边缘化。所谓"读书无用"或"书生无用"的观念自19世纪中

---

① James Burrill Angell, "The Old College and the New University," James Burrill Angell, *Selected Addresses*, p. 149.
② O'Boyle, "Learning for Its Own Sake."
③ Richard Hofstadter, "The Revolution in Higher Education."
④ O'Boyle, "Learning for Its Own Sake."
⑤ Jordan, "An Apology for American University," *The Voice of the Scholar*, pp. 44–69.
⑥ 约翰·伯格斯：《美国大学》，转引自哈佛燕京学社主编《人文学与大学理念》，第490页。

叶以来愈演愈烈。1850年，某演讲者在新泽西学院告知在场的学院师生，民众眼中的所谓"学者"，只知"故弄玄虚，闭门造车"。纽约州参议员乔治·华盛顿·普伦凯特（George Washington Plunkitt）宣称："读书对了解人性无用，反而是个障碍。如果一个人在学院受到教育，那就更糟糕了。"[1] 1876年，查尔斯·肯德尔·亚当斯痛心地说道："在整个国家，我们不得不面对一个惨淡的现实，那就是长期以来被认为对学术至关重要的（高等）教育，正年复一年地失去民众的支持。"[2]

由于学院教育的诸多弊端而升温的"读书无用"或"书生无用"论，在1881年社会改革家温德尔·菲利普斯（Wendell Philips）的演说"共和国里的学者"中达到高潮。这位哈佛校友首先对学院教育里"读死书、死读书"的沉闷迂腐表达了如下不满：

> 教育不是死读书。……典型的美国佬"手中而不是脑壳里有智慧"，他绝不是一名学者。为法国在世界上争光、令英国成为世界工厂的发明中，2/3都不是出自学院或那些受过科学教育的学者之手……所以，我不认为死读书的人能为这个世界做出伟大的事情。教育不应是算数和文法的碎片——名词、动词和乘法表。教育也不是去年的老皇历，或是那些被我们时常当成历史、信以为真的谎言。教育不是希腊文、拉丁文和阳春白雪的东西。[3]

对于学院人士，菲利普斯的批评更加苛刻。他先是援引了一句古老的谚语"学过拉丁文的笨蛋才是十足的笨蛋"，接着指责这些学院人士缺乏社会担当，因为"作为一个阶层，受过学院教育的人

---

[1] Curti, *American Paradox*, p. 56.
[2] Charles Kendall Adams, "The Relations of Higher Education to National Prosperity."
[3] Wendell Philips, "The Scholar in a Republic," Harvard, 1881, Clark Northup, etc., *Representative Phi Beta Kappa Orations*, pp. 191–215.

学术与政治：美国进步时代专家参政现象研究（1900—1920）

若任由他人来领导那些开创时代的大事，那么这个阶层在承担其在共和国里的责任方面是极其失败的。"为了证明自己的观点，菲利普斯列举了美国历史上学者本可以与代表着进步和人性的力量结盟的五次机会，即奴隶制之争、刑罚改革、禁酒运动、妇女运动和劳工运动，然后鄙夷地指责道："懦弱的学者们，或是对参与这些变革避之不及，或是对其加以贬低，认为是一群无能为力的好事之徒多管闲事而已。"对于社会上流行的"书生无用"论调，菲利普斯的解释是："考虑到学者在这些为人性而战的伟大运动中总是摆出一副冷漠甚至敌视的态度，人们对这个受过（高等）教育的阶层充满不信任，也是自然而然了。"①

　　需要注意的是，尽管陈旧的学院体制使它所主导的美国高等教育饱受非议和排斥，但这并不意味着美国的知识生活处于一潭死水的沉寂状态。在学院内，有少数教师在繁重的授课任务外，凭借个人爱好，利用私人时间和条件来从事一些科学研究。② 在学院外，热衷于科学研究的业余爱好者大有人在。这些"民间"业余爱好者的数量甚至超过了"体制"内的"学者"——学院教师，成为19世纪上中叶美国知识生活中的活跃者。例如，19世纪初，美国曾出现一些地方性的学术组织，包括富兰克林在费城召集的"美国哲学会"（American Philosophical Society）、"马萨诸塞州历史学会"等。这些组织均以业余爱好者为主，富兰克林本人便是其中之一。再如1848年成立的首个全国性科学组织——美国科学促进会（American Association for the Advance of Science），它虽号称致力于专业性的科学研究，但实际上对任何愿意加入的业余人士开放，没有任何专业学术上的要求。在其最初的461个成员中，仅有约15%是学

---

① Wendell Philips, "The Scholar in a Republic."
② 如在哈佛给大一新生修改作文的弗朗西斯·查尔德（Francis Child），私下是一名英国民谣和乔叟的研究权威，在欧洲学术界享有盛誉。然而，他的后一身份在哈佛大学不为人知，以至于当一位哈佛大学毕业生在其欲赴牛津大学研究乔叟之际，被告知他应该留在哈佛大学，因为研究乔叟的高人查尔德就在其身边。（Samuel Morison, "The Scholar in America: Past, Present and Future," p. 19.）

院里的科学教授，另外 30% 是药剂师，以及少数军官、牧师及政府官员，还有比例高达 40% 的被称为"先生"的人均为业余爱好者。其中，一位名叫威廉·雷德菲尔德（William Redfield）的马鞍及马具制造商当选为美国科学促进会首任主席。作为业余的气象学爱好者，此人因揭示飓风的循环而在美国知识界享有声誉。另有研究者对 1800—1860 年全美的科学杂志进行分析，统计出 1600 位科学文章的作者，其中最活跃、发表论文最多的有 138 人。这 138 人的背景可谓五花八门，有 41 名医生，39 名商人，11 名政府官员，少量律师和牧师，剩下的才是在当时被称为"学者"的学院教师。[①]

由此可见，内战前的美国知识生活是以业余学术为主的，学院教育以及学院体制内的"学者"不仅在社会上处于边缘性的地位，而且在知识生活中也扮演着次要角色。美国科学促进会的成立或许在某种意义上象征着美国知识生活中出现"专业化"的萌芽，但其专业化的程度是如此之低，以至于根本无法构成一个拥有广泛基础、由专业学者组成的"学术社会"（即"学术圈""学术界"）。对于内战前美国知识生活的缺憾，霍夫斯塔特的描述是准确的："我们把大学和学术职业的存在当作美国历史文化中的要素而视为理所当然。但在内战前，这两种事物其实在美国都不存在。"[②] 有的仅仅是如同欧洲高中一般的学院，以及一群不事科学研究，亦不"以学术为志业"的学院教师。与 19 世纪的欧洲尤其是德意志大学的同行相比，美国的学院教师被称为"学者"，恐怕多属有名无实。

第二节　大学革命：专业化学术与大学学者的社会责任

由于学院体制主导下的美国高等教育在 19 世纪中叶前后广受

[①] 黄宇红：《知识演化进程中的美国大学》，第 169—170 页。
[②] Richard Hofstadter, "The Revolution in Higher Education."

诟病，一场旨在扭转美国高等教育颓势的改革势在必行。就在"美国学者"演说发表整整30年后，爱默生在1867年的一篇日记中写下了他对美国高等教育的新观察："那些关于大学改革的言论或许言之有理，又或许言过其实，但它们对观察者的主要意义在于揭示了历史的花岗岩上已初现裂痕的一个新的时代即将来临。"① 4年后，耶鲁大学校长诺厄·波特（Noah Porter）同样说道：

> 这个话题（指美国高等教育。——引者）可能从来没有引起如此众多之人的倾心关注。在过去的几年里，它在我们中间激起的积极讨论、引来的各种有理有据的批评以及经历的大量试验都是从未有过的。人们都说，（美国的）高等院校可不只是被改革轻微地推了一把，而是被一场革命所彻底撼动——那些引领公众观念的新思想尚未定型，旧式教育及其方法的或虚或实的弊病遭受着尖锐的抨击，（人们）坚决要求进行全面、彻底的变革。②

时值1871年，波特的此番话绝非爱默生曾经怀疑的"言过其实"。自19世纪60年代末70年代以来，美国高等教育中所出现的新变化延绵近半个世纪，不仅改变了旧式学院主导下的"虚弱凋敝"状况，而且逐渐扭转了高等教育在美国社会中的边缘性地位。在19世纪60年代末70年代，这些初现端倪的新变化包括：1868年，安德鲁·怀特（Andrew White）执掌下的康奈尔大学迎来了首批400多名新生；同年，加州大学（伯克利）在原有的私立加州学院（奥克兰）的基础上得以改组成立，后聘请丹尼尔·吉尔曼为校长；1869年，查尔斯·埃利奥特就任哈佛大学校长，用改革为这座古老的学府注入新的血液；1871年，密歇根大学在詹姆斯·安

---

① Frederick Rudolph, *The American College and University: A History*, Alfred A. Knopf, 1962, p. 241.
② Noah Porter, "Inaugural Address." 转引自 Veysey, *The Emergence of American Universities*, p. 1.

杰尔的领导下大举引入建筑学、工程学、政府学、内科及口腔医学等专业课程，成为第一所真正采纳德式"习明纳尔"（研讨班）方法的美国大学；1876 年，美国第一所研究型大学约翰·霍普金斯大学在巴尔的摩成立，致力于"鼓励研究""培养有实力、有才华、能致用的真正学者"[①]。如此等等，不一而足。

在此起彼伏的高等教育改革中，"真正的""完整的"美国大学雏形日益显露出清晰的轮廓，并成为这场宏大的高等教育之变的主角。这些大学不再是 18 世纪末和 19 世纪初那些通过"改名"而产生的有名无实之辈，而是一种与旧式学院截然不同的"新机构"。正如 1872 年丹尼尔·吉尔曼在就任加州大学（伯克利）校长之职时所言：

> 我们要建立的是大学，不是高中，不是学院，不是科学院，不是工业学校。诚然，这些机构的某些特点可能包含在大学中，或在大学里得以发扬，但它们中的任何一个或者它们加在一起都无法涵盖大学的意义。大学是一个包罗万象的概念，它是推动知识普及的基础，是致力于发展各种文理知识和将年轻人培养为知识生活所需之学者的一系列机构的有机整合。[②]

（一）大学革命

内战后美国高等教育的巨变，是围绕着现代大学在美国的崛起展开的，通常被教育史学者称为"大学运动"（或曰"大学化运动"）甚至"大学革命"（或曰"高等教育革命"）。事实上，"大

---

① Daniel Gilman, "Inaugural Address of Daniel Coit Gilman as first president of The Johns Hopkins University," http://webapps.jhu.edu/jhuniverse/information_about_hopkins/about_jhu/daniel_coit_gilman/.

② Daniel Coit Gilman, "The Building of the University: An Inaugural Address," Delivered at Oakland, Nov. 7, 1872, San Francisco, 1872, 6. http://bancroft.berkeley.edu/CalHistory/inaugural.gilman.html.

学"的称谓对19世纪的美国人并不陌生，它可追溯至18世纪末19世纪初。当时，一些老牌学院先后更名为"大学"，如哈佛学院改为哈佛大学（1785），费城学院改为宾夕法尼亚大学（1791），罗德岛学院改为布朗大学（1804）。此外，一些州在创办不受教会控制的公立高等学校时，部分沿用"学院"的名字，如南卡罗来纳学院、东田纳西学院（1840年改为田纳西大学），部分则采用了"大学"这一新称号，如北卡罗来纳大学（1789）、佛蒙特大学（1791）、俄亥俄大学（1804）、弗吉尼亚大学（1820）等。

包括各州建立的那些不受教会控制的公立院校在内，内战前的这些高校尽管有许多都自称"大学"，但其办学水准大多远低于真正意义上的大学。如1804年成立的俄亥俄大学直到1808年才招收到首批新生，仅3名，而1815年首届毕业并获得学士学位的学生只有两名。除了19世纪20年代半途而废的哈佛大学改革与弗吉尼亚大学的创新之举外，这些"大学"实际上是"新瓶装旧酒"，延续的是传统学院教育的轨迹。它们既无现代大学的院系结构，又缺乏作为现代大学基础的研究型教育和学术自由。换言之，这些早期"大学"主要是名义上的，而非实质性的。它们更多地代表了美国在建国后努力追赶欧洲先进的高等教育的美好愿望。正如吉尔曼在1872年所评价的："在这个国家，大学的名字往往被滥用于一所简单的学院，大概是出于对'渴望而不得之事'的期待。我们（指加州大学）必须意识到这一点，否则我们一样有名无实。"[①]

追赶、模仿欧洲大学的努力在19世纪中叶依然存在。如布朗大学校长弗朗西斯·韦兰和密歇根大学校长亨利·塔潘（Henry Tappan）均对旧式学院所主导的美国高等教育表达出强烈的质疑，韦兰主张建立包含各种研究领域的大学来取代弱而差的旧式学院，塔潘则提出引入德式大学理念来改造美国高等教育。遗憾的

[①] Gilman, "The Building of the University."

是，韦兰和塔潘的"激进"理念与改革遭到保守派的反对，两人后来均被校方解聘。

真正令现代大学体制在美国高等教育的大舞台上站稳脚跟的，是内战后在"大学革命"中强势崛起的一群光芒闪耀的新星——康奈尔大学（1868）、约翰·霍普金斯大学（1876）、克拉克大学（1889）、斯坦福大学和芝加哥大学（1891）等。这些"闪耀的新星"驱散了旧式学院体制笼罩在美国知识生活上空的沉闷氛围，并对美国高等教育的发展产生了巨大的"鲶鱼效应"。在它们的带动或冲击下，美国已有的高等院校如老牌的哈佛大学、耶鲁大学、普林斯顿大学、哥伦比亚大学或公立的加州大学、威斯康星大学、明尼苏达大学、密歇根大学等陆续跟上改革的步伐，转变成新式的现代研究型大学。[1] 其中，约翰·霍普金斯大学以及芝加哥大学的创建对美国现代大学的形成至关重要。前者是美国第一所全面效仿德国大学学术理念的现代研究型大学，后者则通过大力发扬学术理念、完善大学体制，最终确立了美式现代研究型大学的轮廓。[2]

约翰·霍普金斯大学由富有改革精神的前加州大学（伯克利）校长丹尼尔·吉尔曼出任首任校长。早在执掌加州大学和霍普金斯大学之前，吉尔曼便促成耶鲁大学成立谢菲尔德科学学院，开创了在传统学院体制内设立专门的科学技术学校的先河。1853年至1855年，吉尔曼前往现代大学的摇篮——柏林大学访问，那里的学术氛围给他留下了深刻印象。1872年，吉尔曼受聘加州大学校长。由于与加州议会发生分歧，吉尔曼辞去加州大学校长的职务，于1875年接受霍普金斯大学的聘任，辗转来到巴尔的摩。

1876年，吉尔曼在其就职演说中开宗明义，宣告新大学的使

---

[1] Gruber, *Mars and Minerva*, p.14.
[2] 芝加哥大学包括五个主要分支——大学本体、继续教育部门如夜校和函授学院、大学出版社、大学图书馆、实验室和博物馆等大学附属机构。

命在于"鼓励研究,推动独立学者的进步,使得他们可以通过自己精湛的学问来推动他们所追求的科学以及所生活的社会的进步"①。为此,吉尔曼极力聘请一流的学者来校任教,如被并称为"霍普金斯四巨头"的古典学家贝希尔·吉尔德斯利夫(Basil L. Gildersleeve)、数学家詹姆斯·西尔维斯特(James Joseph Sylvester)、化学家艾拉·雷姆森(Ira Remsen)和物理学家亨利·罗兰(Henry Augustus Rowland)。在寻觅良才时,吉尔曼尤其青睐那些"了解德国大学系统,富有经验、能力和热情"的学者。② 至1884年,吉尔曼聘请的50多名教授中几乎全部是留德海归人士,其中13名拥有德国大学博士学位。③

表1.2 约翰·霍普金斯大学创校伊始首批教授名单

姓名	毕业时间	留德院校	专业
贝希尔·吉尔德斯利夫	1853年	哥廷根大学	古典学
艾拉·雷姆森	1870年	哥廷根大学	化学
哈曼·摩尔斯(Harman N. Morse)	1875年	哥廷根大学	矿学
威廉·斯托利(William Story)	1875年	莱比锡大学	数学
赫伯特·亚当斯(Herbert Baxter Adams)	1876年	海德堡大学	历史
保罗·豪普特(Paul Haupt)	1878年	莱比锡大学	闪米特语
亨利·伍德(Henry Wood)	1879年	莱比锡大学	德语
明顿·沃伦(Minton Warren)	1879年	斯特拉斯堡大学	拉丁语

---

① "Inaugural Address of Daniel Coit Gilman as First President of The Johns Hopkins University." Daniel Gilman, *University Problem in the United States*, New York: Century Co., 1898. p. 35.

② Henry Geitz, *German Influences on Education in the United States to 1917*, Cambridge University Press, 1995, p. 253.

③ Jonathan R. Cole, *The Great American University: Its Rise to Preeminence, Its Indispensable National Role, Why It Must be Protected*, Public Affairs, 2009, p. 21.

续表

姓名	毕业时间	留德院校	专业
理查德·伊利（Richard T. Ely）	1879 年	海德堡大学	政治经济学
爱德华·雷诺夫（Edward Renouf）	1880 年	弗莱堡大学	化学
朱利叶斯·戈贝尔（Julius Gobel）	1881 年	图宾根大学	法学
乔治·威廉斯（George H. Williams）	1882 年	海德堡大学	地质学
赫伯特·史密斯（Herbert W. Smyth）	1884 年	哥廷根大学	希腊语

资料来源：梁丽《美国学人留德浪潮及其对美国高等教育的影响》，河北教育出版社 2016 年版，第 134—135 页。

同时，吉尔曼坚持招收"有良好准备并能促进科学研究的学生"，并为此设立了优厚的奖学金。受奖学金"诱惑"而来的第一届研究生中，有乔赛亚·罗伊斯（Josiah Royce）、弗雷德里克·杰克逊·特纳（Frederick Jackson Turner）、约翰·杜威（John Dewey）、詹姆斯·卡特尔、阿尔比恩·斯莫尔（Albion Small）和伍德罗·威尔逊。这些年轻的研究生在整整一代人之后成为美国学术界的栋梁。作为培养后备学者的机制，研究生教育在霍普金斯大学所受到的重视，从其招收研究生和本科生的人数比上便可见一斑。1876 年开学时，霍普金斯大学共招收了 54 名研究生，35 名本科生。此后，在校研究生与本科生的人数比在 1880 年为 102∶37，1885 年为 184∶96，1890 年为 276∶141，1895 年为 406∶149。[①]

此外，吉尔曼还致力于在霍普金斯大学营造积极向上的学术环境。他鼓励教授们发表学术论文、创办专业刊物，并大力建设图书馆、实验室。尤其值得一提的是，为了支持和保障本校主办的学术期刊以及本校学者学术成果的出版，吉尔曼于 1878 年设立了专门的出版机构——约翰·霍普金斯大学出版社，在美国高等教育界首开先河，引起了哈佛大学、芝加哥大学、加州大学等众多大学的效

---

① John S. Brubacher & Willis Rudy, *Higher Education in Transition*, p. 182.

仿，是美国迄今为止最为古老的大学出版社。

总之，吉尔曼极力将德国大学以研究为重的学术理念注入新成立的霍普金斯大学。在他的执掌下，霍普金斯大学以培植学者的研究能力为本，将学术研究和研究生教育视为首要任务，故一度赢得"巴尔的摩的哥廷根大学"之美誉。[1] 在19世纪的最后25年里，霍普金斯大学堪称美国高等教育的标杆。它的教授引领美国学术风云；它所培养的年轻博士"开枝散叶"，遍布美国的主要高校；[2]它还确立了未来美国高等教育的发展方向，使发展学术研究和授予博士学位成为现代大学区别于旧式学院的标志。正如美国教育批评家亚伯拉罕·弗雷克斯纳（Abraham Flexner）所说："学术研究，从未视为美国高等教育中一项居于主导地位的事业，这一现象直到约翰·霍普金斯大学成立才开始改变。"[3]

对于吉尔曼及霍普金斯大学的贡献，普林斯顿大学校长伍德罗·威尔逊在1902年的评价尤其到位：

> 如果可以说，托马斯·杰弗逊通过他的弗吉尼亚大学计划，为美国大学打下了厚实的基础，那么更可以说是您（吉尔曼。——引者）第一个在美国建立并组织起了一所重视学术研究甚于单纯教学、培养研究者并以研究作为教育重中之重的大学。通过这一最伟大的成就，您为美国塑造了一种新的高等教育理念，它不追求高楼大厦，也不是仅仅把学生跟博学多识的老师简单地摆在一起，而是在学术大师的指导、合作下探寻真理，继而培养出朝气蓬勃的年轻人。[4]

---

[1] Cole, *The Great American University*, p. 21.

[2] 1896年，超过60所高等院校中有三个或三个以上的教师毕业于霍普金斯大学，在哈佛大学任教的霍普金斯大学的毕业生有10人，在哥伦比亚大学有13人，在威斯康星大学有19人。（见黄宇红《知识演化进程中的美国大学》，第116页。）

[3] 亨利·詹姆斯：《他缔造了哈佛：查尔斯·艾略特传》，广西师范大学出版社2017年版，第321页。

[4] Cole, *The Great American University*, p. 21.

由于霍普金斯大学的典范效应，哈佛、耶鲁、普林斯顿、哥伦比亚等老牌学院开始或加速了向现代研究型大学的转型[1]，克拉克大学、天主教大学、斯坦福大学、芝加哥大学等新的大学则从建校之日起就沿着霍普金斯大学开辟的以研究为重的路径前行。如克拉克大学在1889年建校伊始只招收研究生，直至1900年才改变；天主教大学致力于神学方面的研究生培养；在斯坦福大学，校长戴维·斯塔尔·乔丹申明："原创性的研究是大学的最高的职能……真正的大学是一所研究性的学府……它是学者的联盟""研究者的存在，造就了大学……若没有研究者，便无所谓真正的大学"[2]。乔丹强调：

> 在大学的运作中，应保证最有能力的人担任教授……如果招不来，就借。给他们自由，给他们所需的设备和无尽的支持。鼓励他们带着自己的出版物，站在科学界、学术界的面前。……一所大学的价值完全取决于那些被用来从事大学事业的人。因为教师们尽管可以拥有图书或设备等科研必需品，但如果他们不读不用，那图书就不过是纸墨，设备就不过是破铜烂铁。[3]

1891年成立的芝加哥大学对学术研究的重视可谓"青出于蓝而胜于蓝"。校长威廉·哈珀（William Harper）在创校伊始便"建议这所学校把研究工作放在首位，把教学工作放在次席"[4]，并以学术论文的发表作为教师晋升的依据。在洛克菲勒财团的巨额资助下，芝加

---

[1] 哈佛大学校长查尔斯·埃利奥特坦言："我想表明哈佛大学的研究生院始于1870年、1871年，但它发展得不太好，直到约翰·霍普金斯大学的榜样迫使我们的教师将精力放在发展研究生教育上。"（John Brubacher & Willis Rudy, *Higher Education in Transition*, p. 182.）

[2] David Starr Jordan, "The Building of a University," David Starr Jordan, *The Voice of the Scholar*, pp. 31 – 32, 39.

[3] Jordan, "The Building of a University," *The Voice of the Scholar*, p. 40.

[4] 约翰·博耶：《反思与超越：芝加哥大学发展史》，生活·读书·新知三联书店2018年版，第117页。

哥大学"财大气粗"地从全美各大高校乃至海外"挖走"了近120名优秀学者来填充教职，其中有来自耶鲁大学的5名教授、来自克拉克大学的15名教授和讲师、8名前学院院长如韦尔斯利学院（Wellesley College）的埃利斯·弗里曼·帕尔默（Alice Freeman Palmer），以及约翰·杜威、索尔斯坦·凡勃伦、詹姆斯·安吉尔、阿尔比恩·斯莫尔等知名学者。① 如此一来，在短短数年间，芝加哥大学便"接过霍普金斯大学的接力棒"，成为美国"大学走向成熟的体现"②，并进一步冲击了旧式学院主导下的传统高等教育秩序，推动着美国高等教育从"学院时代"向"大学时代"的过渡。正如哥伦比亚大学校长塞思·洛（Seth Low）在芝加哥大学成立的次年即1892年所宣称的："学院居于美国高等教育之巅的时代一去不复返了。"③

至19、20世纪之交，"大学运动"的"弄潮儿"逐渐成为美国高等教育中新的主宰者，成为《独立报》记者埃德温·斯洛森所称赞的"伟大的美国大学"。在斯洛森的笔下，"伟大的美国大学"至少有14所，分别是霍普金斯大学、芝加哥大学、哈佛大学、耶鲁大学、普林斯顿大学、斯坦福大学、加州大学、密歇根大学、威斯康星大学、明尼苏达大学、伊利诺伊大学、康奈尔大学、宾夕法尼亚大学和哥伦比亚大学。④ 这些大学不仅取代旧式学院而获得了在美国高等教育系统中的支配性地位，而且更为重要的是，它们逐渐扫除了昔日学院教育不重视学术研究和专业学者的风气。1913年，哥伦比亚大学校长尼古拉斯·巴特勒（Nicolas Murray Butler）曾如此表达学术研究以及学者对真正的"大学"之意义：

---

① Rudolph, *The American College and University: A History*, pp. 351–352.
② 梁丽：《美国学人留德浪潮及其对美国高等教育的影响》，第154页。
③ Roger Geiger, ed., *The American College in the Nineteenth Century*, Vanderbilt University Press, 2000, p. 275.
④ Edwin Slosson, *The Great American University*, The MacMillan Company, 1910.

检验、衡量一所大学是否有效率的真正办法不是看它招了多少学生，获得多少资助，或有多么豪华的硬件。真正的检验、衡量办法，是要看大学的教师们发表了多少学术成果，那些贴上大学的招牌而走进社会的毕业生们质量如何。哥伦比亚很有幸，此地云集了一批成果丰硕的学者。①

（二）学术之变：学术的专业化与职业化

在19世纪的最后30多年里，美国大学对学术研究的极度重视促成了学术本身的变化。这些变化沿着两条线索展开：一是专门学科的不断分化所导致的学术的"专业化"，二是以确定从业标准为特征的学术的"职业化"②。

1. 学术的专业化

所谓学术的"专业化"，是指随着对各种知识的研究逐渐深入，知识本身变得愈发庞杂，进而越来越细化和分化为不同的学科。这样一来，"昔日像卡索邦（欧洲文艺复兴时期的大学者）那样无所不晓的'通才'不再成为可能"，取而代之的是在某一学科领域内从事专业研究的"专才"③。

这些专业研究者往往倾向于构建一个相互交流、具有"行会"性质的共同体，即"学术界"，其具体活动包括组织专业学会，创办专业刊物并在上面发表专业论文，通过大学的研究生院培养更多的后备专业学者。

如前所述，学术专业化的迹象在"大学革命"到来之前便已初现端倪，如1847年美国科学促进会和1865年美国社会科学联合会

---

① Nicholas Murray Butler, "The Rise of a University," Vol. 2, *The University in Action*, pp. 44 – 45. 转引自 Cole, *The Great American University*, p. 43.

② Gruber, *Mars and Minerva*, p. 14.

③ A. Lawrence Lowell, "Expert Administrators in Popular Government," *American Political Science Review*, Vol. 7, No. 1, Feb., 1913, p. 53.

（American Social Science Association）的成立，分别代表着科学界和社会科学界的专业化尝试。不过，这两大早期的学术组织的专业化程度比较低，主要体现在这样几个方面：组织内不同学科的分化不明显；成员背景五花八门，多为业余人士；其影响主要是区域性的，面向新英格兰地区。[①] 1876年霍普金斯大学成立后，吉尔曼校长鼓励本校学者创建更为专业化、影响更广泛的学术组织，如马歇尔·埃利奥特（Marshall Eliot）发起了现代语言学会，赫伯特·巴克斯特·亚当斯（Herbert Baxter Adams）创立了美国历史学会，理查德·伊利组建了美国经济学会。[②] 自19世纪70年代以来，学科越来越细化的全国性专业学会在美国如雨后春笋般地涌现出来，数量激增。据美国学者拉尔夫·贝茨（Ralph Bates）统计，19世纪，美国共有407个学术社团，其中的267个学术社团是在1870—1900年成立的，占比达66%（详见表1.3）。[③] 这些新成立的专业性学术社团包括美国化学学会（1876）、美国现代语言学会（1883）、美国历史学会（1884）、美国考古学会（1884）、美国经济学会（1885）、美国地质学会（1888）、美国数学学会（1888）、美国政治与社会科学学会（1889）、美国心理学会（1892）、美国天文学

[①] 关于美国科学促进会的"非专业性"，前文（第一章第一节）已有论述。美国社会科学联合会同样具有浓厚的非专业色彩，如1874年的《大众科学月刊》发表社论认为，美国社会科学联合会"没能促进社会科学"，反而是它"极力避开的主题"。该联合会可以被当成"一种大众性的改革会议""一个社会行动的组织""它的大多数成员热衷于慈善，因此从事的都是社会救济、劳教和社会改善的活动。至于在科学的立场上进行真正的调研、严谨而冷静的研究，我们鲜有听闻。"美国社会科学联合会曾于1878年尝试并入霍普金斯大学的研究生院，但丹尼尔·吉尔曼以其"专业化程度不高"为由加以拒绝。（Mary Furner, *Advocacy and Objectivity: A Crisis in the Professionalization of American Social Science, 1865 – 1905*, The University Press of Kentucky, 1975, p. 31.）

[②] 在专业学会的建立中，大学是这些学会的发起人和组织者。伊利等教授通过组织专业学会发展自己的学科，吉尔曼则试图通过学者声誉的扩大来提升霍普金斯大学的地位。正如伊利在发起美国经济学会前对吉尔曼所说："这将会传播一种具有和谐的基督精神的政治经济学，同时我相信这对约翰·霍普金斯大学有利。"（Brubacher & Rudy, *Higher Education in Transition*, p. 189.）

[③] Ralph S. Bates, *Scientific Societies in the United States*, Cambridge, MIT Press, 1965, p. 121.

会（1899）、美国物理学会（1899）、美国哲学学会（1901）、美国动物学会（1902）、美国人类学会（1902）、美国政治学会（1903）、美国社会学会（1905）等。至1908年为止，美国已有120个全国性专业学会，550个地方性专业学会。①

表1.3　　　　　19世纪美国学术社团数量变化

1800年前	1800—1809	1810—1819	1820—1829	1830—1839	1840—1849	1850—1859	1860—1869	1870—1879	1880—1889	1890—1900	总数
4	2	4	15	12	21	34	48	80	130	57	407

资料来源：Bates, *Scientific Societies in the United States*, p.121.

在成立专业化学术社团的同时，霍普金斯大学于1878年创办了美国第一个学术刊物——《美国数学杂志》。此后三四十年间，美国主要大学和专业学会陆续创办了更多的学术刊物，部分名单见表1.4所示。

表1.4　　　19世纪70年代至1917年以前美国大学和
学会创办的主要专业期刊

中文刊名	英文刊名	创刊年	创刊方
美国数学杂志	*American Journal of Mathematics*	1878	霍普金斯大学
美国化学会志	*Journal of the American Chemical Society*	1879	美国化学会 霍普金斯大学
美国文献学杂志	*American Journal of Philology*	1880	霍普金斯大学
数学年鉴	*Annuals of Mathematics*	1884	弗吉尼亚大学 哈佛大学
美国考古学杂志	*American Journal of Archaeology*	1885	普林斯顿大学

---

① Brubacher & Rudy, *Higher Education in Transition*, p.189.

续表

中文刊名	英文刊名	创刊年	创刊方
现代语言通讯	Modern Language Notes	1886	霍普金斯大学
经济学季刊	Quarterly Journal of Economics	1886	哈佛大学
政治学季刊	Political Science Quarterly	1886	哥伦比亚大学
美国心理学杂志	American Journal of Psychology	1887	霍普金斯大学
哈佛法学评论	Harvard Law Review	1887	哈佛大学
技术季刊	Technology Quarterly	1887	麻省理工学院
美国人类学家	American Anthropologist	1888	美国人类学会
美国民俗学杂志	Journal of American Folklore	1888	美国民俗学会
耶鲁法律杂志	Yale Law Journal	1891	耶鲁大学
哲学评论	Philosophical Review	1892	康奈尔大学
政治经济学杂志	Journal of Politic Economics	1893	芝加哥大学
学校评论	School Review	1893	芝加哥大学
地质学杂志	Journal of Geology	1893	芝加哥大学
物理学评论	Physical Review	1893	康奈尔大学
心理学评论	Psychological Review	1894	普林斯顿大学
美国社会学杂志	American Journal of Sociology	1895/6	芝加哥大学
美国历史评论	American Historical Review	1895	康奈尔大学 哈佛大学
物理化学杂志	Journal of Physical Chemistry	1896	康奈尔大学
耶鲁英语研究	Yale Studies in English	1898	耶鲁大学
密歇根法学评论	Michigan Law Review	1902	密歇根大学
动物学杂志	Journal of Zoology	1902	加州大学
植物学杂志	Journal of Botany	1902	加州大学
哲学、心理学和科学方法杂志（哲学杂志）	Journal of Philosophy, Psychology and Scientific Methods (Journal of Philosophy)	1904	哥伦比亚大学

续表

中文刊名	英文刊名	创刊年	创刊方
古典哲学	Classical Philology	1906	芝加哥大学
美国政治学评论	American Political Science Review	1906	美国政治学会
美国经济学评论	American Economics Review	1911	美国经济学会
美国植物学杂志	American Journal of Botany	1914	美国植物学会
地理学评论	Geographical Review	1916	美国地理学会

资料来源：罗杰·L. 盖格《增进知识——美国研究型大学的发展（1900—1940）》，河北大学出版社2008年版，第30—32页。

此外，"对巩固专业学者共同体最为重要的方面在于大学所提供的专业训练以及高级学位文凭的发放"[1]。所谓高级学位文凭，即研究生文凭，主要指博士文凭。19世纪60年代以前，一些旧式学院已有文科学士后文凭（即硕士），但这一学位在当时是荣誉性的，与实质性的学术研究无关。例如，哈佛大学在1825年前后授予文科硕士学位的条件是"毕业三年后'恪守优良的道德品行'（通常被解释为不作奸犯科），愿意为'进修'支付5美元"[2]。这一做法引得剑桥镇居民嘲讽道："一个哈佛人为硕士学位所做的，就是付5美元和在监狱外待着。"[3] 至1861年，耶鲁大学首次为3人颁发了获得性博士文凭，康奈尔大学（1872）等其他高校也开始跟上。[4] 1876年，当霍普金斯大学全力发展研究生教育时，美国已有25所院校共授予44个获得性博士学位。[5] 不过，当时研究生教育尚未规范化，规模小，影响也不大，因此真正的研究生教育依

---

[1] 多萝西·罗斯：《社会科学诸学科的变化轮廓》，西奥多·波特、多萝西·罗斯主编：《剑桥科学史》第七卷《现代社会科学》，大象出版社2008年版，第176页。
[2] Samuel Eliot Morison, *Three Centuries of Harvard, 1636–1936*, Cambridge: Harvard University Press, 1936, p. 334.
[3] Morison, *Three Centuries of Harvard*, p. 107.
[4] Cole, *The Great American University*, p. 30.
[5] Rudolph, *The American College and University: A History*, p. 335.

然是从霍普金斯大学开始的。① 在霍普金斯大学的研究生培养中,候选人的学术水平被视为授予学位的唯一标准。霍普金斯大学相信"参与研究型的学术活动才能培养出研究型的学者",因此要求研究生"在学习期间的大部分时间为严谨的论文而工作",要显示出"独立思考和认真研究的能力"②。1887 年,博士论文成为获得霍普金斯大学哲学博士学位的必需条件。至 1900 年,哈佛大学、哥伦比亚大学、霍普金斯大学、芝加哥大学、加利福尼亚大学、天主教大学、克拉克大学、康奈尔大学、密歇根大学、宾夕法尼亚大学、普林斯顿大学、斯坦福大学、威斯康星大学、耶鲁大学这 14 所授予了全美 90% 的博士学位的大学组织起"美国大学联合会",推动了研究生学位的标准化。③ 这一年,美国各大高校授予获得性博士学位的总人数达到 382 人;1910 年为 443 人;1920 年为 615 人。④ 与之形成对照的是,荣誉性博士学位的授予越来越少,至"一战"时几近消失。⑤

2. 学术的职业化

伴随着"大学革命"以及学术的专业化,在大学里从事学术研究的教师成为一种专门性职业(profession),从而使学术研究"职业化"了。此时的大学教师以"学系"(department)为单位聚集

---

① 哈佛大学校长查尔斯·艾利奥特曾在霍普金斯大学建校 20 周年之际致辞坦言:"虽然哈佛大学在 1870 年建立了研究生院,但直到霍普金斯大学建立后我们才开始被迫把精力投入研究生教育中去,其他大学大致也都是如此这般的情形。"(W. Carson Ryan, *Studies in Early Graduate Education*, New York: The Merrymount Press, 1939, p. 3. 转引自梁丽《美国学人留德浪潮及其对美国高等教育的影响》,第 103 页。)

② Alexander Oleson & John Voss, *The Organization of Knowledge in Modern America, 1860 - 1920*, Johns Hopkins University Press, 1979, p. 11.

③ 至"一战"时,更多高校陆续加入美国大学联合会,包括弗吉尼亚大学(1904)、伊利诺伊大学(1908)、堪萨斯大学(1909)、明尼苏达大学(1908)、密苏里大学(1908)、印第安纳大学(1909)、艾奥瓦大学(1909)、俄亥俄州立大学(1916)和西北大学(1917)。

④ 吴必康:《权力与知识:英美科技政策史》,福建人民出版社 1998 年版,第 309、327 页。

⑤ Bernard Berelaon, *Graduate Education in the United States*, 1960, pp. 16, 24. 转引自黄宇红《知识演化进程中的美国大学》,第 129 页。

在大学体制内,以对某一学科的专业性研究为自己的"天职"。由于这一"天职"乃大学所要求,大学教师们也不必再像"学院时代"的教师那样只能利用业余时间、凭借个人兴趣和私人条件来从事学术研究,而是成为"以学术为志业"的专业研究者,并逐渐取代昔日那些从事其他职业的业余爱好者而成为学术界的活跃主体。这一变化即为学术的"职业化"。用1871年密歇根大学校长詹姆斯·安杰尔的话来讲,"大概直到现在,人们脑中才开始意识到,在大学任教是一种特殊的职业"——一种专门从事学术研究的职业。[①]

在"大学革命"的进程中,学术的"职业化"主要有三个方面的体现:

首先,学术队伍的扩大,主要反映在作为专业学者的大学教师人数的增加上(见表1.5)。

表1.5　19世纪末20世纪初美国大学和教师数量

年份	大学数(所)	教师总数(人)	教师平均人数(人)
1870	563	5553	10
1880	811	11552	14
1890	998	15809	16
1900	977	23868	24
1910	951	38480	38
1920	1041	48615	47

资料来源:U. S. Bureau of the Census, *Historical Statistics of the United States, Colonial Times to 1957*, Government Printing Office, 1960, pp. 210 – 211. 转引自 Burton R. Clark, "Interpretations of Academic Professionalism," Hawkins, *The Emerging University and Industrial America*, p. 90.

[①] James Burill Angell, "Inaugural Address," University of Michigan, June 28, 1871, James Burill Angell, *Selected Address*, pp. 5 – 36.

其次，大学开办的研究生教育尤其是博士生教育致力于培养未来的专业学者。霍普金斯大学校长吉尔曼认为："真正的大学——必须（为研究生）提供在教授指导下从事高级研究的机会，而这些教授本身就是所在领域的学者。"① 芝加哥大学校长哈珀也明确指出：研究生院的主要目标乃是培养研究者。他说：

> 研究生工作的主要目的不是把某一领域内已经形成的知识堆积到学生的脑子里，而是训练他们，使其能够独立开展一系列新的调查研究。这样的工作当然才具有最高的品格。我们必须慷慨地提供实验室、图书馆和设备，为他们创造必要的机会……还有一个问题也要重视，即应努力从全国找到最合适的人选来领导每个院系。这样的人只能是自己做过调查研究，也能够教导别人去调查研究的人。如果教师没有这种精神，没有他树立的榜样，学生们永远都学不会怎样做研究。②

接受过研究生教育反过来又成为年轻人获取"以学术为志业"的大学教职的资格要求，以至于研究生院在哈佛大学哲学家乔治·桑塔亚纳（George Santayana）看来就是"培养未来教授的师范学院"③。尤其是那些攻读博士学位之人，他们几乎都将从事学术研究作为自己的职业归属，其中大多数人将在大学执教视为最佳的职业选择。至20世纪初，博士学位作为"以学术为志业"的资格的重要性日益增加，时称"教授资格卡"④。如伊利诺伊大学于1905年宣布该校从今往后只从受过严格训练的哲学博士学位获得者中晋升教授。⑤

---

① 陈学飞：《美国高等教育发展史》，第70页。
② 约翰·博耶：《反思与超越：芝加哥大学发展史》，第113页。
③ 罗纳德·斯蒂尔：《李普曼传》，新华出版社1982年版，第55页。
④ 吴必康：《权力与知识：英美科技政策史》，第327页。
⑤ Rudolph, *The American College and University*, p. 396.

最后也最为重要的是，在大学管理者的要求和鼓励下，科研能力与学术成果被视为大学教师的职业评价准绳。丹尼尔·吉尔曼表示："研究是每一位带头教授的职责"①"最好的（大学）老师总是那些愿意且有能力在图书馆和实验室里从事原创性研究的人"②。密歇根大学教授 J. P. 麦克穆奇（J. P. McMurrich）认为："研究者将被证明是比非研究者更称职的教师。"③ 芝加哥大学校长哈里·贾德森将研究及其成果的出版视为该大学工作中重要的一部分，并在每年的校长报告中都会列出该校教授的出版物清单。④ 与之相应的另一方面是，教学工作受到大学管理者和教师们的轻视。贾德森宣称："没有比丰富人类知识更崇高的目标了。为了传授而寻求知识只能是最低层次的抱负。"⑤ 早在1892年，芝加哥大学便制定了限制教师教学时长的政策，要求每位教师"在一年中用36周、每周10—12小时的时间来授课，任何教师的教学时间都不应超出这一数量"⑥。尽管如此，该校仍"有许多教师盼望着有一天能够摆脱辛苦的教学工作，把时间和精力全部投入研究"⑦。威斯康星大学则"要求其教授每周授课量应少于3小时，并向其提供研究所需的一切条件，包括助理、秘书、技术员、保管员、图书、标本、仪器和差旅费等"⑧。在宾夕法尼亚大学，那些只上课不研究的教师被恭请"另谋高就""不发表论著，那么就完蛋"（publish or perish）成为美国大学及学术界的一句著名口号。总之，学术成果而

---

① Brubacher & Rudy, *Higher Education in Transition: A History of American Colleges and Universities*, p. 179.
② Gilman, "Inaugural Address at John Hopkins."
③ Julie Reuben, *The Making of the Modern University: Intellectual Transformation and the Marginalization of Morality*, 1996, p. 68. 转引自黄宇红《知识演化进程中的美国大学》，第257页。
④ 威廉·墨菲：《芝加哥大学的理念》，上海人民出版社2007年版，第78页。
⑤ 墨菲：《芝加哥大学的理念》，第80页。
⑥ Roger Geiger, *To Advanced Knowledge: The Development of American Research Universities, 1900 – 1940*, Oxford University Press, 1986, p. 70.
⑦ 约翰·博耶：《反思与超越：芝加哥大学发展史》，第110页。
⑧ Slosson, *The Great American Universities*, p. 243.

非课堂教学对大学教师的职业生涯来说才是至关重要的。①

1909年,一位观察家记录了他同一位学院院长的交谈,当前者问及"谁是贵院最好的老师时,他(指院长)提到某个授课教师的名字"。两人的对话如下:

> 他的职称是?
> 助理教授。
> 他的任期什么时候结束?
> 马上。
> 他会得到提拔吗?
> 不会。
> 为什么不提拔他?
> 他什么都不做。②

显然,这位院长根本就没把教学授课视为一名大学教师的本职。正如丹尼尔·吉尔曼所说的,"那些愿意讲授任何课程、担任任何教职的绅士们不是我们最需要的。"③

1915年,美国大学教授联合会(American Association of University Professors,AAUP)成立,表明学术的职业化已经超越专业学科的边界,确立了统一的标准。美国大学教授联合会起初曾遭人指责系"行业工会主义"(Trade Unionism)。联合会首任主席、芝加哥大学哲学教授约翰·杜威反对这一带有贬义的称呼,但承认美国学术界所萌生的职业意识。在美国大学教授联合会的第二次年会上,新任主席、西北大学法学教授约翰·威格摩尔(John Wigmore)的

---

① 1892年查尔斯·科普兰被哈佛大学安排讲授英语课,受到本科生的极度欢迎,但他本人并未因此而受益,直到1910年才被评为助理教授。(Rudolph, *The American College and University: A History*, pp. 404 – 405.)

② Rudolph, *The American College and University: A History*, p. 403.

③ Hugh Hawkins, *Pioneer: A History of the John Hopkins University, 1874 – 1889*, 1960, p. 274. 转引自黄宇红《知识演化进程中的美国大学》,第251页。

演说堪称一份大学学者的"职业宣言":

> 毫无疑问,我们从事的是一种独特的职业——费希特在那篇鼓舞人心的文章《学者的品质》中极力赞美的最伟大的职业。用费希特在《人的使命》中的话说,我们这个职业的使命便是要团结成一个整体,其中的各个成员都应该彼此认识,并保持相似的思想水准。……尽管我们因不同学科的划分而分开,因来自不同的院校和地理上的距离而分隔,但是大学学者和教师的职业纽带必须变得并保持得最为紧密,因为这是我们这个职业共同的基础。我们无须约法三章来团结我们。我们的纽带将比规章更紧密也更自由。天时地利,注定我们走到一起。①

(三) 大学学术的社会责任

现代大学对学术的鼓励,以及学术自身的专业化和职业化,必然在大学体制内造就一个"以学术为志业"、专业化程度不断加深的学者群体。他们有共同的志趣、相似的背景和一套独特的话语,他们还有属于自己的"小社会",并为此确立圈内规则和准入门槛。问题在于,这些在"纯学术"理念庇护下的大学学者如何面对象牙塔外的世界?

所谓"纯学术",即"为学术而学术"或曰"为知识而知识""为真理而真理"。这一理念始于19世纪初的普鲁士教育家威廉·冯·洪堡,并在1810年由洪堡创办的柏林大学中得到最初的体现,后扩展至莱比锡大学、海德堡大学、哈勒大学、波恩大学、慕尼黑大学和哥廷根大学等其他德意志大学。在德意志,"纯学术"的理念有点唯心主义的味道。"为学术而学术",意味着学术既是学者

---

① John Wigmore, "Presidential Address, American Association of University Professors Bulletin," March, 1916, pp. 8 – 9. 转引自 Gruber, *Mars and Minerva*, pp. 16 – 17.

的生活方式，又是学者的生活目的。因此，学者应对学术有着宗教般的虔诚信仰以及随之而来的"高贵精神"——孤芳自赏、超凡脱俗。一位德意志哲学家如此写到："当理性的工作将自身从单纯地为生活目的而服务中解放出来"，纯学术便得以实现。① 简而言之，德国人心目中的学者应是"精神贵族"，宁可阳春白雪，不可下里巴人。

然而，正如在19世纪末任美国教育专员的哲学家威廉·哈里斯（William Harris）所说，德意志人那种抽象的、形而上的理想主义在越来越重视实用、一片繁忙的美国社会没有市场。② 早在丹尼尔·吉尔曼从德意志引入"纯学术"理念来创办霍普金斯大学时，霍普金斯大学的校董会便对这一思路提出了质疑。校董之一的罗伯特·加勒特委托其助理巴纳德撰文宣称："目前，霍普金斯大学的运作趋势太过青睐中世纪的经典和那些玄奥酸腐的学问。"1877年，托马斯·沙弗公开抨击约翰·霍普金斯大学未能"从学究的迷雾中走出来"。另一位校董、大学创始人的侄子刘易斯·霍普金斯（Lewis Hopkins）则附和道："伟大的发明总是出自那些投身于实际应用的人。"③

作为一所私立大学的所有者，霍普金斯大学的校董们多是实业界中人。面对他们对"学以致用"的要求，大学教授们激烈地反对将学术加以直接的实际应用。古典学家贝希尔·吉尔德斯利夫在1877年的建校纪念日说道："'有用'（useful）一词应该从大学的语汇中被删掉。"化学家艾拉·雷姆森也反对学以致用的观念，并表示只要他还是一名教授，就绝不会向企业界提供咨询。他表示："想不出还有什么比这种入侵更能使一个大学气数衰败了。"④ 反对

---

① Bledstein, *Culture of Professionalism*, p. 316.
② Rudolph, *The American College and University: A History*, pp. 178–179.
③ Maryann Feldman & Pierre Desrochers, "Truth for its Own Sake: Academic Culture and Technology Transfer at John Hopkins University," http://www.cs.jhu.edu/~mfeldman/Minerva102.pdf.
④ Maryann Feldman & Pierre Desrochers, "Truth for its Own Sake."

学术（科学）研究的实用主义取向的"最强音"来自霍普金斯大学物理学家亨利·罗兰。1883年8月15日，他在美国科学促进会年会上发表了题为"为纯科学呼吁"的著名演讲，开门见山地说道：

> 我时常被问及这样一个问题：纯科学与应用科学究竟哪个对世界更重要？（在我看来）为了应用科学，必须先有（纯）科学。假如我们停止推动科学的进步而只关心科学的应用，我们很快就会退化成（古代）中国人那样，他们历经多少代人却（在科学上）无甚进步，因为他们满足于科学的应用，但从不追问他们所做的事情中的原理。正是这些原理构成了纯科学。中国人知道如何应用火药已有数百年了，如果他们能用正确的方法探索其特殊应用的原理，他们就会在获得众多应用的同时发展出化学乃至物理学。由于只满足于火药能爆炸的事实，而没有寻根问底，（如今）中国人已经远远落后于世界的进步。①

吉尔曼本人在这种冲突中保持了一种中庸的态度。一方面，他强调基础研究，反对功利主义。在1885年霍普金斯大学建校纪念日的演说中，吉尔曼回应了校董们的指责："没有什么比抽象更富于实用性了"，大学学者进行研究的目的，不是"获取财富，而是探明事物的基本规律"②。另一方面，吉尔曼也"并非传统叙述中的一个单纯看重研究生教育和研究的人"③，他认识到大学的社会责任，认为大学应是"一个被民众当作解决文明问题的机构……

---

① Henry Augustus Rowland, "A Plea for Pure Science," *Science*, Vol. 2 (old series), August 24, 1883. Proceedings of Section B-Physics, pp. 242–250.
② Feldman & Desrochers, "Truth for its Own Sake."
③ Hugh Hawkins, *Pioneer: A History of the John Hopkins University*, p. 66. 转引自黄宇红《知识演化进程中的美国大学》，第115页。

（它）指导民众，决定民众时时刻刻面对的问题"①。吉尔曼在1876年霍普金斯大学开学典礼上就曾指出：

> 这是一个为了达到比今天更好的社会状态而竭力奋斗的过程；这是一个模糊而又不磨灭的关于知识的价值的认识；这是一种对学术和道德发展的期盼；这是一种试图解释创造的法则的渴望；这意味着一种希望，希望穷人中的悲惨更少，希望学校里的无知更少，希望庙宇里的顽固更少，希望医院里的煎熬更少，希望商业中的欺诈更少，希望政治中的愚蠢更少；这意味着更多地研究自然，更多地热爱艺术，更多地从历史当中吸取教训，更多地保障财产的安全，更多地给城市居民带去健康，更多地给国家赋予美德，更多地给立法增添智慧，更多的才能，更多的幸福，更多的信仰。②

事实上，社会责任在美国高等教育中并非什么新鲜之物。一方面，美国的学院从建立伊始便承担着古老的服务职能——为地方社会培养世俗及宗教领袖。只是学院的服务主要是面向社会精英，与平民大众相距甚远。恰如密歇根大学校长詹姆斯·安杰尔所批判的，19世纪50年代的学院与民众如此隔阂，它在某种意义上被民众普遍看作"无用亦无害的隐士之家"③。另一方面，自18世纪末19世纪初以来，美国一直存在着建设真正能服务于民众的公立大学的努力。这些公立大学主要在南部和不断扩大的西部创办，如弗吉尼亚大学、密歇根大学和威斯康星大学等，其宗旨则如1858年威斯康星州参议院关于威斯康星大学的一份报告所说："我国的学院实际上是些贵族学校""因此，（我们）要给威斯康星州人民一

---

① Dael Wolfle, *The Home of Science: The Role of University*, pp. 77 – 78. 转引自黄宇红《知识演化进程中的美国大学》，第152页。
② O'Boyle, "Learning for Its Own Sake."
③ Rudolph, *The American College and University*, p. 359.

个符合他们需要的大学",它"将致力于满足老百姓的需要"①。

可是,早期的公立大学同大多数旧式学院一样发展不良,直至1862年联邦政府颁布《莫里尔法》,这一境况才得到有效改善。《莫里尔法》授权将联邦土地拨给各州,将售地所得用于资助"至少一所学院,其主要目的是在不排除其他的科学和古典学的前提下,教授与农业、工程技艺有关的任何分支学科",故又被称为"赠地法"。在《莫里尔法》的推动下,美国各州陆续新建或改造了69所具有赠地性质的高等院校,最有代表性的是州立的威斯康星大学和公私合办的康奈尔大学。此后,联邦政府在19世纪末又颁布《哈奇法》(1887)、《第二莫里尔法》(1890),不断增加对赠地院校的资助。得益于公共政策的鼓励与支持,这些赠地院校都无法忽视其作为回报的社会责任。正如密歇根大学校长詹姆斯·安杰尔所说:"公众及私人的慷慨解囊给予了大学最热诚的支持,大学则用它们的智慧倾其所有地为公众服务。"② 伊利诺伊大学校长埃德蒙·詹姆斯(Edmund James)写到:"公立大学的意义……归根结底是要让大学走进民众中,使大学成为民众需求的体现和产物。"③ 麻省理工学院院长亨利·普里彻特(Henry Pritchett)则说:"麻省理工学院不仅致力于为民众服务,它本身也属于民众。"④ 丹尼尔·吉尔曼在就任加州大学校长时也宣称:

> 这就是加州大学,它不是柏林大学,也不是我们将要模仿的耶鲁大学。它是这个州的大学,必须适应这里的人民,适应

---

① Hofstadter, "The Age of the University," Hawkins, *The Emerging University and Industrial America*, p. 8.

② James Burill Angell, "The Old College and the New University," James Burill Angell, *Selected Addresses*, p. 152.

③ Edmund J. James, "The Function of the State University," *Science*, New Series, Vol. 22, No. 568, Nol. 17, 1905, p. 622.

④ H. S. Pritchett, "The Relation of Educated Men to the State," *Science*, New Series, Vol. 12, No. 305, Nov. 2, 1900, p. 664.

这里的公立或私立学校，适应这里的地理位置，适应这里的社会需要和未开发的资源，它不是教会团体或者私人个体的基础，它属于人民，服务人民，与人民的智力和道德健康发生最高和最诚实的联系。①

古老的学院传统和赠地院校先天的"服务"宗旨，使社会责任对在"大学革命"中崛起的美国现代大学来说依然是一个不可忽视的话题。在包括霍普金斯大学等私立大学在内的大学校园里，校长及大学运动的其他"旗手"一方面对专业化的学术推崇备至，另一方面则呼吁承担大学及学术的社会责任。丹尼尔·吉尔曼要求加州大学师生"应常常对公众伸出善意的援手"②。哈佛大学校友、工程学家乔治·S. 莫里森（George S. Morrison）认为："大学应对整个社会而非某些人有着自己的责任。大学在获得来自政府拨款或私人捐助的资助时，也应回报那些资助、支持它的社会，让整个社会可以在知识的指引下受益。"③ 威廉·哈珀基于自身对《圣经·旧约》的研究，将大学视为带领美国人走出矛盾激化、弊病丛生的社会苦境的当代"弥赛亚"④，认为大学的道德使命在于"服务于人类，不管是在学术院墙之内，还是在院墙之外的整个社会之中"⑤。伍德罗·威尔逊则在1898年的"普林斯顿大学为国效力"演说中强调："是服务的精神而非学问，使一所大学在一个民族的公共记忆中留有一席之地。我认为，如果一所大学想有所贡献，就必须让

---

① Gilman, "The Building of the University."
② Ibid.
③ George S. Morison, "The New Epoch and the University," an Oration delivered before the Phi Beta Kappa Society in Sanders Theater, Cambridge, Thursday, June 25, 1896.
④ James P. Wind, *The Bible and the University: The Messianic Vision of William Rainey Harper*, Scholars Press, 1987, p. 78.
⑤ William Harper, *The Trend in Higher Education*, Bilio Life, 1905, p. 78. 转引自孙碧《科学知识、道德责任和金钱政治：芝加哥城市改革中的芝加哥大学（1892—1906年）》，《高等教育研究》2018年第2期。

它的每一个课堂都洋溢着对社会事务的关注。"① 1901 年,在底特律举办的全国教育协会第 14 届年会上,密苏里大学校长理查德·杰西(Richard Jesse)更加具体地阐释了大学可承担的社会责任,在与会的大学校长和代表中引起了积极响应。杰西认为,除了为人们提供所需的高水平教育外,大学还有许多途径为社会造福,比如,第一,大学可以建立农学院,改良农业技术;派遣勘察队,测量水文和陆路交通、勘探矿产等;第二,与政府部门合作,帮助推动社会、经济发展,例如社会学系可调查劳教所和慈善机构,经济学系可帮助解决城市税收问题,化学系、卫生工程和医学系则在公共卫生领域大有可为;第三,大学还可以同教育局合作,建立附属的中小学。②

总而言之,19 世纪 60 年代末以来的"大学革命"虽然推崇专业化学术,将大学教师打造成从事专门研究、以学术为志业的"专业学者",但并不意味着新兴的美国大学在"专业化学术"的名义下鼓励这些学者"两耳不闻窗外事,一心只读'专业'书"。对于大学学术与社会责任之间的关系,乔治·S. 莫里森说了这样一番话:"大学培养年轻的学者,不是因为这些年轻人自己想成为学者,而是因为这些受过高等教育的学者对社会福祉是必需的。"③ 威斯康星大学校长托马斯·张伯伦则有着更明确的价值判断:"为学术而学术是一种故作风雅的自私自利;为了国家和人民而学术,是一种真正高尚的爱国主义。"④

---

① Woodrow Wilson, "Princeton in the Nation's Service," a Commemorative address delivered on Ooc. 21, 1896. http://infoshare1.princeton.edu/libraries/firestone/rbsc/mudd/online_ex/wilsonline/indn8nsvc.html.
② R. H. Jesse, "The Function of the State University," *Science*, New Series, Vol. 14, No. 343, Jul. 26, 1901, pp. 140–142.
③ Morison, "The New Epoch and The University."
④ Cook, *Academicians in Government from Roosevelt to Roosevelt*, p. 49.

第二章　内战后政府向大学寻求专家帮助的新趋势

伴随着"大学革命"和学术的专业化与职业化，美国的大学不仅汇聚了一群学有专攻的专业学者，而且在社会责任的驱使下鼓励学者运用专业知识和技术为社会服务。与此同时，内战结束后，工业化与城市化的浪潮也开始席卷美利坚大陆，彻底改变着这个昔日的"农业共和国"的经济形态、社会面貌和生活方式。工业化和城市化的冲击引发了各种错综复杂的社会问题，绝大多数问题都是在"农业共和国"时代前所未见的。要解决这些问题，不能再仅仅依靠简单的常识、道德判断或一般的法律知识，而是需要更加专业化的科学知识和技术。作为公共事务的管理者和公共服务的提供者，美国各级政府昔日一直以"管得少即管得好"为圭臬，在挑选公职人员方面也以"公职轮换，人皆可当"为原则，因此一旦遭遇工业化时代的种种挑战，自然也会感受到空前的压力。为了改善和加强对公共事务的管理，美国各级政府自19世纪末以来开始增设新的机构，同时在这些机构里任用专家，希望他们能运用专业知识和技术来更好地解决"工业—城市文明综合征"中的种种难题。

政府对专业知识以及专家的需要，得到了聚集在大学里的专业学者们的回应。他们中的少数人尤其是学术领袖开始尝试走出象牙塔，以各种方式参与公共生活，运用所掌握的专业知识和技术为公众服务。其中个别人初涉公职，成为大学学者作为专家参与政府事务的先行者。由于19世纪末的政府政治中依然弥漫着浓重的反智主义氛围，早期参政的大学学者在人数上并不多，从事的多为技术性的工作，担任的亦非要职。这样的参政经历有时反而给他们带来一些不好的感受。因此，专家参政虽然在19世纪末初现端倪，但远远谈不上成为一种较为普遍和显著的现象。

第一节　内战后社会问题的复杂化与政府对专家的需要

1876年5月，纪念美国独立百年的第六届世界博览会在费城拉开序幕。在这一后来被称为"美国秀"的盛会上，美国展厅里摆放着爱迪生的自动电报机、贝尔的电话、威斯汀豪斯的空气刹闸、各种橡胶制品、压路机、奥的斯电梯、新式打字机以及众多的工农业机械设备，令参观者们目不暇接。最引人注目的当数主厅里的机器巨人——一架高约12米、重680吨、由20个锅炉组成的巨型蒸汽机。尽管当时爱迪生尚未发明出电灯，但美国作为一个新兴国家在内战后短短十几年里取得的工业技术成就足以令世人叹为观止。

工业技术的进步不过是内战后美利坚大陆上奏响的"工业主义"[①]交响曲中的旋律之一。从1865年内战结束至19、20世纪之交，如果说美国在高等教育领域发生了一场告别"学院时代"的变革，那么其在社会经济层面所经历的更为宏大的工业化及城市化转型，告别的则是昔日那个小农遍地、田园牧歌式的"农业共和国"。伴随着工业化的进程，各种近代工业如钢铁、石油、化工等接连兴起，交通运输中的铁路和汽船屡见不鲜，电报、电灯及内燃机等新式发明创造也层出不穷，这一切均是以日新月异的科学技术为依托的。就连传统的农业也变得越来越依赖机械和科技知识及方法。在工业化大潮的推动下，科学、技术知识快速积累并日益专门化，以至于让19世纪末的美国人开始意识到，"科学如今已进入很

---

① 工业主义（industrialism）：指以大企业的发展为基础、以大量廉价制造品的生产和雇佣劳动力在城市工厂的集中为特征的社会经济体系。（参见 *The American Heritage Dictionary of the English Language*, Fourth Edition, Houghton Mifflin Company, 2000.）

难被理解的范围……物理学的发展超过了重力、磁和压力的范畴，已经深入离子而超出了分子和原子……总之，我们虽不能说普通的受教育者已经向科学低头，但科学已经抛弃了他们。"① 由此导致的结果可想而知：不断涌现的新式科学发现和技术发明在使人们的生活变得丰富、便捷的同时，也变得越来越难以为科学家、工程师和专业人士之外的普通人所理解。例如，当一名普通消费者根本搞不清楚化工合成出来的人造黄油究竟是不是奶场主骂声中的"有毒的油腻产品"时，只能感叹："我们购买几乎所有的物品，但并不知道这些东西是怎样生产的，也没有相应的知识去判断这些物品的质量……跟我们的祖辈相比，我们对这些日常生活用品的认识几乎处于一种蒙昧无知的状态。"②

与纯粹的科学技术问题相比，更令普通人难以理解的是工业化、城市化进程中所出现的新的社会经济弊病。周期性的经济萧条、大企业与垄断、劳资冲突、工厂及交通事故、城市贫民窟、肺结核等传染病、公共卫生、环境污染等社会疑难杂症比比皆是，层出不穷。这些被概括为"工业—城市文明综合征"的社会难题不仅前所未有，无法再用"农业共和国"时代的经验主义和旧哲学来理解，而且更加纷繁复杂，绝非普通人根据简单的常识或道德良知便能予以评判的，也很难依靠一般性的法律知识加以治理和解决。一位费城银行家曾这样描述19世纪末的美国人在错综复杂的社会难题面前的不知所措："我们对自己的理论浅尝辄止，同时不顾一切地寻找其他理论。深陷于这片矛盾层层萦绕、交叠的大沼泽中，（我们）不可能做到对事物的本质加以恰当的判断。"③ 威斯康星大学校长、历史学家查尔斯·肯德尔·亚

---

① Oleson & Voss, *The Organization of Knowledge in Modern America, 1860 – 1920*, p. 152.

② E. Richards, *Food Materials and Their Adulterations*, Whitcomb & Barrow, 1906, p. 255. 转引自马骏、刘亚平编《美国进步时代的政府改革及其对中国的启示》，第169页。

③ Mark Carnes & John Garraty, *The American Nation：The History of the United States*, combined Volume (12th edition), Longman, 2005, p. 551.

当斯则一针见血地指出:

> 毫无疑问,随着文明社会变得愈加复杂,有待解决的问题也需要更多的智慧。瓦特和史蒂芬森的蒸汽机算是简单、易于操作的,而驱动一艘现代军舰的复杂机器组足以让每一位目睹者哑口无言,感到束手无策。与现代(机械)动力的这一伟大标志相比,现代文明和政治生活中的一些问题要复杂得多。①

(一) 政府转变对专业化知识的态度

作为公共服务的提供者和公共事务的管理者,美国各级政府在内战后日益严峻复杂的社会经济形势面前自然遭遇了空前的挑战。在内战以前,美国基本上是一个"农业共和国",推崇地方自治以及最小化的政府介入,高度依赖法庭诉讼来解决纠纷。由于大多数人生活在小城镇和乡村,相对简单、质朴的社会生活状态无须政府提供大量的公共服务,小而弱的地方政府足以解决社会生活中的种种问题。公职人员的选任也无须强调他们必须具有应对复杂问题的知识水平和治理能力,"人们认为但凡能读能写的人就可以胜任政府部门的任何职位……选拔公职人员最实际的办法是看他们同政党或政治派别的关系"②。公职选任中的这一逻辑突出反映在19世纪30年代由安德鲁·杰克逊总统确立的"公职轮换"原则中。用杰克逊在1829年国会咨文中的话说,即"一切公职所需承担的责任都十分简单明了,或至少可以做到十分简单明了,任何有识之士都可担当"③。这样一来,担任政府公职乃至从事政治被认为普通人仅靠常识或良知稍加判断即可,无须具备专门的知识。正如戴维·

---

① Charles Kendall Adams, "The Present Obligations of the Scholar," A Barralaureate Address at the University of Wisconsin, June 20, 1891, pp. 21 – 22.

② Edmund James, "The Function of the State University," p. 626.

③ Andrew Jackson, "State of Nation," 1829, http://www.let.rug.nl/usa/P/aj7/speeches/ajson1.htm.

学术与政治：美国进步时代专家参政现象研究（1900—1920）

克罗克特所言："我的判断从来不是从哪里学来或获取的，如果是，那也不过像掏耳屎一样简单。我做任何决定都是以人与人之间最平常的公平和诚信为准则，靠的是天生的直觉，而不是靠法律知识来指引我，因为我一生中从未读过一页书。"1913年，哈佛大学校长、政府学教授劳伦斯·洛厄尔（Lawrence Lowell）在回顾内战前美国的公共管理时说道：

（昔日）农业社会（对公共管理）的需求比较简单，任何一个稍有智慧的人都能很好地理解。半个世纪以前（的美国）尤其如此。视察一下小学和铁轨，对农场和家畜征点税，把迷失的牛群牵回来——这些事情是每个普通人都知晓的，邻居们挑个有点头脑的农夫就可以管理得井井有条，不需要专门的训练，也不需要任何专家。只要别换得太快，大家伙轮换着当官也不会太影响政府效率。[①]

然而，时过境迁，内战结束后，随着工业主义的全面到来，认为政府公职如此简单以至于任何人都可以担当的杰克逊式观念在日益严峻复杂的社会问题面前变得不堪一击。尤其是在"现代大城市，城市管理必须依靠大量的公职人员，而他们的工作大多会涉及最新的科学研究和技术发明。如自来水供应、污水处理、公路桥梁以及附带的大量电线杠和电缆的维护、高速交通、公立教育体系、疾病防治、贫困及犯罪等——面对这些问题，一名熟悉其本职工作的普通人即便再聪明，也会束手无策。这些问题只能依靠专门的研究或长期的经验才能处理，只有那些有过处理经验的人才能有效地解决"[②]。早在1869年，明尼苏达大学校长威廉·弗威尔（William Folwell）曾颇具先见地指出美国政府在内战后的新形势下将"难以

[①] Lowell, "Expert Administrators in Popular Government."
[②] Ibid.

作为"的困境。他说："我们是用目测手量的惯例（指按经验行事）来建设我们这个伟大的国家。……在应对内战、移民和大城市的迅速崛起所带来的严峻社会问题时，我们发现自己不过是按经验行事的江湖术士和不动脑子只知干活的学徒。"① 1895 年，共和党改革派卡尔·舒尔茨（Carl Schurz）也如此说道：

> 我们这个共和国最初只是大西洋沿岸的十三个农业殖民地，稀稀拉拉的小集市散落其间。经过一个世纪的发展，共和国变成了一个横跨整个大陆的辽阔帝国，拥有世界上最雄厚的物质财富。伴随着这种发展，国家的性质发生了改变。田园牧歌式的生活景象一去不返。农业无论能带来多大的利益，也失去了其昔日的主导性。……我国工业经济和交通设施的发展将大量人口吸引到城市中，许多城市的人口早已超过百万，而另外一些城市的人口也在直追而上。……在这种情况下，我国大城市的市政府所面对的问题不仅从未有之，而且愈发严峻和复杂。州政府和联邦政府同样发现自己无力担负起新的职责，这些新的职责要求他们加强自己的管辖职能和运作机制，因而对他们的治理能力和智慧提出了更高的要求。②

事实上，卡尔·舒尔茨等改革派人士早在内战结束后便意识到美国政府的这一问题，他们寄希望于政府的人事制度变革，即"公务员（制度）改革"［又译作"文官（制度）改革"］，由此产生了1871年格兰特总统签署的《公务员改革法》和1883年颁布的《彭德尔顿法》。后者常常被认为是美国公务员制度确立的标志。

---

① William Folwell, "Inaugural," William Folwell, *University Addresses*, The H. W. Wilson Company, 1909, p. 17.
② Carl Schurz, "Congress and Spoils System," 1895, http://en.wikisource.org/wiki/Congress_and_the_Spoils_System.

不过，《彭德尔顿法》在当时的实际效果并没有人们想象得那么大。① 其主要作用是确立一种新的公务员任用原则即"考绩制"（用淘汰制的考试来决定公职人员的选用）以取代"公职轮换"，从而消除过去"公职轮换"所导致的政党分赃、政治庇护等腐败因素。这些政治腐败因素在过去的数十年里不仅引发了公职任免中的周期性更迭或混乱，在严重情况下还会诱发政治冲突，如1868年安德鲁·约翰逊总统的弹劾案以及1881年加菲尔德总统遇刺案，都与公职任免中的混乱或矛盾有关。从政府公职人员的变化程度来看，《彭德尔顿法》实行后，通过考绩而产生的公务员尽管在政府中出现，但其人数在相当长时间里并未居于主导地位。1884年，在美国共131208个行政职位中，只有约13924个职位即11%是由考绩产生的。时至1900年，在208000个行政职位中也只有94839个职位即46%系由考绩产生。②

此外，由于"考绩制"的目的是消除腐败，打造"健康、廉洁政府"，所以"考绩"所要求的知识水平并不高，只是最基本的语文和数学知识，外加会计和宪法历史的初级知识。③ 显然，这并不能真正改善政府在应对日益严峻复杂的社会问题时所表现出的"无能"与"低效"状况。一方面，在公务员制度建立后，那些摆脱政党分赃和政治庇护而当选的"诚实"的政治家依然"对自己当选后要做什么没有一个清晰的想法，他们甚至不知道如何管理一

---

① 如赫伯特·克罗利认为，公务员制度改革虽然在不同的公务部门确立了"考绩制"原则，但"改革的成功却没有达到（其）推行者所期许的那样"，它"并未满足它的大多数热心支持者的期望。……对（政党分赃这一）陈规陋习的废止并未导致效率的显著提升。行政事务无论在中央，还是在各州或市政办公厅都远远没有达到令人满意的境地。"（克罗利：《美国生活的希望：政府在实现国家目标中的作用》，江苏人民出版社2006年版，第119、277页。）

② Stephan Skowronek, *Building a New American State*: *The Expansion of National Administrative Capacities, 1877–1920*, Cambridge University Express, 1982, p. 69.

③ Alexander Keyssar & Ernest R. May, "Education for Public Service in the History of United States," John D. Donahue & Joseph S. Nye, Jr., *For the People*: *Can We Fix Public Service?* Brookings Institute Press, 2004.

个全新的、庞大的、成分复杂的政府"①。另一方面，由于工业化时代的新问题大多涉及科学技术或者"半科学性"的事务②，即便是通过考绩而受到任用的公务员也不一定具备解决纯粹的技术问题和"半科学性"社会问题的能力。1888年，密歇根大学经济学家亨利·卡特·亚当斯（Henry Carter Adams）来到华盛顿，他描述说："令人惊讶的是，（这里）缺少那种能动脑筋、能不例行公事的人""办事的公务员已经多得有些浪费，他们需要的是动脑子的人"③。由此可见，经过公务员制度改革后，美国政府中的政治腐败或许相对少了，却并不意味着政府在解决工业化时代严峻复杂的社会问题上更有作为、"更有效率"④。

不过，《彭德尔顿法》毕竟确立了一种以"才能"而非"政治关系"来选任公职人员的新原则，使公职不再是弄权的政客用以分赃的"掌中筹码"。用卡尔·舒尔次的话来说："在政党分赃制下，公职只是对一些有背景的少数人即那些得到权势支持的人开放。公务员改革就是要依照'才能'使公职对所有人开放。"因此，经过公务员制度改革的政府就从昔日的"政党政府"向"具有公共精神的政府"转变，从而成为一个"所有优秀人士都愿意自豪地参与的政府"⑤。换言之，以《彭德尔顿法》为标志的公务员制度改革客观上为政界之外、没有任何政治关系的"圈外人"参与到政府事务中营造了一种包容性的氛围。随着"公职轮换，人皆可当"的旧观念被"考绩制"的原则所取代，美国政治中昔日一味推崇常识、贬低专门知识的反智之风开始渐渐消退和减弱。

---

① David A. Schultz, et. al., *The Politics of Civil Service Reform*, p. 85. 转引自石庆环《20世纪美国文官制度与官僚政治》，东北师范大学出版社2003年版，第123页。
② 如专利事务的管理、土地勘查、政府中的统计工作等。（弗兰克·古德诺：《政治与行政》，华夏出版社1987年版，第64页。）
③ Grossman, *Professors and Public Service*, p. 58.
④ Skowronek, *Building a New American State*, p. 68.
⑤ Carl Schurz, Civil Service Reform and Democracy, http://en.wikisource.org/wiki/Civil_Service_Reform_and_Democracy.

1887 年，年轻的政治学家伍德罗·威尔逊颇有先见地写到，"现阶段的公务员（制度）改革"只是"更全面的政府改革的前奏"[1]。如其所言，《彭德尔顿法》实行后，政府改革的步伐并未停止，只是其重心从清除腐败、净化政府转移到提升政府效率上来，"效率政府"取代"诚实政府"成为改革派人士的进一步诉求。[2]然而，如何提升政府的效率呢？1884 年至 20 世纪初，政府改革派们大多相信，政府"效率"有赖于行政管理的"专门化"，即将政府活动分为行政管理和政治运作两个部分，使前者与后者相分离，成为一种类似于企业管理的、专门的事务性领域。正是在这一专门的事务性领域，他们主张任用受过专业训练的"专家"，让其发挥专业知识和技能方面的"专长"，使政府具备解决工业化时代严峻复杂的社会问题的"能力"和"效率"。

政府改革派的这一逻辑，突出反映在威尔逊的《行政研究》（1887）与弗兰克·古德诺的《政治与行政》（1900）两部著作中。威尔逊宣称："行政管理的领域是一种事务性的领域（a field of business）。它是从仓促不安、矛盾丛生的政治中脱离而来的。"在行政管理领域，"受过专门教育的公职人员是必不可少的"[3]。古德诺更明确地解释说，政治是公共政策的决策（the determination of public policy），应由选民来决定未来公共政策的方向；行政则是公共政策的执行（the execution of public policy），应由专家来实施政府的公共管理。[4] 威尔逊和古德诺的"先见之明"后来逐渐成为社会舆论的一项共识，正如《费城报》的一篇文章所宣称的："这是一个专家

---

[1] Stuart Morris, "The Wisconsin Idea and Business Progressivism," *Journal of American Studies*, Vol. 4, No. 1, Jul., 1970, pp. 39–60.

[2] Martin J. Schiesl, *The Politics of Efficiency: Municipal Administration and Reform in America, 1800–1920*, University of California Press, 1977, p. 3；另参见 Thomas C. Leonard, *Illiberal Reformers: Race, Eugenics and American Economics in the Progressive Era*, Princeton University Press, 2016. 石庆环：《20 世纪美国文官制度与官僚政治》，第 124 页。

[3] Wilson, "The Study of Administration."

[4] Recchiuti, *Civic Engagement*, p. 100.

的时代。公共事务对他（专家）的需要比其他领域要大得多。"①

问题在于，谁是专家？在 19 世纪下半叶那个科学至上并被视为一切智慧之源的时代，面对工业化时代的各种技术问题以及半科学性的社会问题，美国政府一方面在公务员队伍内部扩大科学和技术类公务员的数量，如气象监测员、地质勘查员和统计师等，②另一方面自然而然地将注意力投向那些掌握科学知识、能"科学地"研究并解决问题的大学和学术界人士③，因为只有"科学才能使人成为业务精湛的专家，而不是单纯的模仿者或办事员"④。

1892 年，霍普金斯大学历史学家赫伯特·巴克斯特·亚当斯收到了从校长丹尼尔·吉尔曼处转来的一封信，信来自联邦众议员迈克尔·哈特（Michael D. Hart）。其内容如下：

> 尊敬的先生：
> 请尽你所知地为我从历史的角度介绍如下相对不太值钱的货币如铁币、铜币、银币、纸币和贝壳币等，并挑出相对较贵的一种。（你可）从古希腊或更早时期的铁币开始讲起，并尽量给出这一货币在某一国家或地区、某一年代流通的历史证据，最后讲讲当今阿根廷、墨西哥等诸如此类的国家的情况。
> 你真诚的，
> 迈克尔·哈特⑤

作为霍普金斯大学历史和政治学院的创始院长，赫伯特·巴克

---

① Jane S. Dahlberg, *New York Bureau of Municipal Research: Pioneer in Government Administration*, New York University Press, 1966, p. 120.
② 19 世纪末 20 世纪初，联邦政府内科学和技术类公务员所占比例从公务员制度建立之初的 5% 迅速扩大至 20% 左右。（石庆环：《20 世纪美国文官制度与官僚政治》，第 277 页。）
③ Mary Furner, *Advocacy and Objectivity*, p. 1.
④ William Folwell, "Inaugural," *University Addresses*, p. 17.
⑤ Keyssar & May, "Education for Public Service in the History of the United States."

斯特·亚当斯一向主张该院的研究者"了解华盛顿的局势",以便"一旦人们需要专家时……就可以从这里直接获得"①。哈特参议员的来信令亚当斯教授颇有如愿以偿之感。短短三周后,哈特便收到亚当斯的回信。两人之间的这次书信往来在一定程度上预示了在即将到来的年代里公共事务对新兴的专业化学术知识和大学学者的需要。正如国家教育委员会专员威廉·哈里斯于1898年在波士顿大学的演说中所呼吁的:"国内的社会及政治问题应得到我国大学专家们的研究""我们必须求助于大学,请他们来找到解决我国现实生活中各种问题的办法。"②

(二) 内战后政府职能的扩大及其对专家的直接需要

除了政府在用人态度上的转变外,美国社会形势的复杂化还导致了政府在公共事务中的角色变化,即从消极的"守夜人"向更积极的"干预者"的转变。换言之,在更为严峻复杂的社会形势下,作为公共事务管理者的政府应"更有作为",承担起更多的职责。尤其是在那些从未有之或此前罕见的技术问题和社会问题上,政府职能的扩大就意味着需要政府设立"专门的政府机构来加以监督、扶持或管理"③。结果,自内战以来至19世纪末,联邦政府为解决新的问题而专门设立一系列需要专门知识和使用专家的新机构。这些新机构的设立大致可分为以下三种情况:

首先,新的西部州的不断加入及"西进运动"的推进产生了对西部土地进行合理开发、科学勘查的广泛需要,这促使联邦政府在19世纪下半叶创建并不断扩大农业部、地质地理勘查局等机构。

---

① 多罗西·罗斯:《美国社会科学的起源》,生活·读书·新知三联书店2019年版,第104页。
② William Harris, "Higher Education: Its Function in Preserving and Extending our Civilization," University Convocation Address Delivered at the Quarter Centennial Boston University, May 31, 1898.
③ F. H. White, "The Growth and Future of State Boards and Commissions," Paul Reinsch, *Readings on American State Government*, Ginn and Company, 1911, p. 222.

农业部创建于 1862 年，其最初的任务是聘用化学家、植物学家、昆虫学家等从事科学实验，传播农业方面的实用科学知识和技术。此后，农业部不断扩大，陆续增设化学处、昆虫学处、植物学处、果树学处等下级单位。联邦政府对地质、地理勘查的重视则始于托马斯·杰弗逊总统在 1807 年建立"海岸勘查局"，但地质、地理勘查工作规模的扩大直到内战后才达到高潮。这一时期，联邦政府组建了四次著名的地质、地理勘查队，分别是克拉伦斯·金（Clarence King）领导的"北纬 40 度地区地质探险队"（1867）、乔治·惠勒（George Wheeler）主持的"西部地质勘查队"、约翰·鲍威尔（John W. Powell）领导的"落基山地区地质地理勘查队"（1871—1879）和费迪南德·海登（Ferdinand Hayden）负责的"西部领地地质地理勘查队"（从 1867 年起）。这些勘查队只是临时组织。至 1878 年，联邦政府将原有的海岸勘查局扩大为"海岸和大地测量局"，并于次年成立了新的"联邦地质勘查局"。在整个 19 世纪下半叶，农业部以及各种地质地理勘查机构成为联邦政府中最主要的科学部门，它们对专业化的科学知识以及科学家产生了显而易见的需求。

其次，工业化时代日益严峻复杂的社会经济难题同样促使政府建立新的机构。例如，有着"工业界战争"之称的劳资冲突使政府将建立协助解决劳工问题的新机构提上日程。马萨诸塞州于 1869 年成立了劳工统计局，康涅狄格州成立了劳工统计委员会，联邦政府则在 1885 年成立了联邦劳工局。类似的情况还出现在铁路监管领域。由于铁路运输的飞速发展，罗德岛、新罕布什尔、康涅狄格、纽约、佛蒙特、缅因、俄亥俄和马萨诸塞等州曾在内战前后成立了独立的铁路委员会，但当时主要是调查或咨询性质的，其任务是向州议会和行政当局提出有关铁路管制的政策建议、评估资产以及制定服务技术标准，尚不涉及决定费率等问题。至 19 世纪 70 年代初，随着"格兰其运动"的兴起，铁路公司被广大的中西部农场主斥为实行运价垄断和服务歧视，后者要求政府对铁路公司进行管制。在这一背景下,中西部各州如艾奥瓦、伊利诺伊、明尼苏达、威斯康星等相继成立了具有真正监管性质的铁路委员会。如 1870 年伊利诺伊州议会通过立法设立了"州铁路和仓库监管委员会",其职能不再是咨询性或调查性的,而是强化为确定最高费率、防止歧视性服务和管制兼并事务等。由于这一时期全国性铁路交通网以及随之而来的全国市场的形成,对铁路的监管仅靠各州的铁路委员会"各自为战"显然已不足以应付,最终导致了 1887 年"州际商务委员会"(Interstate Commerce Commission)的成立,其主要职责在于对跨州的铁路进行管制。"州际商务委员会"是联邦政府的首个独立监管委员会,它堪称 19 世纪末美国政府在设立新机构中的一项制度创新。这种监管委员会"独立于创建它们的立法或行政部门",其设立主要针对某一专门领域尤其是"那些过于复杂乃至超出常规的立法、行政和司法部门管辖能力的领域",在该领域内的具体问题上拥有"立法、行政和司法三者合一的混合权力",包括制定与联邦立法同等效力的法规(准立法权)、执行相关法规(准行政权)以及提起诉讼并裁决与监管有关的争议(准司法权)。[①] 根据耶鲁大学经济学家阿瑟·哈德利(Arthur Hadley)的看法,无论是法规的制定还是诉讼的裁决,都要求独立委员会"具备技术性的知识",故这种机构实际上起到了弥补立法、行政或司法部门在技术问题或"半科学性"社会问题上专业知识不足的作用。[②] 既然这些新增的行政机构和独立监管委员会所针对的均为专门领域的具体问题,而非普通的行政官员、议员或法官凭借生活常识、道德情感或法律知识所能判断,它们必然对专业性的社会科学知识有着十分迫切的需要。1895 年,联邦劳工局创办机关刊物《劳工局公报》,甚至开出每页 5 美元的稿酬,邀请学者们在上面

[①] Leonard, *Illiberal Reformers*. pp. 42 – 43.

[②] Arthur Hadley, "The Relation between Economics and Politics," opening address at the meeting of the American Economic Association, New Heaven, December 27, 1898.

发表探讨劳工问题的文章。①

最后，随着19世纪末美国工业经济实力的迅速增长，美国与本土之外的经济、政治往来日益频繁，自然就使新的对外机构的设置迫在眉睫。与此同时，美国在这一时期正致力于从传统的大陆扩张向海外扩张的转变，而在海外殖民地扩张上的"小试牛刀"，其结果是使美国先后兼并了萨摩亚群岛、夏威夷、菲律宾、波多黎各、维京群岛、关岛等，并将古巴变成自己的保护国。为维持对这些地区的控制，美国政府需要建立由美国人来管理的政府。不仅如此，国家实力的增长和对外事务的增加还使美国在其他地区的外事机构难以适应需要。所有这一切都意味着联邦政府须相应地扩大外交职能，增设包括属地政府在内的驻外机构。在这些驻外机构，关于各国语言、历史和文化的专门知识以及掌握相关知识的大学学者大有用武之地。国家教育委员会专员威廉·哈里斯在1895年全国教育协会年会的开幕式上，就美国国际地位的变化对专业知识和高等教育提出的新要求做了如下阐述：②

> 1880年的国情普查表明，美国的总人口首度超过了5000万。在教育管理部门的一次会议上，有人评论说美国如今总算赶上了欧洲的水平。大英帝国以及欧洲列强不再将我们当作二流国家视而不见。到了十年后的1890年，我们发现，我们在实力、规模、数量以及创造财富的能力上都超过了欧洲最强大的国家。我们跻身于列强并在世界事务中发挥一己之力，同欧洲列强角逐对亚洲、非洲和太平洋诸岛的统治，只不过是时间问题。
>
> 无论是好是坏，我们进入了一个积极跻身列强以决定和塑造世界上各民族命运的时代。对国家的管理者来说，这一新的

---

① Grossman, *Professors and Public Service*, p. 38.

② "Dr. Harris on the Nation's Duty and Opportunity," *Education Review*, September, 1898, Henry Holt & Co., pp. 204–205.

时代意味深长。它意味着，从今往后，我们必须从对国际关系的影响的角度来审视我们的立法。我们不应再有孤立主义、明哲保身的狭隘观念，正是这种观念让我们制定不顾及对他国影响的立法。它意味着，从今往后，我国的主要利益应是海外利益，因此我们应对其他列强的国民性、发展趋势和国家利益进行最精深的研究。显然，这种研究需要（高等）教育扩大其范畴，需要加强诸多方面的研究，如欧洲各国的历史、风土人情、产业结构、军事建制等。我们还须掌握外国语言和文学，从中了解这个国家和民族有着怎样的理想抱负。……（这些）新的重担落在了我国的教育尤其是高等教育之上。因为正是高等教育引导着对各民族历史和心理的研究，从而为我国的驻外使节提供大量深谙他国传统和习俗的随行专家。……外交将成为我国一个重要的知识部门。

第二节　大学学者的初步回应

　　工业化时代的社会转型以及政府事务对专业化知识的需要，得到了美国大学和学术界人士的积极回应。作为专业化知识的掌握者和提供者，汇聚在新式大学各个院系中的学者们感受到时代对他们的召唤。学术界的一些领袖人物一改昔日"无用书生"的形象，通过各种方式来发挥他们所掌握的专业化知识的力量，将之运用于现实社会。他们或是著书立说，对现实问题展开学术研究，或是积极投身社会活动，参与公共生活，或是在政治家的邀请或政府的任命下初涉公职，成为专家参政的先行者。随着新世纪的临近，这些不再甘于闭门造车、走出象牙塔的大学学者已和他们的前辈——昔日学院里的"老学究们"——渐行渐远，经世致用型的"新式教授"开始越来越多地出现在世纪之交的美国社会舞台上。

(一) 学术界对社会形势和政府需要的认识

政府对专业化知识的需要，并非内战后美国向工业社会全面转型而产生的特有现象。在内战前，美国政府便曾向专业化萌生较早的科学界寻求过专业知识和技术上的帮助。如联邦海岸勘查局从 1848 年起同作为当时科学界象征的美国科学促进会合作，由后者成立一个委员会，为海岸勘查局撰写报告，以验证和记录勘查局的勘查工作。

海岸勘查局与美国科学促进会之间的合作，在很大程度上是当时身兼海岸勘查局局长和美国科学促进会主席两职的亚历山大·巴赫（Alexander Bache）的个人之功。巴赫出身名门，是本杰明·富兰克林的曾外孙，1842 年以前长期担任宾夕法尼亚大学自然哲学和化学教授。作为当时美国科学界的领袖，巴赫对政府对专业化知识的需要早有认识。1851 年，他在美国科学促进会的年会致辞中宣称：科学的发展和广泛应用使政府部门的决策不可避免地需要科学知识，因此美国政府应该设立相应的机构在科学事务中指导"公共行为"（public action）。[①] 为此，巴赫连同当时科学界的其他领袖如哈佛大学教授路易斯·阿加西斯等人，在 1863 年成立了一个科学家组织——"国家科学院"。国家科学院并非政府机构，但其在成立之初以向政府提供科学咨询服务为宗旨。由于巴赫在政、学两界的人脉（如与海军上将查尔斯·戴维斯的交情），国家科学院很快便展开了同联邦政府尤其是海军部的合作，由前者设立一些临时性的项目委员会，如"重量、尺寸和硬币委员会""保护金属舰艇底部委员会""铁甲舰磁偏离委员会"等，以解决联邦政府和军方在内战期间的特殊需要。此外，1862 年新成立的农业部在其成立之初也聘用了少量的科学家，主要是化学家、植物学家和昆虫

[①] Alexander D. Bache, "President of the American Association for the year 1851: on retiring from the duties of President," http://collections.nlm.nih.gov/muradora/objectView.action?pid = nlm: nlmuid – 101172759 – bk.

学家。

　　从内战结束前的海岸勘查局、农业部的情况以及国家科学院同联邦政府的合作来看，当时美国科学界为政府提供的服务在专业性和广泛性上都相当有限，主要集中在一些与军事、农业有关的实用技术上。这既反映出当时美国科学界的专业化水平尚处于萌芽、初级阶段[①]，也表明工业主义全面到来之前美国社会及政府对专业化知识的需要尚不强烈。

　　内战结束后，工业主义的全面到来令美国社会面貌大为改观，但工业化以及随之而来的城市化也带来了前所未有的、错综复杂的社会问题。如前所述，由于这些社会问题大多涉及科学技术或者"半科学性"事务，其解决远非普通人或一般的公职人员力所能及，掌握专业化知识尤其是社会科学知识的"专家"自然也就成为在公共事务中迫切需要的人才。对此，在内战后的"大学革命"中汇聚起专业化学术力量的现代大学以及日益成熟的专业学术界颇有共识。威斯康星大学校长查尔斯·肯德尔·亚当斯在"当代学者之责任"的演说中宣称："美国社会所面临的问题相当敏感、难度空前大。……货币稳定、税收问题、劳资关系、大公司的合法权利、税率的调整、市政管理都是些大问题。要解决它们只有一个办法，这个办法在很大程度上可被称为'理性智慧'（enlightened intelligence）——也就是依靠学问。"[②] 伊利诺伊大学校长埃德蒙·詹姆斯意识到"公共管理变得愈发复杂。它要求专业知识。它要求受过教育的人来研究和实践""随心所欲、漫不经心和无忧无虑之辈担任政府官员的时代已经逝去，不学无术之辈进入政府部门的时代也

[①] 以国家科学院为例，除了巴赫、路易斯·阿加西斯等学术领袖外，国家科学院的首批共50名"院士"中有些是与巴赫本人交好的海军部或西点军校的军官，根本算不上科学家。与之相反，一些真正的科学家却未进入国家科学院，如哈佛大学天文学家乔治·P. 邦德、耶鲁大学物理学家伊莱亚斯·卢米斯、纽约大学化学家约翰·W. 德雷珀等。

[②] Charles Kendall Adams, "The Present Obligations of the Scholar," p. 18.

成为历史,受过科学训练的行家里手才大受欢迎。"① 哈佛大学校长查尔斯·埃利奥特也认为:

> 对公共政策的明智决断取决于认真收集证据、积极辨别、合理推断和大胆前瞻。因此,我国政府必须向其他文明国家的政府已经做到的那样,自即刻起遵循受过高等教育之人的建议。这些受过高等教育之人是通过长期的研究和观察才使自己成为相关事务的专家。货币、税务、教育、公共卫生等都属于公共问题一类,这类问题极其需要专家们的知识和经过专门训练的判断力来加以妥善处理。广大选民在这些问题上能做出的最明智的决定,是遵循专家们的意见。公共事务越是变得复杂棘手,就越是迫切地需要专家来管理,其他的管理(办法)绝对行不通。②

除了大学校长外,美国学术界的精英们也敏锐地认识到:在这个急剧变化的工业化时代中,公共事务及其管理对专业知识和专家有着迫切的需要。社会学家莱斯特·沃德指出民主社会的繁荣必然需要专家予以"恰当的知识指导"③;哲学家约翰·杜威宣称,工业化时代的社会问题"在本质上是科学问题,它们所带来的困惑需要专家的智慧和博大关怀来解决"④。历史学家弗雷德里克·杰克逊·特纳坦言:"正在塑造我们这个社会的工业化进程太复杂了,生产问题、劳工问题、金融问题,社会改革中有太多的难题要解决。"因此,"这个时代呼唤受过教育的领导者。一般性的经验和

---

① Edmund James, "The Function of the State University," pp. 609–628.
② Charles Eliot, "An Urban University," Dedication of the New Grounds of Columbia University, May, 1896. Charles Eliot, *Educational Reform: Essays and Addresses*, The Century Company, 1898, p. 397.
③ Lester F. Ward, *Dynamic Sociology or Applied Social Science: As Based upon Statical Sociology and the Less Complex Science*, Vol. 1, Appleton and Company, 1897, p. 21.
④ Recchiuti, *Civic Engagement*, p. 15.

学术与政治：美国进步时代专家参政现象研究（1900—1920）

凭经验估计的方法对当前民主社会中问题的解决是不够的""在社会的工业领域、立法领域、公共生活领域等诸多领域中，专家们被需要"①。在俄勒冈农学院，一篇题为"读书人的社会责任"的演说强调："美国政府已发展到一个简单随意的立法或外交不再奏效的阶段。我国当前所面对的问题极其错综复杂，它们的妥善解决要受过专门教育的专家来判断，绝非街头某人的匆匆一瞥所能为之。"②

1896年，美国土木工程学家联合会主席乔治·S. 莫里森在哈佛大学的一席话或许最能代表当时美国知识阶层尤其是学术界对社会形势和政府需要的认识。这位哈佛大学校友豪迈地说道：

> 新的时代将是一个专家的时代；理论和实践的复杂性使之无法避免。我们之所以建立大学，就是要培养大量专家，否则大学就没有完成它的职责。一个社会从包含一切专长的各种理论与实践中获益，而作为社会的一员，只有那些致力于专门使命的专家才能完成新时代所要求的任务。
>
> 当统治力意味着抵御外侵时，政府曾掌握在军人手中。随着社会变得愈加复杂，制度化的政务机构日渐变得不可缺少，于是政府权力大量落入律师之手；从事法律职业在很长时间里都是唯一能胜任政府事务的知识阶层。政府的职能仍在变化中：我们需要免于外侵的安全，但我们更需要免于那些危及众多人身心健康的毒害的安全，免于糟糕的空气、水质和工程建筑的安全，免于政府腐败的安全，免于病菌传染的安全等。在城市中，在社区里，政府的职责更多地仰仗良好的知识技术，而非法律诉讼能力。……对于这些工作，政府需要的不是军人

---

① Charles McCarthy, *Wisconsin Idea*, Macmillan Company, 1912, p. 139.
② William Herrin, "Public Duties of Educated Men," an Address delivered at Corvallis Oregan during the Quarter Centennial Jubilee Exercises of Oregan Agricultural College, June 24, 1910, pp. 22 – 23.

或律师，而是在各个专业里受过教育的人……统治者和治理者，最初是武人，后来从律师队伍中选拔，未来则将从那些受过教育、能运用自然力量的人中选拔，从社会技术人士和那些掌握新式教育并为祖国造福的人中选拔。①

（二）大学学者的回应之一：以现实问题为导向的研究

作为专业化知识的研究者，以大学教授为代表的专业学者群体是"新的时代"所需专家之最佳人选。这些大学学者基本上都受过专业性的学术训练，并致力于通过学术研究来"生产"和"传播"专业知识和技术。当"新的时代"对专业化知识和专家的需要变得愈发强烈时，他们中的一些先行者也开始走出象牙塔，运用其专业知识和技能在公共领域"崭露头角"，这一将学术关怀与社会责任相结合的做法常常受到大学的支持和欢迎。

以现实社会中的问题为导向开展知识活动和科学研究，是19世纪末的一些大学学者回应时代对专家之需要的常见方式。1878年，刚从德国留学归来的年轻经济学家约翰·贝茨·克拉克（John Bates Clark）在《学者对国家的责任》一文中写到："农民灌溉数亩耕地，最后或许颗粒无收。碱本是对耕地的致命伤害，若化学家能发明将碱制成化肥的方法，那就能造福数百万农民。对经济学家来说，找到消除贫困以及随之而来的愚昧无知的方法，将比慈善事业更有利于穷人们的永久幸福。""这是一个国家需要该国学者提供的首要服务。"② 斯坦福大学校长戴维·乔丹在1899年的一场演说中，呼吁大学学者"应密切关注社会和政治发展中的一切问题，如救济院、监狱、党团会议、立法、军队，以及对自由和秩序之间难以协调的要求""当有人研究生物细胞结构中所展现的遗传法则时，也得有人关注流浪汉和乞丐的命运。当有人专注于电力传输的

---

① Morrison, "The New Epoch and the University."
② Recchiuti, *Civic Engagement*, p. 28.

节能时,也得有人研究如何在政府事务中保持廉洁。"①

科学研究的现实关怀,主要体现在新的科学发现可以解决工业化时代里的技术难题上。在以盛产牛奶而闻名的威斯康星,威斯康星大学农学院教授史蒂芬·巴布考克(Stephen M. Babcock)在1890年发明了检测牛奶中乳脂含量的方法,使牛奶收购商得以按照乳脂含量而非牛奶重量来计算牛奶价格,有效解决了此前严重的牛奶掺水问题。巴布考克没有对这项科学发明申请专利,而是向社会公开。1895年,威斯康星大学的细菌学家们还发明出将蔬菜制作成罐头的新方法,为农民和罐头加工企业带来了极大的益处。作为一所赠地院校,受到《莫里尔法》和《哈奇法》资助的威斯康星大学同当时西部的各大州立大学一样,由农学院的教授们成立了农业实验站,为当地经济和农业生产造福。1893年,威斯康星大学的一位校董自豪地说道:"威斯康星州的每一个县都因为威斯康星大学而更加富庶。Sheboygan县的奶酪、Rock县的黄油、Dane县的烟草、Walworth县的绵羊、Racine县和Kenosha县的牛马、Waupaca县的土豆都因为我们这所大学而得到改良;那些在Gogebic县暗无天日的煤矿里挖煤的工人们也由于科学发现而变得相对地舒适和安全了。"② 在伊利诺伊州,伊利诺伊大学不仅成立了农业实验站,还率先成立了美国第一个工程实验室,以及州地质勘查局、州博物学实验室、州病虫害防治办公室、州水文观察站等机构,这些都是伊利诺伊大学的科学家同州政府合作的结果。③

与大学里的自然科学家相比,新兴的社会科学学者们对现实问题的关注和研究更为突出。正如经济学家阿瑟·哈德利所说,"让我们用对社会需要的理解作为激发社会关怀的一种方式",此话充

---

① Jordan, "An Apology for the American University," *The Voice of the Scholar*, p. 57.
② Larry Gara, *A Short History of Wisconsin*, The State Historical Society of Wisconsin, 1962, p. 180.
③ Edmund James, "The Function of the State University," pp. 611–612.

分表露出社会科学学者的"现实取向"①。作为美国大学中首个社会科学研究机构——约翰·霍普金斯大学历史和政治学院的创建者,历史学家赫伯特·巴克斯特·亚当斯认为,他所领导的历史和政治学院是"教学的场所和出科研成果的中心",更是"与现实相关的学院"②。哥伦比亚大学于1880年成立专门的政治学研究机构——政治学研究院,其宗旨是"发展政治学,并应用其来解决社会和政治问题"③。专门的社会学研究最早出现于芝加哥大学,该校社会学系创始人阿尔比恩·斯莫尔在《何谓社会学家?》一文中明确表示:"社会学是改善我们日常生活的知识。我们的任务是发现社会问题和寻找到解决问题的有效手段。"④ 1895年《美国社会学杂志》创刊时,斯莫尔在题为"社会学的时代"的卷首语中呼吁:社会学家应该汇集"关于社会的科学知识",这样才能对如何增进大众福祉展开有效的研究和实践。斯莫尔还表示,他在芝加哥大学创建美国首个社会学系的初衷,是"将越来越专业化的各学科知识汇聚、整合起来,以发现社会的规律所在,并运用其来解决社会问题"⑤。在谈及社会学的主要精神时,斯莫尔写到:"那就是至死不渝地为社会服务的强烈冲动。"⑥

社会科学学者的"现实取向"还体现在各大高校开设的社会科学课程以及社会科学的专业论著中。芝加哥大学社会学教授查尔斯·亨德森(Charles R. Henderson)撰写了诸多探讨慈善机构、

---

① Arthur Hadley, "Economic Theory and Political Morality," opening address at the meeting of the American Economic Association, Ithaca, December 27, 1899, Arthur Hadley, *The Education of the American Citizen*, Charles Scribner's Sons, 1901, p. 99.

② Julie Reuben, *The Making of the Modern University: Intellectual Transformation and the Marginalization of Morality*, 1996, pp. 159 – 160. 转引自黄宇红《知识演化进程中的美国大学》, p. 218.

③ Recchiuti, *Civic Engagement*, pp. 29 – 30.

④ Albion W. Small, "What Is A Sociologist?" *American Journal of Sociology*, Vol. 8, No. 4 (Jan., 1903), pp. 468 – 477.

⑤ Diner, *A City and Its Universities*, pp. 31 – 32.

⑥ Georeg E. Mowry, *The Era of Theodore Roosevelt: An the Birth of Modern America, 1900 – 1912*, Harper Torchbooks, 1958, p. 21.

"受赡养人群、残疾人群和行为不良人群"、劳工问题和社会保障的著作和文章,并在大学里讲授相关内容的课程。① 经济学教授杰西卡·佩肖托(Jessica Peixotto)在加州大学开设了"社会改革的现代理论"一课,内容包括"当今主流的改革计划和原理""社会改革的历史""对社会运动尤其是社会主义性质的运动的历史回顾""现代社会问题"等。在密歇根大学,由校长和政治经济学教授亨利·卡特·亚当斯讲授的"政治经济学中的社会问题"课程,探讨了"移民问题""工业危机""自由贸易与贸易保护""铁路问题""地方自治""信贷""税收"等。亚当斯的同事、社会学教授查尔斯·库利(Charles H. Cooley)的首项研究成果,是关于"城市铁路交通的社会意义"。在其开设的"社会学问题"课程中,库利的授课内容囊括人口规律、堕落与酗酒、宗教问题、流浪、犯罪与典狱、离婚问题、对外来人口的同化、城市发展、房屋租赁、贫民窟、社会安置等广泛的社会问题。② 19世纪末,美国社会科学界的领袖理查德·伊利将其对社会现实的关注汇聚成《当代问题》(1888)的论文集,其中探讨了"处理煤气供给和城市铁路问题的适当办法""自来水供给和电灯照明、公路和运河""令城市更美好的力量:谈巴尔的摩市的前景""关于城市如何减税的构想""我国未来的铁路政策"等主题。

随着美国实力及海外影响力的增长,不仅各种内政问题得到专门研究,外交问题同样受到大学学者的关注。在全国教育协会的年会上和波士顿大学的讲堂里,国家教育委员会专员威廉·哈里斯频鼓励年轻的"未来学者",期冀这些即将步入学术殿堂的博士研究生们"可以通过解答理论及实际问题,运用专业研究来为社会生活添砖加瓦。即便研究的是新的政治问题或社会学问题,经过研究生教育而获得博士学位的人也可以合理地运用他的知识,而同时不丢

---

① Diner, *A City and Its Universities*, pp. 31–32.
② 黄宇红:《知识演化进程中的美国大学》,第219页。

掉他自己的东西"。除此之外，他们还"应该对各民族历史及心理进行研究，以便为我国的驻外使节提供深谙各国传统风俗的大批专家担任随行人员"，因为"唯有彻底了解各国的发展目标和历史渊源，我们才会有成功的外交"①。这方面的突出事例是美国经济学会在 1898 年成立的"殖民地财政研究委员会"。该委员会主要由康奈尔大学政治经济学家杰里迈亚·詹克斯（Jeremiah Jenks）②、哥伦比亚大学教授埃德温·塞利格曼（Edwin Seligman）和约翰·霍普金斯大学博士艾伯特·肖（Albert Shaw）负责。他们试图通过编撰一部论文集，为美国在海外的殖民地政府解决财政问题出谋划策。③

（三）大学学者的回应之二：参与公共生活

大学学者并非仅仅坐而论道、纸上谈兵。在关注和研究现实问题的同时，他们也被鼓励"走出象牙塔"，参与到公共生活中。一种比较常见、得到校方大力支持的方式是投身社会教育。如 19 世纪 70 年代末兴起的肖托夸湖区运动发起了一个"大学继续教育项目"（University Education Extension Program），致力于通过大众讲座、函授学习、成人培训班等形式，"将大学教育带给民众"④。该项目由中央委员会管理，得到由各大高校教师组成的代表委员会的支持。据统计，每年夏天有约 6000 名大学教师和学生参与进来。⑤肖托夸湖区运动还组织了一个"文艺与科学巡讲团"，致力于向美国各地民众讲授一些基本的科普及文化知识。1899 年，巡讲团推

---

① Harris, "Higher Education: Its Function in Preserving and Extending Our Civilization."
② 杰里迈亚·詹克斯，其名又译作精琪，曾于 1904 年作为美国货币专家访华，帮助清政府进行币制改革。（参见崔志海《精琪访华与清末币制改革》，《历史研究》2016 年第 6 期。）
③ Silva & Slaughter, *Serving Power*, p. 133.
④ Louis E. Reber, "University Extension," *Annals of the American Academy of Political and Social Science*, Vol. 67, New Possibilities in Education, Sep., 1916, p. 183.
⑤ 王海东：《湖区运动及其对美国成人教育的影响》，《教育发展研究》2005 年第 4 期。

出了为期三年的"英语国家历史与文化系列课程",两位负责人中的一位便是约翰·霍普金斯大学的赫伯特·巴克斯特·亚当斯教授。① 此外,曾在丹尼森大学任教的耶鲁大学博士威廉·哈珀(后为芝加哥大学创校校长)自 1883 年起开始加入湖区运动,在纽约州西南部的夏令营给成人讲授希伯来文,并在平时参加函授教学。他于 1885 年成为肖托夸希伯来语学校负责人,1887 年又成为"文艺与科学巡讲团"负责人。②

在肖托夸湖区运动的影响下,越来越多的高校尤其是公立院校陆续推出了由大学自行组织的继续教育项目。1892 年,芝加哥大学和威斯康星大学建立了正式的继续教育部,成为美国大学有组织地开展继续教育活动的开端。至 1913 年,美国共有 42 所高等院校组建了专门的继续教育机构。③ 大学自主的继续教育项目形式多元,不仅效仿湖区运动举办大众讲座、组织函授学习,还在校外成立了一些分支教学机构来扩大大学的社会影响力。如芝加哥大学派出本校教师到公立中小学的礼堂举办讲座,或是到铁路公司为其员工进行专门培训。④ 威斯康星大学则从 1885 年起便在州内的一些县市开

---

① Anonymous, "Chautauqua Local Circles and Summer Assemblies," David N. Portman, *Early Reform in American Higher Education*, Nelson-Hall Company Chicago, 1972, pp. 193 – 198.

② Diner, *A City and Its Universities*, p. 16.

③ 分别是芝加哥大学、威斯康星大学(1892),高盛学院(印第安纳州)(1895),哥伦比亚大学、北达科他大学(1901),范德比尔德大学(1902),科罗拉多农学院、罗德岛学院(1904),堪萨斯州立农学院、奥利佛学院(密歇根州)、俄克拉荷马大学(1905),加州大学、艾奥瓦州立学院、宾州州立大学(1906),俄勒冈大学、布朗大学(1907),圣玛丽学院(加州)、圣路易华盛顿大学、纽约城市学院、纽约大学(1908),堪萨斯大学、明尼苏达大学、密西西比农工学院、内布拉斯加大学、得克萨斯大学、怀俄明大学(1909),夏威夷学院、蒙大拿大学、俄亥俄大学(1910),渥太华大学(堪萨斯州)、密歇根大学、新墨西哥农工学院、阿德菲学院(纽约州)、北卡罗来纳大学(1911),亚利桑那大学、里德学院(俄勒冈州)、匹兹堡大学、华盛顿大学(1912),艾奥瓦州立大学、蒙大拿州立学院、富兰克林学院(俄亥俄州)、菲斯克大学(田纳西州)(1913)。(Louis E. Reber, *University Extension in the United States*, Government Printing Office, 1914, pp. 6 – 7.)

④ Diner, *A City and its University*, p. 21.

办农民讲习所，至1887年已吸引了300批次共50000名农民聆听农学专家授课。1888年，威斯康星大学创办教师讲习所，请威斯康星大学的历史学家为中小学教师和社区居民普及历史文化知识。两年后，威斯康星大学在Racine县开办了机械工讲习所，由土木工程学教授C.D.马克斯（C. D. Marx）等向民众讲授科学理论知识，但效果不佳，后逐渐改为与现实生活相关的实用技术。① 在大众讲座、校外讲习所等各种形式的继续教育活动中，大学学者作为"演讲员"或"流动教员"走出象牙塔，深入社区、工厂、社团、图书馆和中小学等公共生活的各个角落。

社会科学学者以社会或者说公共领域为研究对象，因此，他们更迫切地渴望参与到公共事务中，这既是为了丰富他们对社会问题的研究，也有助于他们对公共事务产生实际的影响。威斯康星大学经济、政治和历史学院院长理查德·伊利认为："当前，如果一个经济学家或者政治学家想与时俱进或不陷入纸上谈兵，他就得与现实事物保持真正而有力的联系。这在知识上是必要的。"② 时为印第安纳大学经济与社会科学教授的约翰·康芒斯在1894年的《读书人与政治》一文中鼓励学者以更积极、主动的姿态参与公共生活，如深入群众、走访调查、参与劳工组织等。康芒斯写到："我要告诉读书人应怎样更主动地做一些对社会有益的事情，而不是成为政治中一颗被动、保守的棋子。"③ 一篇发表在《政治学季刊》上的文章提醒"生活在理论世界中"的学者务必注意，当与普通民众交谈时，不要表现出"高人一等"，以免"产生适得其反的效果"④。芝加哥大学社会学系教授查尔斯·亨德森则强调：社会科

---

① "History of UW – Extension, 1862 – 1900", http://www.uwex.edu/about/uw – extension – history. html#timeline.

② Grossman, *Professors and Public Service*, p. 232.

③ John Commons, "The Educated Man in Politics," John Commons, *Social Reform and The Church*, Thomas Y. Crowell & Company, 1894, pp. 51 – 70.

④ Recchiuti, *Civic Engagement*, p. 32.

学术与政治：美国进步时代专家参政现象研究（1900—1920）

学学术必须从"中世纪式逻辑思辨中解放出来"，转向"社会服务"[①]。他和同事——社会学系主任阿尔比恩·斯莫尔、哲学系教授约翰·杜威等人，与"安置所运动"的领袖人物——简·亚当斯往来密切，他们每年为赫尔所（The Hull House）的社会工作者开办暑期班，并将社会学系的研究生派往赫尔所实习。[②] 社会科学学者参与社会调查的典型事例，是1907年约翰·康芒斯带着他的研究生约翰·菲奇（John Fitch）赶赴匹兹堡，加入了由拉塞尔·塞奇基金会资助、近70名调查者参与的"匹兹堡调查"。康芒斯和菲奇对匹兹堡地区钢铁工人的生活和工作状况进行了调查，后由菲奇将调查结果编撰为《钢铁行业工人》一书，它是六卷本的匹兹堡调查丛书之一。

此外，社会科学学者还倾向于在校外成立准专业性或非专业性的非政府组织，以便将社会科学从专业学术导向公共领域。如1894年，为"推动对当代政治、经济、社会和政策问题的研究"，时为宾夕法尼亚大学公共管理和财政学教授的埃德蒙·詹姆斯带领该校20多名社会科学学者在费城成立"美国政治与社会科学院"（American Academy of Political and Social Science）。同自然科学家所成立的"国家科学院"相似，"美国政治与社会科学院"虽然并非政府机构，但以"汇集专业化和职业化的专家讨论和解决实际问题"为宗旨。次年，双月刊的《美国政治与社会科学院年鉴》杂志出版发行，每期均围绕当时的某一现实问题展开，如美国对日本的外交政策、种族问题、劳工问题和童工问题等，呈现出明显的"实学"取向。[③]

[①] Diner, *A City and Its University*, p. 29.

[②] Mary Jo Deegan, *Jane Adams and the Men of the Chicago School, 1892 – 1918*, Transaction Books, 1988, pp. 77 – 91. 转引自孙碧《科学知识、道德责任和金钱政治：芝加哥城市改革中的芝加哥大学》。

[③] American Academy of Political and Social Science, "About the Academy: History," http://www.aapss.org/about-the-academy/history.

(四) 大学学者的回应之三: 初涉公职

如前所述, 自然科学界与联邦政府之间在地质勘查、农业技术方面的合作在内战前便已有之。内战后, 随着西部开发的推进, 科学家们同联邦政府在这些领域的合作继续扩大。为对19世纪七八十年代的多个地质地理勘查项目加以审查, 国会两院于1884年成立了由威廉·埃里森 (William. B. Allison) 领导的联合委员会, 希望以此"确保公共服务部门的行政管理更加廉洁和有效"。"埃里森委员会" (the Allison Commisson) 自身并不具备审查科考工作及其结果的能力, 于是向国家科学院抛出了橄榄枝, 要求后者成立一个调查委员会, 研究欧洲国家的地质勘查组织情况, 并就美国政府的科学工作提出建议报告。此后, 联邦政府又于1889年将海岸和大地测量局交给俄亥俄州立大学物理学和工程学教授托马斯·门登霍尔 (Thomas C. Mendenhall) 主管, 1897—1900年则由慕尼黑大学博士亨利·普里彻特 (Henry S. Pritchett, 后为麻省理工学院院长) 任局长。在内战后联邦政府最大的科技部门——农业部, 化学处、昆虫学处、植物学处、果树学处等各种下级单位陆续设立, 对专业化科学知识的需要进一步加强。据统计, 19世纪末, 农业部聘用了近500名科学家和技术人员。其中, 1883年成立的化学处, 由印第安纳州的原西北基督教大学 (今巴特勒大学) 和普渡大学教授哈维·威利 (Harvey Wiley) 任处长。作为一名化学家, 威利在普渡大学执教期间一直专注于对食物掺假的研究, 他意识到"公众将需要某种使其免于不干净和有毒害物质的保护", 而在农业部任职将比担任大学教师能更好地为公众服务。因此, 威利接受了任命, 而这位农业部首席化学家日后最显赫的成就, 便是1906年颁布的《纯净食品和药物法》。[①] 堪萨斯农学院园艺学教授亨利·范德曼 (Henry E. Van Deman) 于1885年进入农业部, 任果树学处

---

① Cook, *Academicians in Government from Roosevelt to Roosevelt*, p. 56.

处长。1894—1897年任助理农业部长的小查尔斯·威廉·达林利（Charles William Daliney）早年获德国哥廷根大学博士学位，曾在南部的几所大学执教，接受公职前为田纳西大学校长。1897年，麦金莱总统任命艾奥瓦州立农学院（今艾奥瓦州立大学）的詹姆斯·威尔逊（James Wilson）为农业部部长。1890—1897年，詹姆斯·威尔逊曾在该大学担任农学教授、艾奥瓦州农业实验站主任。

对社会科学学者而言，对公共事务产生实际影响力的最佳方式，便是参与政府，运用其在社会科学方面的专业知识和技术来影响公共政策。内战后至1900年，社会科学学者从政、参政已初现端倪。如哈佛大学首位政治学博士亨利·洛奇（Henry C. Lodge）毕业后一度在母校任教，但自1880年后便彻底弃学从政，作为共和党人，先后当选为马萨诸塞州众议员（1880—1881）、联邦众议员（1887—1893）和联邦参议员（1893—1924）。更为常见的现象是社会科学学者作为专家参与政府事务，主要是在城市、州或联邦政府的各种委员会中担任公职。如1873年，哥伦比亚大学化学家查尔斯·弗雷德里克·钱德勒（Charles Frederick Chandler）成为纽约城市卫生委员会主席。耶鲁大学的阿瑟·哈德利于1885年被任命为康涅狄格州劳工统计委员会专员。哥伦比亚大学政治经济学教授阿德纳·韦伯（Adna F. Weber）在纽约州劳工统计委员会中担任首席经济学家。霍普金斯大学的理查德·伊利则任职于巴尔的摩市税务委员会，一年后又进入马里兰州税务委员会。密歇根大学教授亨利·卡特·亚当斯自1888年起以兼职的身份，出任州际商务委员会的首席统计学家。1893年，麻省理工学院经济学和统计学教授戴维斯·杜威（Davis Dewey）担任马萨诸塞州失业问题调查局局长，1897年成为州社会慈善和管教事务调查委员会专员，还于1901年出任劳资关系委员会专员。1896年，因"激进"言论被芝加哥大学解聘的经济学副教授爱德华·比米斯（Edward W. Bemis）"不得已"担任了伊利诺伊州劳工统计局的助理统计师。1898年，霍普金斯大学医学院病理学教授威廉·韦尔奇（William H.

Wilch）任职于马里兰州卫生委员会。1899 年，霍普金斯大学金融学副教授雅各布·霍兰德（Jacob Hollander）担任巴尔的摩市城市照明委员会主席。

无论是弃学从政还是专家参政，社会科学学者涉足政府事务的"萌动"受到了大学校长和学术界领袖的鼓励。如芝加哥大学校长威廉·哈珀鼓励该校学者参与当地市政，他曾给芝加哥市市长乔治·斯威夫特（George Swift）写信，向其推荐本校细菌学家埃德温·乔丹（Edwin Jordan）教授，盛赞其在公共卫生领域颇有研究和经验。哈珀还给《纪录先驱报》（Record Herald）致信，表示该校的统计学家 E. R. L. 古尔德（E. R. L. Gould）教授有意"在与芝加哥市政事务有关的方面做些专门的工作"[1]。为了鼓励大学学者在国家政治中发挥作用，斯坦福大学校长戴维·乔丹直言不讳地宣称：

> 我们会发觉资深的经济学家、历史学家和法学家在国家首都出现所带来的巨大好处。其中最大的影响便是带来好的立法和好的行政管理。……如果哈佛大学的教员和研究生们能在国会山开会，如果他们能影响内阁各部门的工作，如果他们能出现在社会生活的方方面面，那么华盛顿的情况将大为改观。……使这些人被制度性地从大学教授群体中选拔出来，将他们带到华盛顿，并允许年轻学者跟随他们……通过这种办法，我们将为合众国的长治久安带来最好的保障。合众国将不会再像历史上的那些共和国，"在混乱、无序和血腥中沉沦"。从长远来看，一个国家的选民必须由这个国家最聪明的人来引导。这些聪明人的智慧必须成为多数人的智慧，否则国家必亡。[2]

1898 年，阿瑟·哈德利更加清晰地表达了社会科学学者应扩

---

[1] Diner, *A City and Its University*, pp. 17–18.
[2] David Starr Jordan, "University of the United States," David Starr Jordan, *The Voice of the Scholar*, pp. 222–223.

大政治影响力的诉求。作为美国经济学会的主席,哈德利先是贬斥了经济学家过于局限在专业化学术领域的倾向,他说:

> 政治经济学家的错误则在于,当他们越来越难以影响现实时,未能坚持向政治家们解释清楚自己的观点,反而躲进象牙塔内,在那里构建一个对科学研究者而非政治家更有吸引力和更有益处的理论世界。课堂里坐得满满的学生让他们很乐于这么做。他们使用复杂的专业术语,即吉丁斯所说的"行话"(Jargon),把经济学变成一种教育的科学,而非治国的科学。……如果经济学家未能在公共生活中发挥影响,那么他们就无法对自己的研究加以最重要的应用,也失去了他们存在的最根本理由。

那么,经济学家究竟应怎样做呢?哈德利呼吁:

> 我不是说,经济学家应该将寻找机会成为国家政策的领袖或顾问视为他们唯一的职责,或者因此忽略他们的其他社会责任。我在这里也不是贬低经济学理论(研究)的价值。我对我们经济学家作为科学教员的事业有着最崇高的敬意。但我相信,在不久的将来,经济学家最好的机会并不在于理论,而在于实践;不在于学生,而在于政治家;不在于对公民个人的教育,无论这种教育多么广泛而有益,而在于对一个有组织的政治实体的领导。①

或许出于响应哈德利的号召,正是在这一次年会上,美国经济学会作为一个专业化较早的社会科学家团体开始了向联邦政府靠拢的尝试。由于此前哥伦比亚大学教授里士满·梅奥—史密斯(Richmond Mayo-Smith)和康奈尔大学教授沃尔特·威尔科克斯

---

① Arthur Hadley, "The Relation between Economics and Politics," p. 82.

（Walter Willcox）的倡导，美国经济学会曾在1897年成立一个国情普查研究委员会，旨在号召经济学家对第11次国情普查展开研究，并就即将到来的1900年第12次国情普查提出建议。在1898年的年会上，有20多篇学术论文被提交上来，并于第二年3月结集出版。时任编委的威尔科克斯还将研究报告呈交给国情普查局新任局长威廉·梅里亚姆（William Merriam）。作为明尼苏达州前州长，毫无统计学经验的梅里亚姆力邀威尔科克斯担任国情普查局下的方法与结果处处长一职。1899年春，威尔科克斯结束了在康奈尔大学的工作，带着一批年轻学者来到了华盛顿。这些年轻学者包括芝加哥大学的韦斯利·米切尔（Wesley C. Mitchell）、约翰·霍普金斯大学的托马斯·S. 亚当斯（Thomas S. Adams）、威斯康星大学的阿林·杨格（Allyn A. Young）、哈佛大学的约瑟夫·希尔（Joseph A. Hill）。在华盛顿，威尔科克斯等大学学者的主要任务是"运用最新的科学数据和理论来改进国情普查工作"[1]。

最后，对外事务中也出现少数来自大学的社会科学学者的身影。1879年，历史学家安德鲁·怀特（Andrew White）辞去了康奈尔大学校长一职，前往欧洲担任驻德公使（1879—1881）、驻俄公使（1892—1894）。[2] 1898年，国际法专家戴维·希尔（David J. Hill）辞去了罗彻斯特大学校长一职，进入联邦政府担任助理国务卿。与希尔同时赴任助理国务卿一职的，还有哥伦比亚大学国际法和外交学系主任约翰·B. 摩尔（John B. Moore）。1899年，"美菲战争"爆发，麦金莱总统任命了两届各由五名成员组成的"菲律宾委员会"，专赴菲律宾处理相关事宜。其中，1899年3月赴菲的"第一届菲律宾委员会"由当时的康奈尔大学校长雅各布·舒尔曼（Jacob G. Schurman）任主席，故又称"舒尔曼委员会"。密歇根大学动物学教授迪安·沃彻斯特（Dean C. Worcester）亦为其成员。

---

[1] Grossman, *Professors and Public Service*, p. 51.
[2] Cook, *Academicians in Government from Roosevelt to Roosevelt*, p. 55.

此人"曾两次到菲律宾进行科学考察,能讲一口流利的西班牙语",并"深入了解当地人文风俗以及岛上的动植物"①。"第二届菲律宾委员会"由威廉·塔夫脱任主席,其他四人中有两人来自军政界,另两人则来自大学和学术界,分别是留任的迪安·沃彻斯特、新任的加州大学历史学和政治学教授伯纳德·摩西(Bernard Moses)。后者"学术背景深厚""尤其熟悉西班牙和美洲的国家,曾经在南美许多共和国游历,并著有关于哥伦比亚宪法的读物"。对于菲律宾委员会的人事任命,身为主席的塔夫脱称赞麦金莱总统"非常明智",因为"这些人在政府实务和基础研究等方面各有千秋"②。此外,在加勒比海域,波多黎各于《巴黎条约》签署后成为美国的属地,其总督和主要官员由美国总统直接任命。1900年,霍普金斯大学金融学副教授雅各布·霍兰德被麦金莱总统任命为波多黎各的财政官,其职责主要是为波多黎各修改税法和建立税收体系。担任其助手的,则是刚刚从霍普金斯大学获得博士学位的年轻经济学家托马斯·S.亚当斯。同年,朱尼亚塔学院(Juniata College)院长、宾夕法尼亚大学哲学博士马丁·布鲁姆鲍(Martin G. Brumbaugh)也被麦金莱任命为波多黎各的教育专员,全权负责波多黎各的教育事务,包括波多黎各的课程设计、考试形式的勘定、教科书的选择、教师资质的认定、教育报告的撰写和统计数据的搜集等,从而将美国现代教育体系引入波多黎各。③几乎同时,在中美洲地峡地区,由于原由法国承建的巴拿马运河开凿项目历经挫折并于1898年宣告彻底失败,华盛顿当局很快对接手地峡运河的开凿、实现打通大西洋—太平洋之梦产生了强烈兴趣。1899年6月,国会授权成立了"巴拿马运河委员会"(Isthmian Canal Commission, 1899—1901),以调查修建地峡运河的技术可行性和最佳路线。该

---

① 塔夫脱总统夫人:《美国第一夫人回忆录》,华文出版社2019年版,第68页。
② 塔夫脱总统夫人:《美国第一夫人回忆录》,第68、69页。
③ 参见师嘉林《美国与波多黎各问题的历史探析》,新华出版社2015年版,第81—82页。

委员会由海军准将约翰·沃克（John G. Walker）担任主席，在技术上得到多名经济学、工程学专家的襄助。宾夕法尼亚大学交通经济学教授埃默里·约翰逊（Emory R. Johnson）、宾夕法尼亚大学数学与工程学教授刘易斯·豪普特（Lewis M. Haupt）、著名桥梁学家和美国土木工程学家联合会主席乔治·S. 莫里森均被任命为其成员。

（五）19世纪20世纪之交的大学学者参与公共事务的进展与局限

可以说，当迈入新世纪的门槛时，美国大学和学术界的氛围已大为改观。越来越多的大学学者相信，经过他们研究和实践而形成的专业知识和技术能够解决工业化时代的各种难题。持有这种认识的学者往往是大学和学术界的领袖，他们的声音和"风头"要远远大于那些持反对意见的"旧式学者"①。在1901年的全国教育协会年会上，密苏里大学校长理查德·杰西在高等教育组的讨论中第一个发言，他表示："联邦和州政府中的科学、救济和统计等部门一直迫切需要（大学的）合作，大学（人士）在这些领域具有出色完成工作的能力。"此话引起了来自哥伦比亚大学、得克萨斯大学等大学校长和学者们的积极响应。②威斯康星大学校长查尔斯·范海斯后来更是豪迈地宣称：

> 我们对农业的了解已经够多了，若（科学）知识能得到恰当地应用，全国农业产量可以轻而易举地翻个倍。我们对土壤的了解已经够多了，因此可以极大地增加土壤的肥沃程度。我们对医学的了解也已经够多了，因而可以运用它来消灭危及人

---

① Cook, *Academicians in Government from Roosevelt to Roosevelt*, p. 42.

② R. H. Jesse, "The Function of the State University," National Education Association, *Journal of Proceedings and Addresses of the Fortieth Annual Meeting*, Held at Detroit, Michigan, July 8–12, 1901, p. 605.

107

类的传染病。如果我们将动物育种的知识应用于人类，弱智人群将在一个世代后彻底消失，疯子和犯罪阶层的人数将大大减少。即便在政治中，我们也可以充分运用科学知识来极大地改善城市、州和国家的治理。①

19世纪末，一些来自大学的专业学者的身影隐隐浮现于美国的社会生活和政府机构中。这些在公共领域"崭露头角"的学者心怀现实，参与社会，少数人还进入政界或作为专家受到政府的任用，以至于在20世纪之交出现了一种"新式大学教授"的说法。1895年，德国教育学家弗雷德里克·鲍尔森写到："（美国）大学教授已……上升到一种较为受尊敬的地位；他在社会上活动自如，即便出现在法庭上也不会被当成稀奇现象。他不再故作谦虚和高雅。他的个人举止也随着地位的变化而变化。虽然仍有一些教授远离外界，对外界一无所知，但他们只是少数。每一所大学的教师中都有一些人在任何场合都表现出与社会人士一样的自信的老练。"②一位美国评论家这样描述说："当索菲克勒斯们（古希腊悲剧诗人，指学院派。——引者）依然在象牙塔里拂拭着他那盏孤灯时，一些新式的教授也随处可见：他们是深谙铁路、桥梁和地铁知识的专家，他们是经世致用之士，随着国家新兴的科技、经济实力脱颖而出。"③显然，"新式教授"不再像昔日学院教师那般的凋零萎靡、消极无用。他们不仅是术有专攻的专业学者，还开始活跃在社会舞台的各个角落。

具体到大学学者作为专家参与政府而言，这一现象在19世纪末仍是一种"非常态"。一方面，政界尚未形成向大学学者寻求专

---

① Frederick Howe, *Wisconsin: An Experiment in Democracy*, Scribner's, 1912, p. 151.
② Charles Franklin Thwing, *The American and the German University: One Hundred Years of History*, Macmillan, 1928, pp. 150 – 151.
③ Review of Reviews, LX, 339, 1919. 转引自 Bowman, *College Professor in America*, p. 15.

家服务的习惯。尽管内战后政府对专业化知识的态度趋于宽容,但政治家对知识阶层的整体认识或多或少仍未脱离"反智主义"的桎梏。如纽约州参议员乔治·华盛顿·普伦凯特就认为,大学教授不过是一群"书呆子",跟普通公民打交道时就知道"炫耀文法或是讨论宪法与电功率",不仅惹人生厌,而且从政几无胜算。总之,"在政治上,他们没有一点儿用处"①。事实上,在19世纪末,许多大学学者都意识到镀金时代的保守派政治家对他们涉足政治心存鄙夷。阿瑟·哈德利坦言:"我国那些讲究实际的政治家们——这里所说的讲究实际,不是贬低他们愚蠢——对一个他们视为高谈阔论之辈的阶层有着错误的猜忌。他们虽然在个别情况下咨询经济学家的建议,但极少采纳,更谈不上将咨询或采纳经济学家建议变成政府工作某个环节的习惯了。"②曾是哈佛大学教授的批评家詹姆斯·洛厄尔(James R. Lowell)在1888年观察说:"在我国的一些主要政治家和许多媒体看来,学者就应该被禁止对公共事务说三道四,如果他们非要妄议政治的话……那么他们至少应限于自己想想而已,不要向身边的其他公民传递自己的观点。"③时为普林斯顿大学教授的伍德罗·威尔逊则写到:"真正和实际的政治家……对学者发表关于政治事务和政治机构的评判有一种尖刻的蔑视。"在这些政治家看来,"一般的文人,即使他是一个著名的历史学家,也不适合做一个政治事务的导师"。④

另一方面,政府机构对大学学者的需要和任用,大体上处于比较浅层次的水平。这主要表现在以下方面:政府机构对自然科学家的任用多集中于纯粹的技术性领域,如农业生产、地理勘查,较少涉及高深的科学理论;对社会科学学者的任用同样存在"大材小

---

① Richard Hofstadter, *Anti-intellectualism*, p. 187.
② Arthur Hadley, "The Relation between Economics and Politics."
③ Richard Hofstadter, *Anti-intellectualism*, p. 178.
④ 亚历山大·乔治:《总统人格:伍德罗·威尔逊的精神分析》,中央编译出版社2014年版,第27页.

用"的情况。如经济学家大多被任命为技术性的"统计师"之职，枯燥的统计工作对这些专业学术精英来说颇为"屈才"。再如，宾夕法尼亚大学社会学家塞缪尔·林赛（Samuel M. Lindsay）于1899—1900年担任联邦工业委员会"代办"，这是一个非正式性的职位，其任务是向委员会呈交关于铁路劳工问题的报告。由于缺乏来自政府的足够重视，19世纪末涉足政府事务的大学学者对公共政策的影响力既不广泛，也不深入。理查德·伊利在马里兰州税务委员会任职期间，曾对其他州和城市的税制进行走访调研，但他所提交的建议报告未得到州议会的重视。此后，伊利虽仍鼓励自己的学生参与政府事务，但再未亲自担任公职。① 一些曾在19世纪末为政府提供统计服务的经济学家为此心生不满，在短暂任职后便退出公门，重返大学。② 如1899年随威尔科克斯为国情普查局服务过的韦斯利·米切尔一年后离开华盛顿，于1900年秋季开学时成为芝加哥大学的一名讲师。他后来向自己的妻子抱怨道："政府里小吏们的卑躬屈膝让我恶心。在我所熟悉的部门里，号称懂经济学的官员无知、低能得让我害怕。如果不是每天挣扎着克制自己，我根本无法生活在这种氛围中。"③

"我本将心向明月，奈何明月照沟渠。"19世纪末的大学学者显然并未完全适应作为专家为政府服务，一些学术领袖在公职中"小试牛刀"，更多地收获了一种"怀才不遇，难遇伯乐"的心情。他们虽摩拳擦掌，跃跃欲试，却缺乏恰当的机会以及更加欢迎他们大展拳脚的政治氛围。随着新世纪的到来，进步主义改革的兴起以及进步派在各级政府掌权，更好的机会和更加欢迎的姿态终于逐渐展现在那些有意成为政府专家的大学学者面前。

---

① Cook, *Academicians in Government from Roosevelt to Roosevelt*, p. 97.
② Smith, *The Idea Broker*, p. 26.
③ Cook, *Academicians in Government from Roosevelt to Roosevelt*, p. 57.

第三章　专家参政在进步时代的兴起及其地方实践

当美国社会面对"工业—城市文明综合征"所带来的种种难题并疲于应付之时，一场被后来的人们称为进步主义运动的改革浪潮在19世纪20世纪之交滚滚而来，席卷全国。作为这场运动的主力军，一群被冠以"进步主义者"或"进步派"之名的新一代改革者在1901年前后集体亮相于美国各级政治舞台。1901年，汤姆·约翰逊（Tom Johnson）当选为俄亥俄州克利夫兰市市长，这里的市政改革很快成为美国城市改革的标杆。1901年1月7日，罗伯特·拉福莱特正式就任威斯康星州州长，将威斯康星一步步打造成州级进步主义改革的典范。在联邦层面，西奥多·罗斯福于1901年接替遇刺身亡的麦金莱成为总统，使进步主义在华盛顿的白宫中有了一个强有力的发言人。"于是，从城市、州到联邦，都有进步派掌权，各个层次上的（进步主义）改革全面铺开。"[①] 同此前的格兰奇、平民党人相比，"进步主义一代"作为新一代的改革者尽管吸收了19世纪末的各种改革诉求，但其最大的不同之处在于"进步主义者"主要由城市中产阶级构成，因此他们大多拒绝平民主义的怀旧情结，而是对社会的"进步"抱有乐观的希望，试图运用现代科学以及效率管理等工具理性的手段来控制、驱动社会进步的走向，这也是这些新一代的改革者自诩或被称为"进步主义者"

[①] 李剑鸣：《大转折的年代》，第105页。

的重要原因。

"进步主义一代"大多出生于 1860 年前后,在 19 世纪 90 年代时刚步入而立之年。至新世纪的大幕拉开之际,正值 40 多岁、年富力强的进步主义领袖们纷纷走向了他们政治生涯的高峰,43 岁的西奥多·罗斯福以当时史上最年轻的总统入主白宫,被视为"年轻的进步主义一代"上台的时代标志。[①] 在"进步主义一代"的主要领袖中,除了"伟大的平民"威廉·詹宁斯·布莱恩延续着 19 世纪较为常见的反智主义倾向外,大多数人对科学知识、大学及大学学者均抱有好感并持更加欢迎的态度。当他们成为 20 世纪初美国政坛的主角时,美国的政治氛围自然变得越来越倾向于鼓励政府向大学学者求助,从而使学者们有更多的机会作为专家参与到进步主义改革和这一时期的政府事务中来。这既是出于改革的需要,也是由于进步主义者本来就与知识、大学以及学者之间存在着亲和性的关系。因此,伴随着进步主义改革在市政、州政等地方政治以及国家政治层面的不断推进,一大批大学学者纷纷在进步主义政治领袖的需要和邀请下走进政府,专家参政就此作为一种普遍而显著的现象在 20 世纪美国政治这一变幻莫测的大舞台上真正兴起了。

作为一种与进步主义改革几乎共生的现象,20 世纪初兴起的专家参政现象在美国各级政府政治中均已露出真容。不过,这一时期,专家参政最具代表性的实践还是发生在进步主义改革的"前沿阵地"。在地方层面,威斯康星州和纽约、芝加哥等大城市在进步

---

① 理查德·霍夫斯塔特曾对"进步主义一代"的年龄段和成长时代有着详细的描述:"进步主义一代是(19 世纪)90 年代刚步入成年的一代人。……威廉·艾伦·怀特在自传中说,他记得他们中无数人都是'20 岁、30 岁或刚进入 40 岁的年轻人'。……西奥多·罗斯福是历史上入主白宫最年轻的一位,他就任总统是年轻的(进步主义)一代即将上台的时代象征。他们所感到的是对新哲学和新政治的需要。1890 年,罗斯福 32 岁,布莱恩 30 岁,拉福莱特 35 岁,威尔逊 34 岁。大多数进步主义的领袖人物,以及那些对进步主义思潮做出极大贡献的黑幕揭发记者,在至关重要的 19 世纪 90 年代之初都只有 30 岁出头,有的则更年轻。"(霍夫斯塔特:《改革年代》,第 138—139 页)李剑鸣教授也认为:"从年龄上看,他们(进步主义领袖)多出生于 1850 年以后,在 20 世纪的大幕拉开之际,他们正当 40—50 岁的壮年期。"(李剑鸣:《大转折的年代》,第 101 页)

主义改革和专家参政两个方面都先声夺人。1901年以来，威斯康星州在进步派州长拉福莱特的领导下率先发起了全面改革，成为州级进步主义改革的典范和全国改革力量关注的焦点。与此同时，纽约、芝加哥等大城市的市政改革也备受瞩目。由于各地改革情况不一，专家参政在这些地方的实践也凸显出不同的特点。如在威斯康星州，（大）学、（政）府之间的全面合作为这里的专家参政搭建了广阔的平台。在纽约和芝加哥，参与市政改革的大学学者或是成立独立专家机构参与市政改革，或是个人作为专家参与政府政治，前者开启了服务于政府的思想库的先例，后者则使学者个人积累了参与地方改革和政府事务的基层经验，为他们进一步受到联邦政府的任用、进入华盛顿打下了基础。

第一节 进步派政治家与大学学者之间的亲和性

一些美国学者曾这样描述进步主义改革与大学学者之间的亲和性，他们认为，在进步主义改革区别于此前的政治、社会改革的特点中，最重要的一点便是受过专业训练的学者，包括政治学家、经济学家、历史学家、社会学家等，在分析社会问题、提供解决之道中所发挥的巨大作用。[1] 为什么进步主义改革与来自大学、学术界的专业学者有着如此密切的联系呢？这主要有三个方面的原因。

（一）大学和学术界是进步主义改革的理论摇篮

作为社会政治运动，进步主义改革的"思想策源地"在很大程度上正是19世纪末的大学和学术界。从思想层面来看，进步主义以"进步"的观念为前提，它乐观地相信人作为理性动物，是能够有智慧地、有组织地解决人类发展中的各种问题从而改善社会，稳

---

[1] Arthur E. Bestor, "The Transformation of American Scholarship, 1875–1917," *The Library Quarterly*, Vol. 23, No. 3, Jul. 1953, p. 178.

步前进的。① 因此，进步主义意味着对"古典自由主义"——美国人长期以来奉若圭臬的自由放任主义及其在内战后的新形态即"社会达尔文主义"的质疑和反叛。

这一思想领域的"破旧立新"最先在大学学者的学术交锋中启动。大概从19世纪80年代中期起，主要来自社会科学界的学者们纷纷对"自由放任""小政府"等传统观念及其内战后的新形态即"社会达尔文主义"展开批判。美国历史学家默顿·怀特（Morton White）将之称为社会科学研究中"对形式主义的反叛"（revolt against formalism）。② 这种形式主义至少包括两个方面：将"自由竞争"等既定秩序视为"真理"（教条）一般的不可动摇的绝对主义、反对任何外部力量（尤其是政府）干预或改变既定秩序的消极主义。

在社会学领域，"美国社会学之父"、布朗大学教授莱斯特·沃德率先向内战后的学术形式主义开炮。内战结束后至镀金时代，英国哲学家赫伯特·斯宾塞（Herbert Spencer）的所谓"社会达尔文主义"学说在美国大受欢迎，其最得力的支持者当数耶鲁大学政治学家威廉·格林厄姆·萨姆纳（William Graham Sumner）。作为一名改良型进化论者，莱斯特·沃德抨击了斯宾塞所主张的"静态"的社会学体系，并驳斥了斯宾塞和萨姆纳等认为的人在自然环境面前无能为力的观点。他认为，人有能力干预自然、改造环境，而社会的进步正在于对环境的不断扼制与改造。为了更好地做到这一点，人类只能诉诸统一而协调的活动（即有计划的、有组织的政府干预）作为达到和谐幸福的进步手段。沃德写到：

---

① 美国学者罗伯特·麦克斯韦尔写到："进步主义是以进步观念为前提的。对20世纪初的改革者而言，人作为一种理性动物，是能够在不断解决问题的过程中稳步前进，改善其生活方式的。很少有人会怀疑民主的最终胜利，无论是政治上的还是社会上的。因此，进步派是乐观的、自信的、渴望变革的。"（Robert Maxwell, *La Follette and the Rise of the Progressives in Wisconsin*, State Historical Society of Wisconsin, 1956, p. 3. ）

② Morton White, *Social Thought in America: The Revolt rgainst Formalism*, Oxford University Press, 1976.

有人告诉我们自然规律的进程是绝对正确的，我们对这种自然规律该绝对服从，命运必然在这里得到应有的展现。但这种教条的观念是对人类文明的全盘否定，他们错误地认为，文明是按自然规律进行的，他们根本就没有意识到文明是一种拯救人类命运的伟大事业，历史中的智者就是人类命运获得拯救的最好明证。文明是一种解放人类的事业，它完全把人类从自然中解脱出来，并在自然规律中显示出人类的无穷力量；而放任自由的观念没有让社会得到应有的发展，乃至于造成退步的情况，它使人们停下了具有活力的发明创造，它使历史与将来都变得暗淡无光，它本就不符合人类生存的规律；并且，人们对自然规律只在表面上有所认识，这是一种虚伪与反崇高的态度，它造成了社会紊乱的状态。自然对人类没有爱护，人类的命运与主观愿望并不能改变自然的残酷性，要想使自己从自然规律的劫难中逃脱出来，而主宰自己的命运，就必须反抗自然规律，人类的希望就在于此。①

在哲学界，约翰·杜威和威廉·詹姆斯等人开创了"实用主义"的哲学体系，其主要特征是重行动胜于逻辑，重实际胜于理论，反对墨守成规。这有助于瓦解古典政治经济学的自由放任法则套在美国人身上的精神枷锁，令人们转而相信：社会问题的解决有赖于直接的、实际的行动，而非坐待其自身化解。杜威则更加明确地指出：应运用教育的手段来解决民主社会中的问题，这才是社会进化和改良的根本办法。

在法学界，认为法律具有普遍性而一成不变，宪法乃是"神圣"文献的教条主义法理学遭到奥利弗·温德尔·霍尔姆斯（Oliver W. Holmes）的挑战。1881年，时为哈佛大学法学教授的霍尔

---

① 施袁喜：《美国文化简史》，中央编译出版社2006年版，第116页。

姆斯便展露出其后被誉为"伟大的异议者"的潜质,大胆地向绝对主义法学体系开炮。他在《普通法》一书中开宗明义地写到:

> 法律的生命并非在于逻辑,而在于经验。一个时代为人们感受到的需求、主流道德和政治理论、对公共政策的直觉——无论是公开宣布的还是下意识的,甚至是法官与其同仁共有的偏见,在决定赖以治理人们的规则方面的作用,都比三段论推理大得多。法律蕴含着一个国家数个世纪发展的故事,我们不能像对待仅仅包含定理和推论的数学教科书一样对待它。要理解法律是什么,我们必须了解它以前是什么,以及它未来会成为什么样子。我们必须交替地参考历史和现有的立法理论。①

这种对宪法和法律的动态的、宽泛的态度进一步为政府职能的扩大提供了思想上的合理性。在政治学界,伍德罗·威尔逊在其《政府的作用》一书中指出:政府除了宪法所规定的保障人民"天赋权利"这一基本职能外,还应有广泛的"管理职能",如监督管理工商业、处理劳工事务、发展公用事业和教育、赈灾济贫、保护森林等。

所谓"叛逆经济学家"(丹尼尔·罗杰斯语②)对百年来居于正统地位的英国古典政治经济学及其背后的自由放任哲学的批评最为显著。1884 年,霍普金斯大学政治经济学系主任理查德·伊利在《约翰·霍普金斯大学历史和政治学研究》上发表《政治经济学的过去与现状》一文,率先向古典政治经济学开炮。伊利将"旧式"的古典政治经济学斥为"理论上的绝对主义"(absolutism of theory),因为它是以抽象的假说为前提再加以演绎推理,强调人性中最低级的本能和自私之心,以证明竞争乃天定之法则。相比之

---

① Oliver Wendell Holmes, *The Common Law*, Little & Brown Company, 1881, p. 6.
② 丹尼尔·罗杰斯:《大西洋的跨越:进步时代的社会政治》,译林出版社 2011 年版,第 106 页。

下,"新的"政治经济学靠历史和事实说话,它能表明政府在增加社会公众的利益方面是可以有所作为的。① 几乎同时,密歇根大学教授亨利·卡特·亚当斯也提出"政府应介入全国经济生活,以提高、维持市场竞争的道德水准"②。1885年9月,理查德·伊利、亨利·卡特·亚当斯、埃德温·塞利格曼、西蒙·帕腾(Simon N. Patten)等人在纽约州的萨拉托加斯普林斯(Saratoga Springs)创建"美国经济学会",其会章所列的基本原则反映了"新派"经济学家不同于古典政治经济学的观念。这些新派经济学家们一方面宣称:"政治经济学作为一门科学仍然处于其发展的初期。尽管我们感谢那些经济学的奠基者们的工作,但我们并未看到他们为使这一学科获得令人满意的发展而对经济生活的现实情况进行多少历史的、统计的研究。"另一方面,他们呼吁政府在公共事务中采取积极、主动的态度;"我们认为,政府是一个中介机构,它的积极干预是人类进步的一个必不可少的条件",因为"劳资冲突业已带来大量显而易见的社会问题,要解决这些社会问题,需要教会、政府和学界在各自的领域团结一致的努力"③。这种"欲贬先褒"的论调暗示着新派经济学家试图在言辞上遮掩他们对古典政治经济学的不齿,以缓和由此产生的学术矛盾。事实上,理查德·伊利在开会时曾提议将"自由放任主义在政治上不安全,在道德上不健康"一句写入会章,只是因许多与会者感到此语过于直白、激烈而未达成

---

① Richard T. Ely, *The Past and the Present of Political Economy*, Publication Agent, John Hopkins University, 1884, pp. 46–48.

② Grossman, *Professors and Public Service*, p. 111.

③ "History of the Founding of the American Economic Association," *Journal of Economic Issues*, Vol. XX, No. 2, June, 1986. 在1885年美国经济学会的讨论中,经济学家们对政府的作用展开了讨论,埃德蒙·詹姆斯的发言较有代表性。他说:"我们并不把国家看作仅仅是一个消极的因素,其影响最小的时候就是大家最幸福的时候,而是认为一个文明社会的某些最必要的职能应由国家来履行,其他一些职能则由国家来履行最为有效。一句话,我们认为国家是一种永久性的经济生活,而不仅是一个暂时的拐杖,当社会比较完美以后,就可以把它随手扔掉。"另一名经济学家弗朗西斯·沃克也认为:"国家的干涉归根结底将会使社会的秩序以及成员的幸福获益匪浅。"此话也代表了经济学家们的总的态度。(梅里亚姆:《美国政治学说史》,商务印书馆1988年版,第165页)

共识。① 尽管如此，威廉·萨姆纳等老派经济学家依然怒斥包括其学生欧文·费雪在内的新派"晚辈"们为"自大狂"（upstart）和"好事佬"（meddler），并拒绝加入美国经济学会这个"自由放任批评者俱乐部"②。

总而言之，在19世纪末引领新风的社会科学学者尽管身处不同的学科领域，但最终结论的内在逻辑是一致的。他们都认识到：在抽象的规律、文本及其背后的哲学的基础上推演（deductive）现实生活中的种种问题，不足以应对工业化时代的新挑战。社会科学研究必须以历史经验和社会背景为基础，用归纳（inductive）的方法来具体地分析现实社会中的政治、经济、法律和教育等问题。换言之，社会科学研究不是抱着冷冰冰的、亘古不变的规律和法则"纸上谈兵"，而是对现实中的社会问题进行历史的、制度的甚至伦理层面的具体考察。正是在这样的思想基础上，一些社会科学学者开始研究19世纪末欧洲国家采取的社会保险政策和政府监管制度，并坚信政府能够在解决社会问题、推动社会进步中发挥重要的作用。对此，美国学者罗伯特·希格斯（Robert Higgs）指出，大学的发展、经济学家和社会学家的增多在塑造（进步主义）这一新的意识形态中起到了重要作用。③ 理查德·霍夫斯塔特则以英雄史诗般的笔法写到：进步时代杰出的社会科学家们"挺起了胸膛，充当着进步主义运动博学多识的智囊"④。

---

① 罗杰斯：《大西洋的跨越》，第101页。
② Irving Fisher, "Economist in Public Service: Annual Address of the President," *The American Economic Review*, Vol. 9, No. 1, Supplement, Papers and Proceedings of the Thirty-First Annual Meeting of the American Economic Association (Mar., 1919), pp. 5–21.
③ Price Fishback, etc., *Government and the American Economy: A New History*, The University of Chicago Press, 2007, p. 302.
④ 霍夫斯塔特：《改革年代》，第128页。

（二）进步主义者以"效率"为核心的政府观加强了政府需要专家的认识

进步主义者反对自由放任主义，但也拒绝任何过于激进的观点。相对于自由放任主义，他们是乐观的改革派，正如艾伯特·贝弗里奇（Albert Beveridge）所宣称的："只有那些生活在现实之外的人才会怀疑上天的安排，对人类的进步感到悲观绝望。"[1] 然而，相对于劳工领袖尤金·德布斯（Eugene Debs）这样的社会主义者，他们又是相对保守、比较求稳的改良主义者，寻求在既定秩序和体制框架内解决问题。作为新一代的改革派，进步主义者是在19世纪末诸多改革主张的基础上成熟起来的，他们既吸收了格兰其运动和平民主义中要求政府监管铁路、反托拉斯、改革货币、调整税收制度等诉求，又是卡尔·舒尔茨等推动公务员改革的共和党独立派的"精神传人"[2]，在清除腐败、净化政府尤其是实现"效率政府"方面都接过了19世纪末政府改革的大旗。尽管进步主义者之间在具体的改革主张和关注点上通常存在着差异（如1912年大选中罗斯福的"新国家主义"与威尔逊的"新自由"），但他们寻求在既定秩序和政治体制框架内解决问题的立场，使他们的改革手段都绕不开"积极政府"这一共识，即希望通过有效的立法和行政职能的扩展等政府手段来解决工业化时代的难题。[3] 这在进步主义政治思想家赫伯特·克罗利的《美国生活的希望》及其副标题——"政府在实现国家目标中的作用"中得到最直接的体现。克罗利指出，州和联邦政府应在各个经济层面采取"积极广泛干预的纲领"，把政府当成"一个管理和调节的机器""消除经济高度发展中的弊

---

[1] Mowry, *The Era of Theodore Roosevelt*, p. 47.
[2] 霍夫斯塔特：《改革年代》，第139页。
[3] 由于"进步派"构成的复杂性，反对"积极政府"观的例外当然存在，其代表人物是带有反智主义倾向的威廉·布莱恩。克罗利认为：布莱恩"厌恶政府机构，不相信专家，也反感专业教育"，这种观念"对他的政治效率造成的负面影响极其严重"。（克罗利：《美国生活的希望》，第132—134页）

病，缓和社会抗议与冲突，维护美国制度的发展"①。

在进步主义者看来，政府对公共事务进行管理的关键在于政府的"效率"。用威斯康星进步主义者查尔斯·麦卡锡的话来说，即"若无好的管理，再好的法律也没用"②。而所谓"好的政府（管理），就是有效率的政府（管理）；没有效率的政府则是一个糟糕的政府"③。"效率"一词本是工业界中企业管理领域的概念。将"效率"观念发扬光大者是宾夕法尼亚州的一名工厂经理——弗雷德里克·泰勒。他在19世纪90年代便开始了将科学的原则运用于企业管理，以实现经济上的节约和效率的尝试，其经验最终浓缩于那本姗姗来迟的大作《科学管理的原则》中。

以"科学"和"效率"为核心的"科学管理"思想在20世纪初的美国风行一时，而企业界的"科学管理"和对"效率"的崇拜为进步主义者的政府观注入了新的活力。一些进步主义者对"科学管理"感到欢欣鼓舞，他们希望像大企业中的"科学管理"一样，在政治领域中用科学的"理性"来使政府在公共事务中更有效率、更负责任。

1907年，时任纽约市扶贫协会总代办、学龄儿童福利委员会秘书长的进步主义者威廉·艾伦在《效率型民主》一书中开门见山地写到："民主所需要的独特智慧是关于政府管理的智慧，而不是关于道德、文学、法律或商业的智慧""好的（公共）服务就是有效率的（公共）服务"④。1912年，查尔斯·麦卡锡以反问的口吻写到："实干家先生们，如果你要负责政府事务，难道不会运用效率的普遍法则吗？"⑤ 纽约市政改革家亨利·布鲁埃尔（Henry

---

① 李颜伟：《知识分子与改革：美国进步主义运动新论》，第85—89页。
② Russell Nye, *Mid-western Progressive Politics: A Historical Study of Its Origins and Development, 1870–1958*, Lansing: Michigan State College Press, 1951, p. 188.
③ Frederick C. Mosher, *Democracy and Public Service*, 1982. 转引自石庆环《20世纪美国文官政治与官僚体制》，第122页。
④ William H. Allen, *Efficient Democracy*, Dodd, Mead & Company, 1908, p. viii.
⑤ McCarthy, *Wisconsin Idea*, p. 303.

Bruere)则著书专门探讨如何将效率原则应用于城市管理。他认为,对于纽约市在诸多方面的管理不善,"从前人们归咎于公职人员的腐败和人们普遍的冷漠,其实,真正的原因在于当局以及民众对……合理的科学程序的无知"①。1915 年,路易斯·布兰代斯(Louis D. Brandeis)在《拉福莱特》杂志上撰文,直截了当地指出:"效率乃民主之希望。"② 为了提高政府在管理公共事务中的"效率",进步派继承和加强了 19 世纪末以来有关政府改革的三大方案。③

首先,在 19 世纪末"行、政二分"观的基础上,实现"行政"即"公共管理"的专门化,这体现于公务员队伍的进一步扩大以及专门的公务员培训机构的建立上。1911 年,由亨利·布鲁埃尔领导的纽约市政研究局成立了首个公务员培训学校,其宗旨是"培养专门对公共事务进行研究和管理的人士"④。此后,正式的公务员培训项目在各大高校陆续启动,如密歇根大学、加州大学、斯坦福大学、雪城大学、辛辛那提大学、南加州大学、明尼苏达大学、哥伦比亚大学、芝加哥大学等。在专门的公务员培训项目中,未来的公务员需要具备更高水准的专业知识,而不仅仅是 19 世纪末考绩制所要求的语言、数学以及少量会计和法律知识。这些项目具体包括:(1)在通识教育的基础上对历史、政府政治、公共事务的一般性学习;(2)对社会科学尤其是对社会学、政治学和经济学进行更加专业性的学习;(3)以具体问题和领域为导向的公共管理技能的学习。⑤

---

① Henry Bruere, *The New City Government: A Discussion of Municipal Administration Based on a Survey of Ten Commission-Governed Cities*, Prentice Hall, 1912, p. v.

② David Thelen, *Robert M. La Follette and the Insurgent Spirit*, University of Wisconsin Press, 1986, pp. 109 – 110.

③ 此处借鉴了李剑鸣教授的观点。他认为,进步派在政府改革方面采取了三项措施,即行政的专门化、行政权力的扩大、专家治国。(李剑鸣:《大转折的年代》,第 243—246 页)

④ Dahlberg, *New York Bureau of Municipal Research*, p. 120.

⑤ Keyssar and May, "Education for Public Service in the History of United States."

其次，如赫伯特·克罗利所言："没有责任就不可能产生效率，缺乏权力也不会产生责任。"① 对政府效率的追求使得进步派热衷于进一步扩大政府的公共管理职权，通过扩大职权来提升效率。这主要体现在大量的新的"局"（board）、"署"（bureau）等行政机构以及大量的独立监管"委员会"（commission）的设立上。例如，在州级进步主义改革的模范州——威斯康星，共和党进步派掌权时期的州政府先后成立了"税务委员会""工业委员会""保险委员会""铁路委员会""文官委员会""公路委员会""森林委员会""资源保护委员会"和"公用事业委员会"。1911年，美国政治学家F. H. 怀特在总结州级政府的发展趋势时写到："专家委员会的增加是过去的十多年间州各州政府中最显著的变化之一。"② 在联邦层面，增设的独立监管机构或行政机构同样不少，如1900年成立的"工业委员会"，1906年成立的"食品与药品委员会"，1911年成立的"产业关系委员会"，1912年成立的"儿童管理局"，1913年成立的"联邦储备委员会"，1914年成立的"联邦贸易委员会"等。这些机构有的是常设的，有的则是临时性的，但都旨在扩大政府职权，代表了进步派政治家为实现政府"效率"之诉求而采取的制度性保障。由于进步派特别热衷于通过独立监管委员会来扩大政府管理职权，他们在当权施政时时常会被人们贴上所谓"委员会政府"的标签。③

最后，对政府效率的追求以及增设越来越多的独立监管委员会和行政机构，使得进步派在掌握政府权力后往往向专家求助，在这些政府机构中任用越来越多的专家。吸收专家参与政府与公共管理，成为进步派为实现政府效率最为重视的一环。在进步派看来，专家是"科学"和"理性"的象征，他们不涉私利、远离

---

① 克罗利：《美国生活的希望》，第279页。
② White, "Growth and Future of State Boards and Commissions," Reinsch, ed., *Readings on American State Government*, p. 222.
③ Russell Nye, *Mid-western Progressive Politics*, p. 188.

政治和党派之争，只有他们才能理性地运用科学原则使政府有效率地对公共事务进行管理。当时为社会所公认的"专家"须具备三项条件：学有专长、拥有高级文凭、从事专门性职业。因此，专家既包括大学教授所代表的学术精英，也包括社会上一些优秀的专门职业从业者如律师、医生、会计、经理人、工程师等。前者作为科学知识的传播者和研究者，不仅培养了各种各样的中产阶级专门职业从业者，而且在科学问题或者"半科学性"的社会问题上具有难以替代的专业权威和话语权，自然成为进步主义者在寻求专家服务时意欲倚重的重要力量。值得一提的是，进步派对社会科学学者尤为重视，他们主张"运用社会科学的办法来进行政府规划、制定合理政策，从而消除政治家们（在管理复杂的公共事务中）的漫无目的和不知所措"[1]。如克罗利倡导社会科学家与公众领袖（政治家、社会活动家等）合作，为后者设计出充满智慧力量的公共政策。李普曼也主张，社会科学家应寻找机会为政府官员提供专家服务，满足他们"对分析方法的需要，从而使那些棘手的、捉摸不透的情况变得明白易懂"[2]。

（三）进步主义者的高等教育背景促成其对学者专家持欢迎态度

如前所述，"进步主义一代"大多出生于内战前后，在19世纪最后30年的高等教育变革浪潮中接受了大学本科或更高的研究生教育。可以说，"进步主义一代"本身便是内战后"大学运动"及其所导致的高等教育的蓬勃发展与"扩招"（见表3.1）的产物。

---

[1] Frank Fischer, *Technocracy and the Politics of Expertise*, Sage Publication, Inc., p. 81.
[2] 沃尔特·李普曼：《公众舆论》，上海人民出版社2002年版，第294页。

表 3.1　　1898 年国家教育委员会专员威廉·哈里斯对美国大学扩招人数的统计

时间	美国每 100 万人口中大学本科生数量（人）	时间	美国大学研究生人数（人）
1872	590	1871—1872	198
1873	740	1872—1873	219
1874	760	1873—1874	283
1875	740	1874—1875	369
1876	720	1875—1876	399
1877	710	1876—1877	389
1878	790	1877—1878	414
1879	780	1878—1879	465
1880	780	1879—1880	411
1881	760	1880—1881	460
1882—1883	740	1882—1883	522
1883—1884	750	1883—1884	778
1884—1885	760	1884—1885	869
1885—1886	700	1885—1886	935
1886—1887	710	1886—1887	1237
1887—1888	710	1887—1888	1290
1888—1889	750	1888—1889	1343
1889—1890	880	1889—1890	1717
1890—1891	930	1890—1891	2131
1891—1892	1020	1891—1892	2499
1892—1893	1080	1892—1893	2851
1893—1894	1140	1893—1894	3493

续表

时间	美国每100万人口中大学本科生数量（人）	时间	美国大学研究生人数（人）
1894—1895	1190	1894—1895	3999
1895—1896	1220	1895—1896	4363
1896—1897	1210	1896—1897	4919

资料来源：Harris, "Higher Education: Its Function in Preserving and Extending Our Civilization," p. 161.

内战后的大学运动和"扩招"趋势使这一时期成长起来的年轻一代越来越多地具备良好的高等教育背景。例如，在新闻舆论界，拥护进步主义的"黑幕揭发"记者几乎都接受过高等教育。《美孚石油公司史》的作者艾达·塔贝尔（Ida M. Tarbell）毕业于阿勒根尼大学，还在法国索邦大学（巴黎四大）学习过。《屠场》的作者厄普顿·辛克莱（Upton Sinclair）毕业于纽约城市学院，后进入哥伦比亚大学攻读研究生学位。《城市之羞》的作者林肯·斯蒂芬斯（Lincoln Steffens）从加州大学（伯克利）毕业后，陆续在柏林大学、海德堡大学、莱比锡大学和巴黎大学进修哲学、心理学和伦理学。披露参议院腐败的戴维·菲利普斯（David G. Philips）是普林斯顿大学的毕业生。报道科罗拉多矿工罢工事件的《麦克卢尔杂志》记者雷·贝克（Ray S. Baker）曾就读于密歇根州立大学、密歇根大学。

在慈善、劳教和公共卫生等"公共领域"（即家庭与政治之间的领域）的改革（又称"社区改良运动"）中，发挥重要作用的女性进步主义者因其受过高等教育而被称为"知识女性"。"赫尔所"的创始人——简·亚当斯堪称"巾帼翘楚"。这位求知欲旺盛、志向远大的女改革家毕业于罗克福德学院，曾进入宾夕法尼亚大学女子医学院进修医学，但因健康原因而未能完成学业。弗洛伦斯·凯利（Florence Kelly）毕业于康奈尔大学，后赴苏黎世大学攻读研究生学位,是恩格斯的《英国工人阶级状况》英文版的译者。致力于儿童福利、后成为联邦儿童局首任局长的朱莉娅·莱思罗普(Julia Lathrop)是纽约市的一所女子大学——瓦萨学院的毕业生。她在主管"赫尔所"期间,聘用了两位芝加哥大学毕业的女博士——索芙妮斯芭·布雷肯里奇(Sophonisba Breckinridge)和伊迪丝·阿博特(Edith Abott)。① 关心女工和童工状况的里塔·朵儿曾就读于内布拉斯加大学。"知识女性"在20世纪初进步主义改革中的涌现,与19世纪60年代以来的高等教育变革有着密切的联系。正是在高等教育变革的大潮中,女子高等教育和男女合校才逐渐在美国的大学和学院普及开来。至1900年,全美有80%的高等院校招收女大学生,有5000多名女性于当年获得学士学位。因此,将进步主义改革中"知识女性"的出现归结于"大学和学院所发挥的首要影响力",显然并不过分。②

在政界,进步派政治家们同样大多有接受高等教育的经历,其中少数人还是美国最早一代的"土博士"。威廉·詹宁斯·布莱恩毕业于芝加哥市的联合法学院(后并入西北大学,成为该校的法学院)。加利福尼亚州进步主义领袖海勒姆·约翰逊(Hiram Johnson)毕业于赫尔德学院。艾奥瓦州进步主义领袖艾伯特·卡明斯(Albert Cummings)曾进入韦恩斯堡学院(今韦恩斯堡大学),但因与校长发生冲突而肄业。内布拉斯加州进步主义领袖乔治·诺里斯(George Norris)先后在鲍尔温大学和瓦尔帕索大学就读,获法学学士学位。后来成为纽约州州长的进步主义者查尔斯·休斯(Charles E. Hughs)先后就读于麦迪逊大学(今科尔盖特大学)、布朗大学和哥伦比亚大学法学院。拉福莱特是威斯康星州首位拥有(威斯康星)大学学历的州长,接替他的另两位进步派州长詹姆斯·戴维森(James Davidson)、弗朗西斯·麦戈文(Francis McGovern)也均为

---

① Diner, *A City and Its Universities*, p. 44.
② 李颜伟:《知识分子与进步主义改革》,第347—349页。

威斯康星大学毕业生。① 印第安纳州的艾伯特·贝弗里奇（Albert J. Beveridge）毕业于该州的埃斯波利大学（今德堡大学）。亨利·洛奇在哈佛大学完成了从本科到博士阶段的全部学习。路易斯·布兰代斯离开哈佛大学法学院时是该校史上最优秀的毕业生。西奥多·罗斯福也是哈佛大学校友，后进入哥伦比亚大学法学院进修。可被视为"半个进步派"②的威廉·塔夫脱毕业于耶鲁大学和辛辛那提法学院。伍德罗·威尔逊早年就读于戴维森学院（转学）、普林斯顿大学（当时名为新泽西学院）和弗吉尼亚大学（肄业），后在约翰·霍普金斯大学获博士学位。纽约市政改革家塞思·洛是哥伦比亚大学毕业生，在当选纽约市市长之前是哥伦比亚大学校长。美国历史学家乔治·莫利曾对加利福尼亚州的进步主义者进行过统计，发现在该州的进步主义者中有3/4接受过高等教育。③ 另一名历史学家罗伯特·麦克斯韦尔（Robert Maxwell）通过对威斯康星州进步主义运动的研究，指出威斯康星大学校友是该州进步主义的

---

① 相比之下，1914年取代进步派上台的保守派州长伊曼纽尔·菲利普没有接受高等教育的经历。

② 由于当选总统后的相对保守姿态，曾被西奥多·罗斯福视为"纯正的进步主义者"（a genuine Progressive）而大加支持的塔夫脱自1910年起逐渐受到共和党内进步派的抨击和反对。先是拉福莱特率众组建全国共和党进步派联盟，后来西奥多·罗斯福也亲自组建"进步党"，举起进步主义大旗而将塔夫脱排斥在进步派阵营之外。然而，塔夫脱本人坚持认为自己是一名进步主义者。研究者们对此存在较大分歧。有学者认为，塔夫脱不属于进步派，如李剑鸣在《大转折的年代》中便持此观点。也有人认为，从塔夫脱的执政记录来看，他实质上是一名进步主义者，如塔夫脱当政期间反垄断案件的数量是罗斯福执政时期的两倍，代表性的成功案例是1911年最高法院对标准石油公司的拆分。塔夫脱还积极推动联邦政府扩大对公共事务的监管，这包括通过《曼恩—埃尔金斯法》（Mann Elkins Act）进一步扩大州际贸易委员会的管辖权限，支持宪法第十六条修正案以实现联邦所得税法，增设矿务局和联邦儿童局等机构。由此可见，塔夫脱的"保守"是相对于拉福莱特的"反叛精神"（insurgent spirit）和西奥多·罗斯福的"新国家主义"等强势姿态而言的。塔夫脱是一个在进步主义运动领导权的争夺战中遭受共和党进步派排挤的"进步主义者"，是罗斯福发起的国家进步主义改革的"名不正言不顺"的继承者，将之称为"半个进步派"更为妥当。（具体参见李一文《试论塔夫脱的国内政策》，《世界历史》1993年第4期。）

③ 霍夫斯塔特：《改革年代》，第120页。

学术与政治：美国进步时代专家参政现象研究（1900—1920）

重要支持者。[1]

由于进步主义政治家们大多受过高等教育，从象牙塔中走出来，他们对大学和专业化知识的态度自然要比在"镀金时代"主导美国政坛的"老板"及其庇护下的"政治分赃者"们开明、宽容得多。除了"伟大的平民"（The Great Commoner）——威廉·布莱恩坚持反智主义的立场外，进步时代的主要政治领袖往往在政治活动之余对知识、学问也饶有兴趣。罗伯特·拉福莱特主编了一套10卷本的鸿篇巨制——《美国的成长》，每卷各自探讨美国社会中的一个主题如经济财政、矿产资源、科学技术、公共生活等，由若干篇独立的文章组成。艾伯特·贝弗里奇是美国历史学会会员，其四卷本传记《约翰·马歇尔的一生》荣获普利策奖。亨利·洛奇先后撰写了《亚历山大·汉密尔顿》《丹尼尔·韦伯斯特》《独立革命的故事》《美国历史上的英雄故事》（与西奥多·罗斯福合著）等著作。罗斯福更是"著作等身"，笔耕不辍地写完了《1812年海战史》《西部的赢得》、"自然史三部曲"（《一个牧场主的狩猎之旅》《牧场生活和狩猎足迹》《荒野猎人》）以及包括《托马斯·哈特·本顿传》《奥利佛·克伦威尔传》《古维诺尔·莫里斯》在内的三本历史人物传记。塔夫脱在从政前曾担任辛辛那提大学法学院院长、宪法学教授，1913年辞职后又被聘为耶鲁大学法学院的Chancellor Kent法律和法律史教授。威尔逊在从政前已经取得了卓越的学术成就，其《国会政体》《行政研究》等论著是当时美国政治学和行政学研究中的力作。

接受高等教育的经历以及个人对知识、学问的兴趣，使进步派政治家大多愿意建立、维系与政界外的文化名流、大学学者之间的社交网络。如拉福莱特与威斯康星大学老校长约翰·巴斯科姆堪称"忘年之交"，与新任校长查尔斯·范海斯则有着昔日同窗之情。塔夫脱曾参加美国经济学学会的年会，当场呼吁经济学家们多多就

---

[1] Robert Maxwell, *La Follette and the Rise of the Progressives in Wisconsin*, p. 13.

公共政策各抒己见。罗斯福喜欢以书会友，那些能写出令他钦佩的佳作之人，常常成为他的"座上宾"和谈书论道的挚友。用美国历史学家戴维·伯顿（David Burton）的话说，罗斯福此人"乐于倾听，也热切地想就法律、诗歌、历史、科学或是他的客人们可能喜欢讨论的任何话题发表自己的观点。最重要的是，他喜欢爱书之人。"[①] 至于威尔逊，他从政前已是学术中人，对大学和学术界的熟悉和亲近不言而喻。

由上可见，进步主义者的改革诉求、政府观念及其接受高等教育的经历和知识背景，使新一代的改革派大多对大学和专业化知识充满好感，也使他们与专家参政结下了不解之缘。当这些进步主义者在1900年后相继成为美国政治主流的领军人物时，自然倾向于向大学和学术界"借兵"，吸收专业学者的力量为进步主义改革服务，以应对摆在他们面前亟待解决的诸多社会经济难题，从而掀开了一个大学学者作为专家参政的新时代的帷幕。

第二节　专家参政的地方实践：威斯康星理念

随着进步主义和专家参政时代的到来，首先进入人们视线的是1900年后威斯康星州在进步派州长罗伯特·拉福莱特领导下开启的全面改革。威斯康星州改革前后历时十四载，从最初的清除政治腐败、打击党魁和铁路公司等特权利益的勾结，扩展到政治、经济及社会生活的方方面面，其中的许多改革举措和立法在当时都是首开先河，赢得了美国各地方甚至联邦政府的认可和效仿。威斯康星州一度成为进步主义改革的典范和进步主义者们争相"朝觐"的"麦加"。在威斯康星州进步主义改革的经验中，最为人们津津乐

---

① David Henry Burton, *The Learned Presidency: Theodore Roosevelt, William Howard Taft, Woodrow Wilson*, Fairleigh Dickinson University Press, 1988, p. 77.

道的是进步派执掌下的州政府在改革中与威斯康星大学及大学学者们建立的广泛而密切的联系。"(威斯康星)大学、(州政)府"合作的改革模式以"威斯康星理念"①之名传遍全国,启迪和引领了20世纪初美国进步主义改革的风向,也成为专家参政的一面旗帜。时至今日,"威斯康星理念"仍然作为大学社会服务精神的象征,在世界高等教育史上留下了不可磨灭的印迹。

(一)"学、府"合作:威斯康星州专家参政的背景

威斯康星建州于1848年5月,是美国第30个州。依该州宪法第十条第六款"对公立大学的支持"一项,威斯康星州应"在其州政府所在地或附近地区建立一所公立大学"②。1849年2月,威斯康星大学正式成立,校址选在州府麦迪逊市内。州政府与该州最主要的公立大学同处一地的情况在美国并不多见,仅有9个州是这种情况。在威斯康星,州政府与威斯康星大学不仅地处同一城市,而且大学主行政楼"巴斯科姆楼"(Bascom Hall)所在地"大学岭"(the University Hill)与州政府大楼彼此相望,相距仅1.4英里,由一条名为"州"的大街(the State Street)相连,从巴斯科姆楼沿州大街步行至州政府大楼不会超过半小时,这为威斯康星大学与州政府之间的密切合作提供了地理上的客观便利。③

作为一所典型的公立大学,威斯康星大学自建校伊始便与州政府保持着难以割舍的联系。1858年,威斯康星州参议院的"教育、学校及大学用地委员会"毫不含糊地期望威斯康星大学成为"一所

---

① 1912年,查尔斯·麦卡锡出版《威斯康星理念》一书,正式使用"威斯康星理念"一词来全面概括1900年以来威斯康星州在拉福莱特领导下发起的进步主义改革。时值西奥多·罗斯福以进步党总统候选人参加四年一度的总统大选之际,罗斯福为此书题序,对拉福莱特和威斯康星州的改革经验大加推崇,使得威斯康星州的进步主义改革从此以"威斯康星理念"而扬名内外。

② "Wisconsin Constitution," legis. wisconsin. gov/statutes/wisconst. pdf.

③ John Stark, "The Wisconsin Idea: The University Service to the State," *1995 - 1996 Wisconsin Blue Book*, Legislative Reference Bureau, p. 7.

符合本州人民需要的大学"①。自内战以来，随着《莫里尔法》及后来的《哈奇法》《第二莫里尔法》的施行，威斯康星大学作为威斯康星州唯一的赠地院校而获得了大量联邦赠地和州政府的不断资助。相应地，威斯康星大学亦须建设与农业、工业及军事技术相关的实用学科。正是在这一基础上，威斯康星大学陆续增设了"农学院""工学院""师范学院""经济、政治和历史学院"等教学、科研机构，社会责任与服务精神也成为威斯康星大学的一项传统。1896年，时任威斯康星大学校长的查尔斯·肯德尔·亚当斯在威斯康星大学的毕业典礼上这样描述威斯康星大学与国家、社会之间的关系："大学不是一个同国家脱离的团体。它是国家的一部分，就好像国会是国家的一部分，大脑和手是身体的一部分。……从严格意义上讲，大学不能被称为国家的子女。大学同国家的关系要比父母与子女的关系更加亲密、融洽，因为在父母的意志面前，子女有自己的个性和权利；而在国家的意志面前，大学没有自身的个性和权利。"②

在州政府的大力扶持下，20世纪初的威斯康星大学已跻身于埃德温·斯洛森笔下"伟大的美国大学"之列。③ 1904年威斯康星大学培养的首位博士查尔斯·范海斯就任大学校长之时，威斯康星大学已不再是1854年时那个只有四名教师的"准学院"，而是成长壮大成为一所拥有228名教职人员、10个博士学位授予点的现代研究型大学④，与哈佛大学、耶鲁大学等东部的百年老校相比亦不逊色。哈佛大学校长查尔斯·埃利奥特将威斯康星大学称为美国

---

① Hofstadter, "The Age of the University," Hawkins, *The Emerging University and Industrial America*, p. 8.
② C. K. Adams, "The University and the State, 1896," pp. 17 – 18. 转引自 Veysey, *The Emergence of American Universities*, p. 104.
③ Slosson, *The Great American Universities*, p. 219.
④ Charles Van Hise, "Inaugural Address," Hawkins, *The Emerging University and Industrial America*, p. 26.

"王牌公立大学"（the leading state university）。①

世纪之交的威斯康星大学保持着良好的、宽松的学术氛围，美国的"学术自由"思想正是在威斯康星大学得到最早阐发的。1894年，威斯康星大学经济学教授理查德·伊利因发表关于劳工关系的言论和"异端"的社会经济观点，被指控犯有煽动公众动乱罪而受到审查。作为当时美国社会科学及"新经济学"的领军人物，伊利提倡政府对经济的干预，反对自由放任，他被斥为"异端"更多地反衬出当时美国社会经济环境对自由放任的固守。由于威斯康星大学校长查尔斯·肯德尔·亚当斯及广大师生的支持，最终校董会保留了伊利的教职，并发表了一篇被后世誉为"威斯康星宪章"的捍卫学术自由的声明："此刻，我们无法相信知识已走到了极限或者社会的构造已经完美……在一切研究中，研究者应在任何他们所从事的探寻真理之路上保持绝对的独立和自由。哪里有限制，哪里就会阻碍研究。我们相信，伟大的威斯康星州将永远支持对真理不断的、勇敢的探究。"② 在大学教授因学术见地而频频遭遇"职业危机"的19世纪90年代③，威斯康星大学在"伊利事

---

① Robert M. La Follette, *La Follette's Autobiography: A Personal Narrative of Political Experiences*, The Robert M. La Follette Co., 1913, p. 33.

② La Follette, *La Follette's Autobiography*, p. 29.

③ 19世纪90年代是美国大学发生学术自由事件的高峰期。据美国学者托马斯·威尔的不完全统计，这一时期发生的具有代表性的学术自由事件有十多件。1892年，劳伦斯学院院长乔治·斯蒂尔因坚持自由贸易和自由货币主张而被解聘；1893年，南达科他农学院院长H. E. 施托克布里奇因政治原因而被解聘；1894年，威斯康星大学经济学教授伊利因发表支持工人罢工的言论而被斥为"异端"经济学，被指控犯有煽动公众动乱罪而受审查；1894年，芝加哥大学讲师I. A. 赫维茨因参加平民党大会而遭解聘；1895年，芝加哥大学经济学家爱德华·比米斯因反对垄断和批评铁路产业而被解聘；1896年，印第安纳大学经济学家康芒斯因宣传有争议性的政治经济学观点而被解聘；1897年，玛丽埃塔学院政治学家詹姆斯·史密斯因在教学中批评垄断而被停职；1897年，布朗大学校长E. 本杰明·安德鲁斯因发表支持自由银币（free silver）政策的观点而被迫辞职；1899年，比米斯和弗兰克·帕森因其经济学观念而被堪萨斯州立农学院解聘；1900年，西北大学校长亨利·罗杰斯因反对帝国主义而被迫辞职；1900年，斯坦福大学著名社会学家爱德华·罗斯因发表反对亚洲移民政策、提倡公用事业国有化的主张而被解聘，等等。（见李子江《学术自由在美国的变迁与发展》，北京师范大学出版社2008年版，第51—52页）

件"上的开明、宽容态度使其"后来又接纳了许多在当时被认为激进、前卫的杰出学者"①。如因宣传有争议性的政治观点而遭雪城大学解聘的约翰·康芒斯在理查德·伊利的邀请下,来到威斯康星大学;1906年,因发表反对亚洲移民政策、主张公用事业国有化观点而被斯坦福大学解聘的著名社会学家爱德华·罗斯也应邀加入威斯康星大学。

1901年,威斯康星州进步主义改革随着罗伯特·拉福莱特就任州长之职而拉开序幕。拉福莱特是威斯康星大学毕业生,也是第一个成为该州州长的威斯康星大学校友。尽管拉福莱特并非治学之才,但在威斯康星大学求学的经历使得他对母校充满感情,尤其是对老校长约翰·巴斯科姆的教诲念念不忘。他后来回忆道:巴斯科姆校长"反复强调的关于州立大学及其学生对本州负有责任的谆谆教诲……对于我在学生时代的思想成熟是一种最重要的影响力","他总是教育我们,是州在为我们提供教育,我们有义务用我们的教育来予以回报,不是为了我们个人的私利,而是为国家和州服务"②。此外,在1900年拉福莱特竞选州长和推动进步主义改革的过程中,威斯康星大学师生一直是他坚定的支持者。正如他自己所说:"在我奋战于威斯康星州政坛的每一场战役中,威斯康星大学和大学生们总是坚定不移地站在我身后,给予我支持。在很大程度上,威斯康星大学乃是进步主义思想的宝库。"③ 1904年,威斯康星州共和党在威斯康星大学体育馆举行全体党员大会,拉福莱特领导的进步派与保守派发生分裂。威斯康星大学的男大学生用身体组成人墙,阻止拉福莱特的反对者——共和党内的顽固分子寻衅滋事。④

---

① La Follette, *La Follette's Autobiography*, p. 29.
② Ibid., p. 27.
③ Ibid., p. 28.
④ Maxwell, *La Follette and the Rise of Progressivism in Wisconsin*, p. 129.

拉福莱特相信"大学的目的在于服务于民众"①。在他的提名和支持下，查尔斯·范海斯博士于 1904 年出任威斯康星大学校长。范海斯是拉福莱特的同窗好友，被后者誉为"继承了巴斯科姆校长之精神衣钵"的人，他担任威斯康星大学校长为州立大学同州政府之间的合作创造了极佳的契机。在就职演说中，范海斯明确提出了大学应服务于州政府和本州民众的目标："州立大学的生命力在于它与州的紧密联系中。州需要大学来服务，大学对州负有特殊的责任。"在他看来，大学不仅是教学和研究的场所，而且是社会的守望塔，是"国家建设的工具"②。与拉福莱特的"大学的目的在于服务于民众"相呼应，范海斯亦有句名言——"州之疆界乃大学之疆界"（frontiers of university are the frontiers of the state）。这句话后来被视为高等教育思想中的"威斯康星理念"的标志和大学为社会服务精神的象征。

具体到大学学者而言，范海斯同样期待他们在本州公共事务中发挥作用。1904 年，他在就职时表示："大学教师应用其学识专长为威斯康星州做出贡献，并将知识普及于人民。"③ 1905 年，他在华盛顿召开的全国州立大学联合会会议上再次宣称："我的目标是，让威斯康星大学在每个方面都能成为州政府在科学知识方面的顾问，从大学专家为州的立法工作完善提建议，到教授们广泛参与州内各种复杂的行政管理事务。"④ 范海斯关于大学学者向政府提供专家服务的主张反过来又得到拉福莱特等进步派政治家的积极回应。1901 年就任州长之职后，拉福莱特将"在州的重要委员会和行政机构等任何可能之处任用来自大学的专家"确立为州政府的一

---

① La Follette, *La Follette's Autobiography*, p. 30.
② Maxwell, *La Follette and the Rise of the Progressives in Wisconsin*, p. 138.
③ Van Hise, "Inaugural Address."
④ Charles Van Hise, "Address to the Association of State University Delivered in Washington," 5th, Nov., 1905, p. 8. 转引自杨艳蕾《超越大学的围墙："威斯康星理念"研究》，第 47 页。

项政策。① 美国历史学家罗伯特·麦克斯维尔认为:"在政府中任用'专家'正是拉福莱特与范海斯政治哲学的共同基础。"②

总之,在范海斯校长的号召、鼓励和拉福莱特州长的支持、回应下,20世纪初的威斯康星大学全面参与到威斯康星州的社会政治、经济生活中,大学学者也广泛涉足本州的公共事务,运用专业学术的力量为威斯康星州政府和普通民众服务。正如拉福莱特后来所评价的:"威斯康星大学在'威斯康星革命'中发挥的作用是毋庸置疑的。"③ 具体而言,威斯康星大学学者参与本州公共事务、向政府提供专家服务是通过三种方式来实现的:(1)作为专家在委员会等政府机构任职,即"专家参政";(2)向议会提供专家咨询和技术服务,这在当时被称为"立法参考服务"(legislative reference service);(3)在大学继续教育活动中向政府和公众提供专业知识和技术上的指导。

(二) 专家委员会

从1901年拉福莱特上台至1914年第三位共和党进步派州长麦戈文离职,威斯康星州进步主义改革囊括税收改革、铁路及公用事业的监管、工伤赔偿、工人福利、工业企业的监管、资源保护等社会经济生活的方方面面。在几乎所有方面,进步派主掌下的州政府均设立专门的委员会或管理局等机构来进行调查、监督和管理,如"税务委员会""铁路委员会""工业委员会""资源保护委员会""森林委员会""公共事务委员会""保险委员会""文官委员会""公路委员会"等。

这些委员会由州议会批准成立,其主要职责是执行性的或古德诺所说的"事务性"的④,即依照州议会制定的法律、对社会经济

---

① Maxwell, *La Follette and the Rise of Progressivism in Wisconsin*, p. 138.
② Ibid., p. 59.
③ Ibid., p. 138.
④ 古德诺:《政治与行政》,第50页。

生活的各领域进行调查并加以监管。换言之,"法律由议会来制定,委员会唯一的工作就是执行主人即州议会的意志"①。在人事上,委员会均实行任命制,一般是由州长直接任命受过专业训练或具备专门经验的"专家"担任委员会的"主席"和"专员"。理想的任命依照的是"三三制"原则,用范海斯的话解释,即委员会中的三位或九位专员(含一位主席)各有1/3"分别代表理论、实践和公众角度的观点"②。在这些委员会出现的同时,州政府的行政部门中由投票选举产生的政治性职位逐渐减少,从1900年的8个减少到1912年的5个,"州务卿""州财政部长""州司法部长"等职务不再由政治选举产生。因此,州政府的行政或曰公共管理职能实际上更多地由各种专家委员会来承担,这使得进步派当政期间的威斯康星州政府一度被保守派抨击为"委员会政府"。对此,进步派并不担心,如拉福莱特就认为:"专家在制定立法、执行法律方面的专业知识对公众越来越重要,只要这些委员会是由立法机构所创设,由其施以控制或予以废除,我们便无须过于警惕。"③

各种委员会对专家的需要及其"三三制"任命原则,使掌握学术理论的大学学者越来越受到威斯康星州政府的重视,并被频频起用。这些大学学者在委员会的调查、监管事务中所发挥的作用是难以替代的。其中,"铁路委员会"和"工业委员会"作为当时最重要的两大监管机构,其成立和运作都颇具代表性。

"铁路委员会"于1905年经《威斯康星州铁路委员会法》批准而成立,最初的工作是对威斯康星州境内铁路公司的有形资产进行评估。1907年《公用事业法》通过后,"铁路委员会"的职责扩大为对所有与公用事业有关的公司进行估值和监管,包括邮政、电

---

① McCarthy, *Wisconsin Idea*, p. 45.
② "Contemporary Thought: Significance of the Wisconsin Idea," *Dallas Morning News*, June 20, 1913. [Early American Newspaper Database].
③ Nye, *Mid-western Progressive Politics*, p. 203.

话、电报、私营汽车、城市轨道交通、煤气、电力照明、自来水等。① 铁路委员会对铁路及其他公用事业的监管既包括费率又包括服务质量。② 以费率问题为例，政府若想判断某铁路公司的费率是否合理，是否存在价格歧视，就必须弄清楚"三大基本事项——铁路的资产价值、铁路的养护成本、铁路的运营成本"，否则就只能靠猜测妄加判断。③ 对资产的评估和对费率的调查都不属于政治性议题，而是涉及交通经济学和统计学知识的技术性事务，非专业人士恐怕难以处理。为此，拉福莱特一度向资深经济学家亨利·卡特·亚当斯求助，但后者当时既在密歇根大学执教，又兼职担任州际贸易委员会的统计师，事务繁忙，故拒绝了拉福莱特的提名。拉福莱特转而邀请"近在眼前"的威斯康星大学经济学教授巴尔泽萨·迈耶（Balthasar H. Meyer）博士到"铁路委员会"任职。

迈耶曾留学于德国，师从柏林大学经济学权威古斯塔夫·施穆勒（Gustav Schmoller）和阿道夫·瓦格纳（Adolf Wagner），出版了一部讨论普鲁士铁路系统的专著，凭借其关于普鲁士铁路系统的专业知识谋得威斯康星大学教授之职。他时常在美国铁路行业的业界刊物《铁路时代》上发表文章，并在威斯康星大学率先开设了交通经济学的课程，是当时美国为数不多的专门研究铁路和交通经济的学者之一。在接受拉福莱特的任命成为"铁路委员会"首任主席后，迈耶领导该委员会对州内的铁路和公用事业公司进行了全面调查，并以此为基础"对其服务质量和费率进行监管"④。迈耶的"监管"并非简单地运用行政权力对企业做出强制性的限制或要求，而是引入经济学的原理和统计学的办法，通过调查来分析铁路或公用事业公司的运作中存在哪些低效和浪费的环节，继而责令其

---

① Howe, *Wisconsin: An Experiment in Democracy*, p. 70.

② La Follette, *La Follette's Autobiography*, p. 361.

③ "The Wisconsin Idea Told by La Follette Correspondent Calls Attention to Publication in Senator's Magazine," *The State*, November 24, 1912, [Early American Newspaper Database].

④ La Follette, *La Follette's Autobiography*, p. 361.

改善效率、节省成本，从而达到提高服务质量、降低服务费用的目的。由于这样的调查和评估涉及大量专业知识，"铁路委员会"聘用了"一群由土木工程学家、机械工程学家和电气工程学家组成的技术班子"，其中包括数名来自威斯康星大学工学院的工程学教授，如 C. F. 伯格斯、J. G. D. 麦克、W. D. 彭斯、C. G. 伯里特、O. L. 科瓦克、H. J. 托克尔森、J. S. 沃斯科勒等。"监管""效率""专家"这些特征充分体现在"铁路委员会"的运作中，以致一位进步派观察家将它称为"一个对管理的各种细节拥有最全面的研究的效率机构"①。拉福莱特对迈耶领导的"铁路委员会"的工作感到相当满意，他后来评价道："为什么威斯康星州的人民和公用事业投资者双双从铁路委员会的监管中获益呢？很简单，因为这种监管是科学的。"②

"工业委员会"成立于1911年麦戈文州长任期内，专门负责调查和全面监管与州内工业经济和工厂企业相关的一切问题，如工厂安全与卫生，工伤事故与赔偿，女工、童工和学徒的权益，职业介绍和职工教育等。用拉福莱特的话讲，"新成立的工业委员会被用以负责一切与劳工立法相关的事务，并全权负责执行这些立法，保护雇员的生命、健康、安全和福利"③。事实上，在"工业委员会"之前，威斯康星州刚成立了"工厂监察局""工业事故委员会"等，这些机构权力分散、活动宽泛，未能起到有效地贯彻劳工立法的作用。④ 因此，"工业委员会"的成立意在打造一个综合性的"调查和管理机构""它不仅拥有广泛的行政调查权，而且一切与劳资及雇佣关系有关的部门都应由该委员会来进行协调"⑤。

同"铁路委员会"一样，"工业委员会"由三人共管，担任主

---

① Howe, *Wisconsin: An Experiment in Democracy*, p. 76.
② La Follette, *La Follette's Autobiography*, p. 359.
③ Ibid., p. 310.
④ Maxwell, *La Follette and the Rise of the Progressives in Wisconsin*, p. 160.
⑤ Theda Skocpol, *Protecting Soldiers and Mothers: The Political Origins of Social Policy in the United States*, Harvard University Press, 1992, p. 300.

席的是律师出身的地方检察官查尔斯·克朗哈特（Charles H. Crownhart），但威斯康星大学经济学教授约翰·康芒斯在其中担任专员并发挥了最大的作用。作为当时美国首屈一指的劳工、工业经济问题专家，约翰·康芒斯有着深厚的学术背景和过人的专业能力。他拥有霍普金斯大学博士学位，早年执教于奥伯林学院、印第安纳大学和雪城大学，热衷于公共事务，曾参与联邦政府临时成立的"工业委员会"和塞奇基金会发起的"匹兹堡调查"。1904年，康芒斯在其以前的导师伊利的邀请下加入威斯康星大学，成为威斯康星大学社会科学研究的骨干力量，尤其是在经济学、劳工史方面颇有建树。经过康芒斯的努力，"工业委员会"在贯彻劳工立法、维护工业安全方面发挥了切实的作用，成为美国第一个常设的工业事故及工伤赔偿仲裁机构。"工业委员会"对威斯康星州工业生产的有效监管和广泛影响，令这个独立监管机构赢得了"政府的第四权力"的称誉。[①] 不过，工业委员会"与（政府）其他三个部门之间是团结而非夺权式的合作"。"它是从不休会的议会，但是这一议会的权力不是由代表授权的；它是行政院，与州长同享执行法律的权力，但同时也执行州长的命令；它是法院，有权裁决法院之前判决过的案例，但却不具备法庭的权威。"[②]

除两位威斯康星大学经济学家在"铁路委员会""工业委员会"担任要职外，威斯康星大学校长、地质学家查尔斯·范海斯博士于1911年出任了"资源保护委员会"主席，此前他刚刚出版了一部研究该问题的专著《美国的自然资源保护》（1910）。经济学教授托马斯·S. 亚当斯自1902年起作为非职务性的"特聘专家"担任"税务委员会"顾问，1911年被正式任命为税务专员。在税务委员会工作期间，亚当斯邀请威斯康星大学经济学博士迪洛斯·R. 肯斯曼（Delos R. Kensman）与之共事，后者是一名研究个人所

[①] Grossman, *Professors and Public Service*, pp. 114 – 115; Maxwell, *La Follette and the Rise of the Progressives in Wisconsin*, p. 130.

[②] Maxwell, *La Follette and the Rise of the Progressives in Wisconsin*, p. 162.

得税问题的专家。①

以上仅仅是威斯康星大学学者作为专家在州政府的委员会等机构中任职的"冰山一角"。1909年，著名的"黑幕揭发"记者林肯·斯蒂芬斯造访威斯康星州，发现有41位威斯康星大学学者分别在66个州政府的岗位上任职，部分学者在不同的机构任职，如查尔斯·范海斯身兼四五个政府职位。② 据1910年《独立报》记者斯洛森的记载，威斯康星大学有40名教职人员在政府机构中担任行政管理或咨询性的职务。③ 又据俄亥俄州的城市改革家弗雷德里克·豪的观察，1910—1911年，威斯康星大学共有40名教授担任公职，领取政府薪金，其中33名担任全职职务，7名担任兼职职务，另有13名教授未出任公职，以非正式的方式在政府需要的时候灵活地提供帮助。④ 1912年，威斯康星州立法参考局主管查尔斯·麦卡锡详细列出了同时或交替地在威斯康星大学和与政府相关的各机构任职的学者合计46人（详见表3.2）。麦卡锡的统计并不完全，如政治学助理教授塞缪尔·E. 斯帕林，1905年被拉福莱特任命为州文官委员会主席；地质学讲师威廉·O. 霍奇基斯，1912年被任命为州公路委员会成员等，这两人均未见于这份46人的名单中。⑤

考虑到威斯康星大学在范海斯任校长期间约有250名教职人员，其中至少40人在州政府各部门和机构担任公职，这足以见出大学学者作为专家参政的现象在进步时代的威斯康星是相当普遍的。⑥ 对此，斯洛森在1910年访问威斯康星大学时幽默地写到：

---

① Grossman, *Professors and Public Service*, pp. 114 – 115; Maxwell, *La Follette and the Rise of the Progressives in Wisconsin*, pp. 130 – 131.
② Maxwell, *La Follette and the Rise of the Progressives in Wisconsin*, p. 139.
③ Slosson, *Great American Universities*, p. 214.
④ "Contemporary Thought: Significance of the Wisconsin Idea," *Dallas Morning News*, June 20, 1913. [Early American Newspaper Database].
⑤ Grossman, *Professors and Public Service*, pp. 114 – 115; Maxwell, *La Follette and the Rise of the Progressives in Wisconsin*, p. 139.
⑥ 罗杰斯：《大西洋的跨越》，第110页。

大学主楼（巴斯科姆楼）看起来和对面山丘上的州议会大楼很像，也是国会山式风格的宏伟圆顶结构建筑。初来乍到之人很容易把两者弄混。若是弄混了，其实也没什么大不了。只不过要想在大学讲堂和研讨班里找到威斯康星大学的教授可要麻烦得多。当我来到威斯康星大学，欲拜访巴尔泽萨·迈耶教授时，却被告知迈耶教授正在州政府大楼主持"铁路委员会"的工作会议。当我走到州政府大楼，又被告知他正在威斯康星大学校园里主持一个学术研讨班。①

表 3.2　　　1912 年查尔斯·麦卡锡统计的在学、府双边任职的学者名单

名字	大学教职或学术背景	担任政府职务或社会职务情况
E. A. 伯奇	文理学院院长	州地质与博物勘查局主管，此外还任职于州林业委员会、森林委员会、资源保护委员会
C. F. 伯格斯	化学工程学教授	州铁路委员会、税务委员会工程师
R. 费希尔	化学教授	任职于州牛奶与食品委员会
C. 朱迪	生物学家、动物学讲座教师	任职于州地质与博物勘查局
J. G. D. 麦克	机械设计学教授	州铁路委员会、税务委员会工程师
W. D. 彭斯	铁路工程学教授	州铁路委员会、税务委员会总工程师
R. G. 思韦茨	历史学讲座教师、威斯康星州历史学会秘书长	任职于州公共图书馆委员会

---

① Slosson, *Great American Universities*, p. 214.

续表

名字	大学教职或学术背景	担任政府职务或社会职务情况
G. H. 本肯多夫	畜牧养殖学副教授	州黄油制造商协会秘书长
C. G. 伯里特	铁路工程学讲师	担任州铁路委员会、税务委员会工程师
J. A. 卡特勒	地形工程学讲师	每周有15个小时协助调查水库蓄水情况,并撰写报告
M. J. 克什斯坦恩	工商管理学助理教授	任职于州税务委员会
O. L. 科瓦克	化学工程学讲师	州铁路委员会、税务委员会工程师
R. A. 摩尔	农艺学教授	州农业试验协会秘书长
W. A. 斯科特	政治经济学教授	州教师考核官
H. J. 托克尔森	蒸汽工程学副教授	州铁路委员会、税务委员会、控制委员会工程师
J. S. 沃斯科勒	机械设计学副教授	州铁路委员会、税务委员会工程师
J. G. 哈尔平	家禽养殖学副教授	州家禽协会秘书长
E. G. 黑斯廷斯	农业细菌学副教授	州动物卫生委员会当然委员
G. C. 汉弗莱	动物养殖学教授、系主任	州家畜育种协会当然委员
L. 卡伦博格	化学系教授	州地质和博物勘查局成员
G. 麦克罗	农民讲习所主管	州农业委员会、动物卫生委员会成员
H. L. 拉塞尔	农学院院长、农业试验站站长	州森林委员会当然委员、结核病疗养院顾问委员会主席、移民委员会当然委员
J. G. 桑德斯	经济昆虫学助理教授	果园和苗圃首席稽查员

续表

名字	大学教职或学术背景	担任政府职务或社会职务情况
L. S. 史密斯	地形工程学、大地测量学助理教授	州度量衡标准员
A. L. 斯通	农业经济学教授	农作物种子稽查员
F. E. 特诺勒	工学院院长	州公路委员会、工业教育委员会成员
C. R. 范海斯	大学校长、地质学教授	地质与博物勘查局局长、资源保护委员会主席、森林委员会成员、公共图书馆委员会成员
乔治·瓦格纳	动物学助理教授	任职于地质与博物勘查局
A. R. 惠特森	土壤学教授	任职于地质与博物勘查局，负责土壤检测
J. R. 康芒斯	经济学教授	工业委员会专员、协助筹建文官委员会
E. C. 埃利奥特	教师培训主管	无特定职务，根据政府需要灵活任用
E. A. 吉尔摩	法学教授	无特定职务，根据政府需要灵活任用
F. T. 哈佛	采矿工程学副教授	为州制砖企业协会开展土质研究
A. B. 霍尔	政治学讲师	无特定职务，根据政府需要灵活任用
切斯特·琼斯	政治学副教授	无特定职务，根据政府需要灵活任用
H. L. 麦克贝恩	政治学副教授	无特定职务，根据政府需要灵活任用
D. W. 米德	水利工程学、卫生工程学教授	就黑河瀑布的重建事宜向州议会的下属委员会做报告

续表

名字	大学教职或学术背景	担任政府职务或社会职务情况
W. U. 摩尔	法学教授	无特定职务，根据政府需要灵活任用
M. P. 拉文纳尔	细菌学教授	卫生实验室主任
P. S. 芮恩施	政治学教授	无特定职务，根据政府需要灵活任用
H. S. 理查德	法学院院长、教授	无特定职务，根据政府需要灵活任用
E. A. 罗斯	社会学教授	在多个医疗机构任职
T. S. 亚当斯	经济学教授	州税务委员会专员
M. S. 达吉恩	政治学讲师	州公共图书馆委员会秘书长
E. M. 格里菲斯	森林学讲座教师	州林务官
C. 麦卡锡	政治学讲座教师	州立法参考图书馆馆长/立法参考局主管

资料来源：McCarthy, *Wisconsin Idea*, p. 312.

（三）立法参考

在40多名担任公职的威斯康星大学学者中，政治学讲座教师、历史学博士查尔斯·麦卡锡的作用非同一般。作为威斯康星州立法参考局（Legislative Reference Bureau，起初名为"立法参考图书馆"）的创始主管，麦卡锡将该局从一个仅具有政府档案部门性质的"专门图书馆"发展壮大为一个致力于向议员们提供专业知识和技术指导的立法参考服务机构，令州议会的立法工作得到极大改善，将19世纪末以来便为人们所向往的"智慧立法"（intelligent legislation）从一种理念转化为现实。

所谓"智慧立法"，是内战后日益复杂的社会问题及其公共治理对专业知识、专家的需要在立法工作中的集中反映。这一理念认为，伴随着内战后美国社会向"工业—城市文明"的现代化转型，政府、公众所面临的问题也变得前所未有的错综复杂。在这种形势下，美国各级政府的立法者（议员）对这些复杂问题并没有专门研究或了解，在考虑解决问题的有效对策时，往往会陷入束手无策的境地。① 因此，向立法者（议员）提供关于这些问题的准确、有效、最新的专业知识与信息是十分必要的，这样他们才能真正了解症结所在，进而制定相应的对策。② 如社会学家莱斯特·沃德直言："在没有弄懂关于社会的科学知识之前，议员没有资格提出旨在影响千百万社会个体命运的方案，或对此进行投票表决。"③ 麦卡锡本人也充分认识到立法工作对专业知识的需要："制定一条法律涉及政府理论知识。由于当今政府管理范畴的扩大，它还涉及对经济状况的一定认识。""多年前，人们能相对容易地应对简单的立法问题；如今，铁路、电报、电话、保险以及现代生活的大量复杂事物产生了许多严重的问题，当这些问题被提交到议会上时，一个人即便头脑灵光或受过教育也难以妥善地处理其中一成的问题。"毕竟，这些问题是"一些当代的大理论家都难以解决的复杂难题"和"物理学家、化学家等科学工作者都感到棘手的科学问题"④。

为立法机关提供专业知识和技术性服务的做法，始见于1890

---

① 在内战后的工业化—城市化转型中涌现出的社会弊病及其治理难题，给美国各级政府中的立法机关所带来的压力尤为巨大。原因在于：由民选产生的立法者——议员多为两年或四年一届的"兼职政治家"，对立法工作缺少经验，对各种社会经济议题所涉及的自然科学、社会科学知识更是一窍不通。以威斯康星州为例，1901—1921年，州议会中有30%的参议员和14%的众议员是律师，其他70%的参议员和86%的众议员则多是农场主、工厂主、伐木场主、地产经纪人等。（参见 Marion Casey, "Charles McCarthy's 'Idea': A Library to Change Government," *Library Quarterly*, No. 44, 1974, pp. 29 – 41.）

② 如19世纪末美国石油大亨小约翰·洛克菲勒在谈及工业社会中的劳资纠纷问题时所言："资本与劳工实际上都是难以驯服的狂野力量，必须通过'智慧立法'来对其进行驾驭抑制。"（Grant Segall, *John D. Rockefeller: Anointed With Oil*, Oxford University Press, 2001, p. 91.）

③ Ward, *Dynamic Sociology or Applied Social Science*, p. 37.

④ McCarthy, "Legislative Reference Department," Reinsch, ed., *Readings on American State Government*, pp. 68 – 69.

年纽约州立图书馆馆长梅尔维尔·杜威（Melville Dewey）在该图书馆下成立的"社会研究部"（Department of Sociology），其主要职能是对政府文件如州议会简报、州长咨文及演说等进行汇编、整理，以满足议员在立法时对相关资料的需求。纽约州立图书馆社会研究部虽然展现出向立法者提供参考服务的良好愿望，但该机构的实际工作仍主要停留在资料搜集与整理方面，"提供的仍是传统图书馆的书目索引服务，而非对图书馆职能进行的全新探索和彻底改革"[1]。工作职能范畴的局限性，使得纽约州立图书馆社会研究部并未积极、主动地向立法者提供参考服务，不仅未引起州政府、议员们的广泛关注，也未对当时纽约州的立法工作产生有效的影响。

1900年后，威斯康星州议会为改善立法工作，也采取了一些办法，如在1901年聘用70名女性担任州议会的抄写员，又于两年后聘用了一批男速记员和打字员，普遍使用了打字机，从而取代了过去抄写员"笔抄纸誊"的"土办法"[2]。抄写员、速记员和打字员只能为州议会提供基础性的文职服务。真正令威斯康星州的立法工作大为改善之举，是1901年州立法参考局的成立与查尔斯·麦卡锡的走马上任。

威斯康星州立法参考局的成立事出偶然。1901年，威斯康星州历史学会大楼建成，原先位于州政府大楼的州立图书馆由于馆藏不断扩大，故迁往这座新建成的大楼。州立图书馆从州政府大楼迁出，使议员们在查找资料时感到不便，于是州议会通过一项法案，授权州公共图书馆委员会在州政府大楼内保留一个小型的"专门图书馆"。根据该法案，小型"专门图书馆"的职责是"尽可能全面地搜藏关于本州或其他州的各种政府文件"，其宗旨是"为州议

---

[1] Paul Healey, "Go and Tell the World: Charles R. McCarthy and the Evolution of the Legislative Reference Movement, 1901-1917," *Law Library Journal*, 2007, 99 (1), pp. 33-53.

[2] McCarthy, *Wisconsin Idea*, pp. 194-196.

会、各政府部门和期望咨询的公民提供服务"①。正是在这一定位下，威斯康星州立法参考局以"立法参考图书馆"之名成立，受州公共图书馆委员会管辖。

1901 年，威斯康星大学历史系的查尔斯·麦卡锡获得博士学位，却未能找到一份满意的教职。在他的导师、威斯康星大学历史学教授弗雷德里克·杰克逊·特纳的推荐下，麦卡锡于当年 11 月成为新成立的立法参考图书馆首任馆长。在州政府的工资单上，麦卡锡的职务最初被设为"资料编目岗"。尽管这一职务看似枯燥乏味，但不甘心于此的麦卡锡对他在立法参考图书馆的工作有更加宏伟的想法。在给自己以前的老师、布朗大学教授詹姆森的信中，麦卡锡写到："这个新设岗位的工作职责并不确定，我可以自己做主。"② 1902 年 2 月，麦卡锡在给老同学小约翰·D. 洛克菲勒的信中又写到："我认识到，自己所面对的是在大学的理论工作和立法机关的实际工作之间一个从未有人涉及的空白领域。"麦卡锡还向洛克菲勒描述他的职位"实际上是某种为威斯康星州议会服务的立法专家"，为立法工作提供参考服务便是他所说的"空白领域"③。

在麦卡锡的努力下，威斯康星立法参考图书馆逐渐超越了图书馆作为储藏机构的传统角色，更接近于"一个与立法有关的信息情报交换中心，能够为它的使用者——立法机关或行政部门搜集、整理和阐明信息"④。1906 年，在美国图书馆协会的一次演讲中，麦卡锡将他的工作描述为对立法信息情报的"比较"（comparative）、"评判"（critical）和"建设"（constructive）三个方面，分别对应威斯康星立法参考图书馆的三大职能，即馆藏建设、信息咨询服务、议案起草服务。⑤

---

① Marion Casey, *Charles McCarthy: Librarianship and Reform*, American Librarian Association, 1981, p. 28.
② Casey, *Charles McCarthy: Librarianship and Reform*, pp. 29 – 30.
③ Healey, "Go and Tell the World."
④ Ibid.
⑤ Ibid.

1. 符合自身宗旨的馆藏建设

作为专门性图书馆，威斯康星立法参考图书馆虽然脱胎于州立公共图书馆，但在独立设馆后，自然应与综合性的州立公共图书馆有所区别。麦卡锡对该馆的馆藏资料建设有着明确的定位：他希望该图书馆成为"一个便于立法机关使用、资料精挑细选的图书馆"，而不是类似于州立图书馆那样的"大型图书馆"，以免"资料太繁杂反而成为累赘"[1]。

在资料内容上，威斯康星立法参考图书馆的搜集与收藏重点并非一般图书馆所重视的普通图书，而是在于两大方面：一方面是"来自美国各州政府、联邦政府以及英国、澳大利亚、德国和加拿大等外国政府的立法文件"，如法律文献、政府出版物、议会简报等，"以便任何人都能在本图书馆迅速找到关于任何问题的法律或关于任何法律的案例"[2]。至1904年，麦卡锡已经收集了一套几乎包括美国所有政府出版物的文件集，并编撰了一份关于政府出版物的研究索引。另一方面，麦卡锡还非常注重收集一般图书馆不太重视的时政资料，如全国各地的新闻剪报、期刊报纸、法院简报和信件。麦卡锡认为，时政资料不仅与当前重大社会经济议题直接相关，而且具有普通图书资料所缺乏的时效性。他告诫馆内的工作人员："如果你所找到的信息不能走在时代前沿，那么在匆忙之间这些信息便不会得到使用，这一点至关重要。"[3]

麦卡锡对馆藏建设的要求并不满足于单纯的资料收集，他还要求对资料进行合理的分类和精简。麦卡锡认为：

> 资料大多是"杂乱无章"、难以区分的，因此我们应对资

---

[1] Charles McCarthy, "Legislative Reference Department," Reinsch, ed., *Readings on American State Government*, p. 64.

[2] McCarthy, *Wisconsin Idea*, p. 216; McCarthy, "Legislative Reference Department," Reinsch, ed., *Readings on American State Government*, p. 64.

[3] Casey, "Charles McCarthy's 'Idea'."

料进行合理编排，以便保持精简和易于获取。不要害怕撕开或拆掉图书、文件、宣传册、剪报、信件、手稿或其他资料。对这些资料加以详细的索引，并分门别类地放好。议员们没有时间阅读大部头的书籍。图书馆员则没有时间在图书馆的不同地方寻找众多参考材料。因此，应尽量将对立法有用的有关各种问题的资料汇编在一起；还应对过去所有未变成立法的议案制作完整的索引，这有助于日后起草新的议案并吸取过去积累的经验。否决记录、特别咨文、政治纲领和文件等任何易于获取的材料都应得到关注和整理。[1]

2. 主动向立法者提供准确，有效的信息咨询服务

威斯康星立法参考图书馆设有专门的信息咨询部，由馆长麦卡锡亲自负责。麦卡锡认为："改善立法工作的最佳办法在于向立法者直接提供信息"，而非让信息留在图书馆中，等待议员们前来寻找。因此，图书馆员们"务必与议员们走得近一些""赢得议员的信任和友谊""与他成为熟识的知心朋友，为他寻找他所需要的、哪怕再微不足道的信息"[2]"帮助他了解和认识当今最重要的经济问题，也要让他看到已采用过的立法举措及其所存在的局限"[3]。应麦卡锡的强烈要求，在向议员提供信息咨询方面，威斯康星立法参考图书馆比纽约州立图书馆社会研究部要积极、主动得多。

麦卡锡积极行动的第一步是将威斯康星立法参考图书馆"广而告之"。1902年11月，他给每位州议员写了一封通告信，说明威斯康星立法参考图书馆的建馆宗旨与馆藏资源，并主动邀请议员们使用本馆所提供的参考服务。内容如下：

---

[1] McCarthy, *Wisconsin Idea*, p. 217.

[2] McCarthy, "Legislative Reference Department," Reinsch, ed., *Readings on American State Government*, pp. 63 – 64; Samuel Rothstein, "The Origins of Legislative Reference Services in the United States," *Legislative Studies Quarterly*, Vol. 15, No. 3, Aug. 1990, pp. 401 – 411.

[3] McCarthy, *Wisconsin Idea*, p. 216.

尊敬的先生：

威斯康星州议会于 1901 年授权威斯康星州公共图书馆委员会组织一个立法参考部门，负责收集本州或其他州的图书、报告、议案、文件等各种资料，以满足州政府的行政官员及议员们之用，协助其履行公务。

……我们希望使这些资料得到最大限度的使用，也期待您召唤我们向您提供协助立法工作的任何帮助。

如果您将任何欲调查、了解的问题告知我们，我们将竭尽我们的时间、办法和资料向您说明：(1) 哪些州曾通过关于某一问题的法律；(2) 哪些地方正在讨论与该法律相似的议案；(3) 关于该问题的哪些议案近期被提交于本州议会；(4) 对该问题的重要讨论可以在哪里找到。

本馆将竭尽所能地将有用材料的摘要发给您，并回答与立法事务相关的任何问题。

我们不负责改变议员们对争议性问题的看法。我们想做的仅仅是帮助议员获取材料，使他们能了解其作为政府官员感兴趣的任何问题。

请详细说明你的问题。我们的服务完全免费，超越党派之见和政治争议，绝对可靠。①

此举立刻得到了良好的反馈，300 多封求助信从议员们那里寄到了立法参考图书馆。在收到议员的求助信后，麦卡锡立即组织图书馆的工作人员查找与咨询问题相关的文献与信息。由于意识到"议员们公务繁忙，无暇阅读"，也"不懂得技术术语"，麦卡锡要求图书馆员在查找议员们所咨询问题的信息时要挑选重要的、精华

---

① McCarthy, "Legislative Reference Department," Reinsch, ed. , *Readings on American State Government*, pp. 65 – 66.

的资料,"将它们复印或剪下来,装订成册",最终"制作索引,撰写摘要"。整个过程要"避免技术术语,令问题变得浅显易懂",从而使议员们能真正有效地掌握其所需的庞杂信息。①

对于那些涉及专业知识与技术的信息,威斯康星立法参考图书馆还要进一步对信息的准确性负责。为此,麦卡锡和他的馆员们常常通过写信、拍电报或登门拜访的方式,向专家学者寻求咨询意见。麦卡锡曾举例说道,"议员们时常不知道从哪里获取信息;而经济学教授、政治学教授、化学学者等社会人士又不知道向谁传递信息",因此,"当议会遇到了如白喉抗生素般的棘手问题时,立法参考图书馆会立刻发出成百上千封信给研究该问题的各大医学院、医院和科学家",确保"从一切来源获取一切准确的科学信息"②。可见,立法参考图书馆实际上成为一个收集这些科学信息、为议员提供帮助的机构,一个在学者专家和立法机关之间牵线搭桥的机构。对此,观察家布鲁肯(Bruncken)在1907年评论道:"立法参考图书馆的目的,正在于将专家的知识与技术送到那些负责立法工作的人手中。"③

3. 创新与争议并存的议案起草服务

与纽约州立图书馆社会研究部相比,威斯康星立法参考图书馆不仅积极、主动地向立法者直接提供信息咨询服务,而且发起了一项极具创新也颇富争议性的工作——向议员提供议案起草服务(Bill Drafting)。

麦卡锡认为,19世纪末的许多改革立法之所以未获成功,是因为这些立法是"拟制不当的法律"(bad-written law)。议员们在立法时仅注重选民的情绪,却未考虑司法先例和合宪性问题。因

---

① McCarthy, "Legislative Reference Department," Reinsch, ed., *Readings on American State Government*, p. 66.
② McCarthy, *Wisconsin Idea*, p. 229; McCarthy, "Legislative Reference Department," Reinsch, ed., *Readings on American State Government*, pp. 72 – 73.
③ Healey, "Go and Tell the World."

此，"拟制不当的法律"很容易与司法先例发生冲突，最后落入被法院宣布为"非法"或"违宪"的境地。[1] 为了避免可能产生的这种冲突，麦卡锡在馆内设立了议案起草部，先由图书资料员收集司法案件先例，再由专门的起草员代为起草议案文本。根据麦卡锡的设想，一部在立法参考图书馆帮助下起草的议案将是可避免失误的（fool proof），从而确保在最高法院获得通过。

议案起草服务一度使立法参考图书馆被州内保守派指责为干涉立法的"议案工厂"（Bill Factory）、"危险说客"。麦卡锡反驳道："我们并非试图影响威斯康星州的议员们，我们也不是在某一问题上支持任何一方，或支持、反对某人某事。我们仅仅是政府的一个事务性机构。我们不是要对立法工作发号施令，而仅仅是我州诚实能干的议员们的仆从，是收集公务繁忙之人所需要的信息并对其进行索引和汇编的文职人员。"[2] 为了"避嫌"，麦卡锡为议案起草办公室制定了严格的规章：

（1）参考室内不得起草任何议案。本馆设有单独的议案起草室，由专人起草。

（2）若无议员的明确而具体的书面指示，不得起草任何议案。该指示必须有议员的亲笔签名。

（3）议案起草人员对议案的内容不得提供任何建议。本馆的工作性质仅仅是技术性和文职性质的，而不是出点子（providing ideas）。

（4）本馆不对任何措施的合法性或合宪性负责。本馆仅根据指示行事。

（5）本馆不能向议会提交议案，或者在提交后对其加以修订，因此，本馆不对议会的决定负责，也不对该议案被提交或

---

[1] Russell Nye, *Mid-western Progressive Politics*, p. 240.
[2] McCarthy, "Legislative Reference Department," Reinsch, ed., *Readings on American State Government*, p. 72; McCarthy, *Wisconsin Idea*, pp. 228 – 229.

最后通过时各章节的编目负责。①

尽管麦卡锡是州内共和党进步派的支持者，但他极力确保立法参考图书馆在政治党派纷争中的中立态度，将立法参考图书馆的工作严格限定于技术支持层面，即"帮助（缺乏法律和技术知识的）议员获取资料，使他们作为立法者能够了解任何感兴趣的问题"②。他曾说："本馆必须彻底远离党派之见和政治争议""如果要在建立一个为政治服务的机构和不建立这一机构之间做选择，我选择后者。"③ 1913 年，麦卡锡甚至为保守派议员们多次起草过旨在废除立法参考图书馆的议案。④ 1914 年共和党进步派下台后，新任的保守派州长伊曼纽尔·菲利普逐渐转变了对立法参考图书馆的态度，不仅对麦卡锡心存敬意，还多次向立法参考图书馆寻求帮助。

4. 立法参考服务对威斯康星进步主义改革的推动

在麦卡锡的领导下，威斯康星立法参考图书馆从一个新建的小型专门图书馆，逐渐发展成为一个致力于向州议会和议员们提供立法信息参考的知识服务机构，参与并推动了威斯康星州的进步主义改革。

一方面，威斯康星立法参考图书馆积极响应拉福莱特等进步派政治家的改革需要，为重大改革议题搜集资料，提供参考信息。例如，1905—1913 年，该馆编撰了一系列的《比较立法通讯》（*Comparative Legislative Bulletins*），共计 25 册，每册多在 30—50 页，聚焦于单个主题如"铁路公司雇工问题""选举中的贪腐""城市电子照明""城市煤气照明""垄断公司纳税问题""创制、复决与罢免""工人意外保险"等，以配合当时州政府的重大改革立法如

---

① McCarthy, *Wisconsin Idea*, p. 197.
② McCarthy, "Legislative Reference Department," Reinsch, ed., *Readings on American State Government*, pp. 65 – 66.
③ Ibid., p. 65.
④ Maxwell, *La Follette and the Rise of the Progressives in Wisconsin*, pp. 143 – 145.

《公用事业法》《工伤赔偿法》等。在每一届州议会召开之前，麦卡锡都会将前几届议会的议案、简报和演说文等资料汇编成册；在州议会召开期间，麦卡锡还会根据议程将相应主题的《比较立法通讯》提供给议员，为该届议会的立法工作提供参考。威斯康星州铁路委员会专员、经济学家约翰·康芒斯（John Commons）曾回忆1905年州议会试图通过一部公务员改革法时麦卡锡所发挥的作用："麦卡锡给公务员改革组织、各州政府和一些个人拍了电报，向其索取法律文本、议案、剪报和评论文章。就在拉福莱特州长要我帮着起草公务员改革法案的一两天后，麦卡锡已将起草所需的全部资料都交给了我。"①

另一方面，随着议案起草工作逐渐被议员们所熟悉并受到欢迎，威斯康星立法参考图书馆通过起草议案直接参与进步主义改革立法的制定过程，推动了诸多重大立法的出台。根据美国学者马里恩·凯西（Marion Casey）的统计，"1901—1921年，超过90%的议案是由（威斯康星立法参考图书馆）这个'议案工厂'起草的"②。许多开创性的立法如《最低工资法》《水资源管理法》《工伤赔偿法》《继续教育法》《初选法》等都是先经过威斯康星立法参考图书馆议案起草部的草拟和反复修订，再提交至州议会讨论通过。

简言之，威斯康星立法参考图书馆在威斯康星州进步主义改革中发挥了重要的作用。20世纪初，共和党进步派主掌的州政府给予该机构越来越多的重视，对其财政拨款逐年增加：从1901年建馆之初的1500美元增加到1907年及其后的每年15000美元。③ 麦卡锡的职位也不再是那个小小的"资料编目岗"，而是被

---

① Smith, *The Idea Brokers*, p. 34.
② Casey, *Charles McCarthy: Librarianship and Reform*, p. 38.
③ McCarthy, "Legislative Reference Department," Reinsch, ed., *Readings on American State Government*, p. 67; Maxwell, *La Follette and the Rise of the Progressives in Wisconsin*, p. 143.

任命为更名后的"州立法参考局"的主管。在20世纪初的进步主义改革浪潮中,威斯康星州立法参考局以其向本州立法工作提供的知识服务而享有盛誉。西奥多·罗斯福认为,正是麦卡锡和他的威斯康星州立法参考局,使威斯康星州成为"一个智慧型、试验性立法的实验室"(A Laboratory for Wise Experimental Legislation)。[1] 拉福莱特则称赞道:"该部门的工作极有价值,大概是威斯康星州最有效用的知识机构。"对此,麦卡锡本人也自信地表示:"我们只是一个小小的机构,但我相信我们的工作对威斯康星州的立法具有决定性的影响。"[2]

(四)大学继续教育中的专家指导

如前所述,作为19世纪末美国大学继续教育运动的先行者,威斯康星大学早在19世纪80年代便发起以农民讲习所等校外办学机构为运作形式的继续教育项目,也是当时美国最早成立正式的继续教育部门的两所大学之一。在威斯康星大学,继续教育部是与各专业学院平行的机构,下设四个分支部门:(1)函授学习分部;(2)讲座教学分部;(3)辩论及公共讨论分部;(4)综合信息和福利分部。[3] 其中,"函授学习分部""讲座教学分部""辩论及公共讨论分部"致力于开展各种形式的社会教育,"综合信息和福利分部"的主要工作则是收集与社会政治、经济发展相关的信息、资料,向政府机构、公立学校、社会团体、企业及个人提供专家咨询,并应要求组织、派遣大学学者向其提供专业知识和技术上的指导。

"综合信息和福利分部"位于威斯康星大学主楼一楼及地下室,分为社区中心处、卫生指导处、影像教学处、社区音乐处和市政参

---

[1] McCarthy, *Wisconsin Idea*, p. vii.
[2] McCarthy, "Legislative Reference Department," Reinsch, ed., *Readings on American State Government*, pp. 72–73.
[3] Reber, *University Extension in the United States*, p. 14.

考处五个分处。每处设处长一名,由综合信息与福利分部的秘书长统一协调。社区中心处"向州政府提供具体的信息、援助和专家建议",促成州议会于1911年通过一项立法,要求各市的教育委员会对中小学的校舍、教室加以适当的利用,作为地方普查、公众讨论和辩论、讲座等社区活动的中心。卫生指导处向公众发布关于公共卫生或个人卫生有关的科技信息,同时与民间组织、教育机构和政府官员合作,组织相关的调查、会议及教育活动。社区音乐处向公众普及音乐知识,还在州内的许多城市组建了社区合唱团。影像教学处挑选、收集大量的照片、电影、底片、幻灯片、显微镜载片等影像资料,将之出借给威斯康星州的学校、社区中心,成为一个服务于学校和社区民众的影像信息交换中心。[①]

市政研究处最能反映出"综合信息与福利分部"致力于向政府和民众提供专家指导的特点。该处的工作分为两部分:一方面,它专门收集与城市问题和市政管理相关的各种数据和信息,如道路铺建、自来水工程、污水处理、街道照明、垃圾回收、城市卫生与防污防尘等。根据这些数据和信息,市政研究处可以为市政当局提供专业性的建议,回答市政官员的问题,并草拟市政管理条例的模板。另一方面,市政研究处极力促成大学学者与政府官员之间的合作,以改善地方政府治理的效率。威斯康星大学的法学系、工程学系都曾在其组织下与州政府的卫生委员会、税务委员会、公用事业委员会等政府机构合作,协助后者"解决道路铺建、污水处理、公园及运动场布局、街道卫生、城市防尘和除烟、统计及会计方法、城市绿化、教育、慈善等市政问题"。市政研究处还常常派出威斯康星大学的工程学家对州内的一些城市进行调查,协助市政官员解决城市难题。例如,"当某一小城市欲建设自来水管网,向市政研究处寻求帮助时,后者会派出一位水力工程学家对市政府给予建

---

① Reber, *University Extension in the United States*, pp. 49–53.

议，并制定出问题的最佳解决方案"①。鉴于市政研究处的独特作用，城市改革家弗雷德里克·豪将其称为威斯康星大学"为城市提供专家援助以解决其难题的尝试"②。

(五)"威斯康星理念"的传播与"学—府合作"模式的扩散

在20世纪初的威斯康星州，威斯康星大学与州政府之间的合作是广泛而密切的。在"学、府"合作的大背景下，威斯康星大学的学者作为专家参与本州政府事务已不仅仅限于在委员会等政府机构中担任要职，还体现在学者通过立法参考、继续教育活动向政府提供专家服务方面。即便在非正式的私人交往中，威斯康星大学的学者与该州的进步派政治家之间也保持着亲密的联系。根据拉福莱特的回忆，在担任州长期间，他经常在"遇到令他不知所措的问题时，召来范海斯校长、伊利博士、康芒斯教授、芮恩施博士等人相商"。1911年州议会召开期间，麦戈文州长、部分议员和政府要员每周六都与范海斯、罗斯、芮恩施、康芒斯、伊利、斯科特、迈耶、麦卡锡等学者专家共进午餐，商讨本州事务，这一定期的聚会在当时赢得一个雅称——麦迪逊市的"星期六午餐俱乐部"③。正因为此，弗雷德里克·豪描述道，在威斯康星，"专家成为政治家和行政管理者们的朋友和至交"④。霍夫斯塔特则将那些与拉福莱特交好的威斯康星大学学者们称作"拉福莱特的智囊团"⑤，还将"威斯康星理念"视为"新政"时代罗斯福"智囊团"的鼻祖。

1912年麦卡锡的《威斯康星理念》出版后，威斯康星州的进步主义改革从此以"威斯康星理念"而闻名遐迩，享誉美国。在当时人们的眼中，"威斯康星理念"并非仅仅是一种新的大学理念，

---

① Reber, *University Extension in the United States*, p. 50.
② Howe, *Wisconsin: An Experiment in Democracy*, p. 155.
③ La Follette, *La Follette's Autobiography*, pp. 30 - 32.
④ Howe, *Wisconsin: An Experiment in Democracy*, p. 38.
⑤ 霍夫斯塔特：《改革年代》，第150页。

而是对大学与政府之间"亲密、互助"关系的完美阐释。① 如弗雷德里克·豪认为,威斯康星进步主义改革是通过"召用专家"来实现的,而专家主要来自威斯康星大学,大学堪称威斯康星州的"神经中枢"②。新奥尔良的一家报纸在解释"什么是威斯康星理念"时写到:"这一理念,就是任用大学教授,由这些专家来帮助政府解决难题。"③ 1913 年,威斯康星大学教授托马斯·亚当斯认为,所谓"威斯康星理念"是建立在密切的"学、府"关系基础上的。《波士顿日报》也撰文表示:"高等教育机构和政府机构携手合作""是威斯康星改革的基石"④。

当然,1900 年后专家参政的地方实践并不仅仅限于威斯康星。在邻近的伊利诺伊州,芝加哥大学社会学教授查尔斯·亨德森于 1905 年被任命为州工业保险委员会秘书,1907 年任州职业病委员会秘书;伊利诺伊大学经济学系主任戴维·金利于 1906—1907 年担任该州工业委员会专员,1910 年又任职于州税务委员会。1910 年,西北大学历史学教授埃尔顿·詹姆斯被任命为州公园委员会主席,芝加哥大学地质学家华莱士·阿特伍德亦为州公园委员会成员。在加利福尼亚州,加州大学政府学教授托马斯·里德曾任州长行政秘书一职,该校经济学系的卡尔·裴仑则成为州税法修订委员会的秘书。在马里兰,时为霍普金斯大学校长的弗兰克·古德诺于 1916 年被任命为州预算委员会主席。在马萨诸塞州,哈佛大学经济学教授查尔斯·杰西·布洛克自 1907 年起任职于州税务委员会;在纽约州,哥伦比亚大学经济学家埃德温·塞利格曼于 1906 年被任命为税务委员会成员,康奈尔大学经济学教授弗兰克·费特于 1910 年被任命为州慈善委员会专员。不过,与这些州的专家参政

---

① La Follette, *La Follette's Autobiography*, p. 30.
② Howe, *Wisconsin: An Experiment in Democracy*, p. 159.
③ "Some New Ideas in Government: An Interview with Dr. George E. Fellows," *Times Picayune*, January 28, 1912, [Early American Newspaper Database].
④ "The Wisconsin Idea," *Boston Journal*, June 25, 1913, [Early American Newspaper Database].

情况相比，威斯康星州的大学学者为政府提供的专家服务无论在广度还是深度上都更胜一筹：威斯康星大学有近20%的教员在政府机构中任职；部分学者在一些重要的政府机构担任较高的职务，如委员会主席（如范海斯、迈耶）、部门主管（如查尔斯·麦卡锡）等。另外还有相当一部分的大学人士间接地、非正式地为威斯康星州的政治家和政府提供帮助。这正是以"学、府"合作为基础的"威斯康星理念"在当时以及后世备受瞩目的一大原因。

就20世纪初的专家参政趋势而言，"威斯康星理念"的重要意义在于它将大学的一个新角色昭然于天下，即大学可以通过向政府提供学者专家，将专业化的知识引入政治进程，以帮助革除弊政和改善公共治理。正如阿德莱·史蒂文森（Adlai Ewing Stevenson）在谈及"威斯康星理念"时所说，威斯康星大学让政府得以"手握知识这一最明亮的火把，并心存对知识的信念""来照亮前行之路"，而不至于成为"一个在黑暗中踉踉跄跄摔倒的醉汉"[1]。在20世纪初威斯康星州的"学、府"合作中，专家参政、立法参考以及继续教育中的专家服务无不充分体现出大学及其学者的这一新角色。对此，斯洛森生动而翔实地描述道：

> 这个西部州（指威斯康星）有四个部门——行政部门、司法部门、立法部分和教育部门。四个部门之间并非彼此界限分明，在整个体制的发展中，第四部门（即教育部门）与其他三个部门的关系是如此密切，如同这三个部门彼此之间的关系一样。有些公立大学的目标是远离政治，威斯康星大学则涉足政治，在此中游刃有余。它既未像皮球一样在政治派系之争中被踢来踢去，也未变成某位政治老板的私产，而是积极参与指导州政府的政策和行政管理事务。在一些州，大学的校长仅仅在

---

[1] John Stark, "The Wisconsin Idea: The University Service to the State," *1995–1996 Wisconsin Blue Book*, p. 1.

每年祈求政府资助时才去州政府大楼走一遭，与他同行的都是些慈善机构或刑狱机构的负责人；大学的教授们如修道士一般对州政府大楼避而远之，恐怕只有政治学教授才会带着他的学生们到众议院的走廊上看看"法律是如何制定的"。然而，在威斯康星，教授们几乎随时都有可能出现在州政府大楼里，他们不是去找政府官员祈求更多的拨款，而是为了造福本州而与政府官员携手合作。①

由于"威斯康星理念"巨大的社会效应，威斯康星改革的"学、府"合作模式在美国的许多地方得到推崇和效仿。早在1904年，佐治亚州便派出了由州长、州议员、州最高法院法官和佐治亚大学校董等人组成的考察团，试图以威斯康星州为观摩对象，效仿其建设一所实力雄厚、能为本州服务的公立大学。② 1913 年 5 月，宾夕法尼亚州派出了一支更为声势浩大的考察团，该团由费城市长鲁道夫·布兰肯伯格（Rudolph Blankenburg）带头，团员包括宾州主要城市市长、行政官员、州议员、宾夕法尼亚大学教务长、宾州州立学院院长、天普大学校长、斯沃茨摩尔学院院长等共约130人。他们被当时的一些媒体称为"威斯康星理念"的"朝圣取经团"（Pilgrim Party）。"朝圣取经团"乘坐专列抵达麦迪逊后，受到了州长麦戈文、威斯康星大学校长范海斯及其继续教育部部长路易斯·雷伯（Louis Reber）、经济学教授托马斯·亚当斯以及立法参考局主管麦卡锡等威斯康星州的政、学要人的欢迎。这次考察在费城引起了一场关于"威斯康星理念"的广泛讨论，费城市长布兰肯伯格于5月底发表演说，呼吁费城应学习、效仿"威斯康星理念"，形成并发扬自己的"费城理念"。对此，《波士顿日报》报道说："他们（指宾夕法尼亚州考察团）发现了什么？他们发现了将科学

---

① Slosson, *Great American Universities*, pp. 213–214.

② Ibid., p. 242.

知识和方法系统地、有效地应用于政府机构的真正努力。"① 颇为巧合的是，就在考察团返回费城不久，作为考察团成员之一的宾州州立学院院长约翰·普赖斯·杰克逊（John Price Jackson）教授被州政府任命为工厂监察局局长。② "威斯康星理念"对美国其他地方政府政治的影响可见一斑。

第三节　市政改革中的大学学者

就在威斯康星进步主义改革中的专家参政受到人们广泛关注和效仿的同时，纽约、芝加哥、费城等大城市在市政改革中也开始从当地的大学召用学者。这些为市政改革出谋划策的大学学者成为进步时代专家参政现象的又一亮点。

众所周知，19、20世纪之交是美国城市化进程的高峰期。城市的蓬勃发展使工业化时代的种种疑难问题在人口密集、工厂林立的城市里得以汇聚集中，给市政管理带来了前所未有的挑战。为了解决城市弊病，改善城市治理，美国各大中城市自19世纪末以来便陆续吹响改革的号角。城市改革乃成为进步时代改革运动的先声和重要组成部分。大体而言，进步时代的城市改革分为两个方面：一是面向城市下层如劳工、移民，致力于矫正社会弊病、增进社会福利的社区改良运动；另一则是针对城市老板，消除市政腐败和管理不善、改善城市治理的市政改革运动。在这两方面的城市改革中，大学学者尤其是新兴的社会科学学者都扮演了相当积极的角色。如果说前者表达了大学学者参与城市生活的市民意识，那么后者则反映出大学学者运用其学术专长、积极参

---

① "The Wisconsin Idea," *Boston Journal*, June 25, 1913, [Early American Newspaper Database].

② "Assert Wisconsin Idea Began Here. Members of Pilgrim Party Term it Pennsylvania System Transplanted," *Philadelphia Inquirer*, June 18, 1913, [Early American Newspaper Database].

与政府政治的努力。尤其在后一方面，大学学者在作为专家单独参与政府事务的同时，还走出了一条集体合作即通过成立独立的专家机构来服务于市政改革的新道路。这种由大学学者在大学体制外组建的独立专家机构在美国历史上首开公共管理思想库之先河，可谓影响深远。

（一）大学学者参与市政改革的背景

伴随着内战后工业主义的全面到来，美国社会在世纪之交进入了城市化的高峰期。1900年，美国城市人口占总人口的比例为39.6%，城市数量较之于40年前亦有显著增加。[①] 站在新世纪的分水岭，美国人发现昔日"乡村共和国"的版图上如今已是大小不等的各种城市星罗棋布，以至于基督教福音派领袖乔赛亚·斯特朗（Josiah Strong）在《20世纪的城市》一书中断言："用不了很久，美国城市人口就会对农村人口占绝对优势，我们就将是一个城市国家（a Nation of Cities）。"[②]

---

① 据国情普查局统计，1860—1920年美国城市化的情况以及各种规模城市数量变化如下：

年份	城市总数量（座）	有2500—24999人的城市数量（座）	有25000—249999人的城市数量（座）	有250000以上人的城市数量（座）	城市人口占全国人口的%
1860	392	357	32	3	19.8
1870	663	611	45	7	25.7
1880	939	862	69	8	28.2
1890	1348	1224	113	11	35.1
1900	1737	1577	145	15	39.7
1910	2262	2034	209	19	45.7
1920	2722	2435	262	25	51.2

资料来源：根据U.S. Census Data整理。转引自李壮松《美国城市经理制——历史到现实的综合考察》，博士学位论文，厦门大学，2002年。

② Josiah Strong, *The Twentieth Century City*, The Baker & Taylor Co., 1898, p. 33.

城市的蓬勃发展带来的诸如城市交通、公共卫生、基础设施、贫民窟以及街头犯罪等一系列问题无不亟待市政当局的有效整治。这就需要城市政府扩大并加强其市政管理职能。如在人口近 30 万、全美排名第 13 大城市的底特律（以 1900 年的数据为准），该市政府在 1880 年至 1920 年新增或加强的管理职能多达 227 项，如地区规划、食品监督、提高消防及治安水平等。[1] 至于纽约、芝加哥这种拥有数以百万计人口、新移民大量涌入的大都市，市政当局在提供公共服务和市政管理方面的压力可想而知。

然而，19 世纪末的美国城市普遍陷入了由"城市老板"控制所滋生的市政腐败中。作为职业政客，"城市老板"在政治上通过党派机器和拉选票而把持市政大权，形成凌驾于市政与市议会之上的"无形政府"；在经济上，他们同不法企业、商人相勾结，通过签发公用事业特许状或侵吞市政资金来谋取私利。当时一个甚至多个城市老板结党营私、称霸一"城"的情况比比皆是，如波士顿城市老板马丁·洛马内（Martin Lomasney）被人称为"沙皇"；费城城市老板詹姆斯·麦克梅内斯（James McManes）外号"国王"，其手下被称作"煤气帮"。最为典型亦最为臭名昭著的当数纽约市的城市老板——"特威德帮"头目威廉·特威德（William M. Tweed）。

老板政治所造成的市政腐败与管理不善，与城市的蓬勃发展对公共服务和市政管理的需求形成巨大反差，故自 19 世纪末以来便广受诟病。旅美的英国学者詹姆斯·布莱斯（James Bryce）观察说，城市政府是"美国政治机构中最明显的失败"。安德鲁·怀特在 1890 年宣称："美国的市政府是基督教世界中最糟糕的——代价最高，最无能，也最腐败。"[2] 乔赛亚·斯特朗将"缺乏自我管理能力的城市"比作"坐在龙椅上的暴君尼禄"，他心情沉重地写

---

[1] 李壮松：《美国城市经理制》，第 21 页。
[2] 霍夫斯塔特：《改革年代》，第 147 页。

到:"美国的城市正在成为对国家和民族的威胁,因为随着城市的增长和扩大,它越来越丧失自我治理的能力。我国大城市在市政事务方面的治理不当由来已久,堪属国家之顽疾。"① 1909 年,记者林肯·斯蒂芬斯在对密苏里城、明尼安那波利斯、克利夫兰、纽约、芝加哥、费城、匹兹堡等城市进行考察后,将这些城市里城市老板与不法商人相勾结的腐败现象称作"城市之羞"。

市政腐败与管理不善因老板把持、政客弄权而生。在 19 世纪末的城市改革者眼中,城市老板既无政治思想,又缺乏管理才干,只知以权谋私,一手遮天。时为纽约市议员的西奥多·罗斯福在 1884 年曾鄙夷地批评说,由老板把持的城市政府乃是"最无能者而非能者治理的贵族统治"。合理的改革办法是效仿大公司的企业管理经验,将市政管理交给训练有素、具备专门知识的专家而非职业政客,正如《国家》杂志撰文宣称的,"应用顶尖的专业人才"(the highest expert ability)来取代市政机构中的政治分赃者。②

将市政管理交给具备专业知识和能力之人即"专家"的观念在 19 世纪末盛行一时。1882 年,由西奥多·罗斯福发起的"城市改革俱乐部"在其章程中宣称:"(应任用)拥有优秀品格和知识能力的公民,来协助民选官员"管理公共事务。1891 年,哈佛大学校长查尔斯·埃利奥特在介绍欧洲的市政管理时指出:那里的"市政部门是由一些最聪明的人来治理的",强调"善治和高效",因此,"(美国)解决市政问题之道在于为那些拥有专业技能和素养的管理者开辟一片天空"。1898 年,《纽约论坛报》在年末的一篇文章中呼吁"科学的城市治理",主张由城市治理领域的专家取代政党老手的"臆断"。③乔赛亚·斯特朗也表示:"治理一个 1000 人的小村庄很简单,头脑一般的人都可以做到;但治理一座 10 万

---

① Strong, *The Twentieth Century City*, pp. 82 – 83, 92.
② Schiesl, *The Politics of Efficiency*, pp. 14, 22.
③ Recchiuti, *Civic Engagement*, p. 33.

人、100万人甚至500万人的城市就要复杂得多，需要最优秀的专家的知识、能力和品质。"①

城市问题的涌现以及市政管理中对专家的需要，吸引了城市中的大学及学者们的关注。芝加哥大学校长哈里·贾德森提出一种类似于"威斯康星理念"的城市大学服务于所在城市的主张。他写到："在一座人口密集的城市中，大学的职责范畴将被视作等同于城市本身的范围。换言之，大学不应该仅仅满足于探寻科学真理，尽管这对城市生活或许有着最直接的影响，而是应该特别致力于研究和传播与城市直接相关的各种知识形态。"② 在纽约市，哥伦比亚大学校长塞思·洛曾两度投身城市选举，最终于1901年被反对"坦慕尼厅"的改革力量推上纽约市长的职位。接替塞思·洛的新校长尼古拉斯·巴特勒对市政及城市问题同样充满关注。巴特勒说，尽管大学是一个面向全国的教育机构，"但它在很大程度上……仰赖于其所在城市的支持"，因此，城市问题"应成为一个（大学）予以研究性、专业性和技术性考察的领域"③。在费城，该市的市政官员在1913年赴威斯康星州考察期间曾被建议新建一所城市大学来协助解决市政难题，尽管这一建议未获采纳，却激发了宾夕法尼亚大学等现有高校与市政当局加强合作的意愿。④ 宾夕法尼亚大学的教务长和一些学院院长甚至在报纸上撰文抱怨说：宾夕法尼亚大学并未对城市问题视而不见，也非对市政当局毫无用处。

---

① Schiesl, *The Politics of Efficiency*, p. 69.
② Diner, *A City and Its Universities*, p. 19.
③ Ibid., pp. 19–20.
④ 建议来自威斯康星大学经济学教授托马斯·S. 亚当斯，他对前来考察的费城市政官员说："如果你们这些从费城来考察的人想解决你们的市政难题，那回去后就立刻建立一所城市大学。"费城市长布兰肯伯格以及同行的市政官员如公共工程部部长库克等人尽管承认"城市大学"是一个"很好的建议"，但以费城已有宾夕法尼亚大学、天普大学为由加以拒绝，认为费城市政当局要做的是加强政府与已有大学之间的合作。布兰肯伯格回应道："我们现在已有太多的大学和学院了，我们更需要的是唤醒大学校长和校董们（与政府）合作的热情。"("Urges University Course to Train City's Employes Philadelphia Should Adopt Plan Says Professor Adams," *The Philadelphia Inquirer*, May 25, 1913. [Early American Newspaper Database].)

学术与政治：美国进步时代专家参政现象研究（1900—1920）

费城拥有与市政府合作的宾夕法尼亚大学，因而所谓"费城理念"或曰"宾夕法尼亚理念"已经存在，根本无须效仿"威斯康星理念"[①]。在校方的鼓励下，学者们对城市问题的关注集中于如何为市政府就各种城市弊政提供专业性的分析、建议和解决之道上。社会学家威廉·豪·托尔曼（William Howe Tolman）主张运用社会科学来研究城市社会的弊病，他说："社会的痼疾，如同生理的痼疾，存在于每一座大城市，这也是为什么它（社会痼疾）必须像天花、伤寒及其他致命的病害一样，得通过科学研究的原因。"[②] 理查德·伊利在霍普金斯大学执教期间一直对巴尔的摩市的城市问题十分关注。在其《当代问题》一书中，伊利在探讨城市铁路、自来水供给和电灯照明、市政税收等诸多城市及市政问题后，还专门撰写了两篇关于巴尔的摩市城市发展的论文——《令城市更美好的力量：谈巴尔的摩市的前景》《再谈巴尔的摩市的前景》。自然科学家对城市问题的关注不一定逊色于那些以工业—城市社会为研究对象的社会科学学者，如研究细菌学的芝加哥大学教授埃德温·乔丹（Edwin Jordan）对城市污染和公共卫生状况充满忧虑，他认为："大城市应将其自来水供应交由专家实行专业化的操控，从而避免无知而马虎的社会人士的失误。"[③]

市政管理对专业知识及专家的需要，同大学及其学者对城市问题的关注一起最终汇聚为一股大学学者参与市政改革的潮流。1894年，纽约城市改革俱乐部联手宾夕法尼亚州市民联盟召集全国46个主要市政改革团体的负责人齐聚费城，成立了一个全国性的市政改革组织——"全国市政联盟"。该联盟汇聚了当时具有市政改革理想的政治家、律师和记者，还包括大批来自大学的社会科学教授，如哥伦比亚大学的古德诺、芝加哥大学的爱德华

[①] "The Wisconsin and Pennsylvania 'Ideas,'" *The Philadelphia Inquirer*, March 7, 1914. [Early American Newspaper Database].

[②] Recchiuti, *Civic Engagement*, p. 28.

[③] Diner, *A City and Its Universities*, p. 28.

·比米斯、哈佛大学的劳伦斯·洛厄尔、康奈尔大学的杰里迈亚·詹克斯、宾夕法尼亚大学的埃德蒙·詹姆斯和利奥·罗（Leo S. Rowe）。[①] 1900年，全国市政联盟公布了用以指导全国性市政改革的纲领性文件——《市政大纲》（*The Municipal Program*），涉及市政体制、公共会计、政府债务、州宪法的修订、城市公司法的制定等诸多方面的内容。在《市政大纲》的11篇署名文章中，超过一半、合计有6篇出自大学教授或博士学位获得者之手，其中包括密歇根大学行政法学助理教授约翰·费尔利一篇、哥伦比亚大学行政法学教授古德诺两篇、宾夕法尼亚大学政治学教授利奥·罗两篇、曾在康奈尔大学讲授国际法的霍普金斯大学博士艾伯特·肖一篇。尽管社会科学家们在全国市政联盟中所发挥的作用主要限于理论宣传和阐发市政改革的理念，还未与市政当局建立直接的联系，但其理论阐释却为市政改革运动指明了方向。随着市政改革运动的发展，大学学者或是通过成立独立专家机构，采取集体行动，或是作为个体专家，日益深入地参与到了进步时代的市政事务之中。

（二）集体合作式的专家参政：纽约市市政研究局

纽约在美国城市中的领导地位由来已久。早在19世纪20年代，纽约便凭借其天然良港和贸易中心的优势超过老牌城市费城和波士顿，成为美国第一大城市。内战结束后，纽约在金融、工商业、航运、贸易、移民和人口等方面的主导性不断加强。这里支配着全美67%的进出口贸易，设立了69家百强大企业的总部。1880年至1919年入境的移民中有约2/3在纽约登岸，相当多的人驻留在下东区。[②] 经济的繁荣和人口的膨胀在极大地改变纽约城市面貌的同时，对城市的公共设施和市政管理都提出了严峻的挑战。尤其

[①] Recchiuti, *Civic Engagement*, p.99.
[②] 林广：《移民与纽约城市发展》，博士学位论文，华东师范大学，1998年。

是1898年布鲁克林并入后，新的大纽约市（包括曼哈顿、布鲁克斯、布鲁克林、里士满和皇后五大区）的人口一跃而增至近350万人，为号称"第二城"（the Second City）的芝加哥的两倍，是威斯康星最大的工业城市密尔沃基的10倍，在世界上是仅次于伦敦的第二大国际性都市。即便与拉福莱特励精图治的威斯康星州相比，纽约市不仅在人口上是威斯康星全州人口的1.7倍（1900年），其经济的工业化及人口的城市化程度也远非以农牧业和木材加工业为经济支柱、以农村人口为主的威斯康星州所能相比的。因此，治理好这样一座国际性的现代化大都市绝非易事。

同当时美国的许多大中城市陷入老板把持的泥潭一样，纽约市的市政自内战以来一直受到城市老板所领导的政客集团——"坦慕尼厅"的操控，市政腐败与管理不善的形势相当严峻。如在特威德领导坦慕尼厅时期，纽约市动工新建了一座市法院大楼。该楼依照设计拟用资35万美元，但由于"特威德帮"的介入，最终竟花了1300万美元，其中温度计的价格为每部7500美元，扫把则一共花了41190.95美元。[①] 19世纪70年代特威德落马后，坦慕尼厅对纽约市政的控制并未放松，而是由约翰·凯利（John Kelly）、理查德·克罗克（Richard Croker）、查尔斯·墨菲（Charles Murphy）等"一个又一个的新老板"接管。为了反抗坦慕尼厅的统治，一些具有改革意向的纽约市民和年轻政治家自19世纪80年代起成立了各种市政改革团体，吹响了纽约市政改革的号角，其中主要的市政改革团体是前面提到的"城市改革俱乐部"和1890年成立的"人民市政联盟"。

由于城市的快速膨胀以及政客集团对市政资金的滥用与侵吞，糟糕的财政及债务状况是令纽约市政当局困扰万分的重大难题之一。据一位观察家的估算，1898年"大纽约市"成立后，纽约市

[①] 乔治·兰克维：《纽约简史》，上海人民出版社2005年版，第129页。

政府的全部支出是纽约州政府的5倍，比其他所有州的政府支出总和还多1/3，比联邦政府支出多1/7。与此同时，纽约市政府的债务状况也相当惊人，超过了纽约州以外各州政府债务的总和。① 为缓解和解决巨大的财政困难，纽约市长小乔治·麦克莱伦（George B. McClellan）同城市老板查尔斯·墨菲发生决裂，并于1905年召集了一系列专门调查纽约市财政及债务状况的委员会——"税务与财政委员会""城市债务与特别评估委员会"和"会计与统计委员会"。委员会的成员由政府官员和政界外的财政专家组成，包括财政局长赫尔曼·梅茨（Herman A. Metz）、前助理财政局长埃德加·利维（Edgar Levy）以及哥伦比亚大学经济学教授塞利格曼（税务与财政委员会）与政府学教授古德诺（城市债务与特别评估委员会）、纽约大学财政学教授弗雷德里克·克利夫兰（Frederick Cleveland，会计与统计委员会）等。尽管这些委员会只承担临时的调查、顾问职能，却代表着"专家与政府官员为解决纽约市的财政而走到一起"的趋势。②

身为"会计与统计委员会"主席，年轻的财政学家克利夫兰对担任政府的临时顾问并不感到满意。克利夫兰于1900年从宾夕法尼亚大学获得博士学位，后留校成为沃顿商学院的财政学讲师。在宾夕法尼亚大学期间，克利夫兰确立了其在财政学领域的学术地位，并表现出参与市政改革的愿望。1902—1903年，他先后担任了全国市政联盟的"市政会计与统计委员会"秘书长和美国经济学会的"地方财政与统计委员会"主席。1903年，克利夫兰加盟纽约大学新成立的"商业、会计与财政学院"，任财政学教授，随之关注起纽约的市政改革。1905年，克利夫兰找到了昔日在宾夕法

---

① 乔纳森·卡恩：《预算民主：美国的国家建设与公民权，1890—1928》，格致出版社、上海人民出版社2008年版，第8页。
② 卡恩：《预算民主》，第52页。

尼亚大学的同窗兼同事威廉·艾伦（William H. Allen）①，拟筹建一个独立的专家机构，为纽约市的市政管理及改革提供长期的技术支持。在克利夫兰的号召下，许多大学学者都加入了这一机构的筹建委员会，除了在宾夕法尼亚大学沃顿商学院执教的艾伦外，塞利格曼担任了筹建委员会的理事长，美国统计学会会长、克拉克学院院长和乔治·华盛顿大学社会经济学教授卡罗尔·赖特（Carroll D. Wright）、霍普金斯大学博士艾伯特·肖亦在其中任理事。

1906年，克利夫兰等社会科学学者一手打造的"市政研究局"（最初名为"城市改良局"，一年后改为"市政研究局"）在纽约成立。根据《纽约时报》的报道，该局的目的是要"让科学知识而非义愤填膺成为市政改革的动力"②。市政研究局的早期工作主要由克利夫兰、艾伦以及一直关注城市下层的社会改革家亨利·布鲁埃尔三人共同负责，俗称"ABC三人组"（取三人姓氏首字母），另聘请宾夕法尼亚大学博士威廉·帕特森（William Patterson）和五名注册会计师作为技术专家团队。在从1906年成立至1921年更名为"公共行政研究所"的15年间，纽约市政研究局基本上是一个由专业社会科学学者领导的专家机构。除了克利夫兰和艾伦外，塞利格曼也曾于1907年短暂地担任研究局主席一职。几年后，克利夫兰的妻兄、哥伦比亚大学社会学家塞缪尔·林赛担任了研究局的秘书长和"纽约州项目组"组长。1915年后，该局逐渐由哥伦比亚大学历史学和政治学家查尔斯·比尔德（Charles Beard）、哥伦比亚大学博士卢瑟·古立克（Luther Gulick）接管。

---

① 艾伦同克利夫兰一样，于1900年获宾夕法尼亚大学博士学位，后留在沃顿商学院任教，撰写了一本在财政学领域影响深刻的教科书《资金及其运用》（1902年出版）。作为著名经济学家西蒙·帕腾的得意门生，艾伦对改革事业的热衷来自于其导师的鼓励。他回忆说，当博士毕业面临求职时，"帕腾将手放在我的肩膀上，就那样一直看着我。他说：'艾伦，你为什么不帮助其他的人呢？'"1903年，艾伦在帕腾的帮助下担任新泽西州慈善援助协会的秘书长，他不仅喜欢调查、分析经济学数据，而且热衷于将他的调查结果公之于众，将参与公共事务与经济学学术研究置于同等地位。（卡恩：《预算民主》，第38页。）

② Recchiuti, *Civic Engagement*, p. 104.

市政研究局虽然以服务于市政为宗旨，但是独立于市政体制之外，不隶属于任何政府部门，是一个由专业社会科学学者和社会改革家组成的独立专家机构。它致力于打造自己在城市财政领域的专家权威，却又不同于美国经济学会或政治学会这样的专业学会，只能算是一个"准专业性组织"。至于市政研究局与纽约市政府之间的关系，克利夫兰曾形象地将前者称为后者的"医生"，它要对政府进行科学的诊断，以此为基础开出药方，来确保政府的长久健康。① 因此，市政研究局与市政府之间的联系，是通过横向合作而非其研究人员进入政府部门任职来展开的。

市政研究局与市政当局之间的首次合作始于 1906 年市政研究局对曼哈顿区的调查。该调查得到财政局长梅茨的合作，对曼哈顿区的道路、街巷及下水道等方面的市政开支进行了统计，调查结果则以一本名为《曼哈顿是如何治理的》小册子出版。曼哈顿区区长、坦慕尼厅成员约翰·埃亨（John F. Ahern）对此不满，他禁止市政研究局调用他所掌管的市政记录。于是，市政研究局利用现有的公开材料，通过进一步调查来论证埃亨可能存在的违法和渎职行为。埃亨则控诉市政研究局诽谤，并自愿接受政府审查。当时，恰逢市长麦克莱伦与城市老板墨菲发生激烈对抗，麦克莱伦认为，这是一个削弱坦慕尼厅对纽约市政控制的机会，于是任命独立派民主党人约翰·米歇尔（John P. Mitchell）对埃亨进行审查。在布鲁埃尔的协助下，米歇尔于 1907 年 7 月向麦克莱伦提交了审查报告，肯定了市政研究局对埃亨提出的"低效、渎职、浪费和腐败"的严重指控。麦克莱伦将报告呈交纽约州州长查尔斯·休斯，后者以"公务不称职"（official incompetency）为由罢免了埃亨的曼哈顿区区长一职。

"埃亨事件"不仅促成了市政研究局负责人之一的布鲁埃尔与后来担任纽约市长的米歇尔之间的熟识与合作，而且"肯定了研究

---

① 卡恩：《预算民主》，第 61、65 页。

局调用市政记录的合法性"①，为市政研究局进一步为市政当局所接纳打下基础。如1906年，由于市卫生局资金匮乏、财务混乱，市政研究局在对卫生局进行调研后，公布了一项《制定地方预算》的报告，建议卫生局通过职能划分、会计分类和详细记账的方式，对该局的财政收支进行全面监督。1907年，市政研究局又与财政局、新成立的市政调查与统计局合作，将预算制度扩大至更多的市政部门，如合同监察局、人事服务局、教育委员会等。预算制度要求各部门在详细的职能分类的基础上，"提交反映各类要做的工作或公共服务所要求的拨款总数的预算"，从而有效约束了腐败官员对市政资金的肆意侵吞。市政研究局以预算制度来改革市政的努力引来了许多市政官员的赞赏。财政局长普伦德加斯特认为，市政研究局作为一个独立的专家咨询机构发挥了巨大的作用，他在1915年写到："市政研究局提供的服务与榜样作用对城市行政管理有极大的帮助。"合同监管局局长蒂尔登·亚当森（Tilden Adamson）承认该局十分依赖市政研究局，他说：在拟定年度预算时，"我们全权委托市政研究局为我们工作，布鲁埃尔先生和艾伦博士都很慷慨，尽其全力给我们帮助，我们不仅欢迎它，而且需要它。事实上，没有他们的帮助，我们几乎寸步难行。"②

尽管市政研究局作为一个团体与纽约市政府建立的是横向合作关系，但由于市政研究局在纽约市政改革中的突出表现，该局的一些学者、专家陆续受到政府的任用，在政府机构中担任要职。先是克利夫兰于1911年被塔夫脱任命为总统的"节约与效率委员会"主席。该委员会撰写了一份《国家预算的必要性》（*A Need of a National Budget*）的报告，旨在将纽约市政研究局发起的预算改革推广至联邦政府，最终促成国会在1921年通过了《预算与会计法》（The Budget and Accounting Act）。③ 接着，布鲁埃尔在昔日协同合

---

① Recchiuti, *Civic Engagement*, p. 107.
② 卡恩：《预算民主》，第83、91页。
③ 卡恩：《预算民主》，第126页。

作过的改革派官员约翰·米歇尔于1914年当选为纽约市长后，被任命为市财政局长。1915年，艾伦也离开市政研究局，被威尔逊总统任命为联邦产业关系委员会顾问。

纽约市政研究局对专家参政趋势的意义不仅仅在于它的主要负责人先后受到政府的任用，而且在于它对其他城市政府以及未来的专家参政趋势的潜在影响。在纽约市政研究局的示范下，成立服务于政府的研究机构来改善公共管理效率的模式在美国乃至海外均得到广泛推广。[①] 据统计，至1926年，以纽约市政研究局为模板的类似机构在费城、辛辛那提、芝加哥等至少50个美国城市中出现。其中，威斯康星的密尔沃基于1910年成立了美国首个由官方即市政当局支持的政府研究机构——"节约与效率局"。该局任用威斯康星大学经济学家约翰·康芒斯为局长，并从大学及社会各界聘请专家团队，既有哈林顿·埃默森（Harrington Emerson）这样的效率管理专家，也不乏来自学术界的理论专家，包括威斯康星大学的三位院长和一名财政学权威、麻省理工学院公共卫生学系主任等。[②] 此外，纽约市政研究局曾于1911年开办了一个"公务员培训学校"，先后由比尔德和古立克主管，这被公共行政史学者视为美国公共管理教育的开端。该校培育了一批对政府管理感兴趣的年轻人，他们从纽约走向全国，至少有75人在各地的市政或政府研究机构担任负责人及研究人员。这些年轻人中的一位后来进入白宫，成为20世纪30年代专家参政的标志性人物，那就是罗斯福"新政""智囊团"成员之一的雷蒙德·莫利。第二任校长古立克本人也于1936年被罗斯福任命为总统"行政管理委员会"成员，与来自芝加哥大学的两位政治学家——路易斯·布朗洛（Louis Brownlow）和查尔斯·梅里亚姆（Charles Merriam）共同完成了著名的"布朗洛报告"，后经过国会听证，直接导致了旨在强化政府职能、

---

① 如日本的东京市于1922年在市长后藤新平的支持下成立了"市政调查会"（Institute of Municipal Research），该调查会存续至今。

② Schiesl, *The Politics of Efficiency*, p. 125.

扩大行政权力的 1939 年《政府改组法》的出台。

总之，克利夫兰发起的纽约市政研究局代表了纽约市的社会科学学者有组织地向政府提供专家服务的努力。尽管市政研究局作为一个团体恪守其体制及财政上的独立性，堪称美国思想库的鼻祖①，但这并不妨碍学者个人作为专家受到政府的任用。相反，市政研究局作为独立的准专业组织致力于构建学术界与政界之间的联系，有助于参与其中的学者因其专长而受到政治家或政府的重视。

至于那些未曾参与独立的专家机构的大学学者，他们凭借个人专长同样有可能受到政府的注意和起用，而这一"单兵作战"的方式未必逊色于"集体作战"。如 1911—1912 年，就在威廉·艾伦代表市政研究局受聘研究纽约市教育委员会的教育管理体制时，市估算分配委员会也聘用哈佛大学教育学教授保罗·哈纳斯（Paul Hanus）来主持针对教育委员会的调查。1912 年 10 月后，弗兰克·古德诺教授和城市改革家、霍普金斯大学博士弗雷德里克·豪也被请来完成针对教育委员会的第二份报告。② 这一事件表明，无论是"集体作战"还是"单兵作战"，都不过是学者作为专家参与市政改革的一种方式。

（三）个人参与式的专家参政：以芝加哥市为例

在仅次于纽约的第二大城市芝加哥，两所主要大学——芝加哥大学和西北大学——的学者也大量参与到城市和本州公共事务中③，

---

① 思想库是指"独立的、无利益诉求（non-interest-based）的非营利性组织，其产品是专业知识和思想，并主要以此来获取支持并影响决策制定过程。（安德鲁·里奇：《智库、公共政策与专家治策的政治学》，上海社会科学院出版社 2010 年版，第 6 页。）

② B. D. McDonald, III, "The Professionalization of Public Administration: The Impact of the Bureau of Municipal Research on the Development of Public Administration," 2008 International Conference on Public Administration. http://works.bepress.com/bruce_mcdonald/6/.

③ 在西北大学的 115 名教师中有 17 人参加了地方改革，拥有 349 名教师的芝加哥大学有多达 83 人参加地方改革，比例超过 20%。另有统计表明，1892—1912 年，在芝加哥市最活跃的 215 名城市改革者中，有 25 名大学教授，这尚不包括那些拥有博士学位、具有学术背景的其他职业人士，如赫尔所的社会工作者、芝加哥大学的女博士索芙妮斯芭·布雷肯里奇和伊迪丝·阿博特。（Diner, *A City and Its Universities*, pp. 56 - 58, 198 - 200.）

并得到大学管理者的积极鼓励。创校校长威廉·哈珀将芝加哥大学视为一所城市大学,对其所在的城市——芝加哥市负有不可推卸的社会责任。1902年,他在哥伦比亚大学发表题为"城市大学"的演说,强调芝加哥大学与哥伦比亚大学作为城市大学所应承担的使命:"一所适应了城市生活,并且着手服务于城市文明的大学,将会完全不同于位于乡村或小镇的大学。正如伟大的城市代表着我们国家的国民生活的最完满的形式,所以城市大学在最真实的意义上来说就是我们的国立大学。"[1] 哈珀的继任者贾德森校长也曾表示:"从一开始,学校的政策就是重视教师的学术研究成就,并号召教师为整个社区,下至芝加哥、伊利诺伊州,上至国家作出自己的贡献。"[2]

与纽约不同的是,芝加哥并未出现一个像市政研究局一样对城市治理产生较大影响的独立专家机构。在约100名参与城市改革和地方事务的大学学者中,相当一部分进入州政府或市政机构担任公职。如1910年,芝加哥市市长弗雷德·布斯曾任命了一个旨在调查本市卖淫现象、讨论并制定对妓女政策的"扫黄委员会"(Vice Commission)。该委员会的30名成员中至少有12人是以"教授"或"博士"为头衔的大学及学术界人士,包括西北大学校长艾布拉姆·安德鲁(Abram Piatt Andrew)博士和该校医学院的路易斯·施密特(Louis H. Schmidt)教授,芝加哥大学的赫伯特·威利特(Herbert L. Willett)、威廉·I. 托马斯(William I. Thomas)和查尔斯·亨德森三位教授,阿穆尔理工学院(今伊利诺伊州理工学院)院长弗兰克·冈萨雷斯(Frank W. Gunsaulus)博士,芝加哥市医学会的 W. L. 鲍姆(W. L. Baum)博士,拉什医学院(今拉什大学)的詹姆斯·海德(James M. Hyde)博士,精神病研究所所长威廉·希利(William Healy)博士,芝加哥康芒斯安置所负责人格

---

[1] William R. Harper, *The Trend in Higher Education*, Biblio Life, 1905, p. 158. 转引自孙碧《科学知识、道德责任与金钱政治:芝加哥城市改革中的芝加哥大学》。

[2] 墨菲:《芝加哥大学的理念》,第406页。

雷厄姆·泰勒（Graham Taylor）教授，芝加哥市希伯来语学校校监戴维·布劳斯坦（David Blaustein）博士、芝加哥公共卫生学会秘书长 W. W. 哈勒姆（W. W. Hallam）博士等。学者参与芝加哥市政的事例当然不仅限于此。在芝加哥市的学者作为专家参与市政的众多案例中，前文提及的芝加哥大学教授查尔斯·亨德森以及他的同事查尔斯·梅里亚姆的参政历程最具代表性。

亨德森教授是芝加哥大学社会学系的创始教员，该系亦是美国大学中最早的社会学系，故有"美国社会学的摇篮"之称。1892 年，当霍普金斯大学博士阿尔比恩·斯莫尔来到芝加哥大学任教并成立社会学系时，他对社会学进行了定位，即"将越来越专业化的各学科知识整合起来，以发现社会的规律所在，并运用其来解决社会问题"①。明确的现实导向使得芝加哥大学的社会学学者们在钻研理论的同时，也热衷于关注日益突出的芝加哥城市问题，并积极参与到世纪之交此起彼伏的城市改革运动中。如斯莫尔本人参加了芝加哥市民联盟（Chicago Civic Federation）的创建及该联盟下的劳资关系调停委员会的工作，研究种族、族裔和城市生活的社会学家罗伯特·帕克（Robert E. Park）在芝加哥城市联盟中担任主席。

亨德森专注于对城市犯罪和社会底层人群的研究，曾于 1898—1899 年任简·亚当斯所创办的"全国慈善和矫治大会"（National Conference of Charities and Corrections）的主席，是一名活跃于芝加哥乃至参与全国慈善救济与监狱改革事业的积极分子。20 世纪初，亨德森逐渐受到州政府和市政府的注意，走上了专家参政之路。1905 年和 1907 年，他先后担任伊利诺伊州政府的"工业保险委员会"和"职业病委员会"秘书长职位。1912 年，参加完国际失业问题委员会大会的亨德森给芝加哥市市长卡特·哈里森（Carter Henry Harrison）写信，请他关注芝加哥市的失业问题。信中，亨德森向哈里森提出了一系列问题并开出治理方案，请求哈里森任命一

---

① Diner, *A City and Its Universities*, pp. 31 – 32.

个临时性的委员会来调查本市的失业情况，拟须拨款1000美元。哈里森接受了亨德森的请求，于是通过市议会成立了一个由21人组成的失业调查委员会，任命亨德森为该委员会秘书长。至1914年，由于芝加哥市的失业问题依旧严峻，哈里森市长又任命了一个旨在"刺激私人工商业企业中的就业"的"工业委员会"，由亨德森任主席。该委员会先是为一些失业者寻找临时或长期性的工作；接着撰写报告，建议市议会通过一项促进就业的法案，并主张市政府和州政府扩大公共工程，增加对劳动力的需求。1915年，"工业委员会"的建议和要求最终作为议案在市议会获得通过，成为法律。

比亨德森在参与政府政治方面更为活跃的是他的同事、芝加哥大学政治学教授查尔斯·梅里亚姆。梅里亚姆早年在哥伦比亚大学政治学研究院攻读博士学位。该研究院创办于1880年，是美国最早的政治学研究机构之一。据其创始人约翰·伯格斯所言，大学开设政治学课程的目的在于"为公职服务储备年轻人才，使他们在国内外的政府部门中任职，或是成为州、联邦的议员"。这反映出早期的政治学家们希望政治学的专业教育能成为政府选任公职人员的资格条件。[①] 1900年，获得博士学位的梅里亚姆虽未像伯格斯所期待的那样成为一名政府官员或政治家，而是进入芝加哥大学担任首位政治学教授，但梅里亚姆始终相信，政治学研究应同政治实践相结合以解决民主政治体制中的问题，两者之间应是相得益彰而非彼此排斥的关系。

梅里亚姆亲历城市政治，大概可追溯至他在哥伦比亚大学读博期间同该校社会科学专业的部分师生一同协助校长塞思·洛首次竞选纽约市长。来到芝加哥后，梅里亚姆很快成为城市改革和地方政治中的活跃人物。1906年，他参加了旨在为芝加哥市制定一份新宪章的"芝加哥城市宪章大会"；同年，他协助芝加哥市一个影响

---

① Diner, *A City and Its Universities*, p. 33.

较大的城市改革团体——芝加哥城市俱乐部对本市税收制度展开研究，后担任该团体的副主席。大学教授以及专业学者的身份使梅里亚姆在20世纪初芝加哥市的城市改革运动中享有极佳的声誉。城市改革者将他视为"改革的象征"和"建设一个真正廉洁、高效的市政府之希望所在"。在城市改革派的推动下，梅里亚姆于1909年和1913年两度成功进入市议会，以市议员的身份组织了多个委员会来调查芝加哥市的财政、城市犯罪等问题。此外，梅里亚姆于1911年、1915年和1919年三次竞选芝加哥市市长一职，尽管未获成功，但其身后体现的是芝加哥的城市改革者们试图用无涉私利的专家取代卷入党派利益的职业政客来控制地方政府的诉求。正如1919年梅里亚姆第三次竞选市长时简·亚当斯所说："若查尔斯·梅里亚姆当选为我市市长，芝加哥将成为美国城市中科学管理的先锋。"①

1919年梅里亚姆第三次竞选市长失败后，逐渐退出了城市政治的舞台，这意味着芝加哥最终未能产生一个大学政治学教授出身的市长。就梅里亚姆本人而言，竞选市长失利并退出城市政治舞台反倒"因祸得福"。自20世纪20年代起，梅里亚姆频频受到联邦政府的起用，先后任职于胡佛总统的"社会趋势调查委员会"、小罗斯福总统的"国家计划委员会""公务员人事咨询委员会"和"行政管理委员会"。在"行政管理委员会"里，"单兵作战"的芝加哥大学教授梅里亚姆与"团体作战"的纽约市公共行政研究所（前身即纽约市政研究局）主席古立克走到了一起，可谓殊途同归。

无论是纽约市的弗雷德里克·克利夫兰、威廉·艾伦，还是芝加哥市的查尔斯·亨德森、查尔斯·梅里亚姆，这些活跃于进步时代的市政改革运动以及城市政治舞台上的社会科学家们，衬托出的是一个大学学者用其专长投身于改革和公共事务的热情洋溢的时代。无论是个人行动还是集体合作，无论是个人参与还是独立思想

---

① Diner, *A City and Its Universities*, p. 174.

库的努力，无论是成还是败，是起还是落，他们的积极参与都使得运用专业知识来协助政府治理的观念越来越深入人心。在20世纪初的头20年，正是在这一观念基础上，大学学者作为专家出现在纽约、芝加哥以及很多其他城市的市政厅里，也活跃于威斯康星的麦迪逊和其他州的州府中。与专家参政的地方实践相呼应，大学学者作为专家参与联邦政府事务的情况也变得越来越普遍。

可以说，随着进步主义改革的不断推进，从地方到国家层面的专家参政已成为一股不可扭转的趋势。正如1904年范海斯在就任威斯康星大学校长时乐观地展望道："如今，在美国，我们已经看到了（专家参政）这种动向的开始，大学教授被任命到税收委员会工作，评估铁路和研究其他的各种经济实体的纳税情况。在随后的半个世纪里，我相信，在同样或类似的恶职位上工作的大学教授会成倍增加。接受过高等教育的人，尤其是那些接受过真正大学教育的人，将会直接或间接地掌握我们这个国家的命运。"[1]

---

[1] Van Hise, "Inaugural Address", Hawkins, *The Emerging University and Industrial America*, p. 31.

第四章　联邦层面的专家参政及其在战时的强化

就在州政、市政层面的进步主义改革旋风骤然刮起的同时，1901年进步派共和党人西奥多·罗斯福意外地成为美国总统，从而将这股改革之风带到了华盛顿。与"进步主义一代"中的大多数人相似，罗斯福受过良好的高等教育。在个人生活中，他是一个嗜书如命、热爱知识的人，即便身处政坛也尤其喜欢同文人墨客、大学学者交往。罗斯福这种对知识人士的亲和态度以及力主改革的政治立场，使他在当政期间将一大批包括专业学者在内的知识人士吸收到全国性进步主义改革之中。于是，专家参政在联邦政治层面也很快成为一种普遍而引人注目的现象。

继西奥多·罗斯福之后，两位"教授总统"先后登台亮相——耶鲁大学教授威廉·塔夫脱和普林斯顿大学教授兼校长伍德罗·威尔逊。尽管塔夫脱、威尔逊两人与罗斯福在政见上有所分歧，对知识界和学术界的态度亦稍有不同，但在进步主义改革的大势所趋下，他们运用大学学者来为改革出谋划策的做法与罗斯福是一致的。因此，专家参政的趋势在塔夫脱任期和威尔逊第一任期内依然得以延续。从1901年至1917年，大学学者主要是在科技、经济和外交等专门性领域继续提供专家服务。

1917年威尔逊成功连任总统之时，也是美国即将加入"一战"之际。其后世界大战的紧急状态以及"总体战"对全面动员的急迫需要，促使美国政府从社会各界广纳贤良。在这一背景下，数以千计的自然科学家、社会科学家和人文学者受到政府的召用，他们纷纷离开象牙塔和实验室，来到华盛顿甚至奔赴欧洲战场，从而使1917年以前便已在联邦政治层面萌生的专家参政趋势在战时形成了一个高潮。由于战争期间联邦政府加强了对国家政治、经济和社会生活的全面管理，其职能涵盖了"枪杆子"（军事技术）、"钱袋子"（经济资源）和"笔杆子"（舆论宣传）可谓"三位一体"的广大空间，所以这一时期大学学者作为专家参政不再像和平时期那样仅限于为社会改革和经济发展出谋划策，而是全面参与到与战争相关的一切政府乃至军方事务中来，从而使世纪之初以来的专家参政趋势无论在广度还是深度上都得到空前的加强。

第一节 "文人总统"西奥多·罗斯福任期的专家参政

1901年，西奥多·罗斯福因麦金莱的遇刺而意外成为白宫的新主人。与他那仅仅读过一年教会学院的前任[①]相比，罗斯福不仅受过良好的教育，先后就读于哈佛大学和哥伦比亚大学两大名校，而且自25岁起便笔耕不辍，在入主白宫前已写就十多部个人著作，是当时大西洋两岸一位小有名气的"文人"（A Men of Letters）。罗斯福在社会交往中与文人、学者来往密切。在他执政的近八年间，罗斯福通过扩大行政部门，增设独立委员会来加强联邦政府对公共事务的管理权能，并将"一批年轻的、能干的受教育人士"从东部大学带到了华盛顿，其中有不少是来自大学和学术界的知名学者。[②] 这些应罗斯福之邀或受其吸引而来的大学学者主要是在经济、科技和外交三大领域为联邦政府提供专家建议和指导，这一特点在塔夫

[①] 麦金莱少时在宾夕法尼亚州的阿勒格尼学院（一所卫理宗教会学院）上过一年学，肄业。内战结束后他回到家乡在一家私人律师事务所当学徒。1866年，他进入纽约州的奥尔巴尼法学院进修了一年，1867年回到俄亥俄成为一名执业律师，此后逐渐涉足政治。

[②] Cook, *Academicians in Government from Roosevelt to Roosevelt*, p. 53.

脱和威尔逊当政后得以延续，并成为20世纪乃至现今美国联邦政府中专家参政的一大特点。

（一）不一般的"文人"——罗斯福

作为美国历史上最受欢迎的总统之一，西奥多·罗斯福以突出的个性、多面的形象而惹人喜爱。他是嗜书如命的名校高才生，也是握缰驰骋的草原牛仔，是击杀巨兽的荒野猎人；他是著作等身的业余学者，也是横刀跃马的陆军上校，是发号施令的助理海军部长；他是文质彬彬的历史学会主席，也是桀骜不驯的白宫主人。罗斯福留给人们最深刻的印象，莫过于他的"文、武双全""知、行合一"。在纽约市自然史博物馆里，"他"一身戎装、挥舞战刀，而在南达科他州拉什莫尔山上，"他"高高的鼻梁上架起的却是一副文气十足的眼镜。无论在当时还是后世，都有人将罗斯福称为文人、学者或知识分子，但身为"文人"的罗斯福绝不一般。

1. 罗斯福的知识背景

西奥多·罗斯福于1858年出生在纽约市的一个富商家庭。因家境殷实，藏书颇丰，且父母长年为其聘请家庭教师，罗斯福自小便养成好学、嗜书的习惯，尤其对昆虫、动植物等自然史知识情有独钟。罗斯福少年时的家庭教师阿瑟·汉密尔顿·卡特勒曾回忆说："这个年轻人看来不知懒惰为何物，每当有空闲的时候他手里都拿着书，不是上次没有读完的小说，便是一些英语经典名著，或者某种有关自然史的深奥之书。"[①]

1876年秋，罗斯福进入哈佛大学，其最初的志向是成为一名研究自然史的科学家，因此对政治并未表现出过多的兴趣。直到临近毕业，罗斯福才在一位哈佛大学教授和妻子的建议下考虑在治学与从政之间做出选择。他在1879年8月18日的日记中写到："我

[①] 李剑鸣：《伟大的历险——西奥多·罗斯福传》，世界知识出版社1995年版，第18—19页。

一直在很严肃认真地考虑，我离开大学后将干些什么。……我或是从事科学研究，或是学习法律从而为步入公共生活做好准备。"最后，罗斯福决心"放弃一切关于做个科学家的想法"，于次年进入哥伦比亚大学法学院，同时也开始参与纽约市共和党的政治活动。①1881年，当时尚为哥伦比亚大学学生的罗斯福获选为纽约州众议员，这促使他从哥伦比亚大学退学，彻底踏足政界。

退学从政后，罗斯福在仕途上步步高升，从纽约州众议员一步步迈向了总统之位，但其从小嗜书如命的习惯从未改变。无论是在西部放牧，荒野狩猎，还是在喧嚣的政治活动中，罗斯福都会带上一些书籍，便于忙里偷闲时翻开阅读。②罗斯福读书涉猎甚广，从远古史诗、古典作品、历史著作到考古、海军战略、生物学、政治学乃至畅销文学，几乎无所不读，以至于他自己都说："读书之于我，乃是一种疾病。"曾拜访罗斯福的英国作家 H. G. 威尔斯在谈到罗斯福时说："他阅读的范围令人吃惊。他看来对这个时代的一切思想都能做出反应，他达到了才智的顶峰。"③

广泛的涉猎和长期的积累使罗斯福长于写作。早在1880年前后，已打算从政的罗斯福便着手利用闲暇时间撰写自己的首部著作——《1812年海战史》。该著于1882年付梓出版，成为美国海军学院的指定教材和权威历史论著。此后，罗斯福笔耕不辍，陆续完成并出版了近40部作品。这些作品大致可分为三类：一类是阐述个人政治理念和业绩的政论文集、小册子和演说集；另一类是非学术性的户外探险、狩猎行记；最后一类则是具有一定学术价值的

---

① 李剑鸣：《伟大的历险》，第34页。
② 1900年，罗斯福随麦金莱投入总统大选，每天都特意安排3个半小时专门读书，其中上午8点至9点阅读历史著作，中午12点至12点半阅读鸟类学著作，下午2点半至3点阅读司各特小说，下午4点半至5点和晚上11点至12点则随意阅读。（参见李剑鸣《伟大的历险》，第115页。）罗斯福的挚友、《瞭望》（The Outlook）杂志编辑劳伦斯·阿伯特（Lawrence Abbott）发现"罗斯福几乎在任何环境下都能沉浸在书本之中。……在等候列车的间隙，乃至在火车上，罗斯福甚至会躲进洗手间在昏暗的灯光下读书。"（特维·特洛伊：《白宫流行文化200年》，黑龙江教育出版社2017年版，第56页。）
③ 李剑鸣：《伟大的历险》，第312页。

史学论著，如军事史题材的《1812年海战史》、西部史题材的《西部的赢得》、历史人物传记题材的《托马斯·哈特·本顿传》《奥利佛·克伦威尔传》和《古维诺尔·莫里斯》等。正是凭借这些具有学术价值的史学论著，身为业余史学爱好者的罗斯福于1912年当选为美国历史学会主席。20世纪20年代，当哥伦比亚大学文学教授布兰德·马修（Brander Matthews）为《罗斯福文集》其中一卷作序时，甚至以"身为文人的罗斯福"为题来赞誉这位大政治家在知识成就上的卓尔不凡。①

"文人"自然有文人的气质。高度近视的罗斯福带着一副圆框眼镜，说起话来不时流露出一股职业政客所欠缺的文化底蕴。在担任总统期间，罗斯福常常根据来访客人的名字、身份而将其与历史联系在一起，各种典故可谓信手拈来。如他曾回忆道：在一次"国宴上，英国海军上将贝特博格坐在我和我的海军部长博纳帕特中间。我忍不住笑了，因为我们的海军部长是拿破仑的侄孙，也是西法利亚国王杰罗姆的孙子；而这位将军曾是杰罗姆的臣民，在拿破仑手下干过，后来不知什么原因在莱比锡战役中背叛了他"②。与据说连菲律宾在哪里都不知道的麦金莱相比③，罗斯福绝对算得上政界中的"知识分子"。在知识的海洋里吸取文化养分已完全成为这位大政治家生活中不可或缺的一部分。在给好友、英国历史学家乔治·特里维廉的信中，罗斯福写到："为了让这些提案在国会顺利通过，你要变得粗俗放肆。幸好我总还可以博览群书，找到慰藉。半个小时或一个小时的充分休息让你远离喧嚣的争斗，你完全沉浸在书海中，领略马博罗的天才，评说他的功过……可以读读麦考莱，只要是他写的，什么都成……要不就读读司考特的名著，萨

---

① Burton, *The Learned Presidency*, p. 58.
② 路易斯·奥金克洛斯：《鲁莽的麋鹿——西奥多·罗斯福传》，安徽教育出版社2005年版，第96页。
③ 杨生茂：《美国外交政策史》，人民出版社1991年版，第210页。

克雷和狄更斯的小说也不错。"①

罗斯福绝不是一个只会高谈阔论、纸上谈兵的普通"文人"。相反，他酷爱旅行、探险、骑马、打猎，尤其喜欢猎取麋鹿、灰熊、狮子和大象这种大型动物。他极端强调体能训练，喜欢拳击，十分尚武，时常身着卡其色的"莽骑兵"军服，叫嚣着要带兵打仗，最喜别人称他为"罗斯福上校"。这一切都令人感到罗斯福与普通"文人"的书卷气息相距甚远。在位于南北达科他州的私人牧场，罗斯福曾一边骑马追捕马贼，一边随身带着列夫·托尔斯泰的《安娜·卡列尼娜》以便闲时品读。在1912年"四人竞选"的政治喧嚣中，他一面为"雄麋党"运动摇旗呐喊，一面又提早结束竞选活动，匆匆赶赴波士顿，出席并在美国历史学会年会上致辞。在《自传》中，罗斯福写到："有些人热爱户外活动，但却从来不读书；而另一些人热爱书本，但却从未打开自然这本大书……"②言外之意，罗斯福自视为一个知行合一、"能文能武"之人，并刻意打造其兼具"户外硬汉"和"博学文士"于一身的公众形象，其个人经历也确实印证了这一点。

2. 罗斯福与文人、学者的交往

在政界，罗斯福与年轻的联邦参议员亨利·洛奇、资深政治家约翰·海伊（John Milton Hay，旧译"海约翰"）意气相投，私交最好。这三人的共同之处是都受过良好的高等教育，具有优秀的学养，堪称当时美国政治圈中少有的"文人"。洛奇是罗斯福的哈佛大学校友，著名历史学家亨利·亚当斯的学生，早年从哈佛大学获政治学博士学位后便转而从政，与罗斯福一样热爱美国历史，两人合著了《美国历史上的英雄故事》一书。约翰·海伊毕业于布朗大学，曾担任林肯总统的私人秘书，也是一名著述丰硕的大诗人和作家，先后写就了上百篇诗歌，还与人合著了10卷本的《林肯传》。

---

① 奥金克洛斯：《鲁莽的麋鹿》，第41页。
② 李剑鸣：《伟大的历险》，第303页。

在华盛顿时，罗斯福总会邀请约翰·海伊、洛奇和他的导师——哈佛大学教授亨利·亚当斯等意气相投之士带上家眷到自己家中小聚。这种家庭聚会更像是某种"文化沙龙"。正如罗斯福在给洛奇夫人的信中所写的一样，他们"讨论希提帝国、猿人、马扎儿爱情歌曲，还有瓦桑格传奇和尼白龙之歌（德国中世纪长篇叙事诗歌）里埃特泽之间的关系，还有阿提拉（侵入罗马帝国的匈奴王）——中间再加些洛奇利率法案的插曲"[①]。

在政界之外，罗斯福最喜欢结交的多为文化名流和大学学者。早年在联邦政府担任文官委员会专员期间，罗斯福关照过落魄诗人埃德温·鲁滨逊（Edwin A. Robinson），不仅为其安排一份工作，还在《瞭望》杂志上撰文点评鲁滨逊的诗歌。后来鲁滨逊诗名大振，终成文坛名人。在成为总统后，罗斯福坐镇的白宫几乎总是向那些在知识和文化上有所成就的人士敞开。罗斯福的文人、学者朋友们包括英国历史学家詹姆斯·布莱斯，黑人学者布克·华盛顿，纽约市的雕塑家奥古斯塔斯·圣高登斯，自然主义作家约翰·穆尔，哥伦比亚大学动物学教授亨利·奥斯本，西部文学作家欧文·威斯特、亨利·亚当斯和他的兄弟、作家布鲁克斯·亚当斯，英国历史学家乔治·特里维廉等。[②] 罗斯福欢迎这些客人们的造访，总是认真倾听，同时也渴望表达他对法律、诗歌、历史、科学和任何客人们愿意讨论的话题的看法。有学者颇为夸张地描述道，在罗斯福执政时期，出入于白宫的知识分子和文化名流络绎不绝，像"旋转木马"一样轮番拜访总统。

罗斯福与文人、学者之间的亲密交往，以及他力主改革的进步主义立场，自然使其赢得了那些拥护进步主义改革的学术界人士的极大好感。早在1908年，哥伦比亚大学社会学教授塞缪尔·林赛便代表纽约社会科学界，在给罗斯福的信中直言不讳地说道："亲

[①] 奥金克洛斯：《鲁莽的麋鹿》，第19页。
[②] Burton, *The Learned Presidency*, pp. 64, 77.

爱的总统先生……我们感到社会主义的骚动正在涌现，我们在您的社会和经济方案中看到了能摁住这一涌流、维护美国体制之正统的唯一希望。"罗斯福则回信表示，他也很希望看到"大学圈内最优秀的学者、社会工作者或诸如此类之人……能引导共和党政治"①。1912年6月，罗斯福宣布再度参加竞选总统后，他和他领导的进步党更是得到学术界尤其是社会科学家们的鼎力支持。纽约市政研究局的负责人亨利·布鲁埃尔向罗斯福表示："我肯定会全心全意地和您站在一起……因为我相信我们可以逐步地解决美国社会经济中的难题……进步主义运动在现阶段的发展使我对这一信念深信不疑。"哥伦比亚大学经济学家塞利格曼给罗斯福写了一张字条："我敬重威尔逊，但我不认同民主党的观念，我也不相信威尔逊先生或塔夫脱总统能像您一样敏锐地注意到现代政治、经济生活中的根本问题。"7月，罗斯福邀请林赛、哥伦比亚大学社会经济学教授爱德华·德温（Edward T. Devine）、参与过匹兹堡调查的社会学家兼记者保罗·凯洛格（Paul Kellogg）等人到家中共进午餐，以讨论下月在芝加哥召开的全国进步党大会上"他（指罗斯福）在社会及工业正义方面应说些什么"。结果，这些社会科学家和社会改革者们劝说罗斯福将6月在全国慈善和矫治大会年会上提出的23项社会及工人生活改善标准——所谓"社会科学纲领"（又被称为"克利夫兰纲领"，因年会在俄亥俄州克利夫兰市召开）吸收到进步党的政纲中。正如凯洛格在这次午餐聚会后所说："这个报告（指社会科学纲领）在今年夏天罗斯福发动进步党的过程中发挥了极大的作用。……我们八到十个人和罗斯福在牡蛎湾开了个会。我写的几段话被他几乎全部放到芝加哥大会演说的提纲中。显然，他采纳了（我们）在克利夫兰制定的生活及劳工标准的纲领。"②

1912年8月，全国进步党大会在芝加哥召开，社会学家林赛作

---

① Recchiuti, *Civic Engagement*, p. 214.
② Recchiuti, *Civic Engagement*, pp. 214–215.

为代表出席了大会，哥伦比亚大学法学院院长、法学教授乔治·柯奇伟（George Kirchwey）将"社会科学纲领"的复印件带到了进步党大会的党纲委员会（Platform Committee）。最终，"社会科学纲领"中的23项主张均在进步党政纲中得以体现。一位与会代表曾描述当时的情景："进步党花了好几个小时的时间来讨论和考虑全国（慈善和矫治）大会的绝佳建议，并使（促进）社会及工业正义的措施成为进步党政纲的最重要特征。"当时，还有一份小册子专门从"社会及工业正义的角度对进步党纲领和社会科学家们所提出的纲领进行比照"，其结论是："你会发现，克利夫兰纲领中的所有内容都能在进步党政纲中一一找到。"社会科学学者对罗斯福的竞选和进步党政纲的影响是有目共睹的。在进步党内居于领导层的妇女改革家弗朗西斯·凯勒坦言："可能大家都不知道（进步）党的政纲并非由罗斯福先生所制定的。他只是支持它，是政治学和社会学的专家们制定了各种不同的内容。"《芝加哥晚报》编辑邓肯-克拉克也注意到社会科学学者对进步党领导层的影响，他写到："昔日被职业政客百般嘲讽的学术知识，如今正在被驾驭用来为国家政治服务。"[①]

当然，1912年的进步党竞选终归未能使罗斯福重返白宫，但大学学者尤其是社会科学家们在罗斯福竞选和进步党运动中所发挥的巨大影响力，见证了这位"文人"总统与学术界之间的亲密联系。

（二）罗斯福时期联邦政府中的学者专家

1901年9月，罗斯福"踏着麦金莱的坟茔"而继任为总统，但当时国会由共和党的保守派所控制。在共和党内，罗斯福还受到以党魁马克·汉纳为首的顽固势力的掣肘。这一政治态势令信奉汉密尔顿哲学、强调政府效率的罗斯福不得不采取绕开国会首肯的方

---

① Ibid., p. 209.

式来处理内外事务,推行进步主义性质的各项改革。因此,罗斯福比麦金莱以及此前的任何一位总统都更看重独立的专家委员会在管理国家事务中的作用。在其执政的近八年时间里,罗斯福成立了若干新的专家委员会和行政机构,并扩大了既有行政机构的权能,其目的是希望通过加强联邦政府对公共事务的管理,来革除19世纪末以来的种种弊政。然而,无论是在独立委员会还是行政部门的大小机构中,罗斯福都倾向于任用那些"年轻的、能干的且受过良好教育的人士"。尽管这些人并非都是来自大学的专业学者,但罗斯福对受过教育的知识人士的重视以及他在联邦政府内所掀起的任人唯贤之风,都是有助于吸收知识界人士、大学学者参政的。[①]

1. 科技部门的大学学者

联邦地质勘查局、农业部等联邦政府内的科技部门自19世纪下半叶以来便开始从大学和学术界"招贤纳士"。1901年罗斯福当政后,联邦地质勘查局和农业部维持了这一趋势。如霍普金斯大学博士、岩相学家乔治·史密斯(George O. Smith)于1907年被提拔为联邦地质勘查局局长,另一位霍普金斯大学博士、曾在南卡罗来纳州的温斯罗普师范和工业学院执教(1899—1901)的小克利夫兰·阿贝(Cleveland Abbe Jr.)也于1903年进入联邦地质勘查局工作。农业部自1897年以来便一直由艾奥瓦州立学院(今艾奥瓦州立大学)农学院教授詹姆斯·威尔逊领导。罗斯福上台后,继续留任威尔逊为农业部长。早在执掌农业部之初,威尔逊便力图在科学界与政府之间牵线搭桥,他表示"将对农业部进行改组,在未来的几年里引进一批优秀的科学家,打造一个杰出的研究机构"[②]。在威尔逊的号召下,农业部几乎成了一个科学家云集的部门。曾在艾奥瓦州立学院、明尼苏达大学、北达科他州农学院执教的农业育种专家威利特·海斯(Willet M. Hays)被威尔逊招至华盛顿,担

---

① Cook, *Academicians in Government from Roosevelt to Roosevelt*, p. 53.
② Ibid., pp. 58, 64.

任助理农业部长。威尔逊的好友兼同事、艾奥瓦州立农学院农学教授西曼·纳普（Seaman A. Knapp）在1898年和1902年受到农业部的任用，先后担任统计师和农业部驻南部的特聘代办（special agent）。乔治·华盛顿大学博士、曾在印第安纳州汉诺威学院执教的沃纳·斯托克伯格（Warner W. Stockberger）于1903年进入农业部成为植物组织学专家。

这一时期，农业部的规模不断扩大，这就为更多的大学学者的加入提供了用武之地。一方面，新的机构陆续增设，其职位多委以来自大学农学系或农学院的专业学者。如1901年新成立的农作物产业局，由曾执教于密苏里大学的贝弗利·加洛韦（Beverly T. Galloway）担任局长；1905年新成立的农场管理署，由曾执教于西俄勒冈大学和华盛顿州立大学的威廉·斯皮尔曼（William J. Spillman）担任局长；同年成立的农业管理与农业经济局，则任命了威斯康星大学农业经济学系的创始人——亨利·泰勒（Henry Taylor）任局长。① 另一方面，已有的机构不断升级，如1883年成立的化学处被提升为"化学局"，由前普渡大学教授哈维·威利（Harvey W. Wiley）任局长。在威利的大力推动下，罗斯福于1906年6月签署了《纯净食品与药品法》，化学局成为该法的执行机构，专门负责查处食品和药品的"掺假"（adulteration）和"标签不当"（misbranding）问题。原森林司②在罗斯福上台后旋即被扩大为森林局，1905年又经过罗斯福的调整，将原内政部下的土地总署并入森林局，合为"美国森林管理局"。森林管理局在落实罗斯福一直青睐并在联邦政治中首创的自然资源保护政策

---

① Grossman, *Professors and Public Service*, pp. 223 - 231.
② 早期的农业部森林司由被誉为"美国森林之父"的富兰克林·哈夫担任司长，哈夫并非一名专业的林学家，而是在科学、医学以及历史学方面均有造诣的博学之士。1886年接替哈夫的伯恩哈德·费诺在担任森林司司长时，美国大学尚无专门的林学专业。费诺在3年后离开林司，前往康奈尔大学组建了美国大学中的首个林学院，担任院长一职，1905年后又进入宾州州立学院组建了林学系。

中立下了汗马功劳①，而罗斯福在这方面的得力干将正是美国最早的一批林学专家。如早年留学欧洲专门进修林学、后在耶鲁创办林学院的吉福特·平肖（Gifford Pinchot）被罗斯福任命为森林局和后来的森林管理局局长，担任平肖助手的是耶鲁大学林学院的首任院长亨利·格雷夫斯（Henry S. Graves）教授，以及亚利桑那大学植物学教授詹姆斯·图米（James W. Toumey）。②

国家标准局是罗斯福时期联邦政府成立的又一个新的科技机构。该局源于19世纪末财政部下属的"重量与度量衡制定署"（Office of Construction of Weights and Measures），1901年正式成立后，其职能和规模进一步扩大，下设度量衡处、电气处、光学处、化学处、热量计算处、工程处、工具处、材料处等。该局承担着大量的科研和技术试验工作，以至于后来有"美国国家物理实验室"之称，其中的领导者和工作人员自然不乏来自大学的物理学家。③担任国家标准局首位局长的是巴黎大学博士、芝加哥大学物理学教授塞缪尔·斯特拉顿。曾执教于麻省理工学院、密歇根大学和加州大学的乔治·伯格斯也在1903年进入标准局，担任物理学副研究员，此人在20世纪20年代和30年代初也被提拔为标准局局长。

2. 对社会经济的调查与监管

加强对社会经济事务的监管，是罗斯福在联邦层面大刀阔斧推行进步主义改革的重头戏。在这方面，罗斯福当政后采取的首要之举便是听取并采纳了"国家工业委员会"（U. S. Industrial Commission）的建议，向托拉斯全面开战。国家工业委员会成立于1898

---

① 联邦政府对自然资源保护的重视是罗斯福执政时期的一大创举。自幼热爱大自然的罗斯福早在19世纪末便与自然科学家乔治·格伦内尔合作，成立了美国最早的自然资源保护组织——布恩·克罗克特俱乐部（1877）。在担任纽约州州长期间，罗斯福还与自然资源保护运动的先驱、后来成为耶鲁大学林学院教授的吉福特·平肖共同探讨过由政府实施自然资源保护政策事宜。1901年成为总统后，罗斯福致国会的首篇国情咨文中有1/4的内容谈论自然资源保护问题，森林保护则是重中之重。

② Grossman, *Professors and Public Service*, p. 60.

③ 吴必康：《权力与知识》，第318页。

年，是麦金莱留给罗斯福的一大政治遗产，其任务是对铁路公司的定价政策、大企业的兼并、移民对劳动力市场的冲击等国家经济生活中的各种问题进行调查，同时就联邦和各州政府制定统一的反垄断法向总统和国会提供建议。

国家工业委员会由五名参议员、五名众议员和九名社会成员组成。为完成调查报告，国家工业委员会从成立伊始便决定向学术界"借兵"。1899 年，国家工业委员会陆续从美国各大高校聘请了十余名统计学、经济学和商学系的学者，作为国家工业委员会的"特聘专家"。这些学者包括康奈尔大学政治学教授杰里迈亚·詹克斯、宾夕法尼亚大学交通学和商学教授埃默里·约翰逊、社会学家塞缪尔·林赛、经济学教授罗厄尔·麦克雷和沃顿商学院教授约瑟夫·F. 约翰逊、威斯康星大学经济学教授巴尔萨泽·迈耶、麻省理工学院经济学和统计学教授戴维斯·杜威、史密斯学院经济学和社会学系主任约翰·F. 克罗韦尔。1900 年底，詹克斯的学生、斯坦福大学经济学讲师爱德华·达纳·杜兰德（Edward Dana Durand）被任命为国家工业委员会秘书长。在杜兰德的积极邀请下，更多的大学学者参与了国家工业委员会的调研和报告写作工作。如史密斯学院经济学讲师查尔斯·埃德加腾担任杜兰德的主要助手；哥伦比亚大学博士、讲座教师马克斯·韦斯特协助撰写关于农业和税收的报告；哥伦比亚大学博士、纽约州立法参考图书馆馆长罗伯特·惠腾担任条目检索专家；麻省理工学院经济学教授威廉·Z. 里普利（William Z. Ripley）担任交通问题特聘专家。杜兰德还聘请他就读本科时在奥柏林学院的老师、雪城大学经济学系主任约翰·康芒斯来调查移民问题。"特聘专家"并非正式的政府职务，因此大学学者在国家工业委员会中承担的工作主要是调查、研究和撰写报告，相当于该委员会的研究顾问。除了担任秘书长的杜兰德及负责整理最终报告的约翰·康芒斯和马克斯·韦斯特外，大多数学者并未被要求离开大学到华盛顿来工作。他们更多的是利用业余时间和假期来完成报告。可以说，这些担任特聘专家的大学学者在国家工业委员会的工作基本上属于兼职性质的。1902年，国家工业委员会在向罗斯福总统和国会提交了最终报告后，也结束了它的使命，就此解散。该委员会的短暂经历反映出联邦政府在对社会经济事务的管理中向专业经济学界寻求政策建议的初步尝试。如约翰·康芒斯后来在回忆录中认为，国家工业委员会尽管是一个临时性的调查委员会，但也是美国"第一个聘用了大量专业经济学家为其工作的政府机构"。大学学者在国家工业委员会的号召下协同合作，为政府撰写报告和提供建议，这一情形甚至被康芒斯称为"智囊团的鼻祖"（original brain trust）。[①]

为加强对大企业的监管，罗斯福对内阁进行了较大调整，于1903年在国会的授权下增设商务暨劳工部，其最初的职责是调查国内外工商业企业的运营及劳工状况。根据国家工业委员会最终报告的建议，罗斯福在商务暨劳工部下成立了一个常设机构来调查和监管工商业企业尤其是垄断问题，即"公司管理局"（Bureau of Corporations），为今联邦贸易委员会的前身。哥伦比亚大学博士、曾执教于科罗拉多学院和西储大学的弗朗西斯·沃克（Francis Walker），以及经济学家爱德华·达纳·杜兰德均被任命担任该管理局的"副专员"（Deputy Commissioner）之职。[②]

行政部门的扩大自然对政府自身的管理和工作效率提出了挑战。1905年，罗斯福任命了一个"部门工作方法委员会"，由助理财政部长查尔斯·基普领导，故又称"基普委员会"，主要职责是对行政部门的工作效率进行调查，以改善联邦政府的公共管理水平。基普委员会下设12个分支委员会，其中之一名为"联邦政府历史文献出版物协助委员会"（Assistant Committee on the Documentary Historical Publications of the United States Government），专门调查联邦政府出版物的编撰与发行事宜。"协助委员会"共计9名成员，

[①] John Commons, *Myself*, The Macmillan Company, 1934, p. 76.

[②] Leonard, *Illiberal Reformers*, pp. 43 – 44.

几乎个个都是当时美国史学界响当当的人物（详见表4.1）。或许仅仅是巧合，该委员会中的9位历史学家连同罗斯福本人均在20世纪初担任过美国历史学会主席。

表4.1　　　联邦政府历史文献出版物协助委员会成员

中文名	职务	曾任职
沃辛顿·福特	主席	国会图书馆手稿主任
小查尔斯·弗朗西斯·亚当斯		马萨诸塞州历史学会前主席
查尔斯·安德鲁斯		布林玛尔学院历史学教授
威廉·邓宁		哥伦比亚大学历史学教授
艾伯特·哈特		哈佛大学历史学教授
安德鲁·麦克劳克林		芝加哥大学历史学教授
阿尔弗雷德·马汉		曾执教于美国海军学院，海军史家
弗雷德里克·杰克逊·特纳		威斯康星大学历史学教授
约翰·富兰克林·詹姆森	秘书	布朗大学历史学教授

罗斯福还注意到日益加速的城市化进程对传统的农村地区及乡村生活方式所带来的冲击。1908年，他下令成立"乡村生活委员会"，由康奈尔大学农学院院长利伯蒂·贝利（Liberty H. Bailey）任主席，马萨诸塞农学院院长肯尼恩·巴特菲尔德（Kenyon Butterfield）亦担任该委员会专员。在贝利的领导下，乡村生活委员会对50万生活在农村地区的美国人进行了调查，共收到10万份问卷反馈，并于次年1月提交了一份《乡村生活委员会报告》，其中痛陈农村地区所存在的教育欠缺和交通不便等弊病是造成农民背井离乡进入城市的主要原因，并建议政府改善农村教育，修建现代化的公路设施。不过，乡村生活委员会的建议遭到国会的拒绝，故而不了了之。

当然，并非只有总统倚重学者专家来加强对社会经济事务的管理，国会在遇到严峻的专门性问题时同样需要向学术界请兵。如在日益突出的移民问题上，国会于1907年2月成立了一个临时性的"联邦移民委员会"（U. S. Immigration Commission），专门调查当时不断涌入美国的移民潮的来源和影响。"联邦移民委员会"主要由参众两院议员组成，佛蒙特州的联邦参议员威廉·迪林厄姆（William P. Dillingham）任主席，故又称"迪林厄姆委员会"。罗斯福特别任命了三名专家到该委员会任职，其中两名是来自大学的专业学者：康奈尔大学经济学教授杰里迈亚·詹克斯和前美国天主教大学经济学教授、时为联邦劳工专员的查尔斯·尼尔（Charles P. Neil）。在詹克斯等人的推动下，联邦移民委员会聘请了一批专业经济学家和统计学家来承担移民调查任务。例如，留德归国的哈勒大学博士、国情普查局首席统计学家约瑟夫·希尔（Joseph A. Hill）负责调查移民的职业构成，康奈尔大学经济学博士伊曼纽尔·戈德瓦泽（Emanuel A. Goldenweiser）负责研究大城市的移民状况，宾夕法尼亚大学统计学副教授罗兰·福克纳（Roland P. Falkner）负责调查移民子弟的就学情况，斯坦福大学经济学助理教授哈里·米利斯（Harry A. Millis）负责研究西海岸地区的亚裔移民问题，威斯康星大学经济学博士亚历山大·坎斯（Alexander Cance）负责研究农村地区的移民情况，哥伦比亚大学人类学教授弗朗茨·博厄斯（Franz Boas）负责研究移民后代体质的变化，华盛顿与李大学经济学副教授W. 杰特·劳克（W. Jett Lauck）对移民委员会的调研贡献最大。1911年移民委员会结束调查时，长达41卷的调查报告中至少有10卷由劳克独立完成，这还不包括他与詹克斯合作完成的报告摘要。

1907年纽约金融危机所导致的经济萧条也促成国会于6月30日通过《奥尔德里奇—弗兰德货币法》（Aldrich-Vreeland Act），授权成立了"国家货币委员会"（National Monetary Commission）。与联邦移民委员会类似，国家货币委员会也是一个临时性的调研机构，主要由参众两院议员组成，旨在对欧美各国的金融体系进行全面调查，尤其是向欧洲各国学习建立中央银行体系之经验。议员们对金融问题一窍不通，担任国家货币委员会主席的共和党联邦参议员尼尔森·奥尔德里奇（Nelson W. Aldrich）于是转而向银行界的实业家和经济学界的专业学者求助。在哈佛大学校长查尔斯·埃利奥特的推荐下，哈佛大学经济学助理教授艾布拉姆·安德鲁（Abram P. Andrew）来到华盛顿，与摩根银行的 H. P. 戴维森（H. P. Davidson）和美国银行家协会主席 G. M. 雷诺兹（G. M. Reynolds）共同协助奥尔德里奇。在国家货币委员会中，主要的调研工作都是由安德鲁主持的，他编撰了一套专门探讨金融问题的丛书。除了部分译著和再版著作外，这套丛书中的新著大多出自安德鲁的经济学界同行之手。曾参与国家货币委员会研究项目的经济学家包括哈佛大学经济学助理教授奥利弗·斯普拉格（Oliver M. Sprague）、康奈尔大学博士埃德温·凯默勒（Edwin W. Kemmerer）、伊利诺伊大学经济学系主任戴维·金利、麻省理工学院经济学教授戴维森·杜威（Davidson Dewey）、匹兹堡大学的 T. J. 霍尔德沃斯（T. J. Holdworth）、宾夕法尼亚大学的罗伯特·查德克（Robert E. Chaddock）、纽约大学教授约瑟夫·约翰逊（Joseph F. Johnson）等。[①] 在广泛的调研基础上，国家货币委员会历时四年，于 1912 年 1 月向国会呈交了一份最终报告，提出了一项后来被称为"奥尔德里奇计划"的银行和金融改革方案。不过，该方案遭到国会中民主党人的激烈反对，最终不了了之。

3. 对外事务中的大学学者

随着美国经济实力和国际影响力的扩大，美国与欧洲列强的商贸、外交往来日益增多。自 19 世纪末以来，美国政府在外交事务中便开始任用一些学者、专家。如麦金莱时期，担任助理国务卿的戴维·希尔和约翰·莫尔都是当时美国国际法学界的权威。罗斯福上台后，对两人相当重视，在许多外交问题上常常向莫尔请教，并于 1904 年将希尔派往欧洲，先后担任美国驻瑞士、瑞典和荷兰公

[①] Grossman, *Professors and Public Service*, p. 121.

使，驻德国大使。此外，罗斯福的好友、天主教大学英语系教授莫里斯·伊根（Maurice F. Egan）被任命为美国驻丹麦大使，哥伦比亚大学法学院教授詹姆斯·斯科特（James B. Scott）则进入国务院任法务官（Solicitor）。[①]

罗斯福当政之初，正值美国结束美西战争、享受胜利果实之时。1898年12月《巴黎和约》签订后，美国实际上驱逐了西班牙在加勒比地区和菲律宾的势力，随即着手填补这些地区的权力真空，试图建立一个以波多黎各、菲律宾等属地和古巴等保护国为基础的"海外帝国"。作为一名崇尚强权政治的帝国主义者，罗斯福挥舞着"大棒"，积极推行海外扩张政策，加速了这一"海外帝国"的构建。随着美国的海外帝国初具雏形，一些大学学者作为专家被派往这些新并入的属地，为加强美国对属地的控制和管理出谋出力。

在菲律宾，由已故总统麦金莱所任命的"第二届菲律宾委员会"很快迎来了新的学界专家的加入——加州大学的财政学家卡尔·裴仑和康奈尔大学博士埃德温·凯默勒。两人在委员会中分别担任首席统计师和财务顾问。1901年夏，菲律宾民政府正式成立，因其受美国岛屿事务局（U.S. Bureau of Insular Affairs）管辖，又称"岛屿政府"。"岛屿政府"以威廉·塔夫脱为首任总督，下设四个部门：财政与司法部、内政部、贸易和治安部、公立教育部，原塔夫脱委员会的两位学者专员都得到留任，迪安·沃彻斯特任内政部长，伯纳德·摩西任公共教育部长。

波多黎各是美国在美西战争后收获的另一枚"果实"。为了管理这一新属地，麦金莱总统曾向波多黎各派出了一批专业学者。如霍普金斯大学金融学副教授雅各布·霍兰德被任命为波多黎各的财政部长，霍普金斯大学博士托马斯·亚当斯为其助理。宾夕法尼亚大学政治学教授利奥·罗被任命为"波多黎各法律修编专员"

[①] Cook, *Academicians in Government from Roosevelt to Roosevelt*, p. 61.

(Commissioner to Revise and Compile the Laws of Puerto Rico)。罗斯福上台后，进一步完善对波多黎各的管理。1901 年，他用哈佛大学经济学讲师 W.F. 威洛比（W. L. Willoughby）接替霍兰德，担任波多黎各财政部长。后来，又任命宾夕法尼亚大学的塞缪尔·林赛和罗兰·福克纳（Roland P. Falkner）先后担任波多黎各教育专员，负责建立和管理当地的公立教育体系。1903 年，哥伦比亚大学博士、讲师马克斯·韦斯特也来到波多黎各，任税务局局长。

总之，作为一位政界文人或曰知识型政治家，罗斯福不仅喜欢结交文化名流和大学学者，而且在其政治实践中也善于任用这样一些人。詹姆斯·布莱斯注意到罗斯福在担任总统期间对受教育人士尤其是学者专家的重用。他评价道："（我）从未在其他国家看到像当时美国那么有效率、有智慧而又热心服务的专家群体，他们比在华盛顿的一帮文官或军人对于国家都更有贡献。"霍夫斯塔特则称赞罗斯福是"自林肯乃至杰弗逊以来在公共事务中最重视智识的总统"[1]。

此外，罗斯福总统对学者专家的重用，以及他本人"亦政亦学"的公众形象，还极大地扭转了美国人过去对知识阶层与政治之间关系的刻板印象。政治被证明不再是那些粗俗的旧式职业政客所擅长、专断的领域，知识分子由于涉足政治也不再被当作软弱无能、百无一用之辈。正如布兰德·马修在 1909 年所写的："在美国人的日常观念中，对大学教授和文化人士的偏见正在迅速减少。他们为国家所做的贡献也正在得到社会的承认和赞许，这部分是因为人们逐渐认识到专家和理论工作者的巨大作用。"[2] 可以说，罗斯福的上台执政在很大程度上驱散了此前一直弥漫在华盛顿的反智主义气氛，为更多的大学学者作为专家参与联邦政府事务创造了一种更宽松的氛围。1909 年后，随着塔夫脱和威尔逊继罗斯福之后扛

---

[1] Hofstadter, *Anti-intellectualism*, p. 207.
[2] Ibid., p. 206.

起国家进步主义改革的大旗,这两位"教授总统"同样从大学和学术界召用了不少学者。可见,专家参政不仅仅是罗斯福当政期间的特有现象,也成为进步时代联邦政治中的一种发展趋势。

第二节 "教授总统"塔夫脱和威尔逊第一任期的专家参政

1909年罗斯福卸任后,先后接替他成为白宫新主人的是他昔日的下属威廉·塔夫脱和民主党的政治新秀伍德罗·威尔逊。作为罗斯福的接班人,塔夫脱时常给人一种保守的印象,这在很大程度上是因为1910年后罗斯福、拉福莱特等共和党人与塔夫脱"反目成仇"。由于拉福莱特和罗斯福先后打出"进步派"乃至"进步党"的旗帜,于是塔夫脱骤然间就站到了进步主义的对立面,成为一名"保守派"。事实上,塔夫脱任职期间在反托拉斯等诸多进步主义改革方面所取得的实际成就比罗斯福时期要多得多。[①] 因此,塔夫脱并非一名真正的"保守派",而是罗斯福掀起的国家进步主义改革"名不正言不顺"的继承者。

塔夫脱之后的威尔逊在1910年从政之初便以开明(新泽西州)州长和进步派民主党人的形象示人。1912年大选期间,他以"新自由"的旗号挑战罗斯福的"新国家主义",反对国家以"监护人"的身份过多干预社会经济。待威尔逊正式当政后,他很快就发现,要想推进进步主义改革,不采取"新国家主义"所主张的加强政府干预的办法是不可能成功的。正因为此,威尔逊在第一任期内扩大了若干行政机构,并成立新的监管委员会来执行新通过的一系列进步主义改革立法。在这些扩大的或新增的机构中,更多的大学

[①] 如塔夫脱执政期间,联邦政府进一步扩大了对铁路公司的监管,电话及电报公司也被纳入监管范畴,州际商务委员会的权力得以加强。此外,联邦政府在1909—1913年发起的反托拉斯诉讼和针对垄断企业的制裁在数量上也远远超过1901—1909年罗斯福当政时期。

学者作为专家受到联邦政府的起用。

(一)"教授总统":从塔夫脱到威尔逊

1913 年,在塔夫脱和威尔逊完成白宫权力的交接后,一名学生问自己的教授:"何谓惊人的巧合?"教授答曰:本年度"最为惊人的巧合是,就在威尔逊教授成为威尔逊总统的那一刻,塔夫脱总统成为塔夫脱教授"[①]。

尽管都可被冠以"教授总统"之名,塔夫脱与威尔逊二人实际上在家庭出身与教育背景上大相径庭。前者出身名门政要之家,后者则来自书香门第。年轻时的塔夫脱喜欢研习法律,并以从事法律职业为自己的最高理想;年轻时的威尔逊却厌恶并放弃从事法律职业,选择以学术研究为自己的立身之本。不过,在入主白宫以前,两人有一段相似的职业经历——都曾在大学里执教。塔夫脱在 19 世纪 90 年代出任辛辛那提大学法学院教授和院长,威尔逊则担任普林斯顿大学教授和校长长达 20 年之久。两人均与大学、学术界保持了友好的交往,他们在"文人"罗斯福后继续执掌白宫 12 年,不仅将进步主义改革向前推进了,而且吸引了更多的大学学者参与到联邦政府事务中来。

1. 耶鲁大学教授塔夫脱

与罗斯福在文史方面的造诣相比,塔夫脱在个人的知识素养方面以法学见长。1857 年,塔夫脱出生在俄亥俄州辛辛那提市的一个名门政要之家。其父阿方索·塔夫脱是当地的名律师,也是该市律师协会主席。在政界,老塔夫脱堪称共和党元老,位高权重,内战后担任过战争部长、司法部长、驻奥匈帝国大使和驻俄大使。

在家庭的熏陶和支持下,威廉·塔夫脱先后就读于耶鲁大学和辛辛那提大学法学院,毕业时取得律师资格,随后效仿其父,走上

---

① 斯蒂芬·赫斯:《美国政治王朝:从亚当斯到克林顿》,上海社会科学院出版社 2017 年版,第 260 页。

了一条由律师而从政的正统道路。20多岁时，他先后担任俄亥俄州汉密尔顿县的助理检察官和助理司法官。至而立之年，塔夫脱又成为辛辛那提市最高法院法官、院长，后被哈里逊总统任命为司法部副部长（Solicitor General）。正是在司法部短暂的工作期间，塔夫脱结识了当时在文官委员会任职的西奥多·罗斯福。19世纪90年代，塔夫脱出任联邦第六巡回上诉法院院长。在长期的司法实践中，塔夫脱可以说是边干边学，积累了丰富的法律知识，也不断加深自己对法理的理解。在担任联邦法官期间，他被辛辛那提大学法学院聘为兼职教授，每周授课两小时。从1896年起，塔夫脱又正式担任辛辛那提大学法学院教授兼院长。1899年，耶鲁大学也邀请他出任校长。尽管塔夫脱拒绝了这一邀请，仅表示愿意以开办讲座的方式回报耶鲁大学，但塔夫脱与大学、学术界的联系是显而易见的。[①]

1900年，塔夫脱被派往菲律宾，担任第二届菲律宾委员会的主席，后又升任菲律宾民政府（相对于1898年美军占领菲律宾后成立的"军政府"而言）的首任总督。作为"地方大员"，塔夫脱已经开始任用大学学者来协助他管理这个百废待兴的新属地，担任其内政部长和公立教育部长的分别是密歇根大学动物学教授迪安·沃彻斯特、加州大学政治学和历史学教授伯纳德·摩西。

1904年，塔夫脱被时为总统的罗斯福召回美国本土，出任战争部长一职。4年后，他在罗斯福的支持下当选为美国总统，直至1913年卸任。处在政治生涯高峰的塔夫脱虽不像罗斯福一样热衷于同文人、学者切磋知识学问，但他与学术界依然保持着友好的联系。1906年，塔夫脱应邀在耶鲁大学"道奇系列讲座"中发表演说，与耶鲁大学师生一起探讨公民责任问题，演讲内容后被汇编为《公民责任四讲》一书，由耶鲁大学出版社出版。1911年11月，塔夫脱还出席了在华盛顿召开的美国经济学会年会。在会议致辞

[①] Burton, *The Learned Presidency*, p. 105.

中，塔夫脱着重介绍了他刚刚任命的"节约与效率委员会"的情况，呼吁专业经济学家们对政府的收支和效率进行研究，为政府事务贡献一己之力。①

1913年卸任总统后，塔夫脱暂时告别了喧嚣的政坛，接受耶鲁大学法学院的邀请成为一名全职的法学和法律史教授。在耶鲁大学任教的8年间，塔夫脱教授专心于研究和写作，先后出版了《大众政府》(1913)、《反托拉斯法和最高法院》(1914)两部论著。和罗斯福一样，塔夫脱常常在一些全国性的刊物上发表文章，内容大多涉及法理学。1916年，他将自己近期在芝加哥大学、弗吉尼亚大学、多伦多大学和哥伦比亚大学等高校的演说汇编为《总统及其权力》一书，交由哥伦比亚大学出版社出版。1918年，塔夫脱教授还受到威尔逊总统的任命，担任"全国战时劳工委员会"的联合主席之一，负责调解战时的劳资关系。

2. 普林斯顿校长威尔逊

塔夫脱未受过专业的学术训练，也没有高级学术文凭，他在辛辛那提大学法学院的教授职位在很大程度上得益于他在长期的司法实践中所积累的法律知识，另外，或许与塔夫脱家族在辛辛那提市的豪门地位有一定的关联。相比之下，威尔逊不仅是一位货真价实的名牌大学教授，而且是20世纪初"美国政治学界的一位巨擘"②。

1856年，伍德罗·威尔逊出生于美国南部弗吉尼亚州的一个书香门第家庭。其父约瑟夫·R. 威尔逊是一名长老会牧师，也是一位学院教授，早年曾在宾夕法尼亚州的杰弗逊学院（今华盛顿和杰弗逊学院）讲授文学，后回到老家弗吉尼亚，在汉普顿—悉尼学院（Hampden-Sydney College）任教授。在父亲的耳濡目染下，威尔逊受到了严格而良好的家庭教育，于1873年进入北卡罗来纳州

---

① Grossman, *Professors and Public Service*, p. 139.
② Burton, *The Learned Presidency*, p. 190.

的戴维森学院，两年后转入普林斯顿大学（当时名为"新泽西学院"）。大学时代的威尔逊对政治极感兴趣，热衷于阅读与政治理论相关的论著。如他在读过英国学者沃尔特·白芝浩（Walter Bagehot）的《英国宪法》后大受启发，当即写下一篇题为"美国的内阁政府"的文章，发表在1879年的《国际评论》杂志上。在这篇文章中，威尔逊表达了自己对美国政治中"弱总统"的初步认识，这成为他的开山之作《国会政体》的基础。

1879年从普林斯顿大学毕业后，威尔逊与当时许多有志于仕途的年轻人一样，尝试着通过学习法律，走律师从政的路线。他在弗吉尼亚大学学习了三年的法律，后因病退学，与人合伙在佐治亚州的亚特兰大市开办了一家律师事务所。事与愿违，威尔逊的律师事务所无人问津，他本人也逐渐发现自己并不适合做律师。在1883年的一封信中，威尔逊向朋友倾诉道，"我不适合当律师"，因为"法院的氛围对我来说是极其压抑的。在这种背信弃义……不负责任、犯罪和吵架的氛围中，我无法自由呼吸，也无法开怀地笑。"更重要的是，从事法律职业所要求的专业化思维也让博览群书、善于思考的威尔逊感到非常难受。他写到，"我喜欢读各种各样的书，我的理想是写作……写一些大家乐于阅读的东西，因此我迫切渴望的是博览群书，广泛学习"，但从事法律职业后，"我发现自己被弄得僵硬、狭隘和愤世嫉俗。……我担心，我的思维会被弄得像一根细针，只知道用眼睛盯着唯一的针眼"[①]。

经过深思熟虑，威尔逊最终决定"弃法从文"，于1883年进入霍普金斯大学的历史和政治学院攻读博士学位，师从于该院院长赫伯特·巴克斯特·亚当斯。他曾这样描述自己的转型："我丢掉法律报告，转而拿起历史书"，因为"我要寻找的是解决政治问题之

---

① Luke Oliver Fernandez, "Specialization," *Preparing Student for Citizenship: The Pedagogical Vision of Yale's Noah Porter, Harvard's Charles Eliot and Princeton's Woodrow Wilson*, Cornell University Press, 1997. http://ecommons.cornell.edu/bitstream/1813/7983/3/92 CHAPTER_FIVE.pdf.

道，而非解决法律问题之术"。不难看出，威尔逊对于知识和学问抱着一种经世致用的态度，正如他后来所写的："知识的目的，不仅是满足个人的好奇和提高个人的学养，而且在于推动文明的进步。"[①] 威尔逊的这种知识观，为他后来弃学从政埋下了伏笔。

19世纪80年代的霍普金斯大学是内战后"大学革命"的桥头堡和美国现代研究型大学的鼻祖，该校的历史和政治学院云集了当时美国最优秀的一批社会科学学者。威尔逊在这里结识了自己的导师赫伯特·巴克斯特·亚当斯、英国政府学和法学权威詹姆斯·布莱斯、政治经济学系主任理查德·伊利等。威尔逊与伊利交往最为密切，曾和另一名研究生、后来成为麻省理工学院教授的戴维斯·杜威一起在伊利的指导下合写了一本关于美国经济思想史的著作。

1885年，威尔逊完成博士学位论文《国会政体：美国政治研究》，并将之出版。《国会政体》是威尔逊的首部重量级学术著作，在当时的美国学界和社会上获得了高度称赞。他的导师赫伯特·巴克斯特·亚当斯认为，威尔逊"对国家政府这方面的研究处于领先水平"。艾伯特·肖发表书评，称赞《国会政体》"开创了美国政治研究的一个新纪元"[②]。

1886年至1890年，威尔逊先后执教于宾夕法尼亚州的布林茅尔学院和康涅狄格州的韦斯莱扬大学，其间他一边继续学术写作，发表了《行政研究》《美国民主的特点》等文，一边寻找踏足政坛的机会，曾于1887年谋求助理国务卿一职，但未获成功。

1890年，威尔逊受到母校普林斯顿大学的聘任，成为该校的法理学和政治学教授。威尔逊在普林斯顿大学执教长达20年之久，其中后8年担任该校的校长。在此期间，他撰写并出版了一系列的论著如《分裂与统一》（1893）、《乔治·华盛顿传》（1896）、五卷本的《美国人民史》（1902）、《美国宪政政府》（1908）等，还

[①] Burton, *The Learned Presidency*, pp. 160–161.
[②] 张澜：《伍德罗·威尔逊社会思想研究》，博士学位论文，复旦大学，2004年。

常常在《大西洋月刊》《观点评论》（Review of Reviews）等知名杂志上发表历史或政治类的小论文，成为一位著作等身、享誉全国的政治学家和历史学家。正是这段岁月奠定了威尔逊在美国学术界和高等教育界的地位。1910年，54岁的威尔逊被推选为美国政治学会的主席，这标志着他的学术成就得到美国学术界的认可。

1910年，威尔逊在民主党的推动下成功当选新泽西州州长，总算圆了他向往数十年的从政之梦。两年后，他又参加总统竞选，与罗斯福、塔夫脱和德布斯争当白宫的新主人。威尔逊的胜选，在当时被媒体渲染为"象牙塔里的教授"战胜了"政治老板"。一位记者生动地描述了威尔逊身上的"学者气息"："他的衣服上散发着帕纳萨斯的香气，他的嘴唇上还留着刚刚喝过赫利孔山圣水的痕迹——这个留着长发、书呆子气很浓的教授，刚刚把他的眼镜摘下放到字典上，就来到了特伦顿的州政府大楼，'把这帮人打得落花流水'。"[①]

可是，作为一名从专业学术界走出来的政治家，威尔逊实际上对美国政府中业已出现的专家参政趋势有着不同寻常的担忧。他的这种担忧源自其个人对美国民主的理解以及对知识的专业化的反感。1912年9月，这位戴着金丝边眼镜、一贯以学者形象示人的前普林斯顿大学校长在水牛城发表了首场竞选演说，语重心长地告诫选民：

> 我所担心的是一个专家的政府。在一个民主国家，我们推卸自己的责任而将政府交给专家，这是忤逆上帝之旨意的。专家所做的事情，只有他们自己懂。如果我们将由一小部分的专家用科学的方法来治理，那么等待我们的必将是一个忤逆上帝旨意的专家政府。因为，我们若不懂得他们所做的事情，就失去了自由。我们得离开自由之地，到学校去请教某人，才知道

[①] 亚历山大·乔治：《总统人格：伍德罗·威尔逊的精神分析》，第66页。

我们究竟遇到了什么。①

这番话究竟是发自内心的肺腑之言，还是争取普通选民的拉票策略？威尔逊的真实意图不得而知。研究者们对此也莫衷一是，有人认为威尔逊确实对任用学者专家持冷淡态度，也有人认为威尔逊"言不由衷"，是在"故作低姿态"②。毕竟，这位美国政治学界的巨擘是最早提出公共管理的专门化之人。③ 就1912年竞选时的实际情况而言，除了有威斯康星大学校长查尔斯·范海斯等少数学者相助外，威尔逊确实未得到学术界尤其是社会科学界的鼎力支持，他主要倚重的还是传统的政治家和律师，如爱德华·豪斯（Edward House）上校和赋予"新自由"以灵感的"人民律师"路易斯·布兰代斯。大多数力主政府干预的社会科学学者更倾向于接受罗斯福的"新国家主义"，而不是标榜恢复传统的自由竞争和个人主义的"新自由"。不过，1913年当政后，威尔逊很快发现他意欲在关税、货币和金融等领域推行的所谓"新自由"改革，行的却是"新国家主义"之实，而且无法超然于他所"警惕"的专家们的建议和协助之外。如此一来，"在他的总统任期内，专家在政府事务中的角色不可避免地越来越重要"④。

（二）塔夫脱和威尔逊第一任期内的专家参政情况

在塔夫脱成为总统前及执政之初，他一直被老上司、前总统罗斯福视为最好的政治伙伴之一、罗斯福政策的坚定追随者。1909年就职时，塔夫脱特别提到了一些改革之举，如调整关税税率、加强对托拉斯和州际商务的管理等，极力营造出一种"罗"规"塔"

---

① Woodrow Wilson, "Labor Day Speech in Buffalo, New York," Sept., 1912, http://livefromthetrail.com/about-the-book/speeches/chapter-2/woodrow-wilson.
② Grossman, *Professors and Public Service*, p. 135.
③ Smith, *The Idea Broker*, p. 2.
④ Hofstadter, *Anti-intellectualism*, p. 210.

随的姿态。不过,在主要官员的选任上,塔夫脱上台后未留用罗斯福的人马,而是另起炉灶。其中,塔夫脱将土地总署原专员(即署长)理查德·巴林杰(Richard A. Ballinger)改任为内政部长,后者与罗斯福极为器重的森林管理局局长平肖在森林管理政策上发生了冲突,最终导致平肖于1910年遭到罢免,即所谓"平肖事件"。

其实,新任总统入主白宫后对公职人员进行人事调整和更换本是常事,但联邦政府对专家的需要却不会因此而改变。在科技、经济以及对外事务方面,塔夫脱在其执政的四年间继续任用了一批大学学者,其中一些人在各种独立委员会中担任主席、专员,还有一些人在内阁部门中担任要职。以资源保护为例。塔夫脱在平肖遭罢免后,任命了耶鲁大学林学院院长亨利·格雷夫斯教授为森林管理局局长。耐人寻味的是,格雷夫斯是平肖的好友,也是后者担任森林管理局局长期间的主要助手之一。"平肖事件"的后续发展似乎表明,政府在一些专业性较强的领域对专家的需要,已不是传统政治中的权力博弈所能左右的。

1913年威尔逊上台后,也面临着同样的问题。尽管威尔逊在竞选时口口声声表示对"专家政府"深怀疑虑,但他在第一任期内所进行的调整关税、建立联储体系、协调劳资关系等改革举措,都有许多大学学者在其中出谋划策或直接参与。

1. 科技部门

作为联邦政府中最大的科技部门,农业部自19世纪末以来便发展迅速,至塔夫脱和威尔逊第一任期已趋于成熟。1913年塔夫脱与威尔逊交接之时,农业部的经费高达2400万美元(见图4.1),雇员多达14478人,其中有1812人,约12.5%为研究人员,这些人大多来自大学和学术界。[1]

---

[1] A. Hunter Dupree, *Science in the Federal Government*, *A History of Policies and Activities to* 1940, Ayer Publishing, 1957, p182.

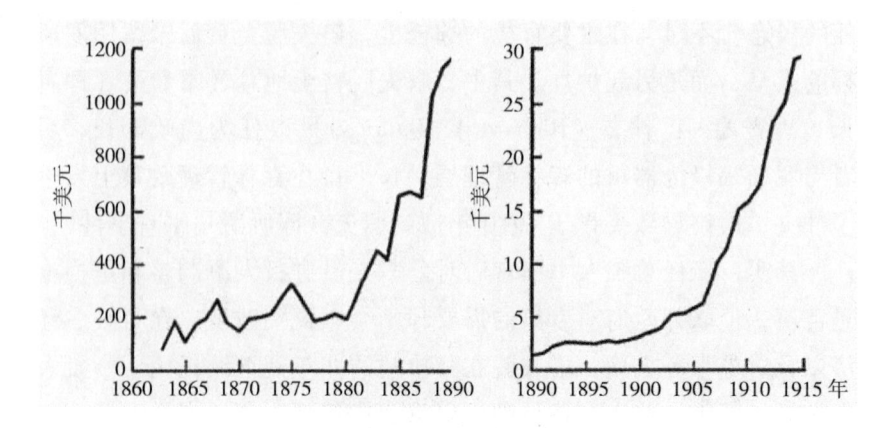

图 4.1 　农业部的财政拨款增加趋势（1862—1915）

资料来源：Chief of the Division of Accounts and Disbursements,"Report," *Annual Reports of the Department of Agriculture for the Year Ended Junes* 30, 1915, Washington, 1916, p. 251.

塔夫脱当政时期，农业部长一职由前艾奥瓦州立学院农学教授詹姆斯·威尔逊继续担任。1913年威尔逊上台后，改任圣路易斯华盛顿大学校长戴维·豪斯顿（David F. Houston）为农业部长。作为得克萨斯农工学院（今得克萨斯农工大学）与得克萨斯大学的前校长，豪斯顿与威尔逊都发迹于大学与学术界，深得后者信任。①密苏里大学的贝弗利·加洛韦博士则从原先的农作物产业局局长被提拔为助理农业部长。在豪斯顿的领导下，"农业部成为众多有才干的农业经济专家群英荟萃之地"②，其下属机构的负责人虽偶有更替，但依然是从学术界中选任的。最为典型的是1910年"平肖事件"后，接替平肖担任森林管理局局长者乃耶鲁大学林学院院长亨利·格雷夫斯。农业部新部长豪斯顿上台后，同样运用其与学术界的联系，邀请更多的农业科学家加盟。如豪斯顿的好友、哈佛大学经济学教授托马斯·卡弗便在农业部担任农场管理署主任一职。

---

① 1920年，威尔逊改任豪斯顿为财政部长。
② Hofstadter, *Anti-intellectualism*, p. 210.

化学局的发展是这一时期农业部迅速扩大的缩影。化学局早先由前普渡大学教授哈维·威利领导。从1906年至1912年威利退休时，化学局的研究及工作人员从罗斯福执政时期的110名扩大到146名，所获财政拨款从15.5万美元增至近96.4万美元。1912年后，哈佛大学医学院生物化学系主任卡尔·阿尔斯伯格（Carl L. Alsberg）接替威利担任化学局局长。在阿尔斯伯格的领导下，化学局陆续成立了一些新的机构，吸纳了更多的杰出科学家。曾执教于普林斯顿大学、被后人誉为"糖水化合物之父"的克劳德·赫德森（Claude S. Hudson）博士于1912年进入化学局，主管新成立的糖水化合物实验室（Carbohydrate Laboratory）；德国斯特拉斯堡大学博士、早年执教于威斯康星大学的弗雷德里克·鲍尔（Frederick B. Power）担任植物化学实验室（Phytochemical Laboratory）主任；宾夕法尼亚大学化学系副教授H. D. 吉布斯（H. D. Gibbs）则担任颜色实验室（Color Laboratory）主任，等等。

除了传统的农业部得到快速发展外，新的经济形势和技术发明的出现促使联邦政府设立相应的机构来加强管理和协调工作。如美国的采矿业在19世纪末20世纪初发展迅速，成为一个日益重要的部门，但随之而来的是，采矿业的危险性大大增加。据美国矿难救援协会（U. S. Mine Rescue Association）的统计，1901—1925年是美国历史上矿难的高发期（见表4.2），其中1909年、1910年和1911年这三年是高发期中的顶峰。矿难的频频发生势必造成巨大的人员伤亡，以1907—1909年为例，共有1773名工人在50场死亡人数为5人或5人以上的各类矿难中失去生命。[1]

---

[1] http：//www. usmra. com/saxsewell/historical. htm.

表4.2 美国历史上有据可查的矿难（死亡5人或5人以上）[1]

时期（年）	煤矿矿难（次）	金属或非金属矿矿难（次）	矿难总数（次）
1875年前	19	4	23
1876—1900	101	17	118
1900—1925	305	51	356
1926—1950	147	23	170
1951—1975	35	9	44
1976年至今	16	1	17

在这一背景下，国会于1910年5月通过《组织法》（Organic Act），在内政部下成立了矿务局（Bureau of Mines），其最初的目的是减少矿难的发生及其所导致的矿工人员伤亡，1913年后其职能进一步扩大，负责收集、分析和发布采矿业的各项经济数据，并通过研究来改进采矿及冶金技术。作为一个新成立的科技机构，矿务局从一开始就由专业学者所领导，北卡罗来纳大学地质学家约瑟夫·霍尔姆斯（Joseph A. Holmes）被任命为矿务局首任局长。

19、20世纪之交也是航空技术和航空工业的勃兴时期。当时的欧洲各主要国家都开始由政府资助飞机的研制工作，如法国在巴黎西南郊的梅顿（Meudon）成立了"军用飞机中央研究室"（今"国家航空航天研究办公室"），德国在哥廷根大学成立了"空气动力实验室"，俄国和英国也分别成立了"空气动力研究所"和"航空咨询委员会"。美国政府早在1898年美西战争时期便对飞机研制产生了兴趣，当时陆军部拨款5万美元给曾执教于西宾夕法尼亚大学（今匹兹堡大学）的天文学家塞缪尔·兰利（Samuel P. Langley）用于飞行试验，但兰利的飞机起飞后因坠入波托马克河而备受嘲讽，政府对飞行试验和航空业的支持就此中断。塔夫脱上台

---

[1] http://www.usmra.com/saxsewell/historical.htm.

后，于1912年任命了一个"国家航空实验室委员会",以讨论美国是否有必要像欧洲各国一样成立一个政府资助的飞机试验机构。该委员会由罗伯特·伍德沃德(Robert S. Woodward)任主席,此人曾执教于哥伦比亚大学,任工程学教授、理学院院长等职,同时也是华盛顿卡内基研究院的第二任院长。尽管"国家航空实验室委员会"的建议最终未被国会采纳,但它却为后来1915年"国家航空顾问委员会"的成立埋下了伏笔,后者正是今日国家航空航天局(National Aeronautics and Space Administration, NASA)的前身。

2. 社会经济方面的调查和监管机构

自罗斯福时代以来,联邦政府对社会经济的调查和监管日益加强。塔夫脱和威尔逊上台后,也都提出要进行调整关税、稳定金融和加强反托拉斯等方面的改革。为此而对社会经济的调查和监管,除了依靠已有的机构如州际商务委员会、国情普查局外,还有赖于这一时期联邦政府成立的一些临时性或常设的新机构。这就为更多的社会科学家尤其是经济学家参与政府事务提供了机会。

州际商务委员会是联邦政府内最早设立的独立监管机构。1910年12月,该委员会迎来了历史上的首个拥有博士学位的专员——威斯康星大学经济学教授、威斯康星州铁路委员会前主席巴尔萨泽·迈耶。迈耶的专业学术背景和参政经历令塔夫脱对其极为器重。塔夫脱称他为"在整个美国所能找到的最适合州际商务委员会工作的人"[①]。由于塔夫脱的提拔,迈耶在州际商务委员会任职近30年,直到1938年富兰克林·罗斯福执政时期才以70多岁高龄而退休。1914年,威尔逊上台后,又一位大学学者加入州际商务委员会。此人为威尔逊的好友和前同事——普林斯顿大学经济学教授温斯罗普·丹尼尔斯(Winthrop M. Daniels),他被任命为州际商务委员会专员。事实上,丹尼尔斯早在威尔逊任新泽西州州长时便受

[①] Grossman, *Professors and Public Service*, p. 126.

到后者的起用，曾任职于州公用事业委员会。[1]

负责统计美国人口和经济数据的国情普查局对经济学家和统计学家的需求早已有之。该局首任局长威廉·梅里亚姆曾聘请康奈尔大学经济学教授沃尔特·威尔科克斯及其所带领的年轻经济学者团队到华盛顿为国情普查局工作，并任命威尔科克斯为方法与结果处处长。1909 年，塔夫脱首次将国情普查局交由专业经济学家全权负责，担任新任局长的是来自斯坦福大学的经济学家爱德华·达纳·杜兰德。此外，哈佛大学经济学前讲师 W. F. 威洛比结束了他在波多黎各行政委员会的工作，被调任国情普查局的助理局长。

同年 8 月，塔夫脱将联邦铸币局亦交由专业经济学家领导，哈佛大学经济学助理教授艾布拉姆·安德鲁被任命为该局局长。一年后，安德鲁又被塔夫脱提拔为助理财政部长。

除了已有的机构外，联邦政府在这一时期还陆续成立了各种新的调查和监管委员会，以推进关税、金融、经济监管和劳资关系等方面的改革。这些委员会包括塔夫脱时期的关税委员会、铁路证券委员会、节约与效率委员会，以及威尔逊第一任期时的联邦储备委员会、产业关系委员会、联邦贸易委员会和关税委员会。众多的专业经济学家受到联邦政府的任用，在委员会中担任要职。

关税改革是塔夫脱在 1908 年竞选中率先提出的改革议程之一。自 19 世纪末以来，美国一直实行保护性关税和对个人财富完全免税的政策，这在 20 世纪初逐渐受到进步主义者的诟病。1909 年塔夫脱就职后，于当年 3 月召开了国会特别会议，专门讨论关税改革事宜，最终促成国会于 9 月通过新的关税法，即《佩恩—奥尔德里奇关税法》（Payne-Aldrich Tariff Act），其主要内容涉及小幅度地降低关税和确定征收"所得税"的原则。为执行新的关税法，国会还授权总统成立一个临时性的"关税委员会"

---

[1] Cook, *Academicians in Government from Roosevelt to Roosevelt*, p. 79.

(Tariff Board），隶属于财政部。该委员会由五名成员组成，包括助理财政部长、一位联邦前众议员和一名记者，两位专业经济学——耶鲁大学经济学教授亨利·埃梅里（Henry C. Emery）和弗吉尼亚大学经济学教授托马斯·佩奇（Thomas W. Page）分别担任该委员会的主席和副主席。1912 年大选后，随着威尔逊的上台和共和党失去对国会的完全控制，国会不再给关税委员会拨款，致使该委员会解散。[①]

铁路证券委员会成立于 1910 年 9 月，专门负责调查铁路公司发行的股票和债券问题，以配合州际商务委员会加强对铁路公司的监管。该委员会的主席是塔夫脱的母校耶鲁大学的校长、著名经济学家阿瑟·哈德利。深受塔夫脱器重的经济学家巴尔萨泽·迈耶也在其中任职，成为州际商务委员会和铁路证券委员会的"双聘"专员。

节约与效率委员会成立于 1911 年，旨在调查行政机构中的烦冗浪费现象，以改善行政工作效率。纽约市政研究局的创始人、纽约大学教授弗雷德里克·克利夫兰因其在纽约市政改革中的突出表现而被任命为该委员会主席。该委员会另有四位专员，一名秘书长，其中两人来自学术界——哥伦比亚大学教授弗兰克·古德诺、时为国情普查局助理局长的哈佛大学经济学家 W. F. 威洛比。塔夫脱对节约与效率委员会极其重视，他安排委员会成员们在白宫办公，还请克利夫兰担任他的特别助理，有权"根据总统命令"签发行政指令，在某种程度上扮演着塔夫脱的幕僚角色。在塔夫脱的支持下，节约与效率委员会在其存在的三年时间里对联邦政府的大小行政部门、机构展开了约 110 项个案调查。[②]

塔夫脱还曾在 1911 年向国会提出建立一个"产业关系委员

[①] Warren Benjamin Catlin, The Progress of Economics: A History of Economic Thought, Bookman Associate, 1962, p720.

[②] 卡恩:《预算民主》，第 145 页。

会",以缓解当时日益激化的劳资冲突。① 该委员会于1912年8月23日经国会批准正式成立,但时值全国大选,塔夫脱对该委员会的提名后来遭到国会的否决。1913年威尔逊上台后,对该委员会进行了重新任命。工业委员会由九名成员组成,实行"三三制",即三名成员来自劳工界,三名成员来自企业界,另三名成员从社会公众中挑选。在提名社会公众的三名成员时,威尔逊最初邀请哥伦比亚大学社会经济学家爱德华·德温,但德温没有答应。威尔逊转而提名约翰·康芒斯担任委员会主席,后者也极力推辞,只同意担任专员。在康芒斯的建议和号召下,产业关系委员会从国会争取到10万美元的拨款,下设了一个"研究和调查委员会"。该研究和调查委员会最初由前华盛顿与李大学政治学和经济学教授 W. 杰特·劳克领导,但劳克事务繁忙,后改由威斯康星大学博士查尔斯·麦卡锡任研究主管。② 麦卡锡无须到华盛顿赴职,而是坐镇麦迪逊办公,负责组织、指导研究团队的调研工作。研究和调查委员会从美国各大高校经济学系的教师和研究生中招募"特聘研究员"(special investigator),包括霍普金斯大学教授乔治·巴尼特(George E. Barnett)和博士生利奥·沃尔曼(Leo Wolman)、普林斯顿大学经济学家 D. A. 麦凯布(D. A. McCabe)、芝加哥大学经济学教授罗伯特·霍克西(Robert F. Hoxie)等。③ 由于康芒斯和麦卡锡在产业关系委员会中的重要作用,许多威斯康星大学经济学系的年轻学生也参与到研究和调查委员会的工作中,如康芒斯的学生兼助手埃德温·威特(Edwin E. Witte)、塞利格·珀尔曼(Selig Perlman)、戴维·萨珀斯(David J. Saposs)、萨默·斯利克特(Summer H. Slichter)、威廉·莱瑟森(William Leiserson)等,这些年轻人在未

---

① 1910年,两名劳工组织的主要人物在《洛杉矶时报》大楼埋下炸药,造成20人死亡。惨案发生后,塔夫脱收到一封由28位社会工作者联合签名、题为"向总统呼吁成立联邦产业关系委员会"的请愿书。此事直接导致了塔夫脱向国会提议成立产业关系委员会。

② Gearity, *The First Brain Trust*, pp. 218–219.

③ Cook, *Academicians in Government from Roosevelt to Roosevelt*, p. 78.

来的二三十年里先后成长为美国新一代的经济学家，埃德温·威特更是被誉为"1935年《社会保障法》之父"而留名青史。

1913年后，以"新自由"为旗号的威尔逊进一步推进联邦政府在调整关税、整顿金融和反托拉斯三大领域的改革。在关税方面，威尔逊于1913年促成国会通过《安德伍德—西蒙斯关税法》（Underwood-Simmons Tariff Act）取代了四年前的《佩恩—奥尔德里奇关税法》，大幅度地降低绝大多数货物的税率，同时根据当年2月获批准的宪法第十六条"所得税"修正案，正式开征个人收入所得税。1916年，威尔逊又效仿塔夫脱时期成立"关税委员会"的做法，成立了一个新的关税委员会（Tariff Commission），专门收集和分析当前的关税法对经济所造成影响的相关数据。①新关税委员会依然由专业经济学家所领导，担任主席的是哈佛大学经济学教授弗兰克·陶西格（Frank W. Taussig）。1917年，威尔逊将另一名经济学家，耶鲁大学博士、赴德进修归国的威廉·卡伯特森（William S. Culbertson）任命为关税委员会副主席。与塔夫脱时期的关税委员会不同，新的关税委员会成为一个常设机构，它正是现今国际贸易委员会（U. S. International Trade Commission）的前身。

联邦政府对金融改革的认识源于1907年金融危机所带来的恶劣影响。1908年，国会曾授权成立"国家货币委员会"，聘请了一批学者、专家对欧洲各国以及美国的金融体制进行全面调研。然而，由于两党各派对于美国究竟应建立怎样的中央银行体系分歧较大，故金融改革的具体方案一直尘埃未定。1913年6月，就职不久的威尔逊重启改革议程，他向国会发表演说，呼吁创建"联邦储备委员会"来监督全国的金融体系。经过反复的争论和妥协，国会于当年12月通过了由民主党议员卡特·格拉斯

---

① Karen E. Schnietz, "The 1916 Tariff Commission: Democrats' Use of Expert Information to Constrain Republican Tarrif Protection," http://www.thebhc.org/publications/BEHprint/v023n1/p0176 – p0189.pdf.

(Carter Glass)和罗伯特·欧文（Robert Owen）发起的《欧文—格拉斯法》（Owen-Glass Act），即《联邦储备法》，同意成立"联邦储备委员会"来领导联储体系，对全国金融系统进行监管。联邦储备委员会共有五名当然成员，另有财政部长威廉·麦卡杜和货币总监约翰·威廉姆斯作为兼职成员加入。联邦储备委员会的五名当然成员由总统任命，加州大学经济学家阿道夫·米勒（Adolph C. Miller）位列其中。米勒早年执教于哈佛大学、康奈尔大学和芝加哥大学，1902—1913年一直为加州大学经济学教授。在进入联邦储备委员会任职前，他刚刚被威尔逊总统任命为助理内政部长。此外，哈佛大学经济学家亨利·威利斯（Henry Willis）在联邦储备委员会中担任秘书和研究主管，是委员会的官方刊物——《联邦储备通讯》的主要负责人。威利斯先前是《联邦储备法》的发起人卡特·格拉斯参议员的私人顾问，曾于1912年圣诞节与格拉斯一同前往尚未就任总统的威尔逊家中游说成立联邦储备体系一事。作为美国的"中央银行"，联邦储备委员会无疑为经济学家参与联邦政府对金融体系的监管提供了新的机会。约翰·康芒斯后来在回忆录中评价说：鉴于1898年至1902年存在的工业委员会是临时性的，"联邦储备委员会才是最早任用一批受过专业训练的经济学家的政府机构"[1]。

在反托拉斯方面，威尔逊于1914年促成国会通过了《克莱顿反托拉斯法》，后又成功推动《联邦贸易委员会法》的通过，以之作为《克莱顿法》的补充。《联邦贸易委员会法》规定：撤销罗斯福时期在商务暨劳工部下设的"公司管理局"，成立一个独立的"联邦贸易委员会"。该委员会由五位成员组成，有权调查和监督公司活动，可根据总统或国会委托草拟新的法案，还可发布命令禁止垄断行为。经济学家们在联邦贸易委员会中看到了新的工作机会，如明尼苏达大学经济学教授约翰·格雷（John H. Gray）在给

---

[1] Commons, *Myself*, p. 76.

同事的信中写到:"威尔逊总统关于成立一个监督垄断企业的贸易委员会的建议在这次国会会议期间可能会通过。如果真的如此,我相信这个委员会将需要一位受过专业训练的经济学家。"① 遗憾的是,该委员会的首批专员中无一是从学术界中选任的,但哥伦比亚大学博士、曾执教于科罗拉多学院和西储大学的弗朗西斯·沃克从原公司管理局副专员一职调任联邦贸易委员会的首席经济学家。

3. 对外事务

在对外事务方面,塔夫脱和威尔逊继续任用了一些学者、专家,但进展并不显著。如塔夫脱主要在巴拿马运河问题上起用了少数学者。1911年,宾夕法尼亚大学沃顿商学院的交通经济学学者埃默里·约翰逊被派往巴拿马运河区,负责研究运河通航收费事宜。次年,约翰逊的同事、宾夕法尼亚大学政治学教授利奥·罗被从波多黎各调至巴拿马运河建造及运营索赔裁决委员会(Commission for the Adjudication of Claims Arising out of Construction and Operations of the Panama Canal),负责调解运河区与巴拿马政府之间的土地纠纷。②

威尔逊上任后,将罗斯福所器重的国际法权威、哥伦比亚大学教授约翰·莫尔任命为国务院的国务参事(Counselor)。伊利诺伊大学法学院院长艾伯特·帕特尼(Albert H. Putney)出任近东事务司司长。此外,威尔逊还"继承了任命文人学者为驻外使节的宝贵传统",如他的好友、普林斯顿大学英文系教授亨利·范戴克(Henry Van Dyke)出任美国驻荷兰公使;康奈尔大学校长雅各布·舒尔曼出任美国驻雅典的特使;威斯康星大学政治学系主任保罗·芮恩施则远赴中国,任驻华公使。③ 威尔逊还曾提名自己的好友、普林斯顿大学教授亨利·费恩(Henry B. Fine)担任驻德大使,提名哈佛大学校长查尔斯·埃利奥特担任驻英大使。两人均接受了总统的提名,赴欧任职。

---

① Grossman, *Professors and Public Service*, p. 137.
② Ibid., p. 129.
③ Hofstadter, *Anti-intellectualism*, p. 210.

总之，从塔夫脱和威尔逊第一任期的专家参政情况来看，大学学者在这一时期的联邦政府事务中继续发挥着相当积极的作用。他们为进步主义改革出谋划策，提供指引。其中，科技、经济和外交仍是对专业知识和专家最为需要的领域。

作为一种新的现象，专家参政在进步时代的兴起所面临的最大牵制来自美国社会的传统观念，这既包括19世纪盛行的反智主义，也包括建国以来基于大众政治的民主理念和平等主义。威尔逊从普通选民的立场发出警惕"专家政府"的忧虑便说明了这一点。不过，专家参政随着进步主义改革的推进已成为势所必然，联邦政府在科技、经济和外交领域对专业知识的迫切需求，使其吸收越来越多的大学学者作为专家参政的趋势难以改变。尤其是1917年后，随着美国正式卷入第一次世界大战，即便是担心"专家政府"的威尔逊也不得不在战争的紧急情况下向大学和学术界的学者专家们求助，从而将联邦层面的专家参政趋势推进到前所未有的程度。

第三节　第一次世界大战与专家参政热潮

1914年欧战爆发之时，刚刚当政不到1年半的威尔逊正忙于推行他在竞选时所提出的"新自由"改革计划，故而对欧洲战事采取了"中立"姿态。这一姿态几乎一直贯穿于威尔逊的第一任期，直至1916年大选时，威尔逊依然打出"他（指威尔逊）使我们置身于战争之外"的竞选口号而成功连任。

然而，自1915年2月以来，德国发起的"无限制潜艇战"频频危及美国的对欧贸易利益和公民人身安全，使得美国与德国之间的矛盾不断激化。1916年9月2日，威尔逊在接受民主党内提名时曾发表演说警告德国，他不会容忍给美国造成人员损失的"无限制潜艇战"，并表示德国若继续如此必将招致"直接的挑战和抵抗"，从而使"这场（欧洲）战争或多或少地变成我们（美国人）的事情"①。威尔逊的警告并未使德国有所收敛，后者反而变本加厉，于1917年1月31日宣布：自2月1日起，德国潜艇将不加警告地击沉在英、法、意和地中海东部这一广阔海域航行的协约国和中立国船只。不久后发生的"齐默尔曼密电"事件则进一步刺激了威尔逊和美国国内舆论的神经。2月3日，美国宣布与德国断交。2个月后，美国正式对德宣战，无条件地加入协约国一方。

第一次世界大战是人类历史上的第一场"总体战"。"总体战"的特点决定了所有参战国必将"倾全国之力"来赢得战争的胜利，美国亦不例外。在美国政府备战和军队作战的过程中，企业界、大学及学术界等社会各界人士群起响应，全国的物力和人力都被动员起来服务于战争。与此同时，联邦政府为动员全国资源并对国家社会经济进行战时管制而成立的新机构，搭建了政府与企业界、大学及学术界之间展开合作的平台。如果说企业界与政府合作的典型例子是一大批从华尔街和各工矿企业来到华盛顿的"年薪1美元的人"（dollar-a-year Men），那么大学及学术界为战时政府服务则充分体现在1917年以来的专家参政热潮中。

（一）大学及学术界对美国参战的态度

1914年4月美国对德宣战前夕，由于美德关系急剧恶化乃至两国最终断交，美国国内反德情绪高涨。在这一形势下，大学和学术界普遍表现出强烈的战争热情，积极支持联邦政府备战和参战。

一方面，美国各大高校自发组织起来，于1917年2月在宾夕法尼亚大学沃顿商学院院长威廉·麦克莱伦（William McClellan）的发起下成立"校际信息局"（Intercollegiate Intelligence Bureau），用以"协助政府招募有志于从军的大学生或大学毕业生，并将他们安排到恰当的位置上各展所长"。"校际信息局"总部设在华盛顿，

---

① Woodrow Wilson, "Address at Sea Girt, New Jersey Accepting the Democratic Nomination for President", Sept., 1916, http://www.presidency.ucsb.edu/ws/index.php?pid=65393#axzz1p32pDyKA.

在全国两百多所高等院校和农工学院均设有办事处。麦克莱伦在给战争部的信中写到:"对我而言,该组织的成立是给予国家和备战的一份赠礼,在战时如同在平时一样提供服务。……我们组织起来,怀着一个念头,就是让全国的教育机构、专业技术人员尽可能地与政府建立有益的联系,使他们在战争期间对国家能产生真正的效用。""校际信息局"的成立可以说是高等教育界为美国备战、参战进行的首次动员。①

另一方面,各大高校纷纷对联邦政府备战表示支持,主动寻求与政府之间的合作。例如,麻省理工学院院长理查德·麦克劳林(Richard Maclaurin)在1917年2月美德断交后立即致电战争部,表示"本校愿意(为国)效力"②。哥伦比亚大学在1917年2月6日召开了全校大会,表示要"在这一伴随着与德国断交而来的危机时刻向总统表明我校的忠诚"。会后,哥伦比亚大学成立了一个专门委员会来筹备和制定全校师生向国家提供服务的具体方案。女性教师和学生另行组织了"哥伦比亚大学女子服务委员会"。3月5日,哥伦比亚大学校董会也宣布"我校将忠实地支持美国政府的一切国防行动"。哈佛大学则于2月12日成立了"军事委员会",以"组织和协调哈佛大学备战计划的一切活动",确保"哈佛大学的所有设施都能被充分地用以支持战争"。纽约城市学院的教师们在2月15日通过一项决议,要求学校"采取一切必要的措施,与兄弟院校合作,倾全校之物力和人力为国家政府服务"。3月中旬,芝加哥大学的50多名科学家签署了一份请愿书,向校董会建议"一旦发生战争,将芝加哥大学的科学实验室和设备提供给联邦政府使用",并表示自愿协助政府、参加与战争相关的活动。③ 不久

---

① Parke Rexford Kolbe, *The Colleges in War Time and After*: *A Contemporary Account of the Effect of the War upon Higher Education in America*, D. Appleton and Company, 1919, pp. 44 – 45.

② Francis Wylie, *M. I. T. in Perspective*: *A Pictorial History of the Massachusetts Institute of Technology*, Little Brown, 1975, p. 56.

③ 约翰·博耶:《反思与超越:芝加哥大学发展史》,第202页。

后，芝加哥大学的153名教师联名给总统威尔逊、战争部长和伊利诺伊州的议员们递交了一封请愿书，希望"在战争时期（为国家）提供军事、工业和科学研究方面的服务"①。

至1917年4月，随着美国正式对德宣战，各大高校的战争热情进一步高涨。向政府主动请缨的请愿书或表示效忠的信件纷纷从全国各地的大学校园涌入华盛顿。哈佛大学校长劳伦斯·洛厄尔宣称："我校很清楚应如何为政府提供帮助""我校正不断受到政府的请求，也在竭尽全力来满足政府的需要""所有教授都全力以赴，干劲十足"。哥伦比亚大学校长尼古拉斯·巴特勒则致信战争部，表示"在人类历史的这一关键时刻，如果我们有什么能做的，如果我校师生能提供什么服务，来给政府帮点忙，我们将感到荣幸之至。"《哥伦比亚校友通讯》欢欣鼓舞地写到："哥伦比亚大学在我国高校中总是身先士卒，在（国家）需要之时（向其）提供公共服务。如今，为国家效力的时刻再次来临，（国家的）需要是巨大的。哥伦比亚大学将响应号召。"② 伊利诺伊大学于1917年12月11日成立"战时委员会"，由校长埃德蒙·詹姆斯、州长弗兰克·洛登（Frank Lowden）、州防务委员会主席塞缪尔·英萨尔（Samuel Insull）任名誉主席，其任务包括向全校师生提供有关战争的信息；通过演讲和文章向全州民众发布这些信息，并为报纸和杂志撰写新闻稿；散发民众感兴趣的话题的传单；协调校内从事与战争相关工作的机构和个人的行动，等等。③ 在昔日被视为"学、府"合作典范的威斯康星大学，情况较为特殊。由于该州拥有较多的德裔居民，以及罗伯特·拉福莱特所持的反战态度，威斯康星大学在高等教育界的主战热潮中一度受到质疑。先是助理农业部长卡尔·弗鲁曼（Carl Vrooman）嘲讽威斯康星大学盛行的是一种"奶中掺水的爱国主义"，一种"只说不做的爱国主义"，接着是普林斯顿大学

---

① Gruber, *Mars and Minerva*, pp. 96-97.
② Ibid., pp. 100-103.
③ Kolbe, *The Colleges in War Time and After*, pp. 207-208.

教授罗伯特·麦克尔罗伊（Robert M. McElroy）公开指责威斯康星大学不爱国，窝藏"美奸"。威斯康星大学校长查尔斯·范海斯对此愤懑不已，他给普林斯顿大学校长寄去两封抗议信，向威尔逊总统写了一封长达 8 页的陈情书，表明本校师生确实是真心实意地动员起来支持战争的。①

在一片群起响应的热烈气氛中，美国各大高校对联邦政府备战与参战的支持大致包括三个方面。首先，绝大多数高校都表达愿意将科学研究和学术资源交由政府安排、使用。如俄亥俄州立大学校长威廉·汤普森（William O. Thompson）致信威尔逊总统："我校校董会及全体教师向您宣誓效忠，拥护您的领导。我校的一切科学和研究实验资源、人力悉听您的调遣。"② 普林斯顿大学校长约翰·希本（John Hibben）写到：在他的大学里，能够让整个大学的资源与设施归于战争部节制乃是"罕有的特权"③。内政部下属的教育局曾对美国各大高校的战时科研情况进行调查，发现除了少数高校的科研因为大量研究生参军而导致中断外，大多数高校的科研已经转向为战争服务。如威斯康星大学的"所有科学研究实际上都以为战争服务为目的"；普林斯顿大学的"化学、物理学和生物学等纯科学学科的研究并未增多"，但"实验室均转而开展与战争相关的研究"④。

其次，在政府号召和校方支持下，大量高校学生应征入伍，组建预备役学生军。根据《1916 年国防法》，联邦政府建立了"预备军官训练营"（Reserve Officer Training Corps，ROTC），即军方与高等院校合作，在高校学生中选拔预备军官对其进行军事培训。至 1918 年，联邦政府又发起"学生军训练营"（Student Army Training Corps，SATC）项目，要求全国的每一所高等院校都须在当年秋季

---

① Gruber, *Mars and Minerva*, pp. 103 – 104.
② Kolbe, *The Colleges in War Time and After*, p. 35.
③ Ibid., pp. 35, 230.
④ Ibid., pp. 203 – 204.

开学时征召100名18岁以上的青年,以校园为场地对其进行常规教育和军事训练。[①] 据统计,1918年秋季学期开学时,全美共有525所高校组建了学生军训练营,占全国高校的94%;有16.6万至17.9万大学生加入了各校的学生军训练营接受军事训练,占全国大学生总数的74%—75%。[②] ROTC和实施不到三个月的SATC项目在美国大学校园里掀起了从军热潮,极大地改变了高校的日常教学和校园秩序。正如普林斯顿大学的《校友周刊》在一篇题为"战争对校园的影响"的文章中所描述的:"普林斯顿大学每天都在变得不像是一个学术园地,而更像一所军事学校。正常的教学课程每周都在让位于那些军训课程。1/4的本科生已彻底放弃学习,另外3/4的人则在等待合适的机会加入他们。"[③]

最后,随着校园里的军事氛围日渐浓重,象牙塔内的学者自然难以沉得住气,连向来以"笔杆子"为生的人文学科的学者也将扛起"枪杆子"视为更大的荣耀。哈佛大学哲学教授拉尔夫·佩里(Ralph B. Perry)在加州大学召开的一次会议上宣称:"若不参战,确实不光荣。(我们应)尽可能地上前线,直接参加战斗。参加战斗的战士才是我们当中最受人羡慕和尊敬的幸运儿。"威斯康星大学历史学博士伯纳多特·施密特(Bernadotte Schmitt)说,他"最渴望的是参军"。当军方派人找到他时,他欣喜若狂地说道:"我现在是一名战士了,一切文献和史学研究将无限期地后延。"北卡罗来纳大学文学系教授阿奇博尔德·亨德森(Archibald Henderson)向朋友坦言:"我总是想起战壕、牺牲、尽责和杀戮。我无所畏惧,而感到心有不甘。我希望我能即刻启程前往法国。"即便不能参战,学者们也会想着直接或间接地为国家做点实事,而不是闭门潜心于

[①] Kolbe, *The Colleges in War Time and After*, p. 70.

[②] Charles Franklin Thwing, *The American Colleges and Universities in the Great War, 1914-1919: A History*, The MacMillan Company, 1920, pp. 85-88. Clyde W. Barrow, *Universities and the Capital State: Corporate Liberalism and the Reconstruction of American Higher Education, 1894-1928*, The University of Wisconsin Press, 1900, p. 138.

[③] Kolbe, *The Colleges in War Time and After*, p. 36.

学术与政治：美国进步时代专家参政现象研究（1900—1920）

学术。一些大学教授甚至想过从事体力劳动，如明尼苏达大学历史学教授威廉·戴维斯（William S. Davis）给该校历史系主任盖伊·福特（Guy S. Ford）写信说，他希望能在码头船坞得到一份木匠的工作。威斯康星大学历史学教授卡尔·菲什（Carl R. Fish）则决定利用暑假去工厂干活。他写到："这是我第一次深刻地感触到，笔头不如刀剑有用。"至于那些因年龄等原因而无法参战或为政府服务的学者，他们常常对此心存惋惜。因"太老而无法参战"的学术耆宿理查德·伊利哀叹道："我没有在这场世界史上最重大的战争中发挥更积极的作用，这令我和我的妻子感到心痛不已。"弗雷德里克·特纳在信中告诉朋友："如果医生可以让我再年轻一点而扛起枪支，我会很高兴的。"芝加哥大学东方学系主任、考古学家詹姆斯·布雷斯特德（James H. Breasted）坦言说："我们东方学系的教员们没能为战争提供足够的帮助而不得不留守校园，这令我感到很遗憾。"伊利诺伊大学历史学教授克拉伦斯·奥尔沃德（Clarence Alvord）的一番话，最能反映那些留在校园里的学者们心中的郁闷和失望。他说："随着我的同事们一个个地投入这种或那种与战争相关的工作中，我内心的孤立无助之感变得愈发强烈。"①

总之，在美国备战和参战的过程中，大学和学者们对政府的支持是有目共睹的。在美国参战前，大学学者大多持主战态度。《新共和》杂志在题为"谁希望美国参战"的文章中指出："如果让各大职业或社会群体就美国是战还是和分别投票的话，可能除了那些名人录里的教授外，大多数教授大概是支持参战的。"②"一名曾担任大学教授的总统所率领的教授大军，比农民、商人和政治家会更加积极有效地推动美国做出参战的决定。"③

待美国正式卷入战争后，大学和学者们更是倾其所能地为政府

---

① Gruber, *Mars and Minerva*, pp. 112 – 114.
② Bowman, *The College Professors in America*, p. 145.
③ Gruber, *Mars and Minerva*, p. 82. Willis Rudy, *The Campus and a Nation in Crisis: From the American Revolution to Vietnam*, Associated University Press, 1996, p. 121.

提供服务，这在耶鲁大学校长阿瑟·哈德利对战时耶鲁大学校园的描述中便能管窥一斑：

> （我们）将实验室交给联邦政府来指挥，为国防委员会组建了一个研究委员会，并承诺若政府需要（我校）教师可以离校。（我们）为预备役炮兵军官、在役航空兵、海军士官、长岛的汽艇巡逻队等开办了四年制的课程。我们今年毕业的学生将响应号召为政府服务。（我们）成立由校长、校长秘书、财务主管、各学院院长、军事科学教授等组成的"非常时期战争委员会"，并授权其不必经过全校教工的同意，直接处理突发事件。[1]

哥伦比亚大学校长尼古拉斯·巴特勒也生动地记录了战争给哥伦比亚大学带来的变化：

> 战争的影响是如此之大，以至于哥伦比亚大学工作与生活的正常运转都被暂时搁置起来……成百上千的莘莘学子进入我国的陆海军和政府部门；近400名教职工正努力或已离开校园，甚至辞去公职，只为踏入公门；教学课程要么调整，要么停止；惯常的运作方式被改变，整个大学都在紧跟战争的步伐。[2]

面对大学和学者们对战争的热烈支持，联邦政府也做出了积极回应，负责备战和作战的"国防委员会"[3]、战争部等政府部门均

---

[1] Gruber, *Mars and Minerva*, p. 100.
[2] Kolbe, *The Colleges in War Time and After*, p. 117.
[3] "国防委员会"（Council of National Defense）于1916年8月底由威尔逊下令成立，其成员包括战争部长、海军部长、内政部长、农业部长、商务部长和劳工部长，负责协调和整合全国的各种资源为可能到来的战争做准备。

成立了代表机构与大学及学术界进行接洽。如国防委员会在1917年成立了"工程和教育委员会"（Committee on Engineer and Education），由德雷塞尔学院（今德雷塞尔大学）院长霍利斯·戈弗雷（Hollis Godfrey）领导，负责统筹全国高校的备战动员工作。1917年5月5日，戈弗雷在华盛顿召开第一次全国高校代表大会，与会者包括来自约150所大学的校长、教授以及高校联合会的负责人，讨论的议题有二：(1)"我们当前能为国家做些什么？"(2)"在战争期间，我们应如何让大学作为国家的资源而运转起来？"大会最后通过一项决议，宣称："在国家遭遇危机的紧要关头，美国高等教育界的唯一想法是集中我们的所有资源为国家服务，毫无保留地为国家贡献全部的力量。"[①] 战争部则于1918年2月成立了"教育和特别训练委员会"（Committee on Education and Special Training），由哥伦比亚学院（哥伦比亚大学的本科生院）前院长、时任第三助理战争部长的弗雷德里克·凯佩尔（Frederick P. Keppel）领导。该委员会的主要工作是与全国高校建立联系，以落实SATC项目。许多大学学者均被邀请担任"教育和特别训练委员会"的顾问，包括芝加哥大学心理学家詹姆斯·安杰尔、物理学教授查尔斯·曼恩（Charles R. Mann，担任总顾问）、辛辛那提大学工学院院长赫尔曼·施奈德（Herman Schneider）等。[②]

（二）战争期间为政府服务的大学学者

克劳塞维茨在《战争论》中精辟地指出，战争不过是政治以另一种方式的延续。从这一意义上讲，战争的到来必将扩大大学学者作为专家参政的空间。而且，由于第一次世界大战的"总体战"特点，美国政府在参战后不仅必须全面动员国家的一切物力和人力，还要极尽所能地运用新式的军事技术和战法，以达到克敌制胜的目

[①] Kolbe, *The Colleges in War Time and After*, pp. 26 – 27; Gruber, *Mars and Minerva*, p. 99.

[②] Kolbe, *The Colleges in War Time and After*, pp. 59 – 61.

的。这样一来，战争时期的政府事务就不仅仅是和平时期的社会、经济建设那样简单，而是覆盖了"枪杆子"（军事技术）、"钱袋子"（经济资源）和"笔杆子"（舆论宣传）可谓"三位一体"的广泛领域。正如美国学者哈罗德·拉斯韦尔在"一战"结束后所写的一样："过去的这次大战的历史表明，现代战争必须在三个战线展开：军事战线、经济战线和宣传战线。"[1] 由此导致的结果是，大学学者作为专家参政不再仅仅是为社会改革或经济发展出谋划策，而是全面参与到与战争相关的一切政府事务中。如阿克伦市立大学（今阿克伦大学）校长帕克·科尔比（Parke R. Kolbe）回忆道：随着战事的开始，"大学所遇到的情况是昔日（为政府）提供有用服务的空间被无限地放大。突然间，大学的活动从日常教学的层面被提升到直接参与国防事业""作为提供专业人才的唯一场所，高校在战争期间发挥了比和平时期要大得多的重要作用"[2]。

1. 科学家与战争中科学技术问题的解决

战争是"用技术和科学的成果装备自己"，实现以暴制暴。[3] 由于19世纪以来工业革命的发展和科学技术的进步，新式的军事技术和武器装备层出不穷，如飞机、坦克、潜艇以及化学战武器均在这场前所未有的"总体战"中得以广泛的应用。无论是使用这些新式军事技术和武器装备，还是对其进行反制，相关的科学和技术知识都是必不可少的，这就使科学家们在战争时期为政府提供更多的专家服务有了用武之地。例如，"物理学家可以研究如何定位、摧毁潜艇和飞机，化学家可以研究如何提高枪火弹药的威力，地质学家可以研究如何修筑战壕、引爆地雷"，地理学家则"被请到军营里为士兵们讲解如何制作、识别地图和地形"。从这一意义上看，第一次世界大战堪称"一场由科学家运用科学手段展开的战争"[4]。

---

[1] 拉斯韦尔：《世界大战中的宣传技巧》，中国人民大学出版社2003年版，第173页。
[2] Gruber, *Mars and Minerva*, p. 106.
[3] 克劳塞维茨：《战争论》（第一卷），商务印书馆1982年版，第23页。
[4] Thwing, *The American Colleges and Universities in the Great War*, pp. 115, 125.

事实上，科学家们正是最早向联邦政府提供专家服务的学术群体。早在1916年联邦政府成立"国防委员会"之时，美国国家科学院便派出一支科学家代表团面见威尔逊，建议成立一个全国性的科研部门，全面组织和协调企业、大学及政府相关机构的科技工作，以加强国防科技实力。在威尔逊的支持下，国家科学院成立了一个"国家研究委员会"，作为"国防委员会"的科研部门。自1917年2月初以来，由于德国重启"无限制潜艇战"，研制反潜技术和装备成为国家研究委员会的当务之急。1917年6月1日，国家研究委员会召开了一次由美、英、法等国的科学家参加的代表大会，专门探讨如何探测潜艇。会后，国家研究委员会呼吁全国的科学家对这一问题进行攻坚，由纽约和圣佩罗市的科学家研究"超声波"，由新伦敦市的科学家研制双声道接收器（binaural receiver），芝加哥和威斯康星的一批科学家则对与反潜相关的其他问题进行研究。

在国家研究委员会的宏观指导下，自然科学家广泛参与到由政府支持的武器装备与军事技术研发项目中，除了潜艇探测与声呐技术外，还包括军事光学、军械、军火、地形测量、食品保存、致命毒气、染料、炸药、烟幕和代用染料等。其中，毒气或曰化学武器的研发是"一战"时美国科学家为联邦政府提供专家服务的典型例证。

"一战"是人类历史上首次大规模使用化学武器的战争。"一战"中的化学武器主要指催泪瓦斯、氯气和芥子气等具有不同杀伤力的有毒气体。战争爆发后不久，德军在伊普尔战役中率先使用了毒气，其幕后研发者正是德国科学界的王牌化学家——柏林大学教授弗里茨·哈伯（Fritz Haber）。协约国亦不甘落后，动员各国科学家积极研发具有更大杀伤力的毒气，并投入战场。美国参战后，联邦政府将研制毒气的任务交给内政部下的矿务局负责，后者则向国家研究委员会的"军事委员会"求助，由"军事委员会"成立一个毒气研究组，专门协助政府对"军用毒气及其生产与防护的研究"。据美国远征军（American Expedition Force）军医总长梅里特·爱尔兰（Merritte Ireland）少将记载，参与化学武器研发的是来自芝加哥大学、耶鲁大学及其医学院、麻省理工学院、天主教大学、约翰·霍普金斯大学、普林斯顿大学、哈佛大学、卫斯理大学、俄亥俄州立大学、康奈尔大学、密歇根大学、克拉克大学、伍斯特理工学院和威斯康星大学等各大高校的化学家。[1] 1918年6月，战争部正式成立了"化学勤务处"（Chemical Service Section），下设七个部门，其中的"研究部门"设在美利坚大学的一栋大楼内，从全国动员了至少1900名科学家参与化学武器研发项目。[2] 麻省理工学院的化学家威廉·沃克（William H. Walker）担任化学勤务处处长之职。此人早年从哥廷根大学获博士学位，长期担任麻省理工学院工业化学系主任，是现代化学工程学的奠基人之一。美国参战后，沃克应召入伍，授陆军中校军衔，他所领导的化学勤务处正是后来美军化学战部队（Chemical War Service）的前身之一。

战事的发展也催生了对受过专门训练的工程技术人员的巨大需要。1917年6月20日，威尔逊在给内政部长富兰克林·莱恩的信中明确指出："（战争时期）将对各种应用科学领域的大量专家人士产生前所未有的需要。"为此，国防委员会的"工程及教育委员会"在美国参战后设立了一个下属的"工程教育委员会"，专门负责联络各大高校的工学院，由大学派出工程学家为军方培训工程师，组建工兵营。工程教育委员会的成员包括匹兹堡大学工学院院长弗雷德里克·L. 毕晓普（Frederick L. Bishop，主席）、西储大学应用科学学院院长查尔斯·豪（Charles S. Howe）、科罗拉多大学工学院院长米洛·凯彻姆（Milo S. Ketchum）、美国教育理事会

---

[1] Merritte Weber Ireland, *The Medical Department of the United States Army in the World War*, Vol. XIV: *Medical Aspects of Gas Warfare*, Government Printing Office, 1926, pp. 35 – 36.

[2] Slotten Hugh, "Humane Chemistry or Scientific Barbarism? American Responses to World War I Poison Gas, 1925 – 1930", *Journal of American History*, Vol. 77, No. 2, September 1990, p. 485.

(American Council on Education)主席塞缪尔·卡彭(Samuel P. Capen)博士。在该委员会的推动下,威尔逊于1917年12月15日下令组建了"工程师预备营"(Engineer Enlisted Reserve Corps)。[1]

战争所带来的巨大人员伤亡还导致大量医学院教师投入战时的医疗工作中,运用各种医学知识和技术在"绞肉机"似的"一战"战场上救死扶伤。至少有六所美国大学在法国战场设立了医院,最早为协约国提供医疗服务的美国大学是西储大学,该校于1914年年底便派出一支医疗队赴欧。据西储大学校长查尔斯·特温描述,医学院的教师们在战场前线和后方医院表现得非常活跃:

> 外科医学的教员在战地或后方医院担任手术室主任。细菌学和公共卫生学的教员在罗马尼亚和塞尔维亚担任卫生委员会专员。病理学的教员在鲁昂(法国城市)建立了实验室。眼科医学的教员应征成为卫生局的特聘体检师。神经医学的教员到美军军营和法国城市大范围走访,调查精神不振、沮丧等情况。皮肤病学的教员在性犯罪等方面贡献才智。药物学的教员在合成药物方面找到了大量的工作机会。儿科医学的教员忙于处理战争给儿童造成的创伤。生理学和心理学的教员发现"弹震症"(一种因战争而惊吓过度的精神疾病)所造成的恐慌亟待解决。预防医学的教员则奉命检查军营里的饮用水和其他卫生状况。[2]

"一战"结束后,芝加哥大学物理学家罗伯特·米利肯(Robert A. Millikan)就大战与科学界之间的关系做出这样的总结,他说:"是战争让世界睁开眼睛,认识到科学所能带来的新的价值。"霍普金斯大学物理学教授J. S. 埃姆斯(J. S. Ames)也有类似的看

---

[1] Kolbe, *The Colleges in War Time and After*, pp. 50, 135 – 136.
[2] Thwing, *The American Colleges and Universities in the Great War*, pp. 92 – 93.

法，他认为，在和平时期，经济发展是头等大事，"大学里的科学家居于弱势地位。他几乎不知道经济问题应如何解决""如今，为了满足战争的迫切需要，一切都变了""在科学史上，科学家们第一次享有了证明他们对国家的价值的直接机会。这是一个好的时机，我国的大学正在抓住它。"① 埃姆斯所描绘的情况当然不仅仅限于科学家，大学里人文及社会科学学者同样在战争中找到了更多为政府服务的机会。

2. 经济学家与战时的社会、经济管制

经济是一切社会行为的物质基础，这一基础在大规模的国际战争中愈发重要，它决定着交战国双方的成败。面对战争的紧张形势，美国政府在动员全国物资资源的同时，对社会经济实行了全面管制的政策，管制范围涵盖工业、食品、燃料和交通等诸多领域，在财政税收和劳资关系方面也加强了政府的调控。落实经济管制政策仅仅依靠和平时期的经济决策、调查和监管机构显然是不够的。为确保战时经济的顺利运转，美国政府成立了一系列的临时性社会、经济管制机构，如战时工业委员会、战时贸易委员会、战时燃料管理局、食品管理局、战时航运委员会（War Shipping Board）、战时劳工政策委员会、价格核定委员会（Price Fixing Committee）、食糖供给委员会（Sugar Equalization Board）等。无论是在传统的经济职能部门，还是在战时方才成立的社会经济管制机构，以经济学家为主的社会科学学者都在其中扮演着非常活跃的角色。

作为总理国家财政事务的内阁级机构，财政部在战时任命了宾夕法尼亚大学政治学教授利奥·罗担任第二助理财政部长，并聘请威斯康星大学经济学家托马斯·亚当斯为财政顾问。明尼苏达大学公共财政学教授罗伊·布莱基（Roy G. Blakey）则出任财政部下节约司（Savings Division）的助理司长。战前业已存在的经济监管委员会，可以威尔逊在第一任期内成立的关税委员会为例。1917年

---

① Gruber, *Mars and Minerva*, p. 108.

学术与政治：美国进步时代专家参政现象研究（1900—1920）

至1919年，哈佛大学经济学教授弗兰克·陶西格一直担任关税委员会的主席。1918年，德国莱比锡大学博士、曾执教于加州大学和得克萨斯大学的托马斯·佩奇被威尔逊任命为关税委员会专员。其他为关税委员会工作的学者还有弗吉尼亚大学政治学教授林赛·罗杰斯（Lindsay Rogers）、华盛顿大学经济学助理教授亚伯拉罕·伯格伦德（Abraham Berglund）和康奈尔大学博士亨利·查莫斯（Henry Chalmers）。[1]

在战时成立的各种社会、经济管制机构中，经济学家以及其他专业的社会科学学者作为专家参政的现象甚为突出。如1917年1月30日正式成立的"战时航运委员会"是联邦政府中的海事监管机构，聘请了达特茅斯学院经济学教授弗兰克·狄克逊（Frank H. Dickson）为"特聘专家"（顾问），并委托哈佛商学院院长埃德温·盖伊（Edwin F. Gay）为该委员会创建了"计划和统计处"（Division of Planning and Statistics），由盖伊任主管，负责对出入境的船只和进出口货物信息进行统计。1918年2月，联邦政府下达进口限制令后，盖伊所领导的战时航运委员会"计划和统计处"与战时贸易委员会（见后文）合作，共同执行进口限制政策。

同年5月，由于协约国出现严重的粮荒，威尔逊任命赫伯特·胡佛为新成立的食品管理局局长，负责对战时的食品消费实行政府管制。胡佛是一名成功的工程师，在企业界和学术界均享有较高的声誉，先后在国内外的约85所大学获得过荣誉学位。主管食品管理局期间，胡佛广纳专家，吸引了许多学者。斯坦福大学校长雷·威尔伯担任该局节约处（Conservation Division）处长，堪萨斯大学文理学院院长奥林·坦普林（Olin Templin）在节约处主管大学及中小学事务，威斯康星大学校长查尔斯·范海斯、芝加哥大学法学教授弗雷德里克·伍德沃德（Frederick C. Woodward）也均在节约处任职。食品管理局的统计处（Statistical Division）由霍普金斯大

---

[1] Cook, *Academicians in Government from Roosevelt to Roosevelt*, pp. 90 – 91.

学统计学家雷蒙德·珀尔（Raymond Pearl）领导。其他为食品管理局工作的大学学者包括威斯康星大学博士查尔斯·麦卡锡、康奈尔大学校长雅各布·舒尔曼、宾夕法尼亚大学生理化学教授阿朗索·泰勒（Alonzo E. Taylor）、芝加哥大学博士艾伯特·梅里特（Albert N. Merritt）、密苏里大学经济学系主任索尔斯坦·凡勃伦（因顶撞上司而在半年后离职）以及曾任国情普查局局长、时为明尼苏达大学统计学教授的爱德华·达纳·杜兰德。[①] 为稳定小麦价格，威尔逊还特别成立了一个"小麦合理价格委员会"，其成员中有四位大学学者，分别是哈佛大学教授弗兰克·陶西格、威廉斯学院院长哈里·加菲尔德、北达科他农学院院长埃德温·拉德、堪萨斯州立农学院院长亨利·沃尔特斯。

1917年10月，"战时贸易委员会"在《对敌贸易法》的授权下正式成立，从商务部接管了专门对进出口贸易进行管制的职权。康奈尔大学经济学教授阿林·杨格被任命为该委员会的统计研究局（Bureau of Statistical Research）局长。埃德温·盖伊作为航运委员会的代表参与了战时贸易委员会对进口货物核发许可的工作。

战时工业委员会是"一战"期间联邦政府中对工业经济实行调控和管制的主要机构，也是战时任用经济学家最为集中的部门。对战时工业经济的管制始于国防委员会在1914年4月成立的"商贸经济委员会"（Commercial Economy Board），其主要任务是通过政府强制干预来限制战时的企业竞争，并对某些商品的种类和产量进行限制，以达到节约资源全力支持战争的目的。该委员会主席阿奇·肖是哈佛商学院的兼职教授，他凭借与哈佛商学院的密切联系，将该学院的许多学者吸收到"商贸经济委员会"中。如院长埃德温·盖伊、讲座教师亨利·丹尼森（Henry Dennison）均为商贸经济委员会的成员，梅尔文·科普兰（Melvin T. Copeland）教授则

[①] Maxcy R. Dickson, "The Food Administration: Educator," *Agriculture History*, Vol. 16, No. 2, Apr., 1942, pp. 91–96.

出任该委员会的秘书长。① 1917年7月，"战时工业委员会"正式成立，"商贸经济委员会"并入其中，成为前者的"资源节约处"（Conservation Division）。战时工业委员会中可谓学者、专家云集。他们中的一些人在战时工业委员会的各下属机构担任主管，如在战时工业委员会的要求下，盖伊为该委员会创建了一个"计划和统计处"，自任（名誉）主席，同时邀请加州大学会计学教授亨利·哈特菲尔德（Henry R. Hatfield）出任（执行）主管；哥伦比亚大学经济学教授韦斯利·米切尔在战时工业委员会中任物价处（Price Section）主管；密歇根大学经济学家利奥·沃尔曼领导了生产统计处（Section of Production Statistics）的工作；密歇根大学商学院教授爱德华·琼斯（Edward D. Jones）担任就业管理处（Employment Management Section）主管；伊利诺伊大学经济学系主任欧内斯特·博加特出任商品研究局（Commodity Research Bureau）局长。另一些人则以其他方式为战时工业委员会效力，如前霍普金斯大学经济学教授雅各布·霍兰德作为战时工业委员会的代表参与了国情普查，哈佛大学金融学教授奥利弗·斯普拉格是战时工业委员会的行政人员（Staff），等等。② 1918年5月后，战时工业委员会的价格核定权被拨给另一个新成立的机构——"价格核定委员会"，哈佛大学经济学家弗兰克·陶西格是该委员会的成员。

对社会经济的计划和管制须以准确的经济数据为基础。在1918年以前，联邦政府中的各经济职能部门和监管机构均设有自己的统计处，这种"各自为政"的状态既导致统计工作的重复和数据的烦冗，也造成人力上的浪费。如埃德温·盖伊一人就身兼多职，为航运委员会、战时工业委员会等数个机构创建了统计处。1918年春，在盖伊的建议下，威尔逊下令成立了"中央计划和统计局"（简称"中统局"），由盖伊出任首任局长，亨利·丹尼森任助理局长，其

---

① Cook, *Academicians in Government from Roosevelt to Roosevelt*, p. 84.
② Grossman, *Professors and Public Service*, p. 153.

成员中有近一半是来自统计学界、经济学界和企业界的专家。① 中统局的主要任务是监督和协调战时政府各部门中统计机构的工作。盖伊要求航运委员会的计划和统计处（盖伊领导）、战时贸易委员会的统计研究局（阿林·杨格领导）、战时工业委员会的计划和统计处（盖伊和亨利·哈特菲尔德领导）、战时劳工政策委员会的统计委员会等统计机构每周都须向中统局汇报统计数据。② 在这些数据的基础上，中统局每周和每月发布政府工作统计报告，这既有利于避免统计工作的重复，又可以让总统更容易地了解各部门的工作效率和人员表现。③ 鉴于中统局在战时的成功运作，盖伊以及韦斯利·米切尔曾试图说服威尔逊在战后将该局变成常设机构，但未能成功。④

3. 历史学家与战争宣传、舆论控制

兵法云："用兵之道，攻心为上，攻城次之，心战为上，兵战次之。"⑤ 19 世纪 60 年代，担任《哈勃周刊》主编的美国作家乔治·柯蒂斯（George W. Curtis）也说过一句大意相近的话："思想就是子弹。"⑥ 以思想为子弹、以思想对抗思想的战争通常被称为"宣传战"⑦，其目的无外乎扰乱或瓦解敌方意志（即攻心），同时稳定、鼓舞我方的军心和民心，为赢得战争胜利打好"思想基础"。"宣传战"的战法在世界军事史上早已有之，但直到第一次

---

① 截至 1918 年 10 月初，中统局共有 63 名成员，其中 28 人是来自统计学界、经济学界和企业界的专家。（Robert D. Cuff, "Creating Control Systems: Edwin F. Gay and the Central Bureau of Planning and Statistics, 1917–1919," *The Business History Review*, Vol. 63, No. 3 (autumn, 1989), p. 609.）"中统局"成员的全部名单，参见 Z. L. Porter, "The Central Bureau of Planning and Statistics," *Publications of American Statistical Association*, Vol. 16, No. 125, Mar., 1919, pp. 276–277.

② Z. L. Porter, "The Central Bureau of Planning and Statistics," p. 276.

③ Grossman, *Professors and Public Service*, p. 138.

④ Ibid., p. 163.

⑤ 杜佑：《通典》卷第一百六十一"兵十四"，中华书局 1982 年版。

⑥ 拉斯韦尔：《世界大战中的宣传技巧》，第 174 页。

⑦ "所谓宣传，其实就是思想对思想的战争。"（拉斯韦尔：《世界大战中的宣传技巧》，第 23 页。）

世界大战时才得以广泛使用，成为战场上克敌制胜的法宝。"一战"期间，协约国和同盟国双方均动员和利用了舆论宣传的力量，做得最为成功的当数英国。英国政府于1918年2月成立了由著名报人北岩勋爵领导的"对敌宣传部"，动用一切媒介和手段（包括欺骗性的"黑色宣传"）来破坏德国形象，打击德军士气，以至于年轻的列兵阿道夫·希特勒在《我的奋斗》中反思时认为，德国的战败在很大程度上源于"敌人战争宣传"以及"我方"的宣传不力，并总结道：尽管"宣传不过为一种武器而已，若是这种武器落在一个善用这种武器的人的手中，这武器真是一种可怕的武器"①。对于宣传在"一战"中的巨大作用，美国传播学奠基人之一的拉斯韦尔在以此为题完成的博士论文中一语中的地概括道："国际战争宣传在上一次战争（指"一战"）中扩大到令人震惊的范围。"②

"一战"期间，美国政府的主要战争宣传机构是威尔逊在1917年4月13日下令成立的"公共信息委员会"（Committee of Public Information, CPI）。该委员会由新闻记者乔治·克里尔（George Creel）任主席，包括国务卿、海军部长、陆军部长三名当然成员。该委员会成立的初衷本是对全国舆论进行控制，但在克里尔的领导下，它被扩大为一个综合性的战争宣传机构。③ 用克里尔本人的话说，公共信息委员会的目标是要"让人民充分了解（我们进行）这场战争背后的（真正）原因"。④

为制作战争宣传材料，克里尔向历史学界的战时服务团体——"国家历史服务委员会"（National Board of Historical Service）求助。该委员会成立于1917年4月底和5月初，由卡内基研究院历史研究所所长兼《美国历史评论》主编约翰·富兰克林·詹姆森（John

---

① Adolf Hitler, "War Propaganda," My Struggle, http://gutenberg.net.au/ebooks02/0200601.txt.
② 拉斯韦尔：《世界大战中的宣传技巧》，第22页。
③ Gruber, Mars and Minerva, p. 138.
④ George Creel, "Public Opinion in War Time," Annals of the American Academy of Political and Social Science 78, 1918, pp. 185–186.

Franklin Jameson)、哈佛大学教授弗雷德里克·杰克逊·特纳和哥伦比亚大学教授詹姆斯·肖特韦尔（James T. Shotwell，后任主席）等人联合发起，办公室设在卡内基研究所大楼内，由美国历史学会秘书瓦尔多·勒兰德（Waldo Leland）兼任委员会秘书。

作为一个历史学家志愿者组织，国家历史服务委员会"旨在在当前的紧急情况下，将全国史学工作者的聪明才智转化为有用的实践"，得到众多历史学家的积极响应。① 国家历史服务委员会向许多政府机构派出历史学家，"在战时提供有价值的公共服务"②。在国家历史服务委员会的推荐下，明尼苏达大学的盖伊·福特被克里尔任命为公共信息委员会下属的"公共与教育合作处"（Division of Civic and Educational Cooperation）主任。当时年方四十的福特早年留学德国，归国后在明尼苏达大学担任研究生院院长和历史系主任、欧洲史教授，专攻德国历史。

"公共与教育合作处"主要负责制作和出版与战争宣传相关的文字资料，后更名为"公共和教育出版处"（Division of Civic and Educational Publications）。该处的正式成员并不多，除了福特担任主任外，印第安纳大学欧洲史教授塞缪尔·哈丁（Samuel B. Harding）担任助理主任，堪萨斯州立大学英语系教授詹姆斯·希尔森担任助理编辑。不过，该处与国家历史服务委员会、"教育爱国委

---

① 参与者包括亨利·伯恩（西储大学）、埃德蒙·伯内特（卡内基研究院历史研究所）、乔治·达彻（韦斯莱杨大学）、盖伊·福特（明尼苏达大学）、查尔斯·黑曾（哥伦比亚大学）、查尔斯·赫尔（康奈尔大学）、盖拉德·亨特（国会图书馆）、安德鲁·麦克劳克林（芝加哥大学）、艾伯特·麦金莱（《历史教师杂志》）、托马斯·佩奇（弗吉尼亚大学）、弗雷德里克·帕克森（威斯康星大学）、詹姆斯·肖特韦尔（哥伦比亚大学）、弗雷德里克·特纳（哈佛大学）等。后来加入的还有卡尔·贝克尔（康奈尔大学）、阿奇博尔德·柯立芝（哈佛大学）、威廉·多德（芝加哥大学）、埃瓦茨·格林（伊利诺伊大学）、达纳·C. 芒罗（普林斯顿大学）、华莱士·诺特斯坦（明尼苏达大学）等。（Gruber, *Mars and Minerva*, pp. 120 – 121.）

② David O. Levine, *The American Colleges and the Culture of Aspiration*, 1915 – 1940, Cornell University Press, 1986, p. 35.

237

员会"（Committee on Patriotism through Education）①等由历史学家组成的社会服务团体合作，征集了上百名历史学家及其他文科专业的学者以"著者、合著者、研究者、译者、顾问等"各种方式为公共信息委员会工作，其中不乏当时美国学术界赫赫有名的人物，如查尔斯·比尔德、卡尔·贝克尔（康奈尔大学教授）、约翰·康芒斯、爱德华·考文（Edward S. Corwin，普林斯顿大学教授）、威廉·多德（William E. Dodd）、卡尔·菲什、约翰·富兰克林·詹姆森、安德鲁·麦克劳克林（Andrew C. McLaughlin，芝加哥大学教授）、詹姆斯·肖特韦尔、芒罗·史密斯（Munroe Smith）。②由以上名单可见，各大高校的历史学教授构成了公共信息委员会公共和教育合作处之主体。据克里尔本人所说，他手头的名单上至少有2500名历史学家直接或间接地为公共信息委员会工作。③尽管有学者（如克劳德·鲍曼）认为，此语多有夸大吹嘘之嫌，但足见参与战时宣传之历史学家不在少数，很难一一列出。④

　　以历史学家为主的大学学者在公共信息委员会的主要任务是通过撰写阐述美国参战合理性或妖魔化德国的小册子，来协助战争宣传。据统计，在美国参战的18个月中，"（公共信息）委员会用多

---

① 由哈佛大学历史学教授艾伯特·哈特、普林斯顿大学历史学教授罗伯特·麦克尔罗伊发起，隶属于"国家安全联盟"（National Security League）。

② Gruber, *Mars and Minerva*, p. 144. 其他为公共信息委员会工作的历史学家包括伊利诺伊大学历史学教授 E. V. 格林、明尼苏达大学历史学教授华莱士·诺瑞斯坦、明尼苏达大学英语教授埃尔默·斯托尔、普林斯顿大学历史学教授 D. C. 芒罗、威斯康星大学历史学教授 G. C. 塞勒里、雪城大学历史学教授 E. E. 斯佩里、哥伦比亚大学历史学教授 J. J. 科斯、哥伦比亚大学历史学教授詹姆斯·肖特曼、威斯康星大学历史学教授弗雷德里克·帕克森、明尼苏达大学教授威廉·戴维斯、哥伦比亚大学教授 G. W. 斯科特、伊利诺伊大学教授 J. W. 加纳、印第安纳大学教授 J. J. 佩蒂约翰、普渡大学教授 T. F. 摩根、达特茅斯学院教授 F. W. 麦克雷诺兹、芝加哥大学教授查尔斯·梅里亚姆、哥伦比亚大学教授 W. R. 谢泼德、耶鲁神学院教授杰罗姆·戴维斯、艾奥瓦州立大学教授 W. S. 拉塞尔等人。（C. Hartley Grattan, "The Historian Cut Loose," Louis Mencken, *American Mercury Magazine May to August 1927*, pp. 421 – 422. http：//www.unz.org/Pub/AmMercury-1927aug-00414? View = PDF.）

③ Cook, *Academicians in Government from Roosevelt to Roosevelt*, p. 80.

④ Bowman, *The College Professors in America*, p. 146.

种语言出版了30多种宣传册,在美国国内散发了7500多万份,在国外也散发了几百万份"①。这方面的代表有斯坦福大学教授约翰·塔特洛克(John S. P. Tatlock)编撰的《美国为何对德作战》、普林斯顿大学达纳·C. 芒罗(Dana C. Munro)编撰的两卷本《德国战争行径》(*German War Practices*)、明尼苏达大学华莱士·诺特斯坦(Wallace Notestein)编撰的《征服与德国文化》(*Conquest and Kultur*),以及由查尔斯·比尔德、爱德华·考文等众多大牌学者合编的《战争百科全书》(*War Cyclopedia*)。作为宣传册,这些由专业历史学家所编撰的战时作品的政治倾向性自然十分明显。如塔特洛克将欧洲两大军事集团之间的对抗描述为"民主世界"与"专制世界"的斗争,还危言耸听地描绘了未来德军在美国东海岸(如新泽西州)登陆的假想图景。② 还有不少历史学家尤其是古代史学者倾向于借古喻今,有人写到:"德国人又一次入侵了法国北部和意大利。……这些侵略者屠杀和平居民,把他们掠走并沦为奴隶;他们大肆破坏历史遗迹。……我们看到了一个种族在技术能力上占据了优势以后,却把它的国际伦理还给了德意志原始森林中的祖先。这些人就像恺撒所描述的那样,他们夸耀民族的光荣是以荒废他们领土周围的多少农村来加以衡量的。"③ 中世纪历史学家詹姆斯·威斯特伐尔·汤普森(James Westfall Thompson)指出:

> 今天的德意志帝国与德国的帝国主义计划,无论从精神上还是从实际做法上,都与中世纪的帝国一脉相承。……从它的政治理论,它的心理,它过去的历史和现在的政策来看,德国一直是而且依然是个帝国主义,而不是国家主义。从中世纪德

---

① 拉斯韦尔:《世界大战中的宣传技巧》,第170页。
② John S P. Tatlock, "Why America Fights German," The Committee on Public Information, 1918, March. http://debs.indstate.edu/t219w5_1918.pdf.
③ 彼得·诺维克:《那高尚的梦想:"客观性问题"与美国历史学家》,生活·读书·新知三联书店2009年版,第166页。

国的希望、欲望、野心、政策、目标和心理中可以看到今天的德国,这样说似乎并不过分。……或许,从所有这些东西里面,我们可以看到一个种族的特征在经历了几个世纪后延续下来了。①

以新闻审查为主要形式的舆论控制是公共信息委员会工作的另一个重要内容。历史学家不仅推动了1917年《反间谍法》②的出台,也是具体实施新闻审查政策的主要群体。早在《反间谍法》正式颁布以前,盖伊·福特便于1917年5月向全国的50多名历史学家布置了一项任务,要求他们每人每天审阅至少一种地方性的非英语报纸,定期向公共信息委员会提交报告,汇报该报纸的编辑政策、新闻来源、所有者、广告方和流通途径等。6月15日《反间谍法》出台后,历史学家们进行审阅的范围有所缩小,主要审阅《反间谍法》所涉及的报纸和出版物,但审阅报告每天都须向公共信息委员会提交,凡触犯《反间谍法》的材料须译成英文一起上报。③ 参与审阅工作的历史学家包括宾夕法尼亚大学赫尔曼·埃姆斯、西储大学亨利·伯恩(Henry Bourne)和伯纳多特·施密特、印第安纳大学 A. L. 科尔迈耶(A. L. Kohlmeier)、斯坦福大学爱德华·克雷比尔(Edward Krehbiel)、伊利诺伊大学 L. M. 拉森(L. M. Larson)、宾夕法尼亚大学威廉·林格尔巴克(William Lingelbach)、密苏里大学乔治·萨拜因(George H. Sabine)等。唯一拒绝参与这项工作的是威斯康星大学历史系的教员。盖伊·福特曾邀请该系的弗雷德里克·帕克森(Frederick L. Paxson)教授参与审阅威斯康星州的德语报纸,后者予以了拒绝。对此,福特颇为不

---

① 转引自诺维克《那高尚的梦想》,第167页。
② 《反间谍法》于1917年6月15日通过,规定:对故意制造虚假消息帮助敌人的人、煽动武装部队判乱的人、企图阻碍征兵的人,均可判处最高长达20年的监禁和高达1万美元的罚款。该法的主要打击对象是美国境内持反战态度或政治异议的非英语出版物。
③ Gruber, *Mars and Minerva*, p. 157.

満，他后来说道：这是"我在联系全国学术界人士的过程中遇到的唯一一次不和谐的插曲"①。

在缺乏广播和电视的时代，演说是向公众传达信息的主要途径。在威尔逊的授意下，公共信息委员会成立了一个"四分钟演说员"（Four-minute Men）项目，顾名思义，即在全国范围内招募志愿者，对地方民众发表长约4分钟的战争宣传演说。该项目主要挑选具有较大社会影响力和卓越口才的志愿者为"四分钟演说员"，历史学家在其中发挥了优势。许多历史学家加入来自社会各界的"四分钟演说员"大军，奔赴各地，在电影院、剧院、教堂、大厅甚至走廊上四处宣讲。据克里尔所述，公共信息委员会在战时共派出了75000名"四分钟演说员"，他们在全国的5200个社区发表了755190场演说。②

由上可见，战争的到来为大学学者作为专家广泛参与政府事务提供了机会和用武之地。除了以化学家为主的科学家、经济学家和历史学家在战时政府事务中的突出表现外，其他专业、学科领域的学者同样以各自的方式为政府提供了专家服务。例如，美国心理学会主席、耶鲁大学教授罗伯特·叶基斯（Robert M. Yerkes）号召全国的心理学家为政府服务，他说："我们的知识和方法对国家的军事工作具有重大意义，我们有责任（与政府）合作，以最直接的方式最大限度地提高我国军队的效率。"由于美国陆军和海军招募了大量新兵，心理学家们在战时从事的主要工作是运用"智力测试"（intelligence test）的方法，协助军方制定和执行军职分类制度，使军方可以在心理学的指导下将不同"心智水平"的新兵分配到适合他们的军职岗位上。叶基斯本人被任命为美国陆军"新兵心理学筛查委员会"（Committee on the Psychological Examination of Recruits）主席，他专门为军方开发出了

---

① Gruber, *Mars and Minerva*, p. 158.
② 拉斯韦尔：《世界大战中的宣传技巧》，第170页。

"Alpha 量表"（语言能力测量，如表达、识字）和"Beta 量表"（行为能力测量，如拼图、计算、画图等），对 200 多万入伍新兵进行了"智力测试"①。对于不同专业学科的大学学者在战时政府事务中所发挥的作用，西储大学校长查尔斯·特温（Charles Thwing）生动地描述道：

> 植物学教授们被征募为农业部工作，化学教授被召集从事化学研究，物理学教授研究潜艇的防御术，人类学教授设计营帐，林学教授在农场和森林里进行试验，法学教授担任军事检察官，政治学和政府学教授四处演讲，宣传爱国主义，制材学教授（professor of lumbering）评估船只和军营的建造成本，法语教授则向医生和护士传授如何用法语进行对话。②

（三）大学学者与战后媾和

美国参战之时，大战已历时近 3 年。随着美国等国的加入以及战争事态的发展，胜利的天平逐渐倾向于协约国一方。至 1917 年秋，英、法等国已经开始筹备媾和及战后安排事宜。在哈佛大学法学家费利克斯·法兰克福特的建议下，威尔逊意识到美国也应有所准备，故委托自己的助手豪斯上校从学术界招募一批学者专家，收集和整理在将来和会上可用的科学的、准确的信息。于是，豪斯上校于 1917 年 11 月正式创建了一个名为"调查团"（The Inquiry）③的临时性研究咨询机构，办公地点起初设在纽约市公共图书馆，美国地理学会理事长以赛亚·鲍曼（Isaiah Bowman）加入后，搬至美

---

① Daniel J. Kevles, "Testing the Army's Intelligence: Psychologists and the Military in World War," *The Journal of American History*, Vol. 55, No. 3, Dec., 1968, pp. 565 – 583.

② Charles Thwing, *The American Colleges and Universities in the Great War*, pp. 92 – 93.

③ 该组织最初拟命名为"战略情报调查局"，但该名称过于直白，故最后定名为"调查团"。肖特韦尔曾解释说："调查团"这一名称既可"使外人不明真相，又可使新手们便于识别性质"。（斯蒂尔：《李普曼传》，第 206 页。）

国地理学会位于纽约市百老汇第156街的办公室。豪斯的连襟、纽约城市学院院长西德尼·梅泽斯（Sidney Mezes）被任命为调查团主席。

梅泽斯本人是一名资深的哲学家，他利用自己与高等教育界、学术界的联系广泛邀请和召集专家学者，主要由历史学家组成，也包括地理学家、制图学家、考古学家和少量的政治学家、经济学家。他们大多来自纽约市及其周边的研究性大学、学术团体，一般都拥有或正在攻读人文（如历史学）、社会科学（如经济学、国际法学）专业的博士学位，其中不少人还是各自研究领域的执牛耳者，为当时美国学术界、知识界最具实力或潜力的学者。正如调查团在1917年12月15日的《进展报告》中所说，该机构"从哈佛大学、克拉克大学、史密斯学院、耶鲁大学、哥伦比亚大学、（纽约）城市学院、普林斯顿大学、宾夕法尼亚大学、芝加哥大学、明尼苏达大学、密苏里大学、斯坦福大学，以及国会图书馆、纽约市公共图书馆、美国地理学会、国家历史服务委员会等招揽人才"①。

从1917年9月筹建到1918年12月解散，调查团在一年多时间里共招揽了上百名专家学者。据统计，调查团在1918年1月有51人，5月有63人，至1918年10月规模最大时，共有126名研究人员和行政人员。②霍夫斯塔特认为，该机构大约有150名成员。③之所以存在数字上的差异，是因为调查团的规模随着战争的需要而不断扩大，且人员存在一定的流动性，如担任东欧组组长的哈佛大学教授阿奇博尔德·柯立芝（Archibald C. Coolidge）便在1918年4月因出国而离职。调查团秘书长李普曼也在1918年6月离职，进入战争部担任陆军上尉，从事战争宣

---

① Department of State, *Foreign Relations of the United States*, 1919, *The Paris Conference*, Vol. 1, Government Printing Office, 1942, pp. 34-39.

② Department of State, *FURS*, 1919, *The Paris Conference*, Vol. 1, p. 46. Lawrence E. Gelfand, *The Inquiry: American Preparations for Peace, 1917-1919*, Yale University Press, 1963, p. 45.

③ Hofstadter, *Anti-intellectualism in American Life*, p. 212.

传与情报工作。

鉴于人员众多，调查团将麾下的100多名专家学者按照其所学专业和研究对象，划分为若干小组。各组均承担对特定国别、地区或具体领域的专题研究任务，定期将研究进展、成果以研究报告或备忘录的形式呈交总统。由于人员流动以及多次内部改组，调查团在不同时期的分组情况略有差异，但学者专家云集乃是调查团始终之一贯特点。表4.3列出的是在调查团中工作时间较长、提交过至少两次研究报告的主要成员。

表4.3　　　　　　　　　调查团的主要成员及其职务

姓名	背景	职务
行政管理组：执行委员会（5人）		
西德尼·梅泽斯	纽约城市学院院长、哲学家	主席
以赛亚·鲍曼	霍普金斯大学前校长、美国地理学会理事长	代秘书
沃尔特·李普曼	记者	秘书
詹姆斯·肖特韦尔	哥伦比亚大学历史学教授	
戴维·亨特·米勒*	律师	财务官
西北欧组（5人）		
查尔斯·哈斯金斯	霍普金斯大学博士、哈佛大学研究生院院长、中世纪史教授	组长
华莱士·诺特斯坦	耶鲁大学博士、明尼苏达大学英国史教授	
劳伦斯·斯蒂费尔	哈佛大学德国史博士生	
爱德华·克雷比尔	芝加哥大学博士、斯坦福大学欧洲史教授	
哈蒂·戈德曼	拉德克里夫学院博士、考古学家	

第四章 联邦层面的专家参政及其在战时的强化

续表

姓名	背景	职务
东欧组（8人）		
阿奇博尔德·柯立芝	弗莱堡大学博士、哈佛大学东欧及中欧史教授	组长
罗伯特·H. 洛德	哈佛大学博士、哈佛大学现代史助理教授	代组长
F. A. 戈尔德	哈佛大学博士、华盛顿州立学院历史学教授	
西德尼·费伊	哈佛大学博士、史密斯学院现代史教授	
亨利克·阿克托夫斯基	莱姆堡大学博士、纽约市公共图书馆科学部主任	
I. M. 鲁宾诺	哥伦比亚大学博士、联邦政府公共慈善部统计师	
塞缪尔·莫里森	哈佛大学博士、哈佛大学历史学讲师	
弗拉基米尔·辛克维奇	哈勒大学博士、哥伦比亚大学经济史教授	
奥匈帝国及意大利组（4人）		
查尔斯·西摩	耶鲁大学博士、耶鲁大学助理教授	组长
罗伯特·克纳	哈佛大学博士、密苏里大学欧洲现代史教授	
威廉·爱德华·伦特	哈佛大学博士、康奈尔大学英国史教授	
奥斯丁·伊万斯	康奈尔大学博士、哥伦比亚大学中世纪史讲师	
巴尔干地区组（8人）		
克里夫·戴伊	耶鲁大学博士、耶鲁大学经济史教授	组长
马克斯·汉德曼	芝加哥大学博士、得克萨斯大学社会学教授	
威廉·门罗	新泽西大学心理学教授	
保罗·孟禄	芝加哥大学博士、哥伦比亚大学教育学院院长	
艾伯特·索尼森	赴巴尔干地区记者、通讯员	
威廉·弗格森	康奈尔大学博士、哈佛大学古代史教授	
利昂·多米尼安	美国地理学会工作人员、土耳其裔移民	
乔治·诺伊斯	哈佛大学博士、加州大学古典学教授	

续表

姓名	背景	职务
西亚组（10人）		
达纳·C. 芒罗	普林斯顿大学中世纪史教授	组长
威廉·韦斯特曼	柏林大学博士、威斯康星大学古典学和历史学教授	代组长
达纳·G. 芒罗	达纳·C. 芒罗之子、宾夕法尼亚大学博士	
阿瑟·安德鲁斯	哈佛大学博士、塔夫斯学院历史学教授	
罗亚尔·狄克逊	哈佛大学博士、哈佛大学人类学教授	
埃伦·森普尔	瓦萨学院硕士、芝加哥大学讲座教师	
戴维·麦奇	哈佛大学博士、普林斯顿大学古典学教授	
亚伯拉罕·杰克逊	哥伦比亚大学博士、哥伦比亚大学印地—伊朗语教授	
F. H. 内维尔	美国地质勘查局工程顾问	
L. H. 格雷	哥伦比亚大学博士、普林斯顿大学印地—伊朗语讲师	
殖民地地区组（9人）		
乔治·路易斯·比尔	哥伦比亚大学硕士、业余历史学者	组长
内文·芬内曼	芝加哥大学博士、辛辛那提大学地质学教授	
沃尔科特·皮特金	律师，曾任暹罗政府首席外交顾问	
多萝西·凯尼恩	律师	
诺曼·哈里斯	芝加哥大学博士、西北大学政治学教授	
斯坦利·亨培克	威斯康星大学博士、威斯康星大学政治学教授	
W. W. 麦克拉伦	哈佛大学博士、威廉斯学院经济学教授	
普雷斯顿·斯洛森	哥伦比亚大学博士、哥伦比亚大学历史学助理教授	
乔治·布莱克斯利	哈佛大学博士、克拉克大学历史学教授	

续表

姓名	背景	职务
拉丁美洲组（8人）		
以赛亚·鲍曼*	美国地理学会理事长	组长
贝利·威利斯	柏林大学博士、斯坦福大学地质学教授	
马克·杰弗逊	密歇根州立师范学院地理学教授	
G. M. 麦克布莱德	美国地理学会图书馆员	
奥斯古德·哈迪	耶鲁大学研究生	
弗雷德里克·莫里斯	哥伦比亚大学地质学讲师	
阿明·洛贝克	哥伦比亚大学博士	制图员
威廉·布里麦斯特	美国地理学会制图员	制图员
国际法与国际经济组（4人）		
阿林·杨格	威斯康星大学博士、康奈尔大学经济学及金融学教授	组长
詹姆斯·邦布赖特	哥伦比亚大学博士生	
约瑟夫·张伯伦	哥伦比亚大学法学院立法学教授	
戴维·亨特·米勒	律师	

* 以赛亚·鲍曼、戴维·亨特·米勒同时在管理层、小组任职。

资料来源：Gelfand, *The Inquiry*, pp. 49–67.

表4.3对调查团成员及其工作职务的统计并不完整。如哥伦比亚大学地理学家道格拉斯·约翰逊（Douglas Johnson）在调查团中负责对亚得里亚海地区的地理进行研究。詹姆斯·斯科特（James B. Scott）在调查团的国际法学组工作。此人是南加州大学法学院的创始人，曾任伊利诺伊大学法学院院长、哥伦比亚大学法学教授、乔治·华盛顿大学法学教授，还是《美国国际法杂志》主编。调查团的其他成员还有：达特茅斯学院历史学教授弗兰克·安德森（Frank M. Anderson）、哥伦比亚大学政治学助理教授帕克·穆恩（Parker T.

Moon），等等。①

在上百名大学人文、社会科学学者的努力下，调查团在不到一年半的时间里共绘制了1200多份地图，撰写了2000多份研究报告，其内容多为与战争形势和战后安排相关的热点问题，部分研究报告清单见表4.4。在调查团呈交的2000多份研究报告中，一份完成于1917年底、题为"当前形势：战争目的与和平条款"的备忘录影响最为深远。该备忘录对德国、奥匈帝国、波兰、意大利、俄国和法国及阿尔萨斯·洛林地区的局势诉求与争议作出分析，并明确提出建立国际联盟的构想，其观点与建议基本上被威尔逊所接受。② 1918年初，以此备忘录为基础并对其建议进行修改和补充后，威尔逊发表了著名的"十四点计划"演说。可以说，由调查团中的人文社会科学学者集体完成的"当前形势：战争目的与和平条款"备忘录正是美国关于"一战"后国际秩序构想的纲领性文件——"十四点计划"的蓝本。

1918年底大战结束后，调查团作为实体机构虽然面临着解散，但其使命却以另一种方式得以延续。1919年初，威尔逊从调查团中挑选了23名骨干人员加入"美国媾和委员会"，随他乘坐"乔治·华盛顿号"，赴欧参加巴黎和会。前调查团成员占"美国媾和委员会"总人数的约1/4，包括唐纳德·弗雷里（Donald Frary，耶鲁大学）、克里夫·戴伊（Cliver Day，耶鲁大学）、查尔斯·西摩（Charles Seymour，耶鲁大学）、西德尼·梅泽斯（纽约城市学院）、威廉·韦斯特曼（William Westermann，威斯康星大学）、罗兰·狄克逊（Roland Dickson，哈佛大学）、查尔斯·哈斯金斯（Charles Huskins，哈佛大学）、斯坦利·亨培克（Stanley Hornbeck，威斯康星大学）、阿林·杨格（威斯康星大学）、塞缪尔·莫里森（哈佛大

---

① Grossman, *Professors and Public Service*, p. 89.
② Department of State, *FURS, 1919, The Paris Conference*, Vol. 1, pp. 41-53.

表 4.4　　调查团的学者为"美国媾和委员会"提交的部分研究报告

所属高校	姓名	研究成果
哥伦比亚大学	查尔斯·D. 黑曾	《德国的军国主义》
	保罗·孟禄	《普鲁士的教育法和私立学校行政管理条例等问题》《奥地利的教育法和私立学校行政管理条例等问题》《阿尔巴尼亚的教育》《阿尔巴尼亚的教育：附录》《中部非洲殖民地的教育》《日本：教育法和私立学校行政管理条例等问题》《俄国的教育：机构、历史和数据统计》
	普雷斯顿·斯洛森	《萨摩亚王国外交史》《美索不达米亚地区的国际干预：从1902—1903年叛乱到青年土耳其人革命》
	芒罗·斯洛森	《德国的政治组织》
	詹姆斯·邦布赖特	《德国与奥匈帝国之间的关税关系》
	I. M. 鲁宾诺	《俄国欧洲地区的制造业数据统计》
	J. P. 张伯伦	《多瑙河》
	乔治·比尔	《中部非洲》《埃及问题》《德国在非洲的殖民地》《中部非洲：国际合作和控制问题》《阿尔巴尼亚》《阿尔巴尼亚：补充报告》
	帕克·穆恩	《依照条约开放的中国通商港口和城市》
哈佛大学	劳伦斯·洛厄尔	《德国政治体制报告初稿》
	查尔斯·哈斯金斯	《阿尔萨斯—洛林问题》
	塞缪尔·莫里森	《芬兰》
	威廉·弗格森	《希腊》
	罗兰·狄克逊	《蒙古利亚与准噶尔》《东突厥斯坦》《吉尔吉斯斯坦—哈萨克斯坦地区与西伯利亚地区西部的大草原》《俄属的西突厥斯坦：经济研究》

续表

所属高校	姓名	研究成果
耶鲁大学	查尔斯·西摩	《奥匈帝国国内版图划分的公平性与可操作性报告摘要》《南斯拉夫对奥匈帝国提出的领土要求：一项统计学研究》《奥地利民族主义的社会和经济基础》《匈牙利的罗马尼亚人》
斯坦福大学	爱德华·克雷比尔	《对阿尔萨斯—洛林地区全民公决的建议》
芝加哥大学	埃伦·森普尔	《奥地利—意大利战线的战略特点》
威斯康星大学	斯坦利·亨培克	《中国：在华政治经济特权的历史》《当前实行的门户开放政策》《日俄协定》
明尼苏达大学	华莱士·诺特斯坦	《1911年阿尔萨斯—洛林地区的州议会选举》《战时阿尔萨斯—洛林地区的处理办法：1914年7月至1918年10月》《德属奥地利地区的安排：经济和政治上的考虑》
西北大学	诺曼·哈里斯	《西藏与通往西藏之路》
得克萨斯大学	马克斯·汉德曼	《匈牙利的马扎儿人和罗马尼亚人》
密苏里大学	罗伯特·克纳	《奥地利人、俄罗斯人和缓冲国解决方案对奥匈帝国周边经贸关系的政治影响》《奥匈帝国内的少数民族：对哈布斯堡君主国少数民族问题的历史考察》《奥匈帝国政府中的民族构成》《简述南斯拉夫脱离奥匈帝国的政治运动》《波西米亚地区的捷克裔少数民族》
拉德克里夫学院	哈蒂·戈德曼	《阿尔萨斯—洛林：移民统计报告》《德国统治下的阿尔萨斯—洛林政府》
华盛顿州立学院	F. A. 戈尔德	《波罗的海地区》《立陶宛》《顿河地区》《西伯利亚》《乌克兰》
新泽西大学	威廉·门罗	《巴尔干半岛》《巴尔干地区：多瑙河及其国际性》《巴尔干半岛：君士坦丁堡和博斯普鲁斯海峡的贸易》《阿尔巴尼亚》《阿尔巴尼亚：补充报告》《保加利亚政府》《保加利亚》《多布鲁甲地区民族志》

续表

所属高校	姓名	研究成果
纽约城市学院	斯蒂芬·达根	《奥匈帝国在巴尔干地区的政策》
史密斯学院	西德尼·费伊	《波罗的海地区：拉脱维亚与爱沙尼亚》

资料来源："Select Reports of the American Commission to Negotiate Peace," http：//cisupa.proquest.com/ksc_assets/catalog/11254.pdf.

学）、里斯·卡朋特（Rhys Carpenter，布林茅尔学院）、罗伯特·乔治（Robert H. George，耶鲁大学）、戴维·麦奇（David Magie，普林斯顿大学）、托马斯·巴克莱（Thomas S. Barclay，哥伦比亚大学）。[1] 另外，威斯康星大学地质学教授 C. K. 利斯（C. K. Leith）在委员会中任技术顾问，以赛亚·鲍曼的老师、密歇根州立师范学院（今东密歇根大学）地理学系主任马克·杰弗逊（Mark Jefferson）担任首席制图员，助理制图员则是来自哥伦比亚大学的地质学家阿明·洛贝克（Armin K. Lobeck）。这些学者专家被归于"美国媾和委员会"的"领土、经济与政治情报处"（Section of Territorial, Economic and Political Intelligence），仍由此前的调查团主席梅泽斯和秘书长鲍曼所领导。在巴黎和会上，"领土、经济与政治情报处"中的学者专家们继续为威尔逊总统以及出席和会的美国全权代表们出谋献策。据统计，"美国媾和委员会"共收到894份有关战后欧洲安排的建议报告，其中263份出自前调查团成员之手，占总数的29%，大多涉及"一战"后欧洲国家间的疆界划分与领土安排问题。[2]

综上所述，"战争的到来见证了一个考验美国大学的时刻"，但"对大学来说，战争不仅仅是一场考验，而是一个极好的机遇"[3]。

---

[1] Gelfand, *The Inquiry*, pp. 168-169.
[2] Ibid., pp. 184, 187.
[3] Kolbe, *The Colleges in War Time and After*, p. 205.

战争的紧急形势和战后媾和加大了政府对各个学科专业知识的需要，从而为大学学者全面参与战时政府事务与军事行动创造了前所未有的广阔空间。一股专家参政的热潮随着美国参战而席卷全国的各大高校。有人在战后做了统计，普林斯顿大学在战时共向政府机构和军方派出40人，芝加哥大学派出了50人，西北大学派出了50人，科罗拉多大学派出了54人，路易斯维尔大学派出了50人，耶鲁大学派出了40人，威斯康星大学派出了74人。[1] 不过，耶鲁大学校长阿瑟·哈德利和威斯康星大学校长查尔斯·范海斯对本校学者参政的人数另有看法，前者认为，耶鲁大学在战时离校的教员人数后来增至70人[2]，后者则宣称自美国参战至1918年6月10日，威斯康星大学共派出了187名教师为战争服务，其中有126名在陆军工作，11名在海军工作，10名在红十字会工作，还有40名在政府工作。[3] 麻省理工学院共派出117名学者参与战时工作，其中化学系16人、土木工程系12人、机械工程系35人、矿业系3人、建筑学系1人、电子工程学系16人、生物学和公共卫生学系9人、物理学系8人、地质学系1人、海事工程学系6人、英语系2人、经济学系2人、现代语言学系4人、体育系2人。[4] 从全国范围来看，加入这股专家参政热潮的大学学者多达近2300人（见表4.5）。这意味着在美国的任何一所高校，每100名教员中就有15名在1917年4月后离开了校园，参与到战争时期的政府事务、军事活动及战后媾和行动中。

战时为国效力的经历极大地增进了大学学者对其专业化学术之用的自信，令他们相信能够并愿意在战后的公共事务中继续运用其专长，为政府提供专家服务。战时参政的许多学者在1920年战争

---

[1] Cook, *Academicians in Government from Roosevelt to Roosevelt*, p. 82.
[2] Gruber, *Mars and Minerva*, p. 101.
[3] Charles Van Hise, "The War Work of the University of Wisconsin," *Review of Reviews*, July, 1918, pp. 67 – 68. Bowman, *College Professors in America*, p. 149.
[4] Kolbe, *The Colleges in War Time and After*, pp. 96 – 99.

复员后并没有返回校园和学术界，而是留在政府。留在政府里的大学学者几乎占了参与战时政府事务的学者总数的一半略多（见表4.5）。如美国媾和委员会成员斯坦利·亨培克和阿林·杨格在随威尔逊总统出席巴黎和会后，都留任于国务院。杨格在20世纪20年代一直担任国务院经济司司长，亨培克则出任国务卿的远东事务顾问，1930年升任远东事务司司长。还有一些战时参政的学者虽暂时离开了政府，但也习惯了在需要时重返公门。如调查团成员、宾夕法尼亚大学博士达纳·芒罗战后曾在国务院拉美司工作，1921年进入乔治敦大学任教，1923年又回到国务院，任拉美司助理司长。曾向威尔逊建议成立调查团、参与媾和委员会的费利克斯·法兰克福特则在十多年后重返华盛顿，成为"新政"后期罗斯福总统"智囊团"中的核心人物。

表4.5　战时及战后大学学者为联邦政府服务的情况

	对德宣战时全美大学教师人数	离校为政府工作的人数 离校从事非研究性军事工作的人数	离校为政府工作的人数 离校从事与战争相关问题研究工作的人数	战争结束时不打算返校的大学教师人数
教授	5828	378	275	293
副教授	1012	67	54	45
助理教授	1938	219	116	129
讲师	4077	525	163	440
助教	1666	235	89	192
其他级别	1376	139	33	78
总计	15897	1563	730	1177

资料来源：Kolbe, *The Colleges in War Time and After*, p. 203.

总而言之，世界大战的紧张形势造就了美国政府动员全国物力和人力的努力，也促使它沿着进步主义改革的轨迹继续扩展政府职能，并扩大到对国家政治、经济和社会生活进行全面监管的程度。在这一过程中，大学学者作为专家广泛地参与了包括军事工作在内的政府事务，不仅为美国赢得战争胜利做出了突出贡献，也成为"一战"期间美国国家构建和政府权能扩张的重要支持者和推动者。

第五章　战后初期美国社会对专家参政现象的反应

在美国参加"一战"和战后媾和的过程中，人数众多的大学学者受到政府动员和召用，走出"象牙塔"中的图书馆与实验室，转而踏入公门，为联邦政府和军方效力，从而将战前业已涌现的专家参政趋势推向了一个前所未有的高潮。经过"一战"时期的专家参政热潮，大学学者在政府事务中所发挥的重要作用和所做出的巨大贡献可谓有目共睹，其日益凸显的"专家"形象也渐入人心，足以引起"一战"后美国社会尤其是学术界、思想界关于专家参政现象的深入思考与讨论。

大学和学术界人士往往对战时的专家参政热潮感到欢欣鼓舞。许多大学管理者、学术界领袖对大学学者效力于政府的战时经历和所做贡献大加赞美，引以为豪。他们充分认识到：这段战时经历不仅可以证明专业化学术知识在现代政府事务中的重要价值，而且有助于改善大学学者在美国政治与社会公众中的形象和地位。不过，也有少数人如美国经济学会主席欧文·费雪对此现象感到些许担忧。这种担忧源于战时的专家参政热潮所暴露出的问题，引发了一些学者关于专业化学术究竟应该回归"纯学术"还是继续追求"学以致用"的思考。

"一战"后美国社会关于专家参政现象的深入讨论，最为突出地体现于20世纪20年代年轻的政治思想家李普曼与资深的哲学教授杜威之间的"思想交锋"。在著名的"李普曼—杜威论战"（后文简称"李—杜之争")中,两位意见领袖围绕专家与公众的关系、专家在现代社会事务中所应扮演的角色和所应发挥的作用、专家理政或曰"专家政府"的可取性等问题展开了针锋相对的激烈辩论。尽管李—杜之争的孰是孰非至今尚存分歧,但这场论战的发生与存在本身便见证了战时专家参政现象对战后美国社会思想所造成的持续性影响。换言之,战时的专家参政热潮为李普曼与杜威的思想交锋提供了直接的、现实的灵感启发。

第一节 褒贬之间:针对专家参政现象的褒扬与批评

在"一战"前的进步主义改革浪潮中,大学学者已经开始作为专家广泛参与美国各级政府事务,有效地协助政府解决"工业—城市"社会中的种种疑难问题,加强了国家对社会经济生活的干预与管理。对于专家参政在解决"工业—城市文明综合征"、推动进步主义改革方面所发挥的积极作用,时人早有认识。如记者斯洛森在描述威斯康星州的专家参政现象时便对这一现象予以肯定。他写到:"在大学人士的影响下,威斯康星在进步主义改革和有效的(改革)立法方面成为公认的领头羊……大学(人士)积极参与到外部世界的事务中,在我看来,这可是好事一件。"[①]

1917 年 4 月美国参加"一战"后,大学学者作为专家参与政府事务可谓蔚然成风,形成了专家参政之热潮。人数空前之多的大学学者的确在美国参战以及赢得战争胜利的过程中发挥了更为突出、显著的积极作用,所做贡献较之其在和平年代改革运动中所做贡献"有过之而无不及"。从 1918 年底大战结束到 20 世纪 20 年代初期,专家参政的热潮尽管缓缓消退,却在美国社会中引起了广泛而持续的回响。

---

① Slosson, *Great American Universities*, pp. 215 – 216.

（一）战后初期美国社会对战时专家参政热潮的褒扬

"一战"结束之时，最先认识到战时专家参政热潮之积极意义并予以肯定的，正是大学与学术界人士。他们对自己所属的大学、学会以及学者群体在战时为国效力的"宝贵"经历引以为豪，将之如"英雄史诗"一般传颂。如哈佛大学制作了一份本校师生战时为国效力的花名册①，并将阵亡师生的名字镌刻在哈佛纪念教堂（The Memorial Church, Harvard）的大理石纪念碑上，其上至少有三位哈佛大学教员的名字。② 耶鲁大学则筹划为本校阵亡师生和校友修建一座"耶鲁校友战争纪念馆"（Yale Alumni War Memorial），该馆于1927年最终建成。

由于美国大学及其学者为国效力的战时经历与贡献在社会公众当中有目共睹，大学与学术界对战时专家参政热潮的自我褒奖，自然也得到社会公众的积极回应与承认。大体说来，"一战"后美国大学、学术界和社会公众对战时专家参政热潮的褒扬与赞美包括三个方面：

首先，美国大学在战时的积极表现与突出贡献，受到高等教育管理者和政界人士的普遍认可。阿克伦大学校长帕克·科尔比写到："战争的到来见证了一个考验美国大学的关头……大学通过实际行动来竭尽所能地为国效力，在考验关头证明了其价值所在。"③艾奥瓦州立大学的一名历史学家也写到：全国高校在"在提供军官、培训士兵、提供进行战争的资源方面充分证明了自己的效用所在。如今，高校的教学工作、学术研究和继续教育都建立在最坚实

---

① 据统计，"一战"期间共有11319名哈佛大学教师、学生和校友在哈佛战争记录署（Harvard War Records Office）登记在案，其中385人死于战斗、伤残、意外和疾病。（Howe, DeWolfe ed., *The Harvard Volunteers in Europe: Personal Records of Experience in Military, Ambulance, and Hospital Service*, Cambridge: Harvard University Press, 1916, pp. 9, 248 – 279.）

② https://memorialchurch.harvard.edu/world-war-i.

③ Rudy, *The Campus and a Nation in Crisis*, p. 184.

的合理性基础之上"①。前总统威廉·塔夫脱的话简明扼要地代表了政界精英们的看法:"在我国,高校在推进大战方面居功甚伟。"②

战时的积极表现和贡献在为美国大学赢得褒奖的同时,也有助于改善和扭转美国公众由来已久的、藐视高等教育"无用"的反智主义偏见,提升大学在美国社会中的声誉与地位。正如《新共和》杂志撰文所宣称的:"认为我们大学百无一用的古老嘲讽再也站不住脚了,接受高等教育将回报以财富和权利,大学的影响力正在成倍地增加。"③

其次,在战时积极效力于政府、为战争服务的特殊经历,令那些参战的大学学者对自己在公共事务和政府工作中的有益价值有了充分的自我认知。他们因此而大受鼓舞,志得意满,甚至将自己视为美国赢得这场"伟大圣战"的台前幕后之功臣。帕克·科尔比在战争结束之际颇为自豪地写到:

> 如今这场以欢喜结束的战争在广义上是一场大学人士的战争。大学人士的理念和教诲带领我们走向战争,大学人士对战争时期的问题有着全盘的思考,大学人士引导这一伟大事业走向胜利的结局。在这个备受考验的时刻,(我国的)大学通过实际行动来竭力为国效力。在这一胜利的时刻,我们伟大的美国精神正在大学人士的引导下迈向和平之门。④

与之相似,耶鲁大学教授欧文·费雪在1918年底召开的美国经济学会会议上以主席身份发表演讲,他开门见山地说道:"在战

---

① Rudy, *The Campus and a Nation in Crisis*, p. 122.
② Thwing, *The American Colleges and Universities in the Great War*, p. 70.
③ David Levine, *The American College and the Culture of Aspiration*, *1915 – 1940*, Cornell University Press, 1986, p. 24.
④ Kolbe, *The Colleges in War Time and After*, p. 184.

争对大家心理所造成的诸多影响中，最显著的一点在于，我们每个人如今都感受到投身于公职的意愿变得更加强烈了。大战期间，数百名美国经济学会会员投入'战争工作'中。仅仅在华盛顿，就有120人进入公职部门任职。"费雪还进一步鼓励美国经济学家应对积极参加战后重建保持自信："在即将到来的战后世界重建工作中，与人类知识其他领域的大多数学者相比，经济学家可能将拥有更多机会来实现这一冲动。因为重建工作中的重大问题大多属于经济问题。"① 时至1922年，同为经济学家的耶鲁大学校长阿瑟·哈德利在回忆起美国大学学者的战时经历时依然赞不绝口，他在《哈勃周刊》上撰文写到："我国最好的教师尤其是大学教师中，有一大批人从事了与战争相关的工作——不仅有应用科学的教师，还有历史学、经济学和语言学的教师。几乎每个人都做得非常棒。"②

最后，战时专家参政热潮见证了大学学者在危难关头为国家做出的突出贡献，使大学学者这一职业群体在美国公众心目中留下了前所未有的良好印象。《大西洋月刊》撰文写到："人们一般认为教授只是有学问的人……但是现在出乎我们意料之外，他们也可以很聪明能干。"③《斯克里布纳》（Scribner's）杂志上刊载的《美国大学与世界大战》一文同样写到，"教授们不再被视为某种毫无战斗力的食草动物"，因为战争时期的事实表明"理论和实践之间的鸿沟是可以被有效填补的"。另一篇题为《大学教授与大世界》的文章则赞美大学教授们"不再怀有古老、迂腐而有损声誉的旧观念"，因为他们"已证明自己不仅是优秀的研究者，还是卓越的领导者和执行者"，他们在政府里"同来自企业界或其他行业的人士密切合作，而不是彼此相轻"④。

---

① Irving Fisher, "Economist in Public Service."
② Arthur Hadley, "What Is Education," *Harper's*. http://harpers.org/archive/1922/12/0011842.
③ "The Demobilized Professor," *Atlantic Monthly*, Vol. CXXIII (April, 1919). 转引自 Hofstadter, *Anti-intellectualism*, p. 539.
④ Cook, *Academicians in Government from Roosevelt to Roosevelt*, p. 85.

大学学者的战时贡献不仅极大地改善了自身的公众印象，而且证实了专业知识在现代政府事务中所发挥的巨大作用。这一作用在和平时期仍是不可或缺，且始终有效的。正如密苏里大学政治学家劳埃德·肖特（Lloyd Short）在战后所说，"当今这个时代的政府工作，在很大程度上是技术性或者说专业性的，其专业化程度很高，也十分重要"，因此我们"不再接受杰克逊式的政府观念""政府工作的职责应交付给接受过必要的知识教育、拥有专业经验的公职人员来完成"，而"我们的大学应该逐渐成为一个提供公共服务的（专业知识）训练场"①。

（二）针对专家参政的批评及其所暴露的潜在问题

诚然，在进步主义改革和战争时期，大学学者作为专家参与政府事务所发挥的积极作用可谓有目共睹，并因此广受褒扬。但这并不意味着专家参政现象无可厚非。早在1918年底，正值战争胜利、举国欢欣雀跃之时，欧文·费雪在美国经济学会年会上所做的《担任政府公职的经济学家》演说中已流露出对战时专家参政热潮的"忧喜参半"。在回顾了战时大批经济学家担任公职的经历后，他突然话锋一转：

> 美国经济学会在很大程度上应感谢德国的经济学。毫无疑问，德国经济学为我们带来了一种前所未有的利他主义冲动。特别是，我们从德国接受了每一位德国经济学家内心笃信的、让经济学服务于"国家"的理念。然而，在过去的两年间，战争的现实让我们意识到，德国经济学家一直以来所服务的"国家"只是那个霍亨索伦王朝，这令我们感到惊恐不已。我们如今认清了，德国教授作为一个整体，从神学家到化学家，不过是在出卖自身的专业知识，为德国（发动战争这一）犯罪目的服务。

---

① O. Levine, *The American Colleges and the Culture of Aspiration*, p. 36.

第五章 战后初期美国社会对专家参政现象的反应

在抨击了德国大学学者沦为军国主义政权发动战争的工具这一"不齿之事"后，费雪向在场的美国经济学家们抛出两个问题："问题之一，经济学家应该保持学术上的孤寂、沉浸于纯理论而让穷苦汉听天由命，还是应该致力于学术理论的经世致用？问题之二，假若我们理应服务，那么我们究竟应该为谁服务？"这两个问题虽未得到费雪本人的回答，却直指战时经济学家们向联邦政府提供专家服务的合理性。毕竟，在过去的近半个世纪里，尤其是在美国经济学会创建之初，大学学者担任公职、参与公共事务之举往往被美国知识界视为值得称道和效仿的"德国经验"，德国大学学者不仅在学术研究上，而且在为政府服务方面都一度堪称美国学人之"楷模"[①]。如今，德国大学学术和学者的"圣像"已经"坍塌"，他们为帝国政府服务的"昔日楷模"也随之成为"前车之鉴"，这对战后初期的美国经济学家乃至整个学术界都是一种巨大的"心理打击"。

对那些在战时身处专家参政热潮中的众多美国经济学家而言，来自学会主席的"费雪之问"无疑是一种委婉的"旁敲侧击"，意在提醒美国经济学界乃至全体美国学人应注意从德国同行的"前车之鉴"中吸取教训。由此可见，大学学者向政府提供专家服务，并非如阿克伦大学校长帕克·科尔比和部分媒体等所称颂、褒扬的那般"光鲜亮丽"和无可厚非。伴随着20世纪初以来专家参政的广

[①] 威斯康星大学经济学家理查德·伊利在谈到其在德国的留学经历时说："许多德国大学教授在政府部门担任公职，以这种方式将自己的知识才华贡献给德意志帝国。"（Stark, *The Wisconsin Idea*, p.3.）范海斯在1904年的就职演说中也曾借德国之例来阐述威斯康星大学学者所应承担的公共服务职能，他说："在德国，大学学者均是公共事务之人，人们会在每一个重要的行政管理部门中看到他们的身影；几乎每一位杰出的德国和奥地利大学教授都是政府的官方顾问。"（Van Hise, "Inaugural Address."）弗雷德里克·豪则写到："德国是一个比世界上任何一个国家都更紧密地让科学参与到政治中的国家。……大学里的教授和从事科学研究的学者被赋予政府公职，或受命承担专门的政府工作。在过去的40年里，德国在工业、商业、交通、陆军、海军及城市建设等方面所取得的成就，在很大程度上都是科学与政治密切联系的结果。在其他哪个国家，也不会像在德国一样，专家成为政治家和公职人员们的至交好友。德国最有专门才干之人正在被吸引投身于公共服务中来。"（Howe, *Wisconsin: An Experiment in Democracy*, p.38.）

泛实践，大学学者越来越频繁地卷入政府事务中，他们的活跃表现也逐渐暴露出专家参政现象的潜在问题，这恰恰是这一现象在当时尤其是战后初期受到质疑和批评的原因。

从进步时代的专家参政情况尤其是战时的专家参政热潮来看，大学学者作为政府专家参与公共事务所暴露出的潜在问题主要有三个方面。

1. 潜在问题之一：专家意见屈从于政治意志

大学学者在公共事务中受到信任和重用，得益于其知识权威，这种权威又建立在专业学者对知识理性和学术客观性的追求之上。然而，学者一旦作为专家受到政府召用、离开校园担任公职，其身份属性也随之分裂。尤其是当面临政治上的需要或压力时，他们是秉持追求知识理性与学术客观性的学者本色，还是服从于政治需要或压力？这种身份的双重性所造成的两难，恐怕是大多数参政的学者专家不得不面对的难题。

鉴于专家是应政府召用而来的，且往往在政府事务中扮演着辅助性、从属性角色，在面临政治上的紧迫需要或硬性压力时，他们即便不会过分地迎合政府高层或权力核心的要求，大多也会选择随政治潮流而动的"生存方式"，在政府的决策和政策执行过程中扮演着"你唱我随"的角色，成为政治权力的附属品。不仅如此，专家的意见及其通过学术积累的声誉还可能被用来为其实已经制定好的政策提供合法性。在这种情况下，"决策者所需要的不是知识分子的主意，而是他的赞同"[①]。但是，倘若由专家建议或经手的不当政策受到公众质疑时，专家们又很容易成为政府的挡箭牌和不当政策的替罪羊，令他们建立在对知识理性和学术客观性追求之上的知识权威大受贬损，在情况严重时甚至会造成个人学术声誉的彻底扫地。正如刘易斯·科塞所说，专业知识分子"要想成功地在掌权

---

① 科塞：《理念人》，第350页。

者中扮演一个参与者或温顺的专家角色,就必须以知识做祭品。"①

这方面的典型事例来自那些在"一战"期间为政府进行战争宣传的历史学家们。他们在公共信息委员会的组织下编写了许多用于宣传目的的出版物,在每一种出版物的封面上都会印上当时最杰出的历史学家的名字,由名牌大学的校长、院长或教授题序,正文与结尾还有极其规范的注释与参考书目,使这些宣传内容看上去好像都是经历史学家论证过的"客观真实"。然而,事实并非如此。作为战时宣传物,这些由美国顶尖历史学家一手完成的作品无一不透露出编撰者显而易见的政治立场和主观倾向。编撰者根据政治和军事上的需要,有所选择地对美国和协约国政府的行为加以美化,同时对德国和同盟国政府的行径极尽"妖魔化"之所能。例如,查尔斯·比尔德自知用"独裁—民主"的两分法来解释同盟国与协约国之间的战争是一种肤浅的学术见地,但他在为公共信息委员会所撰写的小册子中仍认定德国是一个"残忍无比的军事独裁国家",它威胁到全体人类的和平与自由。康奈尔大学历史学家卡尔·贝克尔是后来备受学术界批评的《战争百科全书》的编撰者之一。在意识到《战争百科全书》存在不严谨之处后,他选择了服从战争时期的"政治正确"。贝克尔说道:"(保持学术上的严谨性)也许仅仅是我的个人习惯,这……却不是《战争百科全书》的宗旨所系。"②可想而知,在战争结束后,这些为了战时政治需要而编撰的宣传品难以经得起学术上的检验,反而成为许多历史学家职业生涯中的一个"污点"。根据美国经济史学者赫伯特·希顿(Herbert Heaton)的回忆,战后甚至有人传言:"我们行业中有些人在战争期间信口开河……但战后却利用假期和公休日跑遍所有旧书商店,搜寻他们在战争期间发表的著作,只要能找到,便用自己的积蓄悉数买下并付之一炬。"③

---

① 科塞:《理念人》,第 206 页。
② Gruber, *Mars and Minerva*, pp. 149-159.
③ 诺维克:《那高尚的梦想》,第 172 页。

"一战"期间最让历史学家蒙羞的事情并非这些刻意为之的"宣传读物",而是他们在"西森档案"(the Sisson Documents)事件中所扮演的不光彩角色。西森档案是1918年9月由公共信息委员会驻俄国彼得格勒特派员埃德加·西森(Edgar Sisson)于当年春天花重金购得、带回美国的一套秘密档案,共计68件,其中声称俄国十月革命受到了德国政府的支持,列宁、托洛茨基等布尔什维克领袖是德国军方总参谋部手下的雇员和扶持的傀儡。西森档案在美国掀起了轩然大波,其真实性却备受争议。为了验证西森档案的真伪,公共信息委员会向国家历史服务委员会求助,后者成立了由美国历史学会前主席、卡内基研究会历史研究部主任约翰·富兰克林·詹姆森和芝加哥大学俄语系教授塞缪尔·哈珀(Samuel Harper)组成的专家鉴定委员会,对西森档案的真伪进行调查。经过詹姆森和哈珀两位专家为期一周的调查后,西森档案被鉴定为"基本属实"①,继而被公共信息委员会制作成题为《德国与布尔什维克的阴谋》(The German-Bolshevik Conspiracy)的小册子而广为宣传。然而,美国公众以及舆论界对西森档案真实性的质疑从未打消②,对历史学家们的批评也由此而起。《国家》(the Nation)杂志批评詹姆森和哈珀对西森档案的鉴定是一项"可耻的调查活动",应受到"每个珍惜优良职业名声的美国历史学家严厉的谴责"③。《美国信使》(American Mercury)杂志在1927年发表了一篇题为"无法无天的历史学家"的文章,尖锐地嘲讽道,"爱国的教授们"参与"编造了丑化德国人的鬼话",还"如风尘女子一般把自己出

---

① 两位专家的鉴定结果为:"并无理由怀疑这些……文件的真实性。"(Ron Robin. *Scandals and Scoundrels: Seven Cases That Shook the Academy*, University of California Press, 2004, p. 2.)
② 半个多世纪后,美国历史学家乔治·凯南和克里斯托弗·拉希先后通过严密考证得出结论,西森档案确属伪造,是出于战争宣传目的而捏造的虚假情报。(George F. Kennan, "The Sisson Documents," *The Journal of Modearn History*, Vol. 28, No. 2, Jun., 1956, pp. 130-154. Christopher Lasch, *The American Liberals and the Russian Revolution*, p. 115.)
③ 诺维克:《那高尚的梦想》,第168—169页。

卖""将学者的聪明才智作为牺牲献上了国家的祭坛"。文章最后总结道,历史学家们在公共信息委员会中的表现简直就是"历史女神克里奥躺在山姆大叔怀里淫荡堕落"的"可耻证据"[1]。作为参与鉴定的当事专家之一,塞缪尔·哈珀在其去世后出版的回忆录中承认当年对西森档案真实性的鉴定有失偏颇,乃是出于政治需要。他写到:

> 我们曾坦率地拒绝评论西森档案所得出的结论……如今,人们普遍认为,是我们宣称这批档案的真实性毋庸置疑,我们要对西森档案的结论负责。这样的结果最终让我焦虑不已。(当时)国家正处于战争状态,学术中人被政府召集并运用他们的专业知识为战争目的服务,这导致我们陷入(学术与政治)两种责任的左右两难之境,也发现要想恰当地保护自己着实很难。……对一名大学人士来说,不为激发战争精神而贡献一己之力是根本不可能的,哪怕这涉及表达一些存在明显偏见性的言论。[2]

时至今日,詹姆森与哈珀组成的专家委员会为公共信息委员会进行的"西森档案"调查已成为美国学术史上一桩广为人知的"丑闻",是"一战"时期美国大学学者为政治"折腰"、为宣传"背书"的突出体现。对此,美国历史学家格鲁伯的评价颇为精辟:"这些大学教授们以为知识只有与权力结合才能发挥效用,但最后他们却成为权力之仆,而非探索真理的人。"[3]

---

[1] C. Hartley Grattan, "Historian Cut Loose," *American Mercury Magazine*, May to August, 1927, pp. 414–430.
[2] George F. Kennan, "The Sisson Documents," *The Journal of Modearn History*, Vol. 28, No. 2, Jun., 1956, pp. 132–133.
[3] Carol S. Gruber, *Mars and Minerva: World War I and the Uses of the Higher Learning in America*, Louisiana State University, 1975, p. 259.

2. 潜在问题之二：专家权威凌驾于公众意愿之上

大学学者在政府中作为专家的权威和力量源自他们在专业知识上的相对优势。因此，他们主要是从专业性的角度来考虑政府所面对的公共问题并做出判断，往往对其管理对象包括企业、劳工以及普通民众的具体感受缺乏真切的体会和必要的考虑。这意味着专家们在政府事务中倾向于运用个人的专业思维来引导公共政策，甚至用专家意见来取代公众意见。在美国这样一个以民意作为政治基础的民主国家里，专家们过于强调专业性的倾向往往与以法律和民意为基础的传统政治理念相左。例如，在如何实施铁路监管方面，长期担任州际商务委员会专员的共和党政治家查尔斯·普劳蒂主张成立一个特别法庭专门受理与铁路有关的诉讼案件，该法庭有权组织听证会并做出裁决。而在该委员会任职的康奈尔大学经济学家亨利·卡特·亚当斯却另有看法，他主张成立一个铁路统计局，由经济学家和统计学家收集、分析与铁路相关的精确数据来对全国铁路系统进行"科学管理"[①]。普劳蒂与亚当斯的不同主张反映了以民意为基础的传统政治理念和以专业性为基础的专家意见之间的分歧，这种分歧有时甚至可以激化为政治家与专家之间的严重冲突。后来，在威尔逊第一任期内成立的"联邦产业关系委员会"中，该委员会主席弗兰克·沃尔什与主要的专家查尔斯·麦卡锡便因类似的分歧而发生矛盾。沃尔什主张组织听证会，接受民众的反馈和监督，专家的作用仅仅在于"技术性"的调研和改革方案的起草；麦卡锡却坚持改革方案的设计和实施应完全听从专家意见。[②]

而且，当其专业意见与公众意见发生对立乃至冲突时，专家们还可能借助他们在专业知识上的优势，将专家之权威凌驾于公众意见乃至当事人的意愿之上。这很容易让专家被视为不顾民意和当事

[①] Skowronek, *Building a New American State*, pp. 252–253.

[②] Fink, "Expert Advice: Progressive Intellectuals and the Unraveling of Labor Reform, 1912–1915."

第五章　战后初期美国社会对专家参政现象的反应

人意愿的"傲慢、霸蛮之辈",也很容易令其专业意见遭受公众尤其是当事人的不满、反感。例如,在进步时代的劳工改革方面,理查德·伊利、约翰·康芒斯和耶鲁大学教授亨利·法纳姆等专业社会科学学者曾成立了一个"美国劳工立法协会"(AALL)。这是一个类似于纽约市政研究局的非政府性专家组织,试图通过对美国劳工问题的研究,为"美国未来的(劳工)立法奠定科学基础"。用哥伦比亚大学教授托马斯·帕金森的话说,即"通过对劳工状况进行科学研究,从而在理性和智慧的基础上制定出(劳工)立法的各项细节"。然而,劳工群体本身对社会科学家们为劳工改革所做出的努力却"不以为然",他们认为,专家们以公共利益之名所发起的工资仲裁,不如劳工们为了自身利益而进行的集体谈判更能造福于劳工阶级。美国劳工联合会(American Federation of Labor)主席塞缪尔·冈珀斯虽然一度加入美国劳工立法协会,试图与社会科学家们合作,但他很快就意识到"与知识分子结盟的危险性"。他指责美国劳工立法协会中的社会科学家是一群"拿(劳工的)生活做(社会科学)试验"的"理论家"(theorist)[①],"自以为比劳工更了解他们的需要",但劳工却对社会科学家们"心生不满"。在冈珀斯看来,这些"古怪的大学教授"是一群"以助人为乐之名"而"意图控制劳工状况的好事者",正在利用他们的知识权威将劳工引向"错误之路"[②]。不久后,冈珀斯与美国劳工立法协会分道扬镳,并戏谑地将其称为"整死美国劳工立法协会"(American Association for the Assassination of Labor Legislation)。[③]

诚如霍夫斯塔特所言,在进步时代的劳工立法改革中,劳工运动领袖对社会科学家爱恨交织。[④] 这一态度实际上折射出进步时代

---

① Hofstadter, *Anti-intellectualism*, pp. 284 – 285.
② Recchiuti, *Civic Engagement*, pp. 145 – 146.
③ Leonard, *Illiberal Reformer*, p. 37.
④ Hofstadter, *Anti-intellectualism*, p. 287.

的大学学者运用专业知识、参与改革政治的两难处境。一方面，专家们之所以被"爱"，是因为公众（至少一度）认为其专业知识有助于推动改革；另一方面，他们之所以被"恨"，究其根本，是因为这些来自大学和学术界的专家们实质上并不属于其意欲改革的对象——劳工群体。他们中极少有人出身于劳工家庭，也鲜有人了解劳工运动的政治逻辑；他们投身于劳工立法"并非源自个人所亲历的苦难，仅仅是出自道义和学识而对他人苦难的不满"。这就注定了社会科学家们难以对劳工们的处境、诉求与策略选择"感同身受""视同己出"，也注定了他们与劳工领袖之间的合作很容易陷入"貌合神离""同床异梦"的境地。对此，托马斯·伦纳德生动地写到：参与劳工立法改革的专家们"并非工厂里干活的工人，却对这些工厂进行监管""他们将工人理想化，然后摆出一副屈尊俯就的姿态对待他们，并憧憬和推崇着一种他们自己绝不愿加入其中的手足之情"[①]。

3. 潜在问题之三：专业知识的局限与专家的偏见

大学学者在公共事务中作为专家所面对的大都是专业性问题，具有高度的复杂性和一定的不确定性。在解释和处理这些问题时，专家的判断和理解未必就能接近绝对的真实，而可能反映出所处时代的知识局限，受到社会偏见的影响。尤其是自19世纪科学革命及其所引发的知识爆炸以来，许多新兴学科门类的知识在其构建和发展初期往往并不成熟，其研究方法和观点都存在"伪科学"之嫌或之实。19世纪下半叶，西方颅像学家关于人类颅骨与种族优劣的认识，以及20世纪初美国优生学家所发起的席卷全国的"优生学运动"（the Eugenics Movement），无不反映出专业知识及其权威背后所隐含的知识局限与社会偏见。

---

① Thomas Leonard, *Illiberal Reformer*, p. 7.

知识局限与社会偏见使得专家们在公共事务中所提出的意见很可能是欠成熟甚至是错误的，而将一种欠成熟乃至错误的专家意见轻率地转化为政策实践，对政府而言绝非明智之举。正如托马斯·伦纳德所指出的，专家们"很少考虑到这些野心勃勃但未经尝试（untried）的改革所带来的意想不到的后果。而且，他们也未能面对这样一种现实，即专家同样有自己的喜好和偏见，并不亚于政党、大佬和企业家"①。

专家将不成熟的知识和意见转化为政策实践而导致"恶政"（bad governance）的最典型事例，当数"一战"前及战时美国心理学家运用早期的"智力测试"（Intelligent Test）来指导联邦政府的移民政策和战时军方的征兵工作。智力测试是1905年法国巴黎大学心理学研究室主任阿尔弗雷德·比奈（Alfred Binet）所创，即"比奈—西蒙智力量表"［与另一位法国心理学家西奥多·西蒙（Theodore Simon）共同署名］。比奈设计智力量表的初衷仅仅是完成当时法国公共教育部所委托的研究任务，用于"有限的实用目的"。因此，比奈对其量表在科学性上的不足有着充分的认识：其一，"智力是一个很复杂的概念，不能仅仅通过一个数字说清楚"；其二，测量所得出的分值也是十分粗略的。对此，比奈总结道："确切地说，这个量表并不能用来测量智力。"② 换言之，智力测试以及比奈量表并不具有测量人的真实智力水平的科学性和普适性。

数年之后，智力测试被美国心理学家亨利·戈达德（Henry Goddard）引入国内，但美国心理学界对比奈关于智力量表科学性不足的告诫不以为然。③ 由于受到时兴的遗传学、优生学之影响，

---

① Thomas Leonard, *Illiberal Reformer*, prologue, p. xi.
② 斯蒂芬·杰伊·古尔德：《人类的误测：智商歧视的科学史》，重庆大学出版社2017年版，第172页。
③ 斯蒂芬·默多克：《智商测验》，生活·读书·新知三联书店2009年版，第60页。

戈达德当时相信智力测试是能够真正地测量出人的智力的，而且这种智力系先天遗传而来，不可改变。① 为此，戈达德专门发明了"弱智"一词，指那些在智力测试中未达到一定水平、被测量结果显示为"先天心智水平低下"的人。② 1910 年和 1912 年，美国移民局两度邀请戈达德及其助理坐镇爱丽丝岛（Ellis Island），对入境的"新移民"进行智力测试。由于戈达德所使用的是经过他修订的、以识字为基础的智力量表，他最终认定试图经爱丽丝岛入境的"超过 80% 的犹太人、匈牙利人、波兰人、意大利人和俄国人移民存在心智上的缺陷"③。在戈达德的建议下，移民局将入境移民中的 40%—50% 以"弱智"为由遣返欧洲，导致 1913—1914 年遭到遣返的欧洲移民比率从 35% 上升至 57%，这一举措在很大程度上为联邦政府在 20 世纪 20 年代推出排外主义的移民限制政策埋下了伏笔。

美国参加"一战"后，美国心理学会主席罗伯特·叶基斯向军方提交了一份《心理测试筛除智力反常新兵计划》，成功地说服军方任命了数十名心理学家，叶基斯本人亦被授予少校军衔。这些心理学家被派遣至全国各地，负责对征募新兵进行智力测试，以便识别出"智力欠缺者""精神病人""重度患者"和"具有特殊天分者"④。至战争结束时，美国心理学家对征募的新兵进行智力测试约达 175 万人次。战后，叶基斯根据大量征兵数据撰写了一部长达

---

① 戈达德在 1920 年写到："用最大胆的话来说，我们的论点是，人类行为的决定因素是一个单一的思维过程，我们把它叫作智力；这个过程是由天生的神经机制来调节的；效率的高低由神经机制决定——某种染色体与生殖细胞一起决定个体智力或心智水平的相应程度；除了可能损坏部分机体的严重事故之外，它受后天的影响很小。"（转引自古尔德《人类的误测：智商歧视的科学史》，第 181 页。）

② 根据亨利·戈达德的界定，在智力测试中所测量出的"智力年龄"在 3 岁以下者被称为"白痴"，"智力年龄"在 3—7 岁者为"低能"，"智力年龄"在 8—12 岁者为"弱智"。（转引自古尔德《人类的误测：智商歧视的科学史》，第 179 页。）

③ Lora Judge, "Eugenics." http：//www.accd.edu/sac/honors/main/papers02/Judge.htm.

④ 默多克：《智商测验》，第 70 页。

800余页的论著——《美国军队的心理测验》（*Psychological Examining in the United States Army*, 1921），将战时对征募新兵进行智力测试的结果公之于众。人们从中惊讶地发现：这些专家将89%的黑人士兵和47.3%的白人士兵都归于"心智水平低下"的"弱智"范畴，并测量出美国白人新兵的平均智力年龄为13.06岁，仅比心理学家所说的"弱智"的年龄（12岁）高一岁多。① 这些"结论"非但难以为政府与公众所接受，连心理学家都由于智力测试所导致的逻辑矛盾而对其不成熟性感到怀疑。如戈达德在20世纪20年代末反省道："我想，我们中的一些人片面地强调（经智力测试而认定的）'弱智'的危险是不对的。"② 另一位心理学家、普林斯顿大学教授卡尔·布里格姆（Carl Brigham）则在1930年公开承认："军队（智力）测试测量的是新兵对美国语言和文化的熟悉程度，而不是'天生智力'。"③

第二节　专家之辩：1920年代李普曼与杜威的论战

如上所述，大学学者作为专家参与政府事务，无论在进步主义改革年代还是战争时期都发挥了广泛的积极作用。不过，战时的专家参政热潮也确实暴露出这一现象潜在的问题，如专家意见屈从于政治意志、专家权威凌驾于民众意愿之上、专业知识自身的局限性，等等。"一战"结束后，尚未远去的专家参政热潮及其所暴露出的问题，一方面引起了欧文·费雪等学界领袖关于专业化学术研究究竟应回归"纯理论"抑或继续"经世致用"的深入思考，另一方面则引发了更多人士关于掌握专业化学术知识的

---

① 默多克：《智商测验》，第91页。
② Mark Haller, *Eugenics: Hereditarian Attitudes in American Thought*, Rutgers University Press, 1963, pp. 114–119.
③ 古尔德：《人类的误测：智商歧视的科学史》，第275页。

专家究竟应在公共事务中扮演何种角色的广泛讨论。这一讨论突出体现于年轻的政治思想家沃尔特·李普曼与资深的哲学教授约翰·杜威之间的论战。

  从严格意义上讲，李普曼与杜威之间在20年代并"没有发生事件性的思想交锋"[1]。所谓"李—杜之争"乃是通过各自著书立言、"隔空对话"的形式来呈现的。论战始于1922年李普曼所著的《公众意见》（Public Opinion）[2] 一书。在此书中，李普曼宣称，在纷繁复杂、"信息爆炸"的现代社会中，普通公众实际上无力理解庞杂信息背后的真实，也无心介入大量与其生活并无直接关联的公共事务中。既然如此，普通公众不如从公共事务中"退后"而成为"局外人"，将具体问题交付给有能力判断并解决问题的"局内人"——专家。1925年，李普曼进一步指出，19世纪以来作为美国民主之根基而被奉若神明的"公众"乃是如同"幻影"（phantom）一般的幽灵，是剧场中哑口无言的旁观观众。这种看似"反民主"的离经叛道言论一出，引起了美国知识界的猛烈抨击。十多位评论家痛斥李普曼"已经逾越了他们所能接受的情感底线"[3]。已过花甲之年的约翰·杜威撰写文章，发表演讲，频频反驳李普曼的观点。这些反驳李普曼的文章与演讲被汇编为《公众及其问题》（The Public and Its Problems）一书，于1927年出版。

  李—杜之争始于李普曼对"公众神话"的反思，聚焦于两人之

---

[1] 郑忠明：《思想的缺席：罗伯特·E. 帕克与"李普曼—杜威争论"》，《新闻与传播研究》2019年第7期。

[2] "Public Opinion"有"民意""舆论""公共舆论""公众舆论"等多种译法。新闻传播学界一般采取的译法是"舆论"或"公众舆论"。（见沃尔特·李普曼《舆论学》，林珊译，华夏出版社1989年版；沃尔特·李普曼《公众舆论》，阎克文、江红等译，上海人民出版社2002年版。）本书选择"公众意见"的译法，以区别于此处所讨论的"专家意见"（expert opinion）。

[3] 沃尔特·李普曼：《幻影公众》，复旦大学出版社2013年版，英文版编者序第5页。

间的"公众之辩"①。换言之,"公众"是这场论战的缘起与首要主题。然而,在李普曼与杜威的隔空对话中,被认为掌握专业知识的"专家"与仅仅拥有"常识"的普通公众乃是"一个硬币的两面"。正是在反思和解构美国政治传统中"公众神话"的基础上,李普曼才提出由专家来管理公共事务(后简述为"专家理政"),作为一种让民主制度在高度复杂和专业化的现代社会中顺利运转的替代方案。同时,杜威对李普曼公众观的反驳,也离不开对其专家观尤其是专家理政主张做出的回应。因此,作为李—杜之争的次要主题,"专家之辩"亦是这场论战中不可忽视的一面。

(一)李普曼:从"幻影公众"到专家理政

1918年6月,李普曼辞去了"调查团"秘书一职,应战争部之邀前往巴黎,成为美国陆军情报处的一名上尉军官,负责在克里尔领导的公共信息委员会之外,独立开展宣传工作。1918年底大战结束后,李普曼留在巴黎,亲历了威尔逊总统的到来以及和会召开之盛况,也目睹了和会期间新闻舆论的混乱场面:人们身处"谣传谎言、走漏的风声和捕风捉影的迷宫之中""甚至那些经验丰富的记者……也不知所措",分不清新闻的真假。李普曼对此倍感困扰,他写到:"(我们这些)新闻报道者在这些难以捉摸和一片混

---

① "公众之辩"是国内外学术界研究李—杜之争的主要层面。国外代表性成果包括:"C. Bybee, Can Democracy Survive in the Post-factual Age? A Return to the Lippmann - Dewey Debate about the Politics of News. *Journalism & Communication Monographs*, No. 1, 1999, pp. 27 – 65; M. Schudson, "The 'Lippmann-Dewey Debate' and the Invention of Walter Lippmann as an Anti-Democrat," Deep Sea Research Part II. *Topical Studies in Oceanography*, No. 19, 2008, pp. 4019 – 4037. S. C. Jansen, "Phantom Conflict: Lippmann, Dewey, and the Fate of the Public in Modern Society," *Communication & Critical Cultural Studies*, No, 3, 2009, pp. 221 – 245. 国内代表性成果包括:单波、黄泰岩《新闻传媒如何扮演民主参与的角色?——评杜威和李普曼在新闻与民主关系问题上的分歧》,《国外社会科学》2003年第3期;李哲、宫承波《李普曼与杜威的论争试析》,《新闻界》2016年第10期;董山民《杜威与李普曼"公众"之争的启示》,《武汉理工大学学报》(社会科学版)2012年第4期;张宁《进步民主与传播观念的变迁——由杜威—李普曼论争说谈起》,《现代传播》(中国传媒大学学报)2016年第11期。

乱之中奋力挣扎。"① 除此之外，在战时与和会期间投身于政府宣传工作的这段经历令李普曼对"公众"感到深深的沮丧与幻灭，因为他发现"（公众的）意见是可以被操纵的"②。

李普曼对"公众"的幻灭不过是"一战"后美国社会中更为广泛的幻灭情绪的缩影。四年大战造成了巨大的物资代价和人道灾难，巴黎和会见证的却是列强的肮脏交易、激烈争斗、对战败国的掠夺和对弱小民族的宰割。这一切都无情地扑灭了战前进步主义运动所激发的改革热情，也摧毁了战时由威尔逊的"口号"和政府的宣传所塑造的理想主义。当斯科特·菲兹杰拉德、海明威、威廉·马奇等"迷惘的一代"作家通过文学作品来表达各自的幻灭感时，李普曼在其《幻影公众》开卷首章——"不再抱有幻想的人"（the disenchanted man）中，以自嘲式的笔法勾勒出普通美国人在战后的幻灭心态：

> 当这位普通人经历了政治浪漫的年代，便不再为老套的高声呼唤所打动。当他沉静下来、心如止水的时候，便一眼看清了自己在公共事务中所扮演的角色纯属可有可无，无足轻重。你不再可能用为社会服务、尽公民义务之类的话来驱使他，也不可能在他面前挥舞旗帜鼓动他，更不可能派个小伙子跟着他并逼着他投票。他是一名从一场意图改造世界却未能成功的基督教圣战中返回家中的退伍战士。他被冒出的泡泡戏弄了太多次，见到有气体跑出来也不为所动了。③

如前所述，李普曼曾与"调查团"内的 100 多名学者专家朝夕

---

① 斯蒂尔：《李普曼传》，第 236 页。
② Walter Lippmann, *Public Opinion*, New Brunswick & London: Transaction Publisher, 1998, introduction to the transaction edition, xiv.
③ Walter Lippmann, *Phantom Public*, New Brunswick & London: Transaction Publisher, 1993, p. 5.

共事，深谙其战时活动与贡献。同时，在亲历了战时宣传和新闻审查对公众意见的轻易操控之后，他对"公众"的理性乃至美国民主的前景心生困扰、沮丧乃至幻灭之感。两种截然不同的经历与感受，自然引发了李普曼对美国民主传统中的"公众神话"乃至民主制度本身的深刻反思。正如美国政治学者海因茨·奥劳（Heinz Eulau）所指出的：李普曼之所以走向另一个阶段，很大程度上是他对这个时代的不满，是对理想与现实之间巨大差异的一种反叛。①

1919年1月，当巴黎和会在喧嚣与热闹中盛大开幕时，李普曼悄然辞去公职，于月底回到美国，重返自己在1914年与克罗利等人联合创办的政论杂志——《新共和》，以专栏作家的身份针砭时弊，著书立言。在此后的五六年间，李普曼先后撰写并出版了《自由与新闻》（Liberty and News）、《公众意见》与《幻影公众》（The Phantom Public）等书，并在后两部著作中阐述了自己的公众观与专家观。

1. 李普曼的公众观："公众幻影"

自19世纪上半叶以来，"公众"（public）或曰"大众"（mass）一直是美国传统民主政治观念的核心。根据这种民主观，公众是一个由无数个普通公民组成的有机体，能够表达超越个体意愿的统一意志，拥有处理公共事务的智慧与能力。公众在公共事务中的广泛参与与意见表达，乃是民主政治的基础。在19、20世纪之交的"大转折年代"，平民主义者和一部分进步主义者基于传统民主观，认为"工业—城市文明综合征"的症结在于民主的衰微，故而开出"以更多民主来治愈民主弊病"（The cure for the evils of democracy is more democracy）②的药方，其具体改革倡议包括创制、复决与罢免权，以及直接初选、参议员直选等。扩大公众参与、让

---

① Heinz Eulau, "From Public Opinion to Public Philosophy: Walter Lippmann's Classic Reexamined," *American Journal of Economics and Sociology*, Vol. 15, No. 4 (July 1956), pp. 156 – 178.

② 此语出自20世纪初美国著名记者亨利·门肯（Henry L. Mencken）。

公众表达意见是这些改革倡议的共同逻辑。

但是,作为曾经的战时宣传工作者,李普曼对于通过新闻宣传来操控舆论(即公众意见)的现实有着深刻的切身体会。这样的经历令李普曼感到沮丧与幻灭,使他无法再相信传统民主观将公众意见奉为"上帝的声音"的"陈词滥调",他在《幻影公众》一书的扉页上援引了汉密尔顿在制宪会议上所讲的一番话:"民众的声音被称为上帝的声音,但无论这句格言被多么广泛地引用和信奉,它实际上都是句假话。"因此,李普曼在战后转向了对"公众"乃至美国民主政治的深刻反思,其公众观大体包含三个方面:

首先,李普曼否认公众具有了解庞杂信息背后的"真实"(truth)、形成一致而合理的意见并作出正确判断的能力。他指出:"一个人本应对其外部世界(即环境)表达意见,但如今这个世界变得过于错综复杂,几乎抹杀了人(对环境)的理解力。"[①] 造成人们无法理解环境的具体阻碍因素有二:其一,在充斥着巨量信息的复杂世界中,人们的言行乃是对"虚假环境"[②] 而非真实环境作出反应。李普曼写到:"既然所有的新闻报道都属于二手信息,所有的证言都是存疑而不可信的,那么公众便不再是对真相作出反应,而是对(别人传递的)观点作出反应。……他们的行为所处的环境并非现实本身,而是由新闻报道、谣言与猜测组成的虚假环境"。[③] 其二,公众对事物的认识,受到其头脑中根深蒂固的"成见"[④] 或曰"刻板印象"的影响。李普曼认为,成见影响着公众对事物的认识和判断。人们看到的东西是他们所期待的东西,是他们

[①] Walter Lippmann, *Liberty and the News*, New York: Harcourt, Brace and Howe, 1920, p. 37.

[②] 虚假环境(pseudo-environment),又译作虚拟环境、拟态环境,指人对真实环境进行的主观想象与重构,以减少真实环境的纷繁复杂与巨量信息所造成的困惑。(*Public Opinion*, p. 15.)

[③] Lippmann, *Liberty and the News*, 1920, p. 55.

[④] 成见(Stereotype)一词为李普曼所创。在《公众意见》中,他偶尔也用到其他近义词,如刻板印象(pictures in our head)、思维定式(habit of thinking)。

的阅历、情感和知识促使他们去看。他写到:"在大多数情况下,我们是先定义再理解,而非先理解再定义。置身于庞杂喧闹的外部世界,我们从中挑选出我们的文化已为我们定义好的事物,并习惯于用我们的文化预先设定的方式来理解所挑选出的事物。"① 在李普曼看来,由于"虚假环境"与"成见"两大阻碍因素的存在,普通人根本无法理性地认识复杂事物的本质,他们在形成所谓"公众意见"的过程中是很容易被人为地引导、操纵和制造的。② 既然如此,如何指望用这种混乱而荒诞的"公众意见"来判断和解决现代社会中高度复杂和专业化的难题呢?

其次,李普曼质疑普通公众并无参与公共事务的真正兴趣。他写到:"他们不过是普通的人,即使他们有一定的天赋,在公共事务上也只能投入很少的时间和关注。"③ 在李普曼看来,造成公众对公共事务缺乏兴趣的客观原因有二:一是现代社会中的各种问题"实在是太多、太复杂、太晦涩难懂了,无法成为公众舆论持续关注的主题"④;二是信息的烦冗超出了普通人的接受能力。李普曼写到:"在媒体信息的轮番轰炸下,人们头脑中充斥着各种演讲、辩论和不想干的事情。公开的所有信息对于公众的接受度而言,实在太多了。生命太过短暂,无法追求无所不知,想要数清树上的所有叶子,那是不可能的。"⑤

最后,由于公众既无形成合理意见和正确判断的能力,又无参与公共事务的兴趣,故公众在公共事务方面实际上处于一种消极、被动和次要的地位。李普曼将"试图插手具体问题"的公众称为

---

① Lippmann, *Public Opinion*, p. 81.
② 李普曼写到:"我想,通过精心安排能够制造出同意,这一点是无可否认的。毫无疑问,公众舆论的产生过程和它在本书中所表现出来的情况同样复杂,任何通晓这一过程的人都有机会去摆布它,这是非常显见的。"(Lippmann, *Public Opinion*, p. 248.)
③ Lippmann, *Phantom Public*, p. 17.
④ Ibid., p. 33.
⑤ Ibid., p. 34.

"愚蠢而不明智的联合体"①，他们在公共事务中不过是如幽灵般的"幻影"和"坐在剧场后排的置若罔闻的观众"。他们对眼前发生的一切显得麻木而又茫然，"无法拥有自己的主张，只能迷惑而倦怠地遵循他人的意见"。李普曼在《幻影公众》中开门见山地写到：

> 当今的普通公民就像坐在剧院后排的置若罔闻的观众，他本该关注舞台上展开的故事情节，但却实在无法使自己保持清醒。他知道正在上演的一切或多或少地影响到自己。层出不穷的规章条例、一年一度的征税和不时爆发的战争都让他觉得自己正随着社会局势的大潮飘飘荡荡。然而，没有什么办法能够证明，这些公共事务关他什么事情。对他而言，这些事情大多是看不见摸不着的。……作为一个普通人，他不确定究竟发生了什么事情，谁做了这件事情，自己又将被带往何方。没有报纸向他提供相关背景的报道，以便他把握这些；也没有学校教给他如何理解这些，他的想象与事情本身无法契合。他发现，聆听演讲、表达意见、前往投票，都不能让他获得驾驭这些事情的能力。他生活在一个看不清、搞不懂、辨不清方向的世界里。历经冰冷的现实体验，终于让他明白：他在理论上所拥有的主宰权只是一个虚幻，实际上他根本无法主宰。②

2. 李普曼的专家观：专家理政

如前所述，传统民主观强调美国民主政治的运作有赖于公众在公共事务中的意见表达与广泛参与。李普曼却力图证明，公众如"幻影"一般，无力也无意于表达意见、参与公共事务，从而如"釜底抽薪"般动摇了传统民主观的合理性基础。在他看来，当前

---

① Lippmann, *Phantom Public*, p. 96.
② Ibid., pp. 3-4.

第五章 战后初期美国社会对专家参政现象的反应

美国民主政治的运作陷入了窘境,因为它"似乎无法找到解决重大问题的方案",而"这些问题困扰着民主政治,看起来无法通过民主的方式来解决。(尤其)在重大危机中,窘境愈发明显。在危机面前,哪里需要迅捷、协同的行动,哪里民主的方式就行不通"①。李普曼就此暗示,必须通过"非(传统)民主的方式"来使民主摆脱窘境,直面纷繁复杂的社会问题。

在《公众意见》的最终章中,李普曼提出了他的"非民主"的应对之策:让公众"将公共事务的代理权委托给具有专业素养的公众中的杰出人士",因为"绝大部分问题都在这些专业人士的能力掌控范围之内,而普通公众只能捕风捉影地了解到一点点"②。李普曼的这一主张被笔者概括为"专家理政",其具体观点包括:

第一,李普曼所说的"专家"是广义的,既包括自然科学家、社会科学家等专业学者,也包括其他领域的专业人士如工程师、会计师等。他解释道:"专业知识的应用使我们的大社会猛烈膨胀,已经达到异乎寻常的规模。它的创造者是那些通晓精确计量和量化分析的工程师。人们开始发现,大社会不能由那些根据推理判断正误的人来管理。人们只能通过把它创造出来的那些专家去控制它。……这些人有着各种各样众所周知的称号:统计学家、会计师、审计师、工业顾问、各个门类的工程师、科学管理者、人事管理者、研究人员、科学家。"③

第二,专家之所以"堪当重任",是因为他们具有公众所缺乏的诸多优点。他们受过专门教育,掌握专业知识,具备专业素养,头脑中不存有成见与偏见,是一群真实可靠、不涉私利(disinterested)的理性人。与犹如"坐在剧场后排的置若罔闻的观众"、置身"真相"之外的"局外人"——公众不同,专家们是"局内人"

---

① Lippmann, *Phantom Public*, pp. 179–180.
② 沃尔特·李普曼:《幻影公众》,复旦大学出版社 2013 年版,中译本译者序第 15 页。
③ Lippmann, *Public Opinion*, p. 270.

(insider)，他们能够接触准确的信息，了解真实的内情，并凭借其专业知识对日益复杂的公共事务做出理性的判断，从而确保民主政治免于失败的窘境。李普曼写到："除了在现代社会生活的少数方面以外，我们每一个人几乎总是局外人，没有时间、精力和兴趣以及作出具体判断的手段来进行（对公共事务的）研究。那些在合适条件下工作的局内人，才是现代社会的日常管理所应依靠的对象。"①

第三，将公共事务交给专家来管理，意味着普通公众应从公共事务中"退出"并居于专家之后。李普曼认为，公众不应该"承担处理外部世界中具体事务"以及"技术性和实质性工作"的"负荷"（burden）。② 公众在公共事务中的作用仅仅有二：一是"偶尔介入"③，即选择支持或反对选举中的某一方或某一具体政策；二是"力量储备"（a reserve of force），其作用是在民主危机到来之时"进行干预"，以"制约专横"和"反对暴政"④。总之，在公共事务中，李普曼为公众所预设的角色是有限而消极的，真正应该扮演积极、主动和主要角色的应是专家。

第四，专家在公共事务中仅承担"治理"之职，并非"决策"者。这体现出进步主义政府观中所常见的"行政与政治"之二分。在李普曼所构建的治理模式中，他并未将政治决策权交给"专家"。专家所做的是向公众选举产生的政治决策者提供自己关于事实真相和复杂事务的调查研究与对策建议。在李普曼看来，"专家的力量有赖于他使自己与决策者之间保持距离，而不管后者究竟做出怎样的决

---

① Lippmann, *Public Opinion*. p. 400.
② Lippmann, *Phantom Public*, p. 63.
③ 李普曼原文为："公众意志从来不是直接参政，只是偶尔介入。"（Lippmann, *Phantom Public*, p. 52.）
④ 李普曼原文为："公众意见是一种力量储备，在公共事务演化为危机时，采取行动。……在适当的引领和调教下，公众意见能够让遵循法律的人们运用它反对暴政……（它）并不参与制定法律，但却可以遏制非法力量，从而为制定法律提供必要的环境。"（Lippmann, *Phantom Public*, p. 59.）

策",因为专家一旦卷入决策过程,"他就会越来越片面地看问题"①。

(二) 杜威对李普曼观点的反驳

杜威属于李普曼的师辈级人物。当李普曼尚是一名成长于纽约犹太移民区的懵懂少年时,杜威正执教于芝加哥大学并担任哲学系主任之职,著作颇丰,享誉学界。1904年后,杜威来到纽约,进入哥伦比亚大学任教;李普曼则于次年前往剑桥镇,求学于哈佛大学,并在乔治·桑塔亚纳的指导下研读过威廉·詹姆斯、杜威等哲学名家的著作。1914年《新共和》创办后,李普曼长期担任该刊副主编,杜威则是其最为热心的撰稿人之一,为该刊长期撰稿达20多年。

1922年《公众意见》出版后,李普曼的"离经叛道式"言论引起了广泛批评,杜威是众多批评者中最有分量的一位。杜威对李普曼的反驳最终体现于1927年出版的《公众及其问题》一书中。正如其标题所示,《公众及其问题》乃是对李普曼所发起的"公众之辩"的直接回应,两人的观点在很多方面可谓"针锋相对"。杜威在书中亦坦言:"我承认,在这一观点以及我所讨论的整个理念上,我受到了这部作品(指《幻影公众》。——引者)和他(指李普曼。——引者)的《公众意见》的启发,尽管我所得出的结论与他(的观点)截然不同。"②

在《公众及其问题》中,杜威对李普曼的驳斥主要针对后者的公众观,但也不可避免地对李普曼的"专家理政"主张予以回应。事实上,杜威关于专家的专门论述不多,但他对公众与专家之间关系的阐述,或多或少地折射出他对专家在公共事务中角色的看法。

1. 杜威反对李普曼关于"公众与专家"的二元对立观

从根本上讲,李普曼的"幻影公众"理念与"专家理政"主

---

① Lippmann, *Public Opinion*, p. 382.
② John Dewey, *Public and Its Problems*, Denver: Allan Swallow, 1954, pp. 116–117.

张建立在公众与专家二元对立的观念基础上。他将公众与专家视为截然对立、互不相关的双方,且认为二者存在绝对的"高下之分",即理性、公正且不涉私利的专家比不明"真相"、为成见和私利所"蒙蔽"的公众具有更优越的智慧与能力。简言之,专家"高(普通)人一等"。

杜威虽承认"我们所谓'智慧'的分布并不均匀"[①],但否认专家与公众在智慧上的不均是绝对的,其理由有三点:其一,公众并非李普曼所描述的那么愚笨。一方面,公众如果真的像李普曼"所假设的那样在智力上无可救药"和"无知","他们就不会被动地屈从于专业知识分子的统治"[②];另一方面,在与其密切相关的事情上,公众拥有自身的基本判断。杜威写到:"默默无闻的群众个人可能并不聪慧。但是有一点他们比谁都清楚,这就是,鞋子在哪里夹脚,哪里就是他们的苦恼。"[③] 其二,从构建"民主共同体"的角度来看,专家智慧在公共事务中的贡献不一定比公众智慧更有价值。他写到:"智慧具有足够的普遍性,每个人都能运用其智慧而有所贡献,其价值只有当它进入由所有人的贡献所组成的最后的集中的智慧时,才能作出评价。"[④] 同时,杜威还反驳了从个人而非社会角度来理解"专家智慧"的观念。他讽刺道:"(专家)将其智慧当作个人天赋或个人成就的理念,是(这个)知识分子阶层最大的异想天开,就像商人阶级认为财富是源于他们个人的工作和资产一样。"[⑤] 其三,民主不仅仅是一种基于公众参与的政治实践(如李普曼所理解的那样),更是一种社会理想,建立在对"公众

---

① Dewey, "Democracy and Educational Administration." 转引自孙有中《美国精神的象征:杜威社会思想研究》,上海人民出版社2002年版,第263页。
② Dewey, *Public and Its Problems*, p. 205.
③ Dewey, "Democracy and Educational Administration." 转引自孙有中《美国精神的象征》,第264页。
④ 孙有中:《美国精神的象征》,第263页。
⑤ Dewey, *Public and Its Problems*, p. 211.

中每一个普通个体予以充分的信心"① 之上，这不仅包括对"人们在正常条件下做出理智判断和行动的能力"② 的信心，还应给予个体发展智慧与能力的机会。杜威指出：

> 民主的基础是对人性之力量的信赖，是对人的理智，对集中的合作性经验之力量的信赖。这并不是相信所有这些都是完美的，而是相信，只要给他们机会，他们就能够成长并不断创造用以指导集体行动所必需的知识与智慧。……每个人都是平等的，有权享有发展自己能力——无论其大、小——的平等权利。……体质的与心智的不平等这一事实，正是要通过法律建立机会平等的理由。因此，不如此，前者就会成为压迫天赋较差的人的手段。③

概而言之，在杜威那里，公众与专家在民主共同体中处于一种"相对平等"的地位。这一基本立场与李普曼关于公众与专家的"二元对立观"及其"厚此（专家）薄彼（公众）"倾向有着天壤之别。

2. 杜威反对李普曼的"专家理政"主张

李普曼从公众与专家二元对立的基本立场出发，预设专家"高（普通）人一等"，进而提出"专家理政"的主张。这一主张暗示，公共事务无须公众参与和意见表达，由专家代为管理即可。相比之下，杜威是从"相对平等"而非"二元对立"的基本立场来理解专家与公众关系的，故而认为不应使专家凌驾于公众之上，也不应让他们在公共事务中代替公众参与而自行理政。杜威对于专家与公

---

① Dewey, "Individuality, Equality and Superiority." 转引自孙有中《美国精神的象征》，第262页。
② Dewey, "Creative Democracy." 转引自孙有中《美国精神的象征：杜威社会思想研究》，第262页。
③ Dewey, "Democracy and Educational Administration." 转引自孙有中《美国精神的象征：杜威社会思想研究》，第262—263页。

众在公共事务中的角色有着与李普曼截然不同的认知，其要点有三：

首先，公众具有可塑性，即公众是可以通过教育和启蒙而获得参与日益复杂的公共事务的能力的。李普曼对公众的可塑性心存悲观，认为在错综复杂的社会问题面前，引导或教育公众根本不切实际；[1] 他后来还进一步阐释了"公民教育"无法解决民主政治中实际问题的若干理由。[2] 与李普曼相反，杜威相信公众的可塑性，强调对公众的教育，并将其意义上升到民主哲学的层面。他认为，学会科学、理性的思考不仅对于知识精英，而且对于民主社会中的所有成员都非常重要，因为科学与理性的智慧是实现有效民主的根本要素。科学知识的传播、交流与教育将有助于塑造"明达的公众"（informed public），他们才是民主共同体的真正参与者与实现者。若无对公众的启蒙与教育，公众就会因为愚昧和被蒙蔽而失去自我，缺乏组织，形同散沙，根本无法凝聚成为杜威理想中的"民主共同体"。

其次，对公众进行启蒙和教育正是专家在公共事务中应有的主

---

[1] 李普曼曾借柏拉图在《理想国》中提到的"舵手"（领航人）与"水手"（普通船员）的例子，论述"舵手"在"紧要关头"寻求教育"水手"的"不切实际"："水手们并不知道舵手所知道的东西，而一心关注着星辰和风云的舵手又不知如何让船员们懂得他所知道的一切是多么重要。在海上的判断中，没有时间使每个水手成为判断专家的专家。舵手没有时间咨询船员并搞清楚他是否真的像他自己以为的那样精明。教育是需要很多年的事，而紧急事件的发生不过几个小时。因此，如果告诉舵手真正的解决办法是进行教育，使水手们具有更强的事实意识，那就太过于书呆子气了。你可以跟尚未出航的船长这么说，但在危急情况下，唯一的办法就是抄起枪或发表一番演讲，提出一个激动人心的口号，或是拿出一个妥协办法，以任何可能的方式尽快平息叛乱。"（Lippmann, *Public Opinion*, pp. 413 – 414.）

[2] 李普曼认为，"公民教育"存在两大缺陷，导致其根本行不通。其一，在教育内容上，"现代社会出现的问题层出不穷，速度之快，以至于教育者根本跟不上，更无法抓住这些问题变化的实质，并及时传授给众多学生"。其二，就教育对象而言，公众"只不过是普通的人""几乎没有时间，也没有兴趣关注所有公共事务，更没有一点研究理论学说的胃口"。"这就是为什么，当人们希望教育能够为民主政治的弊病提供解决良方的时候，总是失望"。概言之，在李普曼看来，公民教育既不现实，也行不通。它不过是传统民主主义者一个"无法实现的理想"。（Lippmann, *Phantom Public*, pp. 12 – 17.）

第五章　战后初期美国社会对专家参政现象的反应

要职责。杜威承认专家在现代社会生活中的重要性，也呼唤科学与理性的智慧，但他认为，科学、理性和专业知识不应该只保留于作为知识精英的专家之手，而应该融入更广泛的社会。因此，他反对由专家来代替公众管理公共事务，强调专家的真正作用"不在于制定和执行政策，而在于发现和（向公众）公布政策所依赖的事实"①，并以此对公众进行引导、启蒙和教育，这才是专家在公共事务中应该承担的主要职责。杜威还进一步指出，经济学家、社会学家、律师、生物学家乃至人文科学领域的专家学者们可以在两个方面发挥作用。其一，汇聚有关情报并对之进行分析、推理、解释，使大众更容易理解。其二，提出可行性方案，包括要达到的目的以及必须采取的措施。② 专家对公众进行启蒙和教化的最终目的，是要让公众在日益复杂的社会中具有表达意见和参与公共事务的理性与能力。在杜威看来，庞大的社会所造成的人与人的疏离，造成了李普曼所描述的公众无力发声（表达统一意志）也无心参与公共事务的局面，从而导致民主之根基逐渐衰微。治疗民主之弊症的最佳方案在于对公众进行引导、启蒙和教化。当理性的公众出现并重新参与公共事务时，民主的活力便得以恢复。杜威强调，对民主社会的长远发展而言，公众的启蒙与参与比专家的智慧更加重要。

最后，专家在公共事务中的角色应是协助公众和政府的次要角色。如前所引，杜威强调专家的"专业性并不体现在制定和执行政策上，而是在发现并发布公众所依赖的事实上"。因此，专家仅仅是"技术专家，也就是科学调查和展示专业技能的能手"，他们要为并不从事调查和研究工作的"公众"提供专业知识和技术支持，以便后者理解并判断人们共同关注的问题。③ 在杜威看来，专家对公共事务"没有决定权"，他们只是向公众提供研究结果和可行性方案，"选择的权利在大众手中，因为这些问题和他们的生活休戚

---

① Dewey, *Public and Its Problems*, pp. 208–209.
② 孙有中：《美国精神的象征：杜威社会思想研究》，第277—278页。
③ Dewey, *Public and Its Problems*, p. 209.

相关"。此外，公众对专家所提供的可行性方案的选择，所依靠的具体方式是"尽可能充分的探讨、交流与协商"①。

由上可见，杜威强调的是作为社会成员的专家与公众在大的民主共同体中的平等交流、合作以及专家对公众的启蒙和教育，而不是作为知识精英的专家对普罗大众的居高临下的支配。在杜威的心目中，只有公众才是民主社会中的最高权威，专家的任务在于让公众"当家做主"，而非"为其做主"。

3. 杜威提醒应警惕专家理政的危险性

李普曼对专家抱有善意的信任，对公众参与公共事务则充满怀疑。他写到："当公众舆论（意见）试图直接参政的时候，它无法摆脱失败或暴政的宿命"，因为"它无法理智地掌控或处理问题"②。与之相反，杜威对"公众"给予厚望而怀疑"专家"，尤其是对"专家理政"的危险性充满担忧与警惕，理由有二：

其一，专家们尽管自我标榜或被认为是智慧、理性和不涉私利的，但他们作为知识精英阶层在掌权后很可能转向私利，不倾听"来自公众的清晰声音"，也不关心公众利益，成为"一个仅有私利和个人知识的阶级"③。杜威写到，"专家阶级将不可避免地脱离共同利益，成为拥有私人利益和私人知识的代表"，因为"一切政治史都表明，权力和影响力一旦获得官方地位，就会利用统治地位为自身攫取利益"，同时"不再关注被忽视的大众，认为其利益是肤浅而琐碎的"④。杜威警告说：所谓"专家政府"（government by the experts）很容易沦为不给公众任何机会也不考虑其需要，"代表少数人利益进行管理的寡头政府"⑤。此外，他还以未点名的方式批评了李普曼对专家的"轻信"：

---

① 孙有中：《美国精神的象征：杜威社会思想研究》，第279页。
② Lippmann, *Phantom Public*, pp. 60–61.
③ 马克·B. 布朗：《民主政治中的科学：专业知识、制度与代表》，上海交通大学出版社2015年版，第198页。
④ Dewey, *Public and Its Problems*, p. 207.
⑤ Ibid., p. 208.

人们通常认为，专家政策基本上既明智又仁慈，旨在保护社会的真正利益。精英统治的最大障碍在于大众缺乏强有力的声音，最好的不再是最好的，聪明人也不再是聪明人。知识分子无法垄断管理公共事务的知识。一旦专家成为特殊阶层，就脱离了对他们应该为之服务的阶层的了解。①

其二，专家理政意味着用专家意见代替公众参与，基本上将公众排除在公共事务之外（仅仅"偶尔介入"和作为"力量储备"）。在杜威看来，这是对公众的一种隐性压迫，是走向专家对公众的显性压迫和专断的前奏。杜威认为，专家理政"不给公众个人以机会去反思和决断对自己有益的事物"，而由"另一部分被认为更聪明和无疑拥有史大权力的人"替公众去考虑和决定对他们有利的事情。由于无须经过公众的自愿同意和相互协商，这样的政府将不可避免地依靠强制力来维持多数人（公众）对强加于其上的少数人（专家）的服从。杜威对这种排除公众参与、无须公众同意的统治形式极其反感，他写到："不经他人同意，任何个人或有限的团体都不具备足够的智慧和美德来治理他人；……所有受到社会组织影响的人都必须参与创制和管理这些组织。"杜威尖锐地批评道：专家理政对公众参与的排斥，实质上是专家对公众的"一种微妙的压迫形式"，且较之"公然的威胁与管制更加隐蔽和有效"②。

（三）共识与分歧：专家参政历史语境下的"李—杜之争"

作为进步主义运动的两位得力干将与思想领袖，李普曼与杜威在论战中虽然针锋相对，但却存在两个基本共识。第一，二人均对

---

① Dewey, *Public and Its Problems*, p. 206.

② Dewey, "Democracy and Educational Administration." 转引自孙有中《美国精神的象征：杜威社会思想研究》，第264页。

工业化时代美国民主的现状深感忧虑，对其中的"症结"有着大体一致的"诊断"，这构成了李—杜之争的共同语境。李普曼与杜威在其书中均表示受到当时英国政治学家、社会心理学家格雷厄姆·沃拉斯（Graham Wallas）的"大社会"（Great Society）观念的影响[1]，他们认为：科学技术的进步、社会规模的膨胀以及与日俱增的复杂性，使得普通人的经验与常识无法对纷繁复杂的公共事务加以认知、判断和解决。因此，无论是公众，还是由其选举产生的政府官员，这些未曾接受专业训练、缺乏专业知识与技术的普通人难以把握现代社会的高度复杂性，产生了严峻的"知识危机"。第二，李普曼与杜威的思想动机均在于以"改良"来促"民主"。其中，杜威虽强调19世纪式的大众参与，但并不排斥"专家"或主张"去专业化"，丝毫没有19世纪末一些平民主义者身上所表露出的反智主义或怀旧倾向。与此同时，李普曼虽痛斥传统民主理论的局限性，并主张让专家代替公众来管理公共事务，但其目的不是要推翻民主制度或摈弃民主理想，而是希望通过引入专业知识和专家治理，使民主制度得以有效运作，将民主理想化为可以解决实际问题的政治现实。概而言之，杜威不是主张"复古"和"去专业化"的怀旧主义者，李普曼更不是"反民主"的激进革命派，两人在19世纪末20世纪初的政治光谱中同属于进步主义阵营，都是渐进式民主改良主义者。

在共识之外，李普曼与杜威之间亦存在着两点分歧。其一，面对工业化时代美国民主的困境，李普曼与杜威在寻求解救民主之道时采取了截然不同的具体策略或曰"疗法"。李普曼侧重于民主政治的实践，主张依靠受过专业教育、掌握专业知识的专家而非"幻影公众"来解决现代社会中高度复杂的实际问题；杜威则聚焦于民主社会的改造或重建，主张通过启蒙与教化来改造公众，将非人性

---

[1] 格雷厄姆·沃拉斯的"大社会"观认为，由于现代技术进步与社会膨胀，人与人之间小范围的、前现代的传统联系方式被彻底摧毁而不再有效。（参见 Graham Wallas, *The Great Society: A Psychological Analysis*, The Macmillan Company, 1914.）

化的、缺乏组织的"大社会"打造为"民主共同体"或曰"大共同体"①。概而言之，李普曼寄希望于专家的能力与美德，杜威则寄希望于公众的明达。其二，两种不同的"救世"策略或曰"疗法"决定了李普曼与杜威对"专家"在公共事务中的作用与角色有着不一样的设定。李普曼将专家视为打入公众与公共事务之间的"楔子"，他们让公众退后，自己"迎难而上"，接手处理高度复杂的具体问题，在公共事务中扮演着直接治理者的角色。杜威则将专家视为普通公民的模范、启蒙者和教育者，他们并非将其专业知识直接应用于治理社会，而是间接用于引导、启蒙与教育公众。以上两点分歧体现了李普曼与杜威对于进步主义民主的不同心态。李普曼是一位在战后"走向幻灭"的现实主义者，他为公众在现代工业社会中的失语、失势而感到"悲悯"乃至绝望，希望通过为公众"减负"、将处理现代社会中高度复杂的具体问题之"负荷"转嫁到"专家"身上，其专家理政主张的提出不过是为失去"公众"基础的民主政治实践找到具有可操作性的替代方案。"负荷"一词在李普曼的笔下屡屡出现，若换个角度来看，这何尝不暗含着李普曼对公众的"体恤"之心呢？相比之下，杜威是一位"愈挫愈勇"的理想主义者。尽管同样看到工业化时代的民主危机以及公众的失势，杜威却坚持着对公众的信心和对民主的乐观态度，倒是对李普曼所信赖的专家心存怀疑与警惕。他始终相信："民主共同体"的构建必须依托于公众的参与，而非包括专家在内的精英阶层的"为民做主"。

综上所述，李—杜之争反映了进步主义阵营内部的共识及其在战后的分歧。李普曼的主张代表着进步派中持有"精英民主观"的现实主义者，他们将专家、专业知识作为实现"工业民主"良性运

---

① 杜威写到："在'大社会'变成'大共同体'之前，公众将一直处于阴影之中，无法被看见。"（Dewey, *Public and Its Problems*, p.142.）

转的有效工具①；杜威的理念则代表着进步派中秉承"大众民主观"（或曰"参与民主观"）的理想主义者，他们不忘传统民主观中对个人自由、平等主义和公民参与的核心追求。可以说，这场论战是一场民主理想主义与民主现实主义、精英民主观与大众民主观之间的思想交锋。问题在于，李、杜二人孰是孰非？人们对此向来莫衷一是，见仁见智。有人欣赏李普曼的坦率与务实，也有人批评他的精英主义论调所流露出的傲慢；有人赞美杜威的理想主义情怀，也有人指责他的看法过于抽象和不切实际。从政治哲学的层面来看，两种观点的是非纠葛从根本上可归结于民主的过程正义与目的正义之间的两难。

置于20世纪初专家参政的历史语境下来看，李—杜之争尤其是两人的"专家之辩"，堪称专家参政趋势在进步主义改革与第一次世界大战中逐渐加强的绝佳注脚。可以说，正是战时的专家参政热潮及其所呈现出的利与弊，为李普曼的反思与杜威的驳斥提供了现实的灵感启发。不同的是，李普曼目睹了战时专家参政热潮的积极成效与显著贡献，相信专家在公共事务中能够发挥有益作用；杜威则更加担忧专家参政的潜在弊病与危险性，对李普曼的专家理政主张心存警惕。

---

① 李普曼的观点在进步时代绝非个人之见，而是颇具普遍性。如前所述，心理学家詹姆斯·卡特尔就宣称："政治民主并非指政府由无知的人来治理，而是由那些最有能力的人来为人民服务。代表制和专家政府是必需的。"（Recchiuti, *Civic Engagement*, p. 14.）

结　论

一　进步时代专家参政的历史意义
——以国家构建为视角

1900年至1920年的进步时代是美国历史上前所未有的"大转折的年代",也是一个对19世纪末以来工业主义的全面冲击作出积极回应的"改革年代"。工业化、城市化以及新移民的涌入使美国的社会面貌、经济形态和生活方式发生了翻天覆地的变化。这一广泛的社会经济转型以及其中涌现出的种种复杂问题,给一直奉"小而弱"为圭臬的美国各级政府带来严重的"治理危机",即作为治理者的政府当局在社会转型期内无法有效地对社会矛盾和冲突进行控制、管理,继而陷入"国家治理不力"(weak governance)的境地。① 在"治理危机"的压力下恢复并提高国家治理能力的过程,正是美国政治史家斯蒂芬·斯科夫罗内克笔下所描述的转型时期的美国国家构建的过程。②

---

① 弗朗西斯·福山:《国家构建:21世纪的国家治理与世界秩序》,中国社会科学出版社2007年版,第2页。
② 国家构建一般要经过外部环境的刺激、政府当局的反应、政府形态的变革。其中,外部环境的刺激通常包括国内外危机(战争是危机最极致的表现形式)、阶级冲突、社会复杂化(人口激增、科技进步、社会分工等)三种情况。按照美国政治史家斯蒂芬·斯科夫罗内克的看法,19世纪末至20世纪初恰恰是以上三种情况的外部环境刺激同时在美国全国范围内出现之时。以行政职能的扩展为主要形式的国家治理能力的提升正是对巨大的外部环境刺激的一种回应。(Stephen Skowronek, *Building A New American State*, pp. 10–12.)

学术与政治：美国进步时代专家参政现象研究（1900—1920）

　　作为对工业主义及其所产生的"治理危机"的回应，1900年前后登台亮相的新一代改革派——进步主义者通过方方面面的国内改革以及参加"一战"使美国政府的行政职能得到极大的扩展，以确保政府对公共事务的有效控制和管理。后世的研究者在考察19世纪末20世纪初的美国政府变革时给予更多关注的是包括独立委员会在内的行政机构（确切地说是"执行机构"）的扩大。[①] 然而，行政职能的扩大与机构的调整等制度性的变化仅仅是这一时期政府变革的一个方面，与之相应的另一个方面——政府选用的公职人员的变化同样是进步时代政府变革的重要内容，其意义不容小觑。19世纪末20世纪初，公职人员变化的总体趋势是具有专门的管理知识和科学、技术知识的专业人才越来越多地被吸收到不断扩大的行政机构中，简而言之，即公职人员的"专家化"。这主要体现在三个方面：第一，通过考绩制录用的具有较高知识水平的公务员越来越多，至西奥多·罗斯福时期，超过50%的公务员是在考绩制的基础上得以录用的。至20世纪30年代，经考绩制录用的公务员已占政府全部公职人员的近80%。[②] 第二，以培养专门的公职人员为目标的公共管理教育应运而生。如前所述，公共管理教育始于纽约市政研究局在1911年开办的公务员培训学校，后来并入雪城大学，成为该校的罗伯特·麦克斯维尔政府管理学院。这一时期，其他各大高校也相继创办了政府管理学院。第三，吸纳大学学者作为政府专家参与公共事务，知识精英开始作为一股新的力量进入传统政治

[①] 如联邦政府自19世纪80年代以来开始出现频繁的机构调整，主要包括增设行政机构，设立独立调查、监管机构两个方面。增设行政机构的表现有：1889年农业部正式升格为内阁级部门；1903年，增设商务暨劳工部；1913年又将其划分为商务部、劳工部。至"一战"爆发前，美国内阁各部包括国务院、农业部、邮政部、司法部、商务部、劳工部，各部下属的各种机构如矿务局、标准局、教育局等也陆续增设。独立调查、监管机构的设立始于1887年的州际商务委员会，从本书前面的论述中不难看出，无论是在进步主义改革还是世界大战期间，进步派执政时期的美国政府对委员会这种混合权力机构的使用已相当娴熟。威尔逊任命的联邦储备委员会、联邦贸易委员会、战时工业委员会是进步时代独立监管机构的代表。

[②] 石庆环：《20世纪美国文官制度与官僚政治》，第53、280页。

结　论

精英的活动领域。[①] 以上三个方面共同反映了社会转型时期的美国政府在公共事务中对专业化知识的需要，以及运用专业知识和技术来提高行政效率和国家治理能力的努力。从这一广泛的背景来看，吸收大学学者作为专家参政实际上是进步时代美国国家构建的一个重要环节，专家参政现象的凸显更是19、20世纪之交美国不断迈向"行政国家"之路的一个缩影。

与行政职能的扩展、行政/执行机构的扩大等制度性变化一样，公职人员的"专家化"是以进步主义者的"政府观"为思想基础的。在进步时代到来以前，在美国一直居于主导地位的传统自由主义将政府视为"必要的邪恶"和对自由的压制，因而主张通过限制政府规模、弱化国家职能来维护个人自由。这导致了美国政府长期处于分散和孱弱的状态。随着工业化大潮的来临，社会生活日益复杂化，权力弱小的政府难以处理"工业—城市"社会出现的疑难杂症，传统自由主义的"有限政府"观念显然已无法跟上时代发展的步伐和现实生活的需要。因此，新一代的改革派——进步主义者力主政府扩大权能并积极介入社会经济生活，成为宪法所追求的"共同福祉"的积极捍卫者，而不是亚当·斯密所说的消极的"守夜人"。更为重要的是，随着政府大规模且持续性地卷入社会事务之中，社会事务的复杂性使得如何实现"有效率的"政府管理或曰国家治理成为进步主义"政府观"的重中之重。由于进步主义者在这一时期扩大政府职能的着力点不是在立法部门，而是在包括独立委员会在内的行政/执行机构，因而他们所强调的政府"效率"实际上便转化为行政效率问题。行政效率的实现有赖于两点：其一是授予不断扩大的、增加的执行机构以相对独立的调查和行政权力；其二便是在这些机构中使用专家。进步主义者们相信，独立的行政只有与掌握科学知识、政治上中立的专家结合在一起，才能使政府在

[①] Paul P. Van Riper, "The American Administrative State: Wilson and the Founders—An Unorthodox View," *Public Administration Review*, Vol. 43, No. 6, Nov.-Dec., 1983, pp. 477–490.

专业化的科学知识而非民意或政治妥协的基础上对社会经济生活进行"公正的"、有效的管理。所以，进步主义者正是在这种政府观念的基础上，才将一大批专业学者尤其是社会科学学者作为专家吸收到进步主义改革的政治进程中。进步时代大量涌现的各种临时性或常设性的"委员会"便是进步主义者所主张的"独立的行政"与"中立的专家"两相结合的最佳体现。

专家参政不仅反映出进步主义政治思潮在政府观念上与传统自由主义截然不同，而且伴随着1900年后进步主义改革和专家参政的广泛实践，一大批学有专长的大学学者应邀加入政府，成为协助进步派政治家改善政府效率、提高国家治理能力的得力助手，从而将这种以积极干预和行政效率为核心的政府观念成功地转化为政治现实。正是在这些学者专家们的帮助下，美国各级政府（尤其是联邦政府）逐渐从昔日的"小而弱"向"大而强"的方向发展，有效地解决了工业—城市社会的诸多难题，加强了国家对社会经济生活的干预和管理。因此，专家参政在进步时代的美国国家构建过程中确实发挥了相当积极的作用，那些参与政府事务的大学学者实际上成为这一时期美国国家构建和行政国家发展的重要推手。

二　专家参政并非专家治国：论专家在政府事务中的实际作用

大学学者之所以能在进步主义改革和这一时期的政府事务中发挥积极作用，是因为他们掌握着专业知识和技术，并以此向政府提供了必要的专家建议与指导。因此，大学学者在政府事务中所扮演的角色通常被笼统地称为"专家"。不过，这些专家各有专长，在科技、经济和外交等专门性领域各自承担着不同的职能，我们可根据他们所承担的具体职能的不同而将专家大致分为三种类型，即技术专家、咨询专家和执行专家。

技术专家主要协助政府解决由于科技进步和工业化转型所出现

的种种科学技术难题。例如，对国家土地进行地质地理勘查、对森林等自然资源实施保护、制定统一的度量衡标准、防范和减少矿难的发生、解决工农业生产中的技术难题、运用细菌学知识和医疗技术来改善公共卫生等。尤其是在第一次世界大战期间，自然科学家们在美国备战和对德作战的过程中所做出的贡献极其突出。甚至可以认为，"一战"期间的自然科学家对美国的国家科技实力尤其是国防力量的提升起到了决定性的作用。

咨询专家是进步时代公共政策以及相应的政府制度建设的幕后推手。他们扮演着政府官员的"幕僚"角色，主要是通过调查、研究和建议协助政府官员做出决策。咨询专家对政府决策的影响程度不一。有些时候，他们的出谋划策并未引起政府或政治家的重视，如理查德·伊利早年作为马里兰州税务委员会专员对该州及其他州的税收制度进行了调研，而他提交的建议报告因未受到州议会的重视而不了了之。但在另一些时候，咨询专家的意见或主张可能会转化为影响广泛的政治实践，甚至直接导致某项公共政策的出台或某一政府机构的设立。这方面的成功事例是以弗雷德里克·克利夫兰为首的一批经济学家在20世纪头20多年里将预算制度逐步引入美国各级政府，使预算从此成为美国政府工作中一个不可或缺的环节。从表面上看，预算改革所解决的仅仅是政府财政上的技术性问题，但对克利夫兰等经济学家们来说，预算改革在本质上是一个政治问题，即通过公开预算使公众了解政府财政的运作状况，使政府成为一个对公众更负责的机构。此外，第一次世界大战期间，以历史学家为主体组建的"调查团"对当时重大的国际关系问题展开了广泛研究，他们所提交的备忘录成为威尔逊"十四点计划"的基础，这是咨询专家在政府事务中发挥积极作用的又一典范。

执行专家是指那些在进步时代不断增设的行政机构（包括独立委员会）中担任要职（如主席、专员、秘书长等）的专业学者。作为行政机构的主要成员，他们致力于具体执行总统和国会决定的某项政策。如威斯康星大学经济学家巴尔萨泽·梅耶在担任威斯康星州铁路委员会主席和州际商务委员会专员期间主要负责执行铁路监管政策，威斯康星大学的另一名经济学家约翰·康芒斯在担任威斯康星州工业委员会期间领导了对全州工业企业的调查和评估，并在此基础上对其加以监管。第一次世界大战期间，历史学家们在克里尔所领导的公共信息委员会中负责编撰宣传材料和审阅外文报纸，他们实际上成为美国对敌宣传战的具体执行者。由于执行专家负责公共政策的具体实施，他们往往对政府效率的改善和国家治理能力的提升产生了最直接的影响。

需要注意的是，三种类型的政府专家在现实政治中并不存在严格意义上的划分。不同类型的专家可以在同一机构彼此合作；一名大学学者也可能同时扮演着多种类型的政府专家的角色。例如，康奈尔大学经济学家沃尔特·威尔考克斯将美国经济学会对国情普查的建议呈交给国情普查局局长威廉·梅里亚姆，以咨询专家的身份向梅里亚姆出谋献策。1900年，梅里亚姆将威尔考克斯任命为国情普查局下属机构的主管，使其摇身变成了落实国情普查工作的执行专家。威尔考克斯麾下还集结了一批年轻的经济学学者，他们是国情普查局中的技术专家，负责收集与国情普查相关的数据资料，并对其加以统计和分析。再如"一战"期间，哈佛大学经济学家埃德温·盖伊一人身兼多职，同时扮演着技术专家、咨询专家和执行专家的角色。作为战时航运委员会计划与统计处的主管，他负责对进出口船只和商品的数据进行技术分析与统计，是委员会中的首席技术专家。同时，他是航运委员会在战时贸易委员会中的代表，这两个委员会共同负责执行1917年《对敌贸易法》，对进口货物进行核查并决定是否颁发入境许可。由于目睹了战时政府统计工作的繁冗和浪费，盖伊还作为咨询专家向威尔逊总统献策，提议成立日后由他亲自领导的"中央计划与统计局"。

以上三种类型的专家均在进步时代的政府事务中表现活跃，为政府有效解决内忧外患提供了积极的专家建议和指导。然而，我们

结 论

不能因此而过于高估他们在政府事务中所发挥的作用。从表面上看，专家参政体现的是大学学者与政府之间"看似平等"的一种合作关系，弗雷德里克·豪在描述威斯康星州的专家参政时就曾作如是观："科学家们成为政治家的同事（co-worker）。"① 但事实上，无论是作为技术专家、咨询专家还是执行专家，大学学者在政府事务中的专家身份从本质上看是一种从属性的、辅助性的角色。例如，作为威斯康星州进步主义改革中专家参政的代表人物，经济学家约翰·康芒斯曾表示他在威斯康星州工业委员会中的"工作只是调查和公布事实"②，并坦言："我从不主动参与任何政治和立法事务，只有在议员、州长或者委员会的要求之下才加入其中。""我也从不主动创造任何新内容，只提供信息和技术。"③ 至20世纪30年代，在目睹了众多大学学者云集华盛顿、为新政出谋献策后，康芒斯在回忆录中再次强调：

> 我一直是被动的。只有当议员、行政长官和州议会的各种委员会需要时，我才会走进政府。威斯康星大学的其他教师莫不如此。……他（指一名教授。——引者）所能做的仅仅是解决一些技术上的细节问题，而且还只能是在他受到那些真正掌权的政治家需要的时候。（当今）华盛顿的"智囊团"同样如此。我目睹的是一个个教授（被总统）招来或挥去，这取决于他们是否能给总统带来他所需要的东西。④

由上可见，康芒斯认为，大学学者作为政府专家仅仅是处理

---

① Howe, *Wisconsin: An Experiment in Democracy*, p. 153.
② John Commons, *The Industrial Commission of Wisconsin*, American Association of Labor Legislation, 1911. 转引自孙碧《专家的两难："威斯康星理念"中的社会科学学者（1904—1914）》，《北京大学教育评论》2016年第1期。
③ John Commons, My Legislation in Wisconsin, *Wisconsin State Journal*, p. 4. 转引自孙碧《专家的两难："威斯康星理念"中的社会科学学者（1904—1914）》。
④ Commons, *Myself*, p. 110.

297

学术与政治：美国进步时代专家参政现象研究（1900—1920）

"技术上的细节问题"，这一看法固然有些夸张，但也反映了专家在政府事务中实际上与政治保持一定距离的事实。如前所述，专家们由政府直接聘请或任命，无须经过大众选举和民众的同意。同时，他们所担任的多为与专门问题的调查、研究和执行相关的非政治性职务，基本不涉足政党政治。用埃德温·斯洛森描述威斯康星州专家参政的话来说，"大学学者所担任的职务大多数属于非政治性职务，也就是说，这一职务并不会带给他们钱财、地位和党派权力"①。大学学者作为政府专家的"非政治性"对他们在政府事务中所发挥的作用产生了两个方面的影响。一方面，非政治性乃是专家在政府事务中发挥作用的力量之源。只有远离政治，专家们才可以完全根据其专业知识和经验就某一专业性问题提出建议，实施监管，从而有效地协助"真正掌权的政治家"进行决策。恰如李普曼所言："专家的力量有赖于他使自己与决策者保持距离。"② 另一方面，非政治性也造成了专家在政治决策中的从属性、辅助性地位，正如查尔斯·麦卡锡在界定他所领导的立法参考局的作用时所说："我们并非试图影响威斯康星州的议员们……我们仅仅是政府的一个事务性机构。我们不是要对立法工作发号施令，而仅仅是我州诚实能干的议员们的仆从、收集公务繁忙之人所需要的信息并对其进行索引和汇编的文职人员。"③

因此，无论是在进步时代还是在此后的岁月里（如20世纪30年代"新政"时期），由专家参政这一现象引申出"专家政府""专家治国"或"教授统治（美国）"之类的看法，继而认为这种现象可能会危及（民主）政治体制，显然是过于高估了作为专家参政的大学学者对政府事务的实际影响。毕竟，大学学者在政府事务中并不是约翰·康芒斯所说的"真正掌权"的人或查尔斯·麦卡锡所说的

---

① Slosson, *Great American Universities*, p. 215.

② Lippmann, *Public Opinion*, p. 382.

③ McCarthy, "Legislative Reference Department," Reinsch, ed., *Readings on American State Government*, p. 72; McCarthy, *Wisconsin Idea*, pp. 228 – 229.

"发号施令"的人,他们只是处于从属性和辅助性地位的政府专家。

三 专家参政趋势在 20 世纪美国政治中的延续

对于以大学教授为代表的专业学者群体来说,进步时代是一个彻底改变他们的社会地位和公众形象的时代。经过这一时期的专家参政实践,美国的大学学者运用他们的专业知识与技术帮助各级政府解决了国家政治、经济和科技领域的种种难题,既实现了专业化学术的社会价值,也确立了大学学者作为专家的知识权威及其存在的正当性。他们不再像昔日的前辈——半个多世纪以前的学院教师们那样"躲进小楼成一统""一心只读圣贤书",而是积极参与到与时代步伐相一致的国家政治与经济建设中,走进美国社会生活的中心。随着他们逐渐摆脱过去的学院教师在美国社会中所处的边缘性地位,他们的公众形象自然也发生了改变。大学教授不再被视为学院教师那样的"无害的隐士"或"无用的书生",而是一群掌握着专业知识、代表着科学权威的经世济国之"士"。慢慢地,他们越来越充分地认识到自己的社会价值,逐渐积累起对他们所掌握的专业知识的自信,从而更加游刃有余地活跃在这个科学、技术和专业知识变得日益重要的社会大舞台上。偶尔地,他们也会因为在公共事务中"抛头露面""出谋献策"而遭到质疑乃至批评,这时而是由于专家意见的"不当"与"失策"所致(见前文所述专家参政的潜在弊病),时而仅仅出于美国社会文化中潜在或爆发的反智主义情绪。正如霍夫斯塔特所指出的,民众对专业知识分子阶层的嘲讽、质疑和批评,并不是因为他们不重要,而是因为他们及其所掌握的专业知识在现代社会中太重要。①

1920年以后,随着美国社会"恢复常态",许多参与战时政府工作的大学学者复员返回了校园,也有许多人留在政府里。在整个20年代,专家参政的趋势固然不能同"一战"期间的专家参政热潮相提并论,但并未消失。如曾在"一战"期间与大学学者密切合作过的食品管理局局长赫伯特·胡佛在成为美国总统后,任命了一个总统的"社会趋势调查委员会",该委员会的参与者均是来自大学和学术界的专业学者,负责对近期国家政治、经济和社会状况展开全面调查。1929年世界性经济危机爆发后,富兰克林·罗斯福在1932年掀开了"新政"改革的序幕。为寻求应对经济危机之策,小罗斯福总统不仅招募了一支由大学教授、专业学者组成的"智囊团",还在各种应对经济危机而成立的行政机构(如国家复兴管理局、工程振兴署、田纳西流域管理局)以及各种总统委员会中吸收了越来越多的社会科学家、自然科学家和工程师参与政府事务。仅以社会科学家为例,"新政"时期活跃于联邦政府中的社会科学学者人数就从1931年的680人迅速增至1938年的2150人。② 更加重要的是,"新政"不仅将专家参政再次推向高潮,还进一步提高了学者专家在政府事务中的地位。尤其是那些被称为"智囊"的学术界人士,他们作为咨询专家所提出的意见对"新政"时期的政治决策产生了巨大影响。对此,《芝加哥论坛报》上的一篇文章评价道:

---

① 霍夫斯塔特写到:"过去,我们对知识分子作些玩笑式的嘲弄,那是因为我们不需要他们。现在,我们憎恶他们,反而是因为太需要他们了。我们憎恶他们是因为他们的命运提升了,而非下沉。他们受到攻击的原因不是因为老是说些抽象、无用的东西,或是处处显出一副无助的无辜样子,而是他们的成就、影响力、安适(但大家却将其想象成为奢华)的生活,以及整个社会都依靠他们的专门才智。"(Hofstadter, Anti-intellectualism in American Life, p. 34.)

② Crawford and Biderman, Social Scientists and International Affairs, "editor's introduction," p. 7. 转引自牛可《国家安全体制与美国冷战知识分子》。

结 论

"智囊团"的影响完全盖过内阁。人们都知道它对总统有着更大的影响。……它把教授们从各学府中招来,而教授们把内阁成员们挤到一旁,使他们只充当部门领导和高级职员的角色。关于日常行政事务你不妨找内阁成员,但对涉及政策和高层政治的事,你得和教授们商量着办。①

可以说,"新政"强化了进步时代以来的专家参政趋势。无论是在常规的行政机构还是在作为"外脑"的白宫幕僚班子里,都出现了越来越多大学学者的身影。至20世纪30年代末,"新政"尚未结束,"二战"狼烟已起。随着美国在1941年后卷入"二战","新政"时期的专家参政热潮在战时"学、府合作"的背景下得到进一步加强。更多的自然科学家和社会科学家等学术界人士作为专家参与到这场比"一战"规模更大的"总体战"中。自然科学家和工程学家致力于武器研发,参与了举世闻名的"曼哈顿计划",还组建了"科学调查团"赴欧洲战场收集与武器研发相关的科学情报,如当时在加州理工学院从事火箭研制的钱学森便曾被美国军方派往柏林,收集德国V2型导弹的技术图纸。经济学家、政治学家等社会科学学者参加了战略情报局(Office of Strategic Services,今美国中央情报局的前身)的研究分析处,他们在哈佛大学人类学家威廉·兰杰(William Leonard Langer)的领导下对敌方的后勤和经济系统、国内军工生产的规划和组织等方面的问题进行了研究。心理学家、人类学家和语言学家则参加了战时情报局(Office of War Information)的海外研究部,专门从事海外宣传和心理战的研究,其中最负盛名的研究成果当数人类学家本尼迪克特对日本文化入木三分的分析——《菊与刀》。② 大学自然科学家、人文社会科学学者在"二战"中的突出贡献,引起美国政府

---

① *Literary Digest*, Vol. CXV, June 3, 1933, p. 8. 转引自Hofstadter, *Anti-intellectualism in American Life*, p. 216.

② 此处引用了牛可《国家安全体制与美国冷战知识分子》一文中的部分论述。

乃至军方人士的刮目相看。著名记者白修德（Theodore White）在回忆录中记载了1945年他与麦克阿瑟的一次交谈：

> （原子弹）轰炸两天后，麦克阿瑟才接见了我。其实，他也是前一天才第一次收到关于该行动以及所投原子弹威力的简报。向他报告的是麻省理工学院的卡尔·康普顿（Karl Compton）。我俩是旧识。在客套几句后，他立刻讲到了原子弹。不过这一天他并没有像往常一样咆哮。"怀特"（白修德的英文名），他说，"怀特，你知道这意味着什么吗？""您觉得是？"我问。他说这意味着所有战争都结束了；战争不再关乎英勇与判断力，战争的决定权落在了学者和科学家手里。"像我这样的人已经被淘汰了。"[①]

"二战"方止，冷战又起。在作为"准战争"的冷战形势下，大学、学术界与联邦政府之间在"二战"期间所建立的合作关系以应对"和平危机"、维护"国家安全"之名得以延续。20世纪50年代末，苏联人造卫星"斯普特尼克号"的升空令美国举国震惊。为了在科学技术领域与苏联"一较高下"，联邦政府先后制定了关于自然科学、社会科学和人文学科的研究政策，向美国大学和学术界提供长期性的科研资助，并将其作为"冷战工具"加以动员与利用，导致了所谓"军事—知识复合体"或曰"政治—学术复合体"的出现。[②] 在"二战"后联邦政府

---

① 白修德：《追寻历史：一个记者和他的20世纪》，中信出版社2017年版，第266—267页。

② "军事—知识复合体"之说法见于美国学者罗恩·鲁宾；"政治—学术复合体"之说法见于我国学者张杨。"复合体"（complex）一词用于指代特殊利益共同体，源于1961年美国总统艾森豪威尔关于"军事—工业复合体"的警告。（Ron Robin, *The Making of the Cold War Enemy: Culture and Politics in the Military-Intellectual Complex*, Princeton University Press, 2001, pp. 5-9. 张杨：《官智合流：冷战时期美国"政治—学术复合体"初探》，《社会科学战线》2012年第6期。）

结　论

与大学、学术界之间的合作关系空前密切化、制度化（即张杨所说的"官智合流"）的同时，越来越多的学者频繁地穿梭于学界与政界之间的"旋转门"，利用其在自然科学与人文社会科学方面的专业知识，向联邦政府乃至军方提供各种专家服务，从而令"新政"和"二战"时期以来专家参政趋势得以进一步延续。尤其是在20世纪60年代的肯尼迪和约翰逊任期，联邦政府中涌现出人数众多、声名显赫的"学术中人"，包括历史学家小阿瑟·施莱辛格、社会学家爱德华·西尔斯和亚历克斯·英克尔斯、政治学家查尔斯·金德尔伯格、经济学家爱德华·梅森和沃尔特·罗斯托等，其中不少人甚至进入了核心决策层，这可以被视为专家参政趋势在"二战"后美国政治中所掀起的一股小高潮。对此，曾于"新政"期间为联邦政府效力的阿道夫·伯利在1961年写到：对于现在的美国政府来说，若不召用几个一流的经济学教授，这"几乎是无法想象的事情"[1]。

总而言之，从政治史的角度来看，进步时代形成的专家参政现象在20世纪美国政治中不断延续，成为一股显而易见的趋势。这既是20世纪美国行政国家发展、国家治理能力加强的必然结果，也是由20世纪美国国内外接连不断的特殊形势如经济危机、世界战争和国际冲突等所促成的。大体而言，越是面临着高度复杂的国内矛盾或高度紧张的国际局势，美国政府越是倾向于吸收和动员大学、学术界的才智之士，使其为解决内忧外患而效力。自2007年以来，随着美国金融危机引发了全球性的经济萧条，"学者总统"[2]奥巴马上台后在某种程度上效仿了"新政总统"富兰克林·罗斯福的做法，在内阁和各种总统委员会中任命了许多大学学者，专家参

---

[1] Cook, *Academicians in the Government from Roosevelt to Roosevelt*, p.169.
[2] 哈佛大学历史系教授詹姆斯·克洛彭伯格将奥巴马称作"隐匿的实用派知识分子"。（参见 James Kloppenberg, *Reading Obama: Dreams, Hopes, and the American Political Tradition*, Princeton University Press, 2010.）

政现象在当代美国政治中再度凸显。诚然，2012年唐纳德·特朗普上台后，这位以"反智主义"言论而著称的"富豪总统"对于任用学者、专家较为淡漠，其内阁成员和幕僚团队多由企业界精英和军政要人组成，但也有少数来自大学或学术界之人，如佛罗里达国际大学法学院院长亚历山大·阿克斯塔（Alexander Acosta）出任劳工部长，卡耐基梅隆大学政治与战略研究所主任兼斯坦福大学胡佛研究所研究员基伦·斯金纳（Kiron Skinner）担任国务院政策规划事务主任之职等。[①]

　　从另一个角度——知识史的角度来看，专家参政趋势的形成与延续，实际上见证了过去一个多世纪里大学学者群体在美国社会中地位的持续上升。自20世纪初以来，伴随着高等教育的巨大变革与学术知识的专业化，大学学者摆脱了他们在19世纪美国社会中的边缘性地位，越来越走进美国社会与政治权力的中心舞台，专家参政现象的涌现不过是这一变化的缩影。时至今日，这些学者专家往往头顶名牌大学"教授"或著名智库"研究员"的头衔，西装革履，激扬文字，指点"江山"，频频穿梭于政界、学界乃至产业界之间的"旋转门"，是政府、企业、基金会和电视台争相邀请的"座上宾"，堪称美国社会学家赖特·米尔斯所说的战后美国"权力精英"中的知识精英代表，也充分验证了近代西方哲学家弗朗西斯·培根所说的"知识即权力"（Knowledge is Power）的箴言。需要注意的是，知识虽是权力，学术却并非政治。当这些大学学者凭借其专业所长而成为靠近权力中心的政府专家时，他们也必须小心地警惕自身的学者底色受到政治的浸染乃至"异化"，努力在学术的求真精神与政治的务实原则之间保

[①] 特朗普还曾向卡内基梅隆大学经济学教授、前总统里根经济顾问马文·古德弗伦德（Marvin Goodfriend）"抛出橄榄枝"，邀请其到美联储任职，但遭到后者拒绝。这或许表明美国大学与学术界与这位"反智主义"总统之间关系的紧张。

持微妙的平衡。这个可被称为柏拉图的"叙拉古之惑"[1] 的古老问题，恐怕是现代社会中任何一位志于参与政府、成为专家的大学学者必须妥善应对的一道难题。

---

[1] "叙拉古之惑"是关于古希腊哲学家柏拉图三入意大利西西里岛上的叙拉古城邦，希望劝说年轻的国王戴奥尼素皈依哲学、践行哲人王理念的典故。柏拉图三次接受戴奥尼素，又三次失败而归。"叙拉古之惑"，指的是一些知识分子一方面倾向于靠近权力并践行其理念，另一方面又不得不面对权力"反噬"的潜在危险，从而陷入知识与权力、学术与政治之间的两难。（参见李文阁《叙拉古的诱惑——在哲学与政治之间》，《哲学动态》2008年第10期。）

人名索引

A

A. B. 霍尔（A. B. Hall） 143

A. L. 科尔迈耶（A. L. Kohlmeier） 240

A. L. 斯通（A. L. Stone） 143

A. 劳伦斯·洛厄尔（A. Lawrence Lowell） 78,167,221,249

A. R. 惠特森（A. R. Whitson） 143

阿贝·福塔斯（Abe Fortas） 1

亚伯拉罕·伯格伦德（Abraham Berglund） 232

亚伯拉罕·杰克逊（Abraham Jackson） 246

艾布拉姆·安德鲁（Abram Piatt Andrew） 175,196,212

艾布拉姆·哈里斯（Abram W. Harris） 246,250

阿德莱·史蒂文森（Adlai Ewing Stevenson） 159

阿德纳·韦伯（Adna F. Weber） 102

阿道夫·伯利（AdolfBerle） 1,303

阿道夫·米勒（Adolph C. Miller） 216

艾伯特·阿特伍德（Albert Atwood） 14

艾伯特·贝弗里奇（Albert Beveridge） 119,127,128

艾伯特·哈特（Albert Bushnell Hart） 194,238

艾伯特·卡明斯（Albert Cummings） 126

艾伯特·麦金利（Albert E. McKinley） 237

艾伯特·帕特尼（Albert H. Putney） 217

艾伯特·梅里特（Albert N. Merritt） 233

艾伯特·肖（Albert Shaw） 97,167,170,204

艾伯特·索尼森（Albert Sonnichsen） 245

阿尔比恩·斯莫尔（Albion Small） 53,56,95,100,176

亚历克斯·英克尔斯（Alex Inkeles）

303

亚历山大·阿克斯塔（Alexander Acosta） 304

亚历山大·巴赫（Alexander Bache） 89

亚历山大·坎斯（AlexanderCance） 195

阿尔弗雷德·马汉（Alfred Mahan） 194

埃利斯·弗里曼·帕尔默（Alice Freeman Palmer） 56

阿林·杨格（Allyn A. Young） 105，233，235，247，248，253

阿朗索·泰勒（Alonzo E. Taylor） 233

阿方索·塔夫脱（Alphonso Taft） 200

安德鲁·麦克劳克林（Andrew C. McLaughlin） 194，237，238

安德鲁·怀特（Andrew White） 48，105，163

阿奇·肖（Arch W. Shaw） 233

阿奇博尔德·柯立芝（Archibald Cary Collidge） 237，243，245

阿奇博尔德·亨德森（Archibald Henderson） 223

阿明·洛贝克（Armin K. Lobeck） 247，251

阿瑟·安德鲁斯（Arthur Andrews） 246

阿瑟·施莱辛格（Arthur Schlesinger） 303

阿瑟·哈德利（Arthur T. Hadley） 86，94，102，103，109，213，225，252，259

奥古斯塔斯·圣高登斯（Augustus Saint-Gaudens） 186

奥斯坦·古尔斯比（Austan Goolsbee） 3，13

奥斯丁·伊万斯（Austin Evans） 245

B

贝利·威利斯（Bailey Willis） 247

巴尔萨泽·迈耶（Balthasar H. Meyer） 137，192，213

本杰明·西利曼（Benjamin Silliman） 39，42

伯纳多特·施米特（Bernadotte Schmitt） 223，240

伯纳德·摩西（Bernard Moses） 106，197，201

伯恩哈德·费诺（Bernhard E. Fernow） 190

贝弗利·托马斯·加洛韦（Beverly Thomas Galloway） 190，208

布兰德·马修（Brander Mathews） 184，198

布鲁克斯·亚当斯（Brooks Adams） 186

C

C. D. 马克斯（C. D. Marx） 99

C. F. 伯格斯（C. F. Burgess） 138,141

C. G. 伯里特（C. G. Burritt） 138,142

C. 朱迪（C. Juday） 141

C. K. 利思（C. K. Leith） 251

卡尔·贝克尔（Carl Becker） 237,238,263

卡尔·裴仑（Carl C. Plehn） 158

卡尔·阿尔斯伯格（Carl L. Alsberg） 209

卡尔·菲什（Carl Russell Fish） 224,238

卡尔·舒尔茨（Carl Schurz） 79,81,119

卡尔·弗鲁曼（Carl Vrooman） 221

卡罗尔·赖特（Carroll D. Wright） 170

卡特·格拉斯（Carter Glass） 215,216

查尔斯·比尔德（Charles Beard） 170,238,239,263

查尔斯·科普兰（Charles Copelan） 65

查尔斯·黑曾（Charles D. Hazen） 237

查尔斯·戴维斯（Charles Davis） 89

查尔斯·埃德加腾（Charles E. Edgarton） 192

查尔斯·埃利奥特（Charles Eliot） 37,40,48,55,91,131,164,196,217

查尔斯·弗朗西斯·亚当斯（Charles Francis Adams） 34,38,41,45,77,90,131,132

查尔斯·弗朗西斯·墨菲（Charles Francis Murphy） 168,169

查尔斯·弗雷德里克·钱德勒（Charles Frederick Chandler） 102

查尔斯·克朗哈特（Charles H. Crownhart） 139

查尔斯·赫尔（Charles H. Hull） 237

查尔斯·基普（Charles H. Keep） 193

查尔斯·库利（Charles Horton Cooley） 96

查尔斯·哈斯金斯（Charles Huskins） 244,248,249

查尔斯·休斯（Charles Hughes） 126,171

查尔斯·杰西·布洛克（Charles Jesse Bullock） 158

查尔斯·肯德尔·亚当斯（Charles Kendall Adams） 34,38,41,45,90,131,132

查尔斯·金德尔伯格（CharlesKindleberger） 303

查尔斯·安德鲁斯(Charles M. Andrews) 194

查尔斯·麦卡锡(Charles McCarthy) 17,19,120,130,140,141,144,146,147,159,214,233,266,298

查尔斯·梅里亚姆(Charles Merriam) 11,173,176-178,238

查尔斯·尼尔(Charles P. Neil) 195

查尔斯·普劳蒂(CharlesProuty) 266

查尔斯·R.亨德森(Charles R. Henderson) 95,99,158,175,176

查尔斯·曼恩(Charles R. Mann) 226

查尔斯·范海斯(Charles VanHise) 222

查尔斯·豪(Charles S. Howe) 230

查尔斯·西摩(Charles Seymour) 245,248,250

查尔斯·特温(Charles Thwing) 230,242

查尔斯·威廉·达林利(Charles William Daliney) 102

切斯特·琼斯(Chester Lloyd Jones) 143

克里斯蒂娜·罗默(Christina Romer) 3,13

克拉伦斯·奥尔沃德(Clarence Alvord) 224

克拉伦斯·金(Clarence King) 85

克劳德·鲍曼(Claude Bowman) 3,14,15,238

克劳德·赫德森(Claude Silbert Hudson) 209

克利夫兰·阿贝(Cleveland Abbe) 189

克利福德·哈丁(Clifford Hardin) 2

克里夫·戴伊(Cliver Day) 245,248

D

D.A.麦凯布(D. A. McCabe)麦凯布 214

D.W.米德(D. W. Mead) 143

达纳·C.芒罗(Dana C. Munro) 237,239,246

丹尼尔·吉尔曼(Daniel Gilman) 43,48,49,51,58,65,66,68,71,72,83

戴维·布劳斯坦(David Blaustein) 176

戴维·克罗克特(David Crockett) 30,78

戴维·格罗斯曼(David Grossman) 16

戴维·豪斯顿(David F. Houston) 208

戴维·亨特·米勒(David Hunnter Miller) 244,247

戴维·萨珀斯(David J. Saposs)

214

戴维·希尔（David Jayne Hill）105,196

戴维·金利（David Kinley）158,196

戴维·麦奇（David Magie）246,251

戴维·斯塔尔·乔丹（David Starr Jordan）39,41

戴维斯·杜威（Davis R. Dewey）102,192,204

迪安·沃彻斯特（Dean C. Worcester）105,106,197,201

迪洛斯·肯斯曼（Delos R. Kensman）139

唐纳德·弗雷里（Donald Frary）248

唐纳德·图克斯伯里（Donald Tewksbury）28,35

多萝西·凯尼恩（Dorothy Kenyon）246

道格拉斯·约翰逊（Douglas Johnson）247

戴安·拉维奇（Diane Silvers Ravitch）2

E

E. A. 伯奇（E. A. Birge）141

E. A. 吉尔摩（E. A. Gilmore）143

E. 本杰明·安德鲁斯（E. Benjamin Andrews）132

E. C. 埃利奥特（E. C. Eliott）143

E. E. 斯佩里（E. E. Sperry）238

E. G. 黑斯廷斯（E. G. Hastings）142

E. K. 林德利（E. K. Lindley）3

E. M. 格里菲斯（E. M. Griffith）144

E. R. L. 古尔德（E. R. L. Gould）103

埃德加·利维（Edgar Levy）169

伊迪丝·阿博特（Edith Abbott）126,174

埃德蒙·伯内特（Edmund Burnett）237

埃德蒙·詹姆斯（Edmund J. James）71,90,100,117,167,221

爱德华·琼斯（Edward D. Jones）234

爱德华·达纳·杜兰德（Edward Dana Durand）192,193,233

爱德华·豪斯（Edward House）206

爱德华·克雷比尔（Edward Krehbiel）240,244,250

爱德华·梅森（Edward Mason）303

爱德华·罗斯（Edward Ross）20,21,132,133

爱德华·S. 考文（Edward S. Corwin）238,239

爱德华·西尔斯（Edward Shils）303

爱德华·托马斯·德温（Edward

Thomas Devine) 187,214

爱德华·比米斯(Edward W. Bemis) 102,132,167

埃德温·塞利格曼(Edwin A. Seligman) 19,21,97,117,158,169,170,187

埃德温·斯洛森(Edwin E. Slosson) 246,249

埃德温·盖伊(Edwin F. Gay) 232-235,296

埃德温·拉德(Edwin F. Ladd) 233

埃德温·乔丹(Edwin O. Jordan) 166

埃德温·鲁滨逊(Edwin A. Robinson) 186

埃德温·凯默勒(Edwin Walter Kemmerer) 196,197

埃德温·威特(Edwin. E. Witte) 214,215

伊莱亚斯·卢米斯(Elias Loomis) 90

埃伦·森普尔(Ellen C. Semple) 246,250

埃尔默·斯托尔(Elmer E. Stoll) 238

伊曼纽尔·戈德瓦泽(Emanuel A. Goldenweiser) 195

伊曼纽尔·菲利普(Emanuel Phillip) 126,153

伊曼纽尔·沃格尔·格哈特(Emanuel Vogel Gerhart) 42

埃默里·约翰逊(Emory R. Johnson) 107,192

欧内斯特·博加特(Ernest L. Bogart) 234

埃瓦茨·格林(Evarts B. Greene) 237

F

F. A. 巴纳德(F. A. Barnard) 34

F. A. 戈尔德(F. A. Golder) 250

F. E. 特诺勒(F. E. Turneaure) 143

F. H. 内维尔(F. H. Newell) 246

F. H. 怀特(F. H. White) 122

F. W. 麦克雷诺兹(F. W. McReynolds) 238

费利克斯·法兰克福特(Felix Frankfurter) 1,242

费迪南德·海登(Ferdinand Hayden) 85

弗洛伦斯·凯利(Florence Kelley) 125

弗朗西丝·凯勒(Frances Kellor) 188

弗朗西斯·查尔德(Francis Child) 46

弗朗西斯·格伦德(Francis Grund) 38

弗朗西斯·麦戈文(Francis McGovern) 126

弗朗西斯·沃克(Francis Walker) 117,193,217

弗朗西斯·韦兰(Francis Wayland) 43,50

弗兰克·费特(Frank Fetter) 158

弗兰克·古德诺(Frank Goodnow) 81,82,158,174,213

弗兰克·狄克逊(Frank Haigh Dixon) 232

弗兰克·洛登(Frank Lowden) 221

弗兰克·安德森(Frank M. Anderson) 247

弗兰克·帕森(Frank Parson) 132

弗兰克·冈萨雷斯(Frank W. Gunsaulus) 175

弗兰克·沃尔什(Frank Walsh) 19,266

弗兰克·陶西格(Frank William Taussig) 215,232-234

富兰克林·莱恩(Franklin Lane) 229

弗朗茨·博厄斯(Franz Boas) 195

弗雷德·布斯(Fred Busse) 175

弗雷德里克·克利夫兰(Frederick A. Cleveland) 169,178,213,295

弗雷德里克·鲍尔(Frederick Belding Power) 209

弗雷德里克·伍德沃德(Frederick C. Woodward) 233

弗雷德里克·豪(Frederick Howe) 140,157,158,174,261,297

弗雷德里克·杰克逊·特纳(Frederick Jackson Turner) 53

弗雷德里克·毕晓普(Frederick L. Bishop) 230

弗雷德里克·帕克森(Frederick L. Paxson) 237,238,241

弗雷德里克·莫里斯(Frederick Morris) 247

弗雷德里克·保罗·凯佩尔(Frederick Paul Keppel) 226

弗雷德里克·保尔森(Frederick Paulson)

弗雷德里克·泰勒(Frederick Taylor) 120

弗里茨·哈伯(Fritz Haber) 228

G

G.C.汉弗莱(G. C. Humphrey) 142

G.C.塞勒里(G. C. Sellery) 238

G.H.本肯多(G. H. Benkendorf) 142

G.M.麦克布赖德(G. M. McBride) 247

G.M.雷诺兹(G. M. Reynolds) 196

G.麦克罗(G. McKerrow) 142

G.斯坦利·霍尔(G. Stanley Hall) 33

G.W.斯科特(G. W. Scott) 238

盖拉德·亨特(Gaillard Hunt) 237

加德纳·米恩斯(Gardiner Means) 1

加德纳·阿克利(Gardner Ackley) 2

乔治·麦克莱伦(George B. McClellan) 169

乔治·斯威夫特(George B. Swift) 103

乔治·布莱克斯利(George Blakeslee) 246

乔治·克里尔(George Creel) 236

乔治·巴尼特(George E. Barnett) 214

乔治·萨拜因(George H. Sabine) 240

乔治·伯格斯(George K. Burgess) 40,44,177

乔治·柯奇伟(George Kirchwey) 188

乔治·比尔(George Louis Beer) 249

乔治·达彻(George M. Dutcher) 237

乔治·斯蒂尔(George M. Steele) 132

乔治·诺里斯(George Norris) 126

乔治·诺伊斯(George Noyes) 245

乔治·史密斯(George Otis Smith) 189

乔治·P.邦德(George P. Bond) 90

乔治·S.莫里森(George S. Morrison) 72,73,92,107

乔治·桑塔亚纳(George Santayana) 64,281

乔治·舒尔茨(George Shultz) 2

乔治·蒂克纳(George Ticknor) 43,44

乔治·特里维廉(George Trevelyan) 184,186

乔治·瓦格纳(George Wagner) 143

乔治·华盛顿·普伦凯特(George Washington Plunkitt) 45,109

乔治·惠勒(George Wheeler) 85

乔治·威廉·柯蒂斯(George William Curtis) 235

吉福特·平肖(Gifford Pinchot) 190,191

格雷厄姆·泰勒(Graham Taylor) 176

格雷厄姆·沃拉斯(Graham Wallas) 288

盖伊·福特(Guy Stanton Ford) 194

盖福德·斯蒂弗(Guyford Stever) 2

H

H.D.吉布斯(H. D. Gibbs) 209

H.E.施托克布里奇(H. E. Stockbridge) 132

H.J.托克尔森(H. J. Thorkelson) 138,142

H. L. 麦克贝恩（H. L. McBain） 143

H. L. 拉塞尔（H. L. Russell） 142

H. P. 戴维森（H. P Davidson） 196

H. S. 理查德（H. S. Richards） 144

哈考特·摩根（Harcourt Morgan） 1

哈林顿·埃默森（Harrington Emerson） 173

哈里·加菲尔德（Harry A. Garfield） 233

哈里·米利斯（Harry A. Millis） 195

何汉理（Harry Harding） 3

哈里·贾德森（Harry Pratt Judson） 65,165

哈维·威利（Harvey W. Wiley） 101,190,209

亨利·费恩（Henry B. Fine） 217

亨利·伯恩（Henry Bourne） 237,240

亨利·布鲁埃尔（Henry Bruere） 120,121,170,187

亨利·埃梅里（Henry C. Emery） 213

亨利·卡伯特·洛奇（Henry Cabot Lodge） 102,127,128,185

亨利·卡特·亚当斯（Henry Carter Adams） 81,96,102,117,137,266

亨利·查莫斯（Henry Chalmers） 232

亨利·丹尼森（Henry Dennison） 234,235

亨利·范德曼（Henry E. VanDeman） 101

亨利·奥斯本（Henry Fairfield Osborn） 186

亨利·法纳姆（Henry Farnam） 267

亨利·乔治（Henry George） 19,32

亨利·戈达德（Henry Goddard） 269,270

亨利·沃尔特斯（Henry J. Walters） 233

亨利·门肯（Henry L. Mencken） 275

亨利·普里切特（Henry Pritchett） 71,101

亨利·哈特菲尔德（Henry Reid Hatfield） 234,235

亨利·格雷夫斯（Henry Solon Graves） 191,207,208

亨利·塔潘（Henry Tappan） 50

亨利·泰勒（Henry Taylor） 190

亨利·范戴克（Henry Van Dyke） 217

亨利·罗杰斯（Henry Wade Rogers） 132

亨利·沃德·比彻（Henry Ward Beecher） 29,38

亨利·威利斯（Henry Willis） 216

亨利克·阿克托夫斯基（Henryk Arctowski） 245

赫伯特·巴克斯特·亚当斯（Herbert

Baxter Adams) 58,83,84,95,98,203,204

赫伯特·希顿（Herbert Heaton） 263

赫伯特·威利特（Herbert L. Willett） 175

赫尔曼·梅茨（Herman A. Metz） 169

赫尔曼·奥利芬特（Herman Oliphant） 1

赫尔曼·施奈德（Herman Schneider） 226

赫尔曼·埃姆斯（Herman V. Ames） 240

哈蒂·戈德曼（Hetty Goldman） 244,250

海勒姆·宾厄姆（Hiram Bingham） 11

海勒姆·约翰逊（Hiram Johnson） 126

霍利斯·戈弗雷（Hollis Godfrey） 226

霍华德·巴布科克（Howard Babcock） 1

霍华德·斯科特（Howard Scott） 10

I

I. A. 赫维茨（I. A. Hourwich） 132

I. M. 鲁宾诺（I. M. Rubinow） 245,249

艾达·塔贝尔（Ida Tarbell） 125

艾拉·雷姆森（Ira Remsen） 52,68

欧文·费雪（Irving Fisher） 21,118,255,258,260,271

以赛亚·鲍曼（Isaiah Bowman） 243,244,247,251

J

J. A. 卡特勒（J. A. Cutler） 142

J. G. D. 麦克（J. G. D. Mack） 138,141

J. C. 哈尔平（J. G. Halpin） 142

J. G. 桑德斯（J. G. Sanders） 142

J. J. 科斯（J. J. Coss） 238

J. J. 佩蒂约翰（J. J. Pettijohn） 238

J. P. 麦克穆奇（J. P. McMurrich） 65

J. S. 埃姆斯（J. S. Ames） 231

J. S. 沃斯科勒（J. S. Vosskuehler） 138,142

J. W. 加纳（J. W. Garner） 238

雅各布·舒尔曼（Jacob Gould Schurman） 105,233

雅各布·霍兰德（Jacob Hollander） 103,106,197,234

詹姆斯·史密斯（James Allen Smith） 20,132

詹姆斯·埃尔顿·詹姆斯（James Alton James） 158

詹姆斯·邦布赖特（James Bonbright） 247,249

詹姆斯·布朗·斯科特（James Brown Scott） 197,247

詹姆斯·布莱斯（James Bryce） 163,186,198,204

詹姆斯·伯里尔·安杰尔（James Burrill Angell） 32

詹姆斯·戴维森（James Davidson） 126

詹姆斯·古特曼（James Gutmann） 238

詹姆斯·布雷斯特德（James Henry Breasted） 224

詹姆斯·威尔逊（James Jim Wilson） 102,189,208

詹姆斯·兰迪斯（James Landis） 1

詹姆斯·卡特尔（James M. Cattell） 4,53,289

詹姆斯·海德（James M. Hyde） 175

詹姆斯·麦克梅内斯（James McManes） 163

詹姆斯·R.安杰尔（James R. Angell） 32,63,70,71,226

詹姆斯·拉塞尔·洛厄尔（James Russell Lowell） 109

詹姆斯·斯科特（James B. Scott） 197,247

詹姆斯·肖特韦尔（James T. Shotwell） 237,238,244

詹姆斯·托宾（James Tobin） 2

詹姆斯·希尔森（James W. Searson） 238

詹姆斯·图米（James W. Toumey） 191

贾里德·斯帕克斯（Jared Sparks） 28

杰里迈亚·詹克斯（Jeremiah Whipple Jenks） 97,167,192,195

杰罗姆·戴维斯（Jerome Davis） 238

杰西卡·佩肖托（Jessica Peixotto） 96

约翰·费尔利（John A. Fairlie） 167

约翰·巴斯科姆（John Bascom） 128,133

约翰·摩尔（John Bassett Moore） 105

约翰·伯格斯（John Burgess）40,44

约翰·克拉克·贝茨（John Clark Bates） 93

约翰·康芒斯（John Commons） 12, 17,19,99,100,133,139,154,173, 192,193,214,216,238,267,296—298

约翰·埃亨（John F. Ahern） 171

约翰·菲奇（John Fitch） 100

约翰·富兰克林·克罗韦尔（John Franklin Crowell） 192

约翰·詹姆森（John Franklin Jameson） 194,237,238,264

约翰·沃克（John G. Walker） 107

约翰·格雷（John H. Gray） 216

约翰·希本(John Hibben) 222

约翰·海伊(John Milton Hay) 185,186

约翰·凯利(John Kelly) 168

约翰·雷基乌蒂(John L. Recchiuti) 21

约翰·穆尔(John Muir) 186

约翰·鲍威尔(John Powell) 85

约翰·普赖斯·杰克逊(John Price Jackson) 161

约翰·塔特洛克(John S. P. Tatlock) 239

约翰·W. 德雷珀(John W. Draper) 90

约翰·威廉姆斯(John Williams) 216

约瑟夫·希尔(Joseph A. Hill) 105,195

约瑟夫·霍尔姆斯(Joseph A. Holmes) 210

约瑟夫·张伯伦(Joseph Chamberlain) 73,247,249

约瑟夫·约翰逊(Joseph French Johnson) 192

约瑟夫·威尔逊(Joseph Ruggles Wilson) 202,247

乔赛亚·罗伊斯(Josiah Royce) 53

乔赛亚·斯特朗(Josiah Strong) 162,163

朱莉娅·莱思罗普(Julia Lathrop) 126

K

卡尔·康普顿(Karl Compton) 302

李侃如(Ken Lieberthal) 3,25

凯尼恩·巴特菲尔德(Kenyon Butterfield) 194

基伦·斯金纳(Kiron Skinner) 304

L

L. H. 格雷(L. H. Gray) 246

L. 卡伦博格(L. Kahlenberg) 142

L. M. 拉森(L. M. Larson) 240

L. S. 史密斯(L. S. Smith) 143

劳伦斯·斯蒂费尔(Lawrence Steefel) 244

李·杜布里奇(Lee Alvin DuBridge) 2

利奥·S. 罗(Leo S. Rowe) 167,198,217,231

利奥·沃尔曼(Leo Wolman) 1,214,234

利昂·多米尼安(Leon Dominian) 245

利昂·芬克(Leon Fink) 19

伦纳德·怀特(Leonard D. White) 1

莱斯特·沃德(Lester Ward) 24,91,114,145

刘易斯·豪普特(Lewis M. Haupt)

107

刘易斯·霍普金斯(Lewis Hopkins) 68

利伯蒂·贝利(Liberty Hyde Bailey) 194

林赛·罗杰斯(Lindsay Rogers) 232

劳埃德·肖特(Lloyd Short) 260

路易斯·阿加西斯(Louis Agassiz) 44,89,90

路易斯·布朗洛(Louis Brownlow) 173

路易斯·施密特(Louis E. Schmidt) 175

路易斯·雷伯(Louis Reber) 160

卢瑟·古立克(Luther Gulick) 170

M

M.J.克什斯坦恩(M. J. Kerschensteiner) 142

M.P.拉文纳尔(M. P. Ravenel) 144

M.S.达吉恩(M. S. Dudgeon) 144

马克·杰弗逊(Mark Jefferson) 247,251

马歇尔·埃利奥特(Marshall Elliot) 58

马丁·布鲁鲍姆(Martin G. Brumbaugh) 106

马丁·洛马内(Martin Lomasney) 163

马文·古德弗伦德(Marvin Goodfriend) 304

莫里斯·伊根(Maurice Francis Egan) 197

马克斯·汉德曼(Max Handman) 245,250

马克斯·韦斯特(Max West) 192,198

梅尔维尔·杜威(Melville Dewey) 146

梅尔文·科普兰(Melvin T. Copeland) 234

迈克尔·哈特(Michael D. Harter) 83

米洛·凯彻姆(Milo S. Ketchum) 230

莫迪凯·伊齐基尔(Mordecai Ezekiel) 1

芒罗·史密斯(Munroe Smith) 238

N

纳尔逊·奥尔德里奇(Nelson W. Aldrich) 196

内文·芬内曼(Nevin Fenneman) 246

尼古拉斯·曼昆(Nicholas Gregory Mankiw) 2

尼古拉斯·巴特勒(Nicholas Murray Butler) 56,165,221,225

诺厄·波特(Noah Porter) 48

诺曼·哈里斯（Norman Harris） 246,249

O

O. L. 科尔瓦（O. L. Kowalke） 138,142
奥林·坦普林（Olin Templin） 233
奥利弗·米切尔·斯普拉格（Oliver Mitchell Sprague） 1
奥利弗·温德尔·霍尔姆斯（Oliver Wendell Holmes） 115
奥雷斯蒂斯·布朗森（Orestes Brownson） 39,41
奥斯古德·哈迪（Osgood Hardy） 247
欧文·威斯特（Owen Wister） 186

P

帕克·科尔比（Parke Rexford Kolbe） 227,257,258,261
帕克·穆恩（Parker T. Moon） 247,249
保罗·哈纳斯（Paul Hanus） 174
保罗·凯洛格（Paul Kellogg） 187
保罗·奥利里（Paul M. O'Leary）
保罗·孟禄（Paul Monroe） 245,249
保罗·芮恩施（Paul S. Reinsch） 217
彼得·欧尔萨格（Peter Orszag） 3
普雷斯顿·斯洛森（Preston Slosson）

R

R. A. 摩尔（R. A. Moore） 142
R. 费希尔（R. Fischer） 141
R. G. 思韦茨（R. G. Thwaites） 141
拉尔夫·佩里（Ralph Barton Perry） 223
拉尔夫·爱默生（Ralph Emerson） 27
雷·威尔伯（Ray Lyman Wilbur） 232
雷·马歇尔（Ray Marshall） 2
雷蒙德·莫利（Raymond Moley） 1,173
雷蒙德·珀尔（Raymond Pearl） 233
雷克斯福德·特格韦尔（Rexford Tugwell） 1
里塔·朵儿（Rheta Dorr） 126
里斯·卡朋特（Rhys Carpenter） 251
理查德·巴林杰（Richard A. Ballinger） 207
理查德·克罗克（Richard Croker） 168
理查德·伊利（Richard Ely） 17,20,53,58,96,99,102,110,116,117,132,133,166,204,224,261,267,295
理查德·杰西（Richard. H. Jesse）

73,107

理查德·麦克劳林（Richard Maclaurin） 220

里士满·梅奥—史密斯（Richmond Mayo-Smith） 104

罗伯特·米利肯（Robert A. Millikan） 231

罗伯特·查德克（Robert E. Chaddock） 196

罗伯特·帕克（Robert E. Park） 176

罗伯特·霍克西（Robert F. Hoxie） 214

罗伯特·加勒特（Robert Garrett） 68

罗伯特·H. 洛德（Robert H. Lord） 245

罗伯特·惠腾（Robert H. Whitten） 192

罗伯特·希格斯（Robert Higgs） 118

罗伯特·乔治（Robert Hudson George） 251

罗伯特·克纳（Robert Kerner） 245,250

罗伯特·叶基斯（Robert M. Yerkes） 241,270

罗伯特·麦克尔罗伊（Robert McNutt McElroy） 222,238

罗伯特·伍德沃德（Robert S. Woodward） 211

罗杰·肖（Roger Shaw） 14

罗兰·狄克逊（Roland Dixon） 248,249

罗兰·福克纳（Roland P. Falkner） 195,198

罗厄尔·麦克雷（Roswell McCrea） 192

罗伊·布莱基（Roy G. Blakey） 232

罗亚尔·狄克逊（Royal B. Dixon） 246

鲁道夫·布兰肯伯格（Rudolph Blankenburg） 160

S

S. J. 邓肯—克拉克（S. J. Duncan-Clark） 188

塞缪尔·哈丁（Samuel B. Harding） 238

塞缪尔·斯帕林（Samuel E. Sparling） 140

塞缪尔·哈珀（Samuel Harper） 264,265

塞缪尔·英萨尔（Samuel Insull） 221

塞缪尔·林赛（Samuel McCune Lindsay） 110,170,186,192,198

塞缪尔·莫里森（Samuel Morrison） 31,245,248,249

塞缪尔·卡彭（Samuel P. Capen）

230

塞缪尔·兰利(Samuel Pierpont Langley) 210

塞缪尔·斯特拉顿(Samuel W. Stratton) 191

西曼·纳普(Seaman A. Knapp) 190

塞利格·珀尔曼(Selig Perlman) 214

塞思·洛(Seth Low) 56,127,165,177

希拉·斯劳特(Sheila A. Slaughter) 18

西德尼·费伊(Sidney Fay) 245,251

西德尼·梅泽斯(Sidney Mezes) 243,244,248

西蒙·帕腾(Simon Patten) 117,169

索芙妮斯芭·布雷肯里奇(Sophonisba Breckinridge) 126,174

斯坦利·亨培克(Stanley Hornbeck) 246,248,250,253

斯蒂芬·达根(Stephen P. Duggan) 251

萨默·斯利克特(Summer H. Slichter) 214

T

T.F.摩根(T. F. Morgan) 238

T.J.霍尔德沃斯(T. J. Holdworth) 196

白修德(Theodore White) 302

托马斯·S.亚当斯(Thomas(S. Adams)4,105,106,139,165

托马斯·张伯伦(Thomas Chamberlain) 73

托马斯·门登霍尔(Thomas Corwin Mendenhall) 101

托马斯·威尔(Thomas Elmer Will) 132

托马斯·杰弗逊(Thomas Jefferson) 14,54,85

托马斯·伦纳德(Thomas Leonard) 20,21,269

托马斯·卡弗(Thomas N. Carver) 208

托马斯·帕金森(Thomas Parkinson) 267

托马斯·里德(Thomas Reed) 158

托马斯·巴克莱(Thomas Swain Barclay) 251

托马斯·佩奇(Thomas Walker Page) 213,232,237

索尔斯坦·凡勃伦(Thorstein Veblen) 9,56,233

瑟曼·阿诺德(Thurman Arnold) 1

蒂尔登·亚当森(Tilden Adamson) 172

V

弗拉基米尔·辛克维奇(Vladimir

Simkhovitch) 245

W

W. A. 斯科特(W. A. Scott) 142

W. D. 彭斯(W. D. Pence) 138,141

W. F. 拉塞尔(W. F. Russell) 238

W. F. 威洛比(W. F. Willoughby) 198,212,213

W. 杰特·劳克(W. JettLauck) 195,214

W. L. 鲍姆(W. L. Baum) 175

W. R. 谢泼德(W. R. Shepherd) 238

W. S. 弗格尔森(W. S. Fergurson) 245,249

W. U. 摩尔(W. U. Moore) 144

W. W. 哈勒姆(W. W. Hallam) 176

W. W. 麦克拉伦(W. W. McLaren) 246

瓦尔多·勒兰德(Waldo Leland) 237

华莱士·阿特伍德(Wallace A. Atwood) 158

华莱士·诺特斯坦(Wallace Notestein) 237-239,244,250

沃尔特·罗斯托(Walt Rostow) 303

沃尔特·白芝浩(Walter Bagehot) 203

沃尔特·李普曼(Walter Lippmann) 244,272

沃尔特·威尔科克斯(WalterWillcox) 104,212

沃纳·斯托克伯格(Warner W. Stockberger) 190

温德尔·菲利普斯(Wendell Philips) 45

韦斯利·米切尔(Wesley Clair Mitchell) 105,110,234,235

威尔伯·克罗斯(Wilbur Cross) 11

威利特·马丁·海斯(Willet Martin Hays) 189

威廉·邓宁(William A. Dunning) 194

威廉·埃里森(William B. Allison) 101

威廉·布里麦斯特(WilliamBriesemeister) 247

威廉·多德(William E. Dodd) 237,238

威廉·爱德华·伦特(William Edward Lunt) 245

威廉·弗格森(William Ferguson) 245,249

威廉·弗威尔(William Folwell) 78

威廉·艾伦(William H. Allen) 120,169,174,178

威廉·韦尔奇(William H. Wilch) 102

威廉·哈里斯(William Harris) 68,84,87,96,124

威廉·希利(William Healy) 175

威廉·托尔曼(William Howe Tolman) 166

威廉·沃克(William Hultz Walker) 229

威廉·托马斯(William I. Thomas) 175

威廉·詹姆斯(William James) 115,281

威廉·贾斯珀·斯皮尔曼(William Jasper Spillman) 190

威廉·兰杰(William Leonard Langer) 301

威廉·莱瑟森(William Leiserson) 214

威廉·林格尔巴克(William Lingelbach) 240

威廉·M.特威德(William M. Tweed) 163

威廉·麦克莱伦(William McClellan) 219

威廉·门罗(William Monroe) 245,250

威廉·霍奇基斯(William O. Hotchkiss) 140

威廉·汤普森(William O. Thompson) 222

威廉·阿特金森(William P. Atkinson) 31

威廉·迪林厄姆(William P. Dillingham) 195

威廉·帕特森(William Patterson) 170

威廉·哈珀(William Rainy Harper) 55,72,98,103,175

威廉·雷德菲尔德(William Redfield) 47

威廉·梅里亚姆(William Rush Merriam) 105,212,296

威廉·史麦斯(William Smyth) 9

威廉·戴维斯(William Stearns Davis)戴维斯

威廉·韦斯特曼(William Westermann) 246,248

威廉·里普利(William Z. Ripley) 192

威廉·卡伯特森(William. S. Culbertson) 215

温斯罗普·丹尼尔斯(Winthrop M. Daniels) 211

沃尔科特·皮特金(Wolcott H. Pitkin) 246

Z

兹比格纽·布热津斯基(Zbigniew Brzezinski) 2

参考文献

Adams, Charles K. "The Present Obligation of the Present." Democratic Printing Company, 1897.

Bache, Alexander D. "President of the American Association for the year 1851: on retiring from the duties of President", http://collections.nlm.nih.gov/muradora/objectView.action?pid=nlm: nlmuid - 101172759 - bk.

Brownson, Orestes A. "An Oration on the Scholar's Mission." V. Harrington, 1843.

Creel, George. "Public Opinion in War Time." *Annals of the American Academy of Political and Social Science* 78, 1918.

Ely, Richard. "Report of the Organization of the American Economic Association." *Publications of the American Economic Association*, Vol. 1, American Economic Association, 1887.

Fisher, Irving. "Economist in Public Service: Annual Address of the President." *The American Economic Review*, Vol. 9, No. 1, Supplement, Papers and Proceedings of the Thirty-First Annual Meeting of the American Economic Association (Mar., 1919), pp. 5 - 21.

Gerhart, Emanuel Vogel. "The Proper Vocation of a Scholar." an Address delivered at the Opening of the New Diagnothian Hall, July 2, 1847, printed at the Journal Office.

Gilman, Daniel. "Inaugural Address of Daniel Coit Gilman as first President of The Johns Hopkins University. " http: //webapps. jhu. edu/ jhuniverse/information_ about_ hopkins/about_ jhu/daniel_ coit_ gilman/.

Gilman, Daniel. "The Building of the University: An Inaugural Address. " Delivered at Oakland, Nov. 7, 1872, San Francisco, 1872, 6.

Hadley, Arthur. "The Relation between Economics and Politics. " opening address at the meeting of the American Economic Association, New Heaven, December 27, 1898.

Hadley, Arthur. "What is Education. " *Harper's*. http: //harpers. org/archive/1922/12/0011842.

Herrin, William. "Public Duties of Educated Men. " an Address delivered at Corvallis Oregon during the Quarter Centennial Jubilee Exercises of Oregon Agricultural College, June 24, 1910.

James, Edmund. "The Function of the State University. " *Science*, New Series, Vol. 22, No. 568, 1905.

Jesse, Richard. "The Function of the State University. " *Science*, New Series, Vol. 14, No. 343, Jul. 26, 1901.

Lowell, A. Lawrence. "Expert Administrators in Popular Government. " *American Political Science Review*, Vol. 7, No. 1, Feb. , 1913.

Morison, George S. "The New Epoch and the University. " an Oration delivered before the Phi Beta Kappa Society in Sanders Theater, Cambridge, Thursday, June 25, 1896.

Pritchett, Henry. "The Relation of Educated Men to the State. " *Science*, New Series, Vol. 12, No. 305, Nov. 2, 1900.

Reber, Louis. "University Extension. " *Annals of the American Academy of Political and Social Science*, Vol. 67, New Possibilities in Education, Sep. 1916.

Rowland, Henry Augustus. "A Plea for Pure Science. " *Science*, Vol. 2 (old series), August 24, 1883. Proceedings of Section B-Physics, pp. 242 - 250.

Albion W. Small, "What Is a Sociologist?," *American Journal of Sociology*, Vol. 8, No. 4 (Jan., 1903), pp. 468 - 477.

Schurz, Carl. "Civil Service Reform and Democracy." http://en.wikisource.org/wiki/Civil_ Service_ Reform_ and_ Democracy.

Schurz, Carl. "Congress and Spoils System." http://en.wikisource.org/wiki/Congress_ and_ the_ Spoils_ System.

Taft, William. "Address of President Taft: At the Luncheon of the Economic Association." at the Raleigh Hotel, Washington, D. C., December 28, 1911, American Economic Review, Vol. 2, No. 1, Supplement, *Papers and Proceedings of the Twenty-fourth Annual Meeting of the American Economic Association*, Mar. 1912.

VanHise, Charles. "The Attainment of Success: Baccalaureate and Commencement Addresses." delivered at the 54th commencement of the University of Wisconsin, Madison, June 16-19, 1907.

William Harris, "Dr. Harris on the Nation's Duty and Opportunity." *Education Review*, September, 1898, Henry Holt & Co., pp. 204 - 205.

William Harris. "Higher Education: Its Function in Preserving and Extending our Civilization." University Convocation Address Delivered at the Quarter Centennial Boston University, May 31, 1898.

Wilson, Woodrow. "Address at Sea Girt, New Jersey Accepting the Democratic Nomination for President." Sept. 1916, http://www.presidency.ucsb.edu/ws/index.php?pid=65393#axzz1p32pDyKA.

Wilson, Woodrow. "Labor Day Speech in Buffalo." New York, September 2, 1912.

Wilson, Woodrow. "Princeton in the Nation's Service" a Commemorative address delivered on Oc. 21, 1896.

Wilson, Woodrow. "The Study of Administration." *Political Science Quarterly*, Vol. 2, No. 2, Jun. 1887, pp. 197 - 222.

参考文献

Angell, James Burrill. *Selected Address*. Longmans, Green & Company, 1912.

Eliot, Charles. *Educational Reform: Essays and Addresses*. The Century Company, 1898.

Folwell, William. *University Addresses*. The H. W. Wilson Company, 1909.

Jordan, David Starr. *The Voice of the Scholar: With Other Addresses on the Problems of Higher Education*. Paul Elder & Company, 1903.

National Education Association. *Journal of Proceedings and Addresses of the Fortieth Annual Meeting*, held at Detroit, Michigan, July 8-12, published by the Association, 1901.

Northup, Clark, etc., *Representative Phi Beta Kappa Orations*, Houghton Mifflin Company, 1915.

Adams, Thomas Sewall. *Labor Problems: A Text Book*, Macmillan Company, 1905.

Allen, William H., *Efficient Democracy*, Dodd, Mead & Company, 1908.

Bruere, Henry. *The New City Government: A Discussion of Municipal Administration Based on a Survey of Ten Commission-Governed Cities*. Prentice Hall, 1912.

Chamberlain, Thomas. *Biographical Memoir Charles Richard Van Hise*. Government Printing Office, 1924.

Commons, John etc. *Final Report of Commission on Industrial Relations*. Barnard and Miller Print, 1915.

Commons, John. *Labor and Administration*. Macmillan Company, 1913.

——. *Myself*, Macmillan Company, 1934.

——. *Social Reform and Church*, Thomas Y. Crowell & Company, 1894.

Dewey, John. *Public and Its Problems*. Denver: Allan Swallow, 1954.

Ely, Richard. *The Past and the Present of Political Economy*. Publication Agent, John Hopkins University, 1884.

Gilman, Daniel. *University Problem in the United States*. New York: Century Co., 1898.

Hadley, Arthur. *The Education of the American Citizen*. Charles Scribner's Sons, 1901.

Holmes, Oliver Wendell. *The Common Law*. Little & Brown Company, 1881.

Howe, Frederick. *Wisconsin: An Experiment in Democracy*. C. Scribner's Sons, 1912.

Ireland, Merritte Weber. *The Medical Department of the United States Army in the World War*, Vol. XIV: *Medical Aspects of Gas Warfare*, Government Printing Office, 1926.

Kolbe, Parke Rexford. *The Colleges in War Time and After: A Contemporary Account of the Effect of the War upon Higher Education in America*. D. Appleton and Company, 1919.

LaFollette, Robert. *La Follette's Autobiography: A Personal Narrative of Political Experiences*. The Robert M. La Follette Co., 1913.

Lippmann, Walter. *Liberty and the News*. New York: Harcourt, Brace and Howe, 1920.

———. *Phantom Public*. New Brunswick & London: Transaction Publisher, 1993.

———. *Public Opinion*. New Brunswick & London: Transaction Publisher, 1998.

McCarthy, Charles. *Wisconsin Idea*. Macmillan Company, 1912.

Reber, Louis. *University Extension in the United States*. Government Printing Office, 1914.

Reinsch, Paul. *American Legislatures and Legislative Methods*. The Century Co., 1907.

———. *Readings on American State Government*, Ginn and Company, 1911.

Strong, Josiah. *The Twentieth Century City*. The Baker & Taylor Co., 1898.

Thwing, Charles Franklin. *The American and the German University: One Hundred Years of History*, Macmillan, 1928.

———. *The American Colleges and Universities in the Great War, 1914 –*

1919: *A History*. The MacMillan Company, 1920.

Wallas, Graham. *The Great Society*: *A Psychological Analysis*, The Macmillan Company, 1914.

Ward, Lester. *Dynamic Sociology or Applied Social Science*: *As Based upon Statical Sociology and the Less Complex Science*, Vol. 1, Appleton and Company, 1897.

Anonymous. "A Third of a Century of LaFolletteism." *Milwaukee Journal*, Oct. 21, 1930. www.wisconsinhistory.org.

Anonymous. "Charles McCarthy, 1873 – 1921." *Survey*, April 9, 1921. www.wisconsinhistory.org.

Anonymous. "Demos and the Professor." *Nation*, May 27, 1915, Vol. 100, pp. 595 – 597. www.wisconsinhistory.org.

Steffens, Lincoln. "Sending a State to College." *Kansas City Star*, Feb. 2, 1909. [Early American Newspaper Database].

Grattan, C. Hartley. "The Historian Cut Loose." *American Mercury Magazine*, May to August 1927, pp. 421 – 422. http://www.unz.org/Pub/AmMercury – 1927aug – 00414? View = PDF.

"Urges University Course to Train City's Employees Philadelphia Should Adopt Plan Says Professor Adams." *The Philadelphia Inquirer*, May 25, 1913. [Early American Newspaper Database].

"Contemporary Thought: Significance of the Wisconsin Idea." *Dallas Morning News*, June 20, 1913, [Early American Newspaper Database].

"The Wisconsin Idea Told by LaFollette Correspondent Calls Attention to Publication in Senator's Magazine." *The State*, November 24, 1912, [Early American Newspaper Database].

"Some New Ideas in Government: An Interview with Dr. George E. Fellows." *Times Picayune*, January 28, 1912, [Early American Newspaper Database].

"The Wisconsin Idea." *Boston Journal*, June 25, 1913, [Early American Newspaper Database].

"Assert Wisconsin Idea BeganHere. Members of Pilgrim Party Term it Pennsylvania System Transplanted." *Philadelphia Inquirer*, June 18, 1913, [Early American Newspaper Database].

"The Wisconsin and Pennsylvania 'Ideas'." *The Philadelphia Inquirer*, March 7, 1914, [Early American Newspaper Database].

Department of State. *Foreign Relations of the United States, 1919, The Paris Conference*, Vol. 1, Government Printing Office, 1942.

Abelson, Donald. *American Think-Tanks and Their Role in US Foreign Policy*. St. Martin's Press, Inc., 1996.

Acrea, Kenneth. *Wisconsin Progressivism: Legislative Response to Social Change, 1891 to 1909*, [dissertation], University of Wisconsin, 1968.

Baritz, Loren. *The Servants of Power; a History of the Use of Social Science in American Industry*. Wesleyan University Press, 1960.

Barrow, Clyde W. *Universities and the Capital State: Corporate Liberalism and the Reconstruction of American Higher Education, 1894 – 1928*. The University of Wisconsin Press, 1900.

Bates, Ralph S. *Scientific Societies in the United States*. Cambridge, MIT Press, 1965.

Bender, Thomas. *Intellect and Public Life: Essays on the Social History of Academic Intellectuals in the United States*. Johns Hopkins University Press, 1993.

Bledstein, Burton. *The Culture of Professionalism: The Middle Class and the Development of Higher Education in America*. Norton, 1976.

Bowman, Claude. *The College Professor in America: An Analysis of Articles Published in the General Magazine, 1890 – 1938*, [reprinted], Arno Press Inc., 1977.

Brint, Steven. *In an Age of Experts: The Changing Role of Professionals *in Politics and Public Life.* Princeton University Press, 1994.

Brown, JoAnne & VanKeuren, David. *The Estate of Social Knowledge.* Johns Hopkins University Press, 1991.

Brubacher, John & Rudy, Wills. *Higher Education in Transition: A History of American Colleges and Universities, 1636 – 1976*, Harper & Row, 1976.

Burton, David. *The Learned Presidency: Theodore Roosevelt, William Howard Taft, Woodrow Wilson.* Fairleigh Dickinson University Press, 1988.

Carnes, Mark & Garraty, John. *The American Nation: The History of the United States*, combined volume (12th edition), Longman, 2005.

Casey, Marion. *Charles McCarthy: Librarianship and Reform*, American Library Association, 1981.

Catlin, Warren Benjamin. *The Progress of Economics: A History of Economic Thought.* Bookman Associate, 1962.

Cole, Janathan. *The American University: Its Rise to Preeminence, Its Indispensible National Role, Why It Must Be Protected.* Public Affairs, 2009.

Cook, Paul. *Academicians in government from Roosevelt to Roosevelt.* [dissertation], University of Kentucky, 1971, [reprinted], 1982.

Crosson, Patricia. *Public Service in Higher Education.* Association for the Study of Higher Education, 1983.

Curti, Merle. *American Scholarship in the 20th Century.* Russell & Russell, 1967.

Curti, Merle. *The American Paradox: The Conflict of Thought and Actions.* Rutgers University Press, 1956.

Dahlberg, Jane. *The New York Bureau of Municipal Research: Pioneer in Government Administration.* New York University Press, 1966.

Diner, Steven. *A City and its Universities: Public Policy in Chicago, 1892 – 1919.* University of North Carolina Press, 1980.

Doan, Edward. *The La Follettes and the Wisconsin Idea.* Rinehart, 1947.

Dupree, A. Hunter. *Science in the Federal Government, A History of Policies and Activities to 1940.* Ayer Publishing, 1957.

Fairchild, Henry Pratt. *The Obligation of Universities to the Social Order.* Oxford University Press, 1933.

Fernandez, Luke Oliver. *Preparing Student for Citizenship: The Pedagogical Vision of Yale's Noah Porter, Harvard's Charles Eliot and Princeton's Woodrow Wilson.* Cornell University Press, 1997.

Fink, Leon & Leonard, Stephen & Reid, Donald. *Intellectuals and Public Life: Between Radicalism and Reform.* Cornell University Press, 1996.

Fink, Leon. *Progressive Intellectuals and the Dilemma of Democratic Commitment.* Harvard University Press, 1997.

Fischer, Frank. *Technocracy and the Politics of Expertise.* Sage Publications, 1990.

Fishback, Price, etc. *Government and the American Economy: A New History.* The University of Chicago Press, 2007.

Fitzpatrick, Ellen. *Endless Crusade: Women Social Scientists and Progressive Reform.* Oxford University Press, 1990.

Furner, Mary. *Advocacy and Objectivity: A Crisis in the Professionalization of American Social Science, 1865 – 1905.* the University Press of Kentucky, 1975.

Furner, Mary. *The State and Economic Knowledge: The British and American Experiences.* Cambridge University Press, 1990.

Furner, Mary. *The State and Social Investigation in Britain and the United States.* Cambridge University Press, 1993.

Gara, Larry. *A Short History of Wisconsin.* The State Historical Society of Wisconsin, 1962.

Gearity, James Lamb. *The First Brain Trust: Academics, Reform and the Wisconsin Idea.* [Dissertation], University of Minnesota, 1979.

Geiger, Roger ed. *The American College in the Nineteenth Century.* Vanderbilt University Press, 2000.

Geiger, Roger. *To Advanced Knowledge: The Development of American Research Universities, 1900 – 1940*, Oxford University Press, 1986.

Geitz, Henry. *German Influences on Education in the United States to 1917*. Cambridge University Press, 1995.

Gelfand, Lawrence. *The Inquiry: American Preparations for Peace, 1917 – 1919*. Yale University Press, 1963.

Gilmore, Glenda Elizabeth. *Who Were Progressives*. St. Martin's, 2002.

Goldman, Eric Frederick. *Rendezvous with Destiny: A History of Modern American Reform*. Knopf, 1952.

Grossman, David Michael. *Professors and Public Service, 1885 – 1925: A Chapter in the Professionalization of the Social Sciences*, [Dissertation], Washington University, 1973.

Gruber, Carol. *Mars and Minerva: World War I and the Uses of the Higher Learning in America*. Louisiana State University Press, 1975.

Haber, Samuel. *The Quest for Authority and Honor in the American Professions, 1750 – 1900*. University of Chicago Press, 1991.

Haller, Mark. *Eugenics: Hereditarian Attitudes in American Thought*. Rutgers University Press, 1963

Haskell, Thomas. *The Authority of Experts: Studies in History and Theory*. Indiana University Press, 1984.

Hawkins, Hugh. *The Emerging University and Industrial America*. R. E. Krieger Pub. Co., 1985.

Herbst, Jungen. *The German Historical School in American Scholarship*. Cornell University Press, 1965.

Hofstadter, Richard. *Anti-intellectualism in American Life*. Knopf, 1963.

Hofstadter, Richard. *The Development and Scope of Higher Education in the United States*. Columbia University Press, 1952.

Hofstadter, Richard & Metzger, Walter. *The Development of Academic*

Freedom in the United States. Columbia University Press, 1955.

Hofstadter, Richard & Smith, Wilson. *American Higher Education: A Documentary History*, Vol. 1, University of Chicago Press, 1968.

Howe, De Wolfe ed. *The Harvard Volunteers in Europe: Personal Records of Experience in Military, Ambulance, and Hospital Service.* Cambridge: Harvard University Press, 1916.

Jencks, Christopher & Riesman, David. *The Academic Revolution.* Doubleday, 1968.

Kimball, Bruce. *The "True Professional Idea" in America: A History.* Blackwell, 1992.

Kloppenberg, James. *Reading Obama: Dreams, Hopes, and the American Political Tradition.* Princeton University Press, 2010.

Ladd, Everett & Lipset, Seymour. *The Divided Academy: Professors and Politics.* McGraw-Hill, 1975.

Lasch, Christopher. *The New Radicalism in America, 1889 – 1963: The Intellectual as a Social Type.* Knopf, 1965.

Lemann, Nicholas. *The Big Test: The Secret History of the American Meritocracy.* Farrar, Straus and Giroux, 1999.

Levine, David. *American College and Culture of Aspiration, 1915 – 1940*, Cornell University Press, 1986.

Light, Donald. *The Impact of the Academic Revolution on Faculty Careers.* American Association of Higher Education, 1973.

Lyons, Gene Martin. *The Uneasy Partnership: Social Science and the Federal Government in the Twentieth Century.* Russell Sage Foun dation, 1965.

Margulies, Herbert. *The Decline of the Progressive Movement in Wisconsin, 1890 – 1920*, State Historical Society of Wisconsin, 1968.

Maxwell, Robert. *Robert La Follette and the Rise of Wisconsin Progressivism.* State Historical Society of Wisconsin, 1956.

——. *Robert La Follette*, Prentice Hall, 1969.

McGerr, Michael. *The Decline of Popular Politics: The American North, 1865 – 1928*. Oxford University Press, 1986.

Mowry, George. *The Era of Theodore Roosevelt: And the Birth of Modern America, 1900 – 1912*. Harper Torchbooks, 1962.

Nevins, Allan. *State Universities and Democracy*, University of Illinois Press, 1965.

Nye, Russel. *Midwest Progressivism*. Michigan State University Press, 1956.

O'Conner, Alice. *Poverty Knowledge: Social Science, Social Policy, and the Poor in Twentieth-Century U. S. History*. Princeton University Press, 2001.

Oleson, Alexandra & Voss, John. *The Organization of Knowledge in Modern America, 1860 – 1920*. Johns Hopkins University Press, 1979.

Portman, David. *Early Reform in American Higher Education*. Nelson-Hall Company Chicago, 1972.

Quandt, Jean. *From the Small Town to the Great Community: The Social Thought of Progressive Intellectuals*. Rutgers University Press, 1970.

Rader, Benjamin. *The Academic Mind and Reform: The Influence of Richard T. Ely in American Life*. University of Kentucky Press, 1966.

Recchiuti, John Louis. *Civic Engagement: Social Science and Progressive-Era Reform in New York City*. University of Pennsylvania Press, 2007.

Robin, Ron. *The Making of the Cold War Enemy: Culture and Politics in the Military-Intellectual Complex*. Princeton University Press, 2001.

Robin, Ron. *Scandals and Scoundrels: Seven Cases That Shook the Academy*. University of California Press, 2004.

Rudolph, Frederick. *The American College and University: A History*. Alfred A. Knopf, 1962.

Schiesl, Martin. *The Politics of Efficiency: Municipal Administration and Reform in America, 1800 – 1920*, University of California Press, 1980.

Segall, Grant. *John D. Rockefeller: Anointed With Oil*. Oxford University

Press, 2001.

Silva, Edward & Slaughter, Sheila. *Serving Power: The Making of the Academic Social Science Expert*. Greenwood Press, 1984.

Skocpol, Theda. *Protecting Soldiers and Mothers: The Political Origins of Social Policy in the United States*. Harvard University Press, 1992.

Skowronek, Stephen. *Building a New American State: The Expansion of National Administrative Capacities, 1877 – 1920*, Cambridge University Press, 1982.

Slosson, Edwin. *The Great American Universities*. The MacMillan Company, 1910.

Smith, James Allen. *The Idea Brokers: Think Tanks and the Rise of the New Policy Elite*. Maxwell Macmillan International, 1991.

Sommer, John. *The Academy in Crisis: The Political Economy of Higher Education*. Transaction Publishers, 1994.

Sullivan, William. *Work and Integrity: The Crisis and Promise of Professionalism in America*, Jossey-Bass, 2005.

Tewksbury, Donald. *The Founding of American Colleges and Universities before the Civil War*. reprinted edition, Martino Fine Books, 2011.

Thelen, David. *Robert M. La Follette and the Insurgent Spirit*. University of Wisconsin Press, 1985.

Thelen, David. *The New Citizenship: Origins of Progressivism in Wisconsin, 1885 – 1900*. University of Missouri Press, 1972.

Unger, Nancy. *Fighting Bob La Follette: The Righteous Reformer*. University of North Carolina Press, 2000.

Veysey, Laurence. *The Emergence of American Universities*. Chicago University Press, 1965.

White, Leonard Dupee. *Trends in Public Administration*. McGraw-Hill Book Co., 1933.

White, Morton. *Social Thought in America: The Revolt against Formalism. Oxford University Press, 1976.

Wilson, Logan. *The Academic Man: A Study in the Sociology of a Profession*. Oxford University Press, 1943.

Wind, James P. *The Bible and the University: The Messianic Vision of William Rainey Harper*. Scholars Press, 1987.

Wylie, Francis. *M. I. T. in Perspective: A Pictorial History of the Massachusetts Institute of Technology*. Little Brown, 1975.

Bestor, Arthur. "The Transformation of American Scholarship, 1875 – 1917". *Library Quarterly*, Vol. 23, No. 3, Jul., 1953, pp. 164 – 179.

Casey, Marion. "Charles McCarthy's 'Idea': A Library to Change Government." *Library Quarterly*, No. 44, 1974, pp. 29 – 41.

Decker, Joe. "The Progressive Era and the World War I Draft." *Magazine of History*, Vol. 1, No. 3/4, 1986, pp. 15 – 18.

Dickson, Maxcy R. "The Food Administration: Educator." *Agriculture History*, Vol. 16, No. 2, Apr. 1942.

Feldman, Maryann & Desrochers, Pierre. "Truth for its Own Sake: Academic Culture and Technology Transfer at John Hopkins University." http://www.cs.jhu.edu/~mfeldman/Minerva102.pdf.

Healey, Paul. "Go and Tell the World: Charles R. McCarthy and the Evolution of the Legislative Reference Movement, 1901 – 1917." *Law Library Journal*, 2007, 99 (1), pp. 33 – 53.

Hofstadter, Richard. "The Revolution in Higher Education." Schlesinger, Arthur Jr. & White, Morton. *Paths of American Thought*. Chatto & Windus, 1964.

Hugh, Slotten. "Humane Chemistry or Scientific Barbarism? American Responses to World War I Poison Gas, 1925 – 1930." *Journal of American History*, Vol. 77, No. 2, September 1990.

Hutchinson, William. "The American Historian in Wartime." *Mississippi Valley Historical Review*, Vol. 29, No. 2, Sep. 1942, pp. 163 – 186.

Kevles, Daniel. "Testing the Army's Intelligence: Psychologists and the Military in World War I. " *The Journal of American History*, Vol. 55, No. 3, Dec. 1968.

Keyssar, Alexander & May, Ernest. "Education for Public Service in the History of United States. " Donahue, John & Nye, Joseph, Jr. *For the People: Can We Fix Public Service?* Brookings Institute Press, 2004.

Kunitz, Stephen. "Professionalism and Social Control in the Progressive Era. " *Social Problems*, Vol. 22, No. 1, Oct. 1974, pp. 16 – 27.

Leonard, Thomas C. *Illiberal Reformers: Race, Eugenics and American Economics in the Progressive Era.* Princeton University Press, 2016.

McDonald, B. D. "The Professionalization of Public Administration: The Impact of the Bureau of Municipal Research on the Development of Public Administration. " 2008 International Conference on Public Administration. http://works.bepress.com/bruce_ mcdonald/6/.

Morris, Stuart. "The Wisconsin Idea and Business Progressivism. " *Journal of American Studies*, No. 4, 1970.

Morrison, Samuel Eliot. "The Scholar in America: Past, Present and Future," Oxford University Press, 1961.

O'Boyle, Lenore. "Learning for Its Own Sake: The German University as Ninetieth-Century Model. " *Comparative Studies in Society and History*, Vol. 25, No. 1, Jan. 1983, pp. 3 – 25.

Porter, Z. L. "The Central Bureau of Planning and Statistics. " *Publications of American Statistical Association*, Vol. 16, No. 125, Mar. 1919.

Rosen, Elliot. "Roosevelt, the Brain Trust, and the Origins of the New Deal. " Rosenbaum, Herbert, etc. *Franklin D. Roosevelt: The Man, the Myth, the Era, 1882 – 1945*, Greenwood Press, 1987.

Rothstein, Samuel. "The Origins of Legislative Reference Services in the United States. " *Legislative Studies Quarterly*, Vol. 15, No. 3, Aug. 1990.

Rudy, Willis R. *The Campus and a Nation in Crisis: From the American*

Revolution to Vietnam. Associated University Press, 1996.

Stack, Jack. "The Wisconsin Idea: The University's Service to the State." http://legis.wisconsin.gov/lrb/pubs/feature/wisidea.pdf.

Stricker, Frank. "American Professors in the Progressive Era: Incomes, Aspirations and Professionalism." *Journal of Interdisciplinary History*, Vol. 19, No. 2, Autumn, 1988, pp. 231 – 257.

Van Riper, Paul. "The American Administrative State: Wilson and the Founders—An Unorthodox View." *Public Administration Review*, Vol. 43, No. 6, Nov.-Dec., 1983, pp. 477 – 490.

Weaver, John A. *Rethinking Academic Politics in (Re) Unified Germany and the United States.* Falmer Press, 2001.

爱德华·萨义德：《知识分子论》，生活·读书·新知三联书店2002年版。

爱德华·希尔斯：《学术的秩序——当代大学论文集》，商务印书馆2007年版。

安德鲁·里奇：《智库、公共政策与专家治策的政治学》，上海社会科学院出版社2010年版。

巴特摩尔：《平等还是精英》，辽宁教育出版社1998年版。

白修德：《追寻历史：一个记者和他的20世纪》，中信出版社2017年版。

彼得·诺维克：《那高尚的梦想："客观性问题"与美国历史学家》，生活·读书·新知三联书店2009年版。

布鲁斯·史密斯：《科学顾问：政策过程中的科学家》，上海交通大学出版社2010年版。

曹茂君：《美国崛起的制度基础——美国进步时代法制变革》，法律出版社2015年版。

陈学飞：《美国高等教育发展史》，四川大学出版社1989年版。

丹尼尔·贝尔：《后工业社会的来临》，科学普及出版社1985年版。

丹尼斯·贾德、托德·斯旺斯特罗姆：《美国的城市政治》，上海社会科学院出版社 2017 年版。

丹尼尔·罗杰斯：《大西洋的跨越：进步时代的社会政治》，译林出版社 2011 年版。

德里克·博克：《走出象牙塔——现代大学的社会责任》，浙江教育出版社 2001 年版。

多罗西·罗斯：《美国社会科学的起源》，生活·读书·新知三联书店 2019 年版。

弗朗西斯·福山：《国家构建：21 世纪的国家治理与世界秩序》，中国社会科学出版社 2007 年版。

戈德法布：《"民主"社会中的知识分子》，辽宁教育出版社 2002 年版。

古德诺：《政治与行政》，华夏出版社 1987 年版。

哈佛燕京学社：《人文学与大学理念》，江苏教育出版社 2007 年版。

汉斯·摩根索：《科学人对抗权力政治》，上海译文出版社 2017 年版。

亨利·亚当斯：《亨利·亚当斯的教育》，中国社会科学出版社 2003 年版。

亨利·詹姆斯：《他缔造了哈佛：查尔斯·艾略特传》，广西师范大学出版社 2017 年版。

华勒斯坦：《学科·知识·权力》，生活·读书·新知三联书店 1999 年版。

黄宇红：《知识演化进程中的美国大学》，北京师范大学出版社 2008 年版。

卡尔·伯格斯：《知识分子与现代化的危机》，江苏人民出版社 2002 年版。

康马杰：《美国精神》，光明日报出版社 1988 年版。

克罗利：《美国生活的希望：政府在实现国家目标中的作用》，江苏人民出版社 2006 年版。

拉塞尔·雅各比：《最后的知识分子》，江苏人民出版社 2002 年版。

拉斯韦尔：《世界大战中的宣传技巧》，中国人民大学出版社2003年版。

劳伦斯·阿瑟·克雷明：《学校的变革》，山东教育出版社2009年版。

李明德：《美国科学技术的政策、组织与管理》，轻工业出版社1984年版。

李剑鸣：《大转折的年代：美国进步主义运动研究》，天津教育出版社1992年版。

李剑鸣：《伟大的历险——西奥多·罗斯福传》，世界知识出版社1995年版。

李颜伟：《知识分子与改革：美国进步主义运动新论》，中国社会科学出版社2010年版。

李银河：《福柯与性》，山东人民出版社2001年版。

李子江：《学术自由在美国的变迁与发展》，北京师范大学出版社2008年版。

理查德·霍夫斯塔特：《改革年代：美国的新崛起》，河北人民出版社1989年版。

理查德·诺顿·史密斯：《哈佛世纪》，贵州教育出版社2006年版。

理查德·普林：《约翰·杜威》，黑龙江教育出版社2016年版。

梁从诫主编：《现代社会与知识分子》，辽宁人民出版社1989年版。

梁丽：《美国学人留德浪潮及其对美国高等教育的影响》，河北教育出版社2016年版。

林肯·斯蒂芬斯：《新闻与揭丑》（第二卷），海南出版社2005年版。

刘春华：《美国博雅学院的现代转型》，浙江教育出版社2016年版。

路易斯·奥金克洛斯：《鲁莽的麋鹿——西奥多·罗斯福传》，安徽教育出版社2005年版

罗杰·L. 盖格：《增进知识——美国研究型大学的发展（1900—1940）》，河北大学出版社2008年版。

罗纳德·斯蒂尔：《李普曼传》，新华出版社1982年版。

罗斯：《社会控制》，华夏出版社1989年版。

马骏、刘亚平编：《美国进步时代的政府改革及其对中国的启示》，格致出版社2010年版。

马克·B.布朗：《民主政治中的科学：专业知识、制度与代表》，上海交通大学出版社2015年版。

马克·里拉：《当知识分子遇到政治》，新星出版社2010年版。

马克斯·韦伯：《学术与政治》，广西师范大学出版社2010年版。

迈克尔·桑德尔：《民主的不满》，江苏人民出版社2008年版。

迈克尔·舒德森：《知情权的兴起：美国政治与透明文化（1945—1975）》，北京大学出版社2018年版。

曼海姆：《意识形态与乌托邦》，世界知识出版社2001年版。

梅里亚姆：《美国政治学说史》，商务印书馆1988年版。

佩里·安德森：《美国外交政策及其智囊》，金城出版社2017年版。

乔纳森·卡恩：《预算民主：美国的国家建设与公民权，1890—1928》，格致出版社、上海人民出版社2008年版。

乔治·兰克维：《纽约简史》，上海人民出版社2005年版。

乔治·马斯登：《美国大学之魂》（第二版），北京大学出版社2015年版。

师嘉林：《美国与波多黎各问题的历史探析》，新华出版社2015年版。

石庆环：《20世纪美国文官制度与官僚政治》，东北师范大学出版社2003年版。

斯蒂芬·赫斯：《美国政治王朝：从亚当斯到克林顿》，上海社会科学院出版社2017年版。

斯蒂芬·杰伊·古尔德：《人类的误测：智商歧视的科学史》，重庆大学出版社2017年版。

斯蒂芬·默多克：《智商测试》，生活·读书·新知三联书店2006年版。

苏珊·雅各比：《反智时代谎言中的美国文化》，新星出版社 2018 年版。

孙有中：《美国精神的象征：杜威社会思想研究》，上海人民出版社 2002 年版。

索尔斯坦·凡勃伦：《学与商的博弈：论美国高等教育》，世纪出版集团、上海人民出版社 2009 年版。

塔夫脱总统夫人：《美国第一夫人回忆录》，华文出版社 2019 年版。

特维·特洛伊：《白宫流行文化 200 年》，黑龙江教育出版社 2017 年版。

托马斯·尼克尔斯：《专家之死：反智主义的盛行及其影响》，中信出版社 2019 年版。

托马斯·索维尔：《知识分子与社会》，中信出版社 2013 年版。

托克维尔：《论美国的民主》，商务印书馆 1988 年版。

万力维：《控制与分等：大学学科制度的权力逻辑》，南京师范大学出版社 2005 年版。

王莉丽：《旋转门——美国思想库研究》，国家行政学院出版社 2010 年版。

王作跃：《在卫星的阴影下：美国总统科学顾问委员会与冷战中的美国》，北京大学出版社 2011 年版。

威廉·墨菲：《芝加哥大学的理念》，上海人民出版社 2007 年版。

沃尔特·李普曼：《公众舆论》，上海人民出版社 2002 年版。

沃尔特·李普曼：《幻影公众》，复旦大学出版社 2013 年版。

吴必康：《权力与知识：英美科技政策史》，福建人民出版社 1998 年版。

西奥多·波特、多萝西·罗斯主编：《剑桥科学史》第七卷《现代社会科学》，大象出版社 2008 年版。

西蒙·马丁·李普赛特：《政治人：政治的社会基础》，上海人民出版社 1997 年版。

希尔斯曼：《美国是如何治理的》，商务印书馆 1986 年版。

徐复观：《学术与政治之间（新版）》，台北：台湾学生书局 1985 年版。

许纪霖主编：《公共性与公共知识分子》，江苏人民出版社 2003 年版。

亚伯拉罕·弗莱克斯纳：《现代大学论——美英德大学比较》，浙江教育出版社 2001 年版。

亚历山大·乔治：《总统人格：伍德罗·威尔逊的精神分析》，中央编译出版社 2014 年版。

阎光才：《美国的学术体制：历史、结构与运行特征》，教育科学出版社 2011 年版。

杨生茂：《美国外交政策史》，人民出版社 1991 年版。

杨艳蕾：《超越大学的围墙：威斯康星理念研究》，中国社会科学出版社 2015 年版。

小奥利弗·温德尔·霍姆斯：《霍姆斯读本：论文与公共演讲选集》，上海三联书店 2009 年版。

於荣：《冷战中的美国大学学术研究》，北京师范大学出版社 2008 年版。

余英时：《士与中国文化》，上海人民出版社 1987 年版。

约翰·博耶：《反思与超越：芝加哥大学发展史》，生活·读书·新知三联书店 2018 年版。

约翰·杜威：《民主主义与教育》，商务印书馆 1990 年版。

约翰·范德格拉夫：《学术权力——七国高等教育管理体制比较》，浙江教育出版社 2001 年版。

张杨：《冷战与学术：美国的中国学（1949—1972）》，中国社会科学出版社 2019 年版。

周丽华：《德国大学与国家的关系》，北京师范大学出版社 2008 年版。

但海剑:《美国进步主义时期社会发展与传播研究》,博士学位论文,武汉大学,2013年。

李壮松:《美国城市经理制——历史到现实的综合考察》,博士学位论文,厦门大学,2002年。

林广:《移民与纽约城市发展》,博士学位论文,华东师范大学,1998年。

王涵:《美国进步时代的政府治理,1890—1920》,博士学位论文,复旦大学,2009年。

吴宗元:《"威斯康星理念"与威斯康星州的进步主义改革》,硕士学位论文,厦门大学,2010年。

张澜:《伍德罗·威尔逊社会思想研究》,博士学位论文,复旦大学,2004年。

赵辉兵:《重建民主与自由:美国进步主义政治思潮研究,1890—1817年》,博士学位论文,人民大学,2006年。

崔志海:《精琪访华与清末币制改革》,《历史研究》2016年第6期。

邓丽兰:《20世纪中美两国"专家政治"的缘起与演变——科学介入政治的一种历史比较》,《史学月刊》2002年第7期。

邓丽兰:《南京政府时期的专家政治论:思潮与实践》,《天津社会科学》2002年第2期。

葛剑雄等:《知识分子的社会责任与历史定位》,《理论周刊》2010年11月。

郭尚鑫:《论美国社会福音运动》,《江西师范大学学报》(哲学社会科学版)1997年第5期。

黄波:《将心托明月,明月照沟渠——民国学者从政脉络》,《书屋》2004年第11期。

江宜桦:《学术与政治的纠葛与分际》,http://homepage.ntu.edu.tw/~jiang.

345

李金庆:《美国立法参考工作的萌芽、发展及其影响》,《图书馆论坛》1993年第1期。

李文阁:《叙拉古的诱惑——在哲学与政治之间》,《哲学动态》2008年第10期。

李颜伟:《美国"社会福音运动"探析》,《天津大学学报》(社会科学版)2009年第1期。

李一文:《试论塔夫脱的国内政策》,《世界历史》1993年第4期。

牛可:《国家安全体制与美国冷战知识分子》,《21世纪》(香港)2002年第10期。

石庆环:《20世纪美国联邦政府行政改革的历史考察》,《史学集刊》2008年第6期。

孙碧:《科学知识、道德责任和金钱政治:芝加哥城市改革中的芝加哥大学(1892—1906年)》,《高等教育研究》2018年第2期。

孙碧:《专家的两难:"威斯康星理念"中的社会科学学者(1904—1914)》,《北京大学教育评论》2016年第1期。

王德禄、刘志光:《中国现代思想中的专家治国论》,《自然辩证法通讯》1999年第2期。

王海东:《湖区运动及其对美国成人教育的影响》,《教育发展研究》2005年第4期。

王禹:《美国"进步主义时代"威斯康星州共和党内的政治斗争》,《史学月刊》2014年第5期。

肖高华:《近世书生持国论——二十世纪二三十年代知识界的"非民治"现代国家构建方案》,《社会科学家》2010年第4期。

杨辰起:《20世纪美国科技治国思想论述》,北京大学世界现代化研究中心主编:《现代化研究》(第3辑),商务印书馆2005年版。

张海柱:《知识与政治:公共决策中的专家政治与公众参与》,《浙江社会科学》2013年第4期。

张宁：《进步民主与传播观念的变迁——由杜威—李普曼论争说谈起》，《现代传播》2016年第11期。

张杨：《官智合流：冷战时期美国"政治—学术复合体"初探》，《社会科学战线》2012年第6期。

赵辉兵：《第一次世界大战与美国进步运动的盛衰》，《徐州师范大学学报》（哲学社会科学版）2009年第3期。

后　　记

　　拙文从选题到定稿，历时四载，几经周折，冷暖自知。时值掩卷之际，我回想起过去四年里的种种酸甜苦辣，一时竟难以言表，大有"往事不愿再提"之感。谨以此文，向所有关心和支持本文写作的师长、朋友和家人致以诚挚的谢意。

　　最先亦最应感激的两位师长是业师韩铁教授和武汉大学的刘绪贻先生。我与刘先生相识于十年前。当时我尚是一个懵懂无知的"武大郎"，不清楚学问为何物，更谈不上将美国史研究作为自己的志业。刘先生虚怀若谷，对后学多有提携。正是在他的指引和关心下，我逐渐走进美国史研究的大门，并有幸来到南开园，求学于刘先生最喜爱的弟子——韩铁教授门下。韩老师对我更是恩重如山，这份师生之情已不仅仅是出于学生对老师的尊敬，还有对人生际遇和缘分的珍惜。在过去的八年里，韩老师往返于天津与温哥华之间，我也频频在天津、上海、武汉、北京和尔湾等地游走。屈指数来，我面见业师，亲身向他请教的机会并不多，但这毫不影响我在遇到学业困惑和人生迷茫的时候向韩老师寻求指点。尤其在2009年，当我因一场变故而对"以学术为业"的选择感到无比失望时，韩老师将一篇他悼念父亲韩德培先生的文章寄与我，勉励我坚强振作，"浴火重生"。文中有一段韩德培先生所摘抄的艾青的诗——《礁石》，每每读起，我都忍不住热泪盈眶。

　　　　他的身上和脸上，

后　记

　　像刀砍了的一样，
　　但他依然站在那里，
　　含着微笑，望着海洋。

　　除了韩老师，我对南开大学美国历史与文化研究中心的其他老师同样心存感激。杨令侠、赵学功老师指导了我在读博期间对北美史和美国外交史的学习；张聚国、丁见民老师在我申请赴美访学过程中给予了鼎力支持；肖军老师的灵光闪现和独到见地以及罗宣老师传授的史学网络资源"使用秘籍"令我无比受用。此外，我还特别感谢美国加州大学尔湾分校的陈勇教授（Yong Chen）。没有他的帮助和邀请，我很可能难有更合适的机会赴美访学，收集本文写作所必需的文献资料。

　　在南开读博和赴美访学的四年间，我在论文写作过程中还得到诸多友人相助。天津大学的李颜伟博士曾在炎炎夏日亲自将我所需的部分书籍送到西区公寓。湖南师范大学的欧阳慧博士一直关心我的读博生活和写作进度。山东师范大学的孙超博士在我赴美访学期间为我宣读了开题报告，提出了宝贵建议。河北大学的杨建庭博士是一位获取史学网络资源的"高手"，他为我提供了许多重要的信息来源和电子图书。北京大学历史系博士生翟韬是我在加州大学尔湾分校访学期间的室友，我们不仅在生活上彼此照应，在学习方面也时常切磋。他向我介绍了自己的硕士生导师——牛可副教授在北大历史系开设的《美国社会科学史》《美国大学史》课程，并推荐了许多与课程相关的参考著作，令我获益匪浅。南开大学历史学院博士生葛音与我几乎同时赴美，她利用其所在的威斯康星大学的条件，为我扫描了在加州大学无法找到的部分书籍。南开大学历史学院的武鹏博士和刘英奇、任克佳、高祥峪、丛海平、吴家虎等同学均是我读研、读博期间的同窗好友，多年以来相互勉励。如今即将各奔东西，我不禁怀念起我们在南开一同走过的青春岁月，感谢他们的陪伴。

最后要感谢的是父母的理解和未婚妻董莹莹的支持。他们是我读博和论文写作期间的忠实后援。对于他们，我既心怀感激，又感到抱歉。自己"三十而不立""只知消耗，不事生产"，未能承担起任何家庭责任。想到这点，我便羞愧不已，因为我着实亏欠他们太多。论文行将收笔，我亦将结束漫长的求学生涯，投入工作岗位中。唯有努力工作，承担起生活的重担，才是对他们恩情的最好报答。

2012 年 5 月，于南开园

补　　记

  本书是在笔者的博士学位论文基础上修改而成的。与八年前的博士学位论文相比，本书所做的最大修改是增补了第五章"战后初期美国社会对专家参政现象的反应"。这一改动的缘起可追溯至2012年5月笔者在南开大学范孙楼进行的博士学位论文答辩会。当时，北京大学历史系的王立新教授是我和另外三名博士生——江振鹏、葛音、张献华的答辩委员会主席。答辩会结束后，王立新教授曾与业师韩铁教授谈起拙文。后来，韩老师在离开天津、返回加拿大前将王立新老师的建议转告我：研究20世纪美国政治中的专家参政现象，应注意作为知识精英的"专家"与作为民主政治基础的"民众"之间的关系。事实上，在论文写作途中，我已有此想法，但囿于当时所掌握的材料不足，加之时间有限，故而未能深入思考这一问题。王立新老师的提醒对我大有点拨之助，令我明确了未来对论文做进一步补充和完善的方向。2012年6月底进入郑州大学历史学院任教后，我始终将王立新老师的这一提醒铭怀于心，直到去年夏天完成最终的修改，方觉了却一桩心事。

  在撰写博士学位论文的过程中，三位前辈学人的著述为我挑灯引路，予以我丰富的灵感与启发，特此致以诚挚的敬意。第一位是已故的美国哥伦比亚大学历史学家理查德·霍夫斯塔特教授。霍夫斯塔特教授在《美国思想中的社会达尔文主义》（*Social Darwinism in American Thought*）、《美国生活中的反智主义》（*Anti-Intellectualism in American Life*）和《美国政治中的偏执倾向》（*Paranoid Style in American Politics*）三部曲中均以美国社会、政治文化中某一现象或特质作为主题，旁征博引，借古讽今，别具一格。尤其在荣获普利策奖的《美国生活中的反智主义》中，他关于"专家的崛起"之论述充分展现了一代史学大师非凡的历史想象力与现实洞察力，于笔者启发最大。第二位是复旦大学历史系李剑鸣教授。李剑鸣教授曾是我在南开大学读研期间的老师。当年，我和同级的美国史方向硕士生因故未有机会聆听李老师的教诲，但《大转折的年代：美国进步主义运动研究》一书一直是我在构思和写作过程中反复研读、望其项背的经典之作。第三位是北京大学历史系牛可教授。牛老师与我素昧平生，但他撰写了多篇阐述冷战时代美国社会中知识与权力关系的论文和随笔，尤其是《国家安全体制与美国冷战知识分子》一文气势恢宏，洋洋洒洒三万余字，令我读之如饮老酒，久久回味。

在将博士学位论文修改为专著的过程中，笔者还得到了所在单位郑州大学历史学院领导、同事和校外友人的诸多帮助，在此一并表示衷心的感谢。郑州大学副校长、世界史学科带头人张倩红教授在繁忙的公务之余，对吾辈后学多有提携；世界史系前系主任陈天社教授常以诤言提醒吾辈务必志于学问，精益求精，不轻言弃；马克思主义学院王琛教授、世界史系王毓敏副教授各治美国外交史、经济史，可谓笔者在美国史研究领域的"兄长"，对我这个"小弟"向来照顾有加；世界史系的谢志恒、邱普艳、刘涛、姜静、李书军、孔妍、杨芳芳、郑辟楚、冀占强、高文洋、王萌博士是我的同事，同为"青椒"的我们在工作和生活中相互勉励，共同进步，这未尝不是人生中的美好缘分。商丘师范学院人文学院的冯志伟副院长、《世界博览》杂志社的栗月静副主编、中国知网的杨海燕女士是我在南开求学期间的学长与同窗，他（她）们对本书的出版也予以了许多关心。

最后，特别感谢南开大学历史学院肖军副教授的引荐。肖军老师率性真诚，于我亦师亦兄亦友。当我迷茫困惑时，他常常以三言两语予以"敲打",令我"顿悟";当我窘迫有难时,他更是仗义而出,施以援手。无论在天津还是在郑州,我都十分享受并时常怀念我们一起喝酒畅谈的短暂时光。

"我的家就是我的城堡,每一砖一瓦用爱创造,家里人的微笑是我的财宝,等回家才知道自己真的重要"。感谢父母和岳父母对我的工作的理解,也感谢妻子容忍了我偶尔的臭性子,让我每次在身心俱疲、压力山大的时候能够找到一处可以避风的港湾。两个女儿虽各重"千斤",合计"一吨",但也是我的开心果和"小棉袄",让我体会到身为人父的辛酸快乐。

由于笔者的学识与眼力所限,本书难免存在瑕疵或纰漏,请学界前辈、同人和广大读者指正。我衷心地希望,每一位读者能在本书中发现自己感兴趣的内容,也能不吝指出书中所存在的问题。对此,我表示最诚挚的感谢。

2020 年 5 月,于郑州